PERÍCIA CONTÁBIL

O GEN | Grupo Editorial Nacional – maior plataforma editorial brasileira no segmento científico, técnico e profissional – publica conteúdos nas áreas de ciências sociais aplicadas, exatas, humanas, jurídicas e da saúde, além de prover serviços direcionados à educação continuada e à preparação para concursos.

As editoras que integram o GEN, das mais respeitadas no mercado editorial, construíram catálogos inigualáveis, com obras decisivas para a formação acadêmica e o aperfeiçoamento de várias gerações de profissionais e estudantes, tendo se tornado sinônimo de qualidade e seriedade.

A missão do GEN e dos núcleos de conteúdo que o compõem é prover a melhor informação científica e distribuí-la de maneira flexível e conveniente, a preços justos, gerando benefícios e servindo a autores, docentes, livreiros, funcionários, colaboradores e acionistas.

Nosso comportamento ético incondicional e nossa responsabilidade social e ambiental são reforçados pela natureza educacional de nossa atividade e dão sustentabilidade ao crescimento contínuo e à rentabilidade do grupo.

ANTÔNIO LOPES DE SÁ

ATUALIZADOR: WILSON ALBERTO ZAPPA HOOG

DE ACORDO COM O CPC/2015

PERÍCIA CONTÁBIL

11ª EDIÇÃO

gen | atlas

O autor e a editora empenharam-se para citar adequadamente e dar o devido crédito a todos os detentores dos direitos autorais de qualquer material utilizado neste livro, dispondo-se a possíveis acertos caso, inadvertidamente, a identificação de algum deles tenha sido omitida.

Não é responsabilidade da editora nem do autor a ocorrência de eventuais perdas ou danos a pessoas ou bens que tenham origem no uso desta publicação.

Apesar dos melhores esforços dos autor, do editor e dos revisores, é inevitável que surjam erros no texto. Assim, são bem-vindas as comunicações de usuários sobre correções ou sugestões referentes ao conteúdo ou ao nível pedagógico que auxiliem o aprimoramento de edições futuras. Os comentários dos leitores podem ser encaminhados à **Editora Atlas Ltda.** pelo e-mail faleconosco@grupogen.com.br.

Direitos exclusivos para a língua portuguesa
Copyright © 2019 by
Editora Atlas Ltda.
Uma editora integrante do GEN | Grupo Editorial Nacional

Reservados todos os direitos. É proibida a duplicação ou reprodução deste volume, no todo ou em parte, sob quaisquer formas ou por quaisquer meios (eletrônico, mecânico, gravação, fotocópia, distribuição na internet ou outros), sem permissão expressa da editora.

Rua Conselheiro Nébias, 1384
Campos Elísios, São Paulo, SP – CEP 01203-904
Tels.: 21-3543-0770/11-5080-0770
faleconosco@grupogen.com.br
www.grupogen.com.br

Designer de capa: Caio Cardoso
Imagens de capa: bearsky23 | iStockphoto
Editoração Eletrônica: Set-up Time Artes Gráficas

CIP-BRASIL. CATALOGAÇÃO NA PUBLICAÇÃO
SINDICATO NACIONAL DOS EDITORES DE LIVROS, RJ

S11p

11. ed.
Sá, Antônio Lopes de

Perícia contábil / Antônio Lopes de Sá ; atualizador Wilson Alberto Zappa Hoog. - 11. ed. - São Paulo : Atlas, 2019.

382 p. ; 24 cm.

Apêndice
ISBN 978-85-97-02190-5

1. Perícia contábil - Brasil. I. Hoog, Wilson Alberto Zappa. II. Título.

19-58325		CDD: 657.450981
		CDU: 657.6(81)

Leandra Felix da Cruz - Bibliotecária - CRB-7/6135

PROLEGÔMENOS DO ATUALIZADOR

Imensuráveis são a honra e a responsabilidade de um discípulo em atualizar a obra do seu mestre. Trata-se de um labor intenso e extenso e de alta responsabilidade, dada a magnitude desta obra.

Nesta atualização da importante e elevada doutrina, estão sendo preservados todos os ensinamentos da mais importante corrente doutrinária, o *neopatrimonialismo* e as sólidas e clássicas fundamentações do Prof. Dr. Antônio Lopes de Sá; portanto, as atualizações decorrem apenas de mudanças na legislação, nela incluído o CPC/2015, jurisprudência ou semântica. Apesar disso, para possibilitar ao leitor uma análise da evolução do instituto da perícia contábil, foram incluídos nesta nova edição temas, como:

1. Análise técnica.
2. Análise científica.
3. Método científico.
4. Aspectos consuetudinários aplicados à perícia contábil.
5. Arbitragem, mediação, conciliação e negociação.
6. Perícia e Código do Processo Civil de 2015.

Prof. Me. Wilson Alberto Zappa Hoog

Bacharel em Ciências Contábeis; Membro da Associação Científica Internacional Neopatrimonialista (ACIN); Membro do Conselho Editorial da Juruá Editora; Mestre em Ciência Jurídica; Perito-Contador; Auditor; Arbitralista; Consultor Empresarial; Palestrante; Especialista em Avaliação de Sociedades Empresárias e em perdas, danos e lucros cessantes; Escritor e pesquisador de matéria contábil, Professor-doutrinador de perícia contábil, direito contábil e de empresas em cursos de pós-graduação de várias instituições de ensino; Mentor intelectual do Método Zappa de Avaliação da Carteira de Clientes, do Método Holístico de Avaliação do Fundo de Comércio, e do Método de Amortização a Juros Simples (MAJS).

www.zappahoog.com.br

PREFÁCIO À 10ª EDIÇÃO[1]

Prezado leitor,

A presente edição deste livro de Perícia Contábil está atualizada e ampliada.

Desenvolve, especialmente, no acréscimo, a matéria pertinente ao instituto da prova contábil e destaca procedimentos éticos que devem ser respeitados diante de circunstâncias que, velozmente, se alteram, naquilo que se relaciona com a riqueza patrimonial.

Conserva, todavia, esta obra, a linha de sugerir como pensar em matéria pericial e procura ser um guia, quer para os que se iniciam em tal estudo, quer para os que já praticam essa tão refinada técnica contábil.

A escassa literatura sobre o assunto, quer em livros, quer em artigos, não só no Brasil, mas também internacionalmente, muito responsabiliza a nós, autores de livros sobre assuntos periciais, para que possamos manter abrangência e atualidade como metodologias de base.

Considerado o regime de transição decorrente da reforma das leis relativas às sociedades por ações, deixei de aprofundar-me na questão, embora não excluindo referências ao regime "normativo" no que tange ao trabalho pericial.

Teoria e prática aqui unem-se para facilitar a quem estuda.[1]

Antônio Lopes de Sá
info@lopesdesa.com.br
www.lopesdesa.com.br

---

[1] Este é o prefácio original do prof. Antônio Lopes de Sá.

SUMÁRIO

1 Fundamentos de perícia contábil, 1

Algumas notas sobre a história da perícia contábil no Brasil na primeira metade do século XX, 1

Introdução – As tecnologias contábeis, 2

Conceito de perícia contábil, 3

Caráter e objetos da tecnologia contábil da perícia, 4

Fins e provas das perícias, 6

Metodologia em perícia, 7

Classificação das perícias, 9

Qualidade do perito, 9

Qualidade do trabalho do perito, 10

Informação pela perícia – laudos periciais, 11

Erros e perícia, 13

Fraudes e perícia, 14

Indícios e perícia, 14

Elementos materiais de exame pericial, 15

Uso do trabalho de terceiros – auxiliares e especialistas, 16

Eventualidade e perícia contábil, 16

Perícia e auditoria, 17

Perícia contábil e devassa, 17

Riscos na perícia, 18

Limites e riscos da prova emprestada, 18

Suspeição e impedimento de perito, 19

Simulação e prova, 23

Normas internacionais de contabilidade e contradições ante os conceitos e realidade patrimonial, 24

2 Plano de trabalho em perícia contábil, 29

Conceito de plano de trabalho em perícia contábil, 29

Pleno conhecimento da questão, 30

Pleno conhecimento dos fatos, 31

Levantamento prévio dos recursos disponíveis para exame, 31
Prazo para execução das tarefas, 32
Acessibilidade aos dados, 33
Pleno conhecimento dos sistemas contábeis adotados e confiabilidade documental, 33
Natureza de apoios, 34
Conteúdo dos planos periciais, 35
Controles e plano pericial, 37

3 Laudos periciais, 39
Conceito de laudo pericial, 39
Estrutura dos laudos, 41
Requisitos de um laudo contábil, 42
Requisitos das respostas no laudo, 46
Tipos de laudos, 46
Anexos dos laudos, 48
Laudos coletivos, 51
Laudo insuficiente (§ 5º do art. 465 do CPC/2015), 54
Laudo deficiente (§ 5º do art. 465 do CPC/2015), 55
Esclarecimento de laudo, 55
Entrega dos laudos, 56
Limites da pertinência da opinião no laudo pericial, 56
Análise técnica, 58
Análise científica, 58
Método científico, 58

4 Perícia judicial, 61
Preliminares conceituais, 61
Ciclo normal da perícia judicial, 62
Objetos de perícia judicial, 63
Lógica dos quesitos, 64
Os peritos em juízo – nomeação, indicação, intimação, 66
Recusa e substituição do perito, 67
Proposta de honorários – depósito prévio, 69
Substituição de perito e desistência, 70
Retirada dos autos físicos ou acesso aos autos eletrônicos, 71
Início do trabalho pericial e diligências, 72
Dificuldades e resistências da parte na hipótese de o juiz determinar a exibição de documentos, nos termos do art. 420 do CPC/2015, 73
Comportamento ético entre os peritos, 73
Laudos de consenso, 73
Laudo discordante ou em separado, 74
Uso do trabalho de terceiros e pareceres, 74
Requisitos formais do laudo, 75
Entrega dos laudos, 75
Esclarecimento sobre a perícia, 76
Nova perícia – art. 480 do CPC/2015, 77
Quesitos suplementares, 77
Quesitos impertinentes, 78

Perícias discrepantes, 79
Perícia em livros de terceiros, 79
Perícia em locais diferentes, 80
Indeferimento de perícia, 81
Litisconsórcio e peritos assistentes, 82
Prazo de laudo e laudo fora do prazo, 82
Juiz com cultura contábil e perícia, 83
Sustação de perícia, 83
Ausência de quesito e esclarecimento, 84
Quesito de laudo excluído, 84
Responsabilidade criminal do perito, 84
Sigilo profissional do perito, 85
Opinião interpretativa em perícia, 86
Opiniões de alta profundidade como elementos de perícia, 87

5   Aplicações importantes da perícia contábil, 89
A perícia contábil nas várias causas judiciais, 89
Alimentos (ação ordinária), 89
Apuração de haveres, 91
Método na apuração de haveres, 94
Determinação qualitativa do ativo, 94
Determinação quantitativa ou valorimétrica do ativo, 95
Determinação de imaterialidades (aviamento), 95
Determinação qualitativa das dívidas, 96
Determinação quantitativa ou valorimétrica das dívidas, 96
Apuração de lucros ou de perdas acumuladas, 96
Apuração do patrimônio líquido real, 96
Apuração de contingências, 96
Avaliação de patrimônio incorporado, 97
Busca e apreensão, 97
Consignação em pagamento, 99
Cominação de pena pecuniária, 101
Recuperação judicial, 101
Cambiais – ações cambiárias – notas promissórias, 105
Compensação de créditos, 109
Consignação e depósito para pagamento, 112
Desapropriação de bens, 115
Dissolução de sociedade, 121
Exclusão de sócio, 122
Embargos de impedimento de consumação de alienação, 125
Estima de bens penhorados, 126
Exibição de livros e documentos, 129
Extravio e dissipação de bens, 132
Falta de entrega de mercadorias, 133
Falências, 135
Fundo de comércio, 146
Impugnação de créditos falimentares, 155
Impugnação de créditos fiscais, 156

Indenização por danos, 158
Inventários na sucessão hereditária, 160
Inquérito judicial para efeitos penais, 164
Liquidação de empresas, 167
Lucros cessantes, 171
Medidas cautelares de tutela, 179
Ordinárias (ações judiciais), 184
Possessória (ações), 184
Prestação de contas, 185
Ações rescisórias em contratos de distribuição, agência e representação, entre outros atípicos, 189
Trabalhistas (ações), 192

6   Aspectos consuetudinários aplicados às perícias contábeis, 195
A práxis consuetudinária da perícia contábil, 195
Registro profissional e perícia, 196
Competência profissional e opinião, 197
Capacidade executiva e terceirização de tarefas, 198
Impedimentos na função pericial, 199
Estrutura de pessoal e material para a execução da perícia, 200
Procedimentos éticos quanto aos honorários da perícia, 201
Sigilo profissional, 202
O subjetivo e o objetivo sobre o trabalho dos peritos, 204

7   Fraudes em contabilidade, 207
Fraude e perícia contábil, 207
Fraude e erro contábil, 207
Autoridade e fraude, 208
Conluio na fraude, 209
Capital circulante e fraude, 209
Ativo permanente e fraude, 212
Passivo de dívidas e fraudes, 213
Patrimônio líquido e fraudes, 214
Fraudes nos custos, 214
Fraudes nas despesas, 216
Vícios documentais, 217
Vícios de registros, 218
Vícios de demonstrações contábeis, 219
Defeitos de individuação, 220
Defeitos de clareza, 220
Defeitos de codificação, 221

8   Instituto da prova contábil no Código Civil brasileiro, 223
Perícia como prova, 223
Prova e elementos contábeis, 224
Escritura pública e prova, 227
Ausência de documentos originais e certidões, 228
Documentos e declarações, 229

Instrumentos particulares e provas perante terceiros, 230
Telegramas, cópias e fotografias de documentos, 231
A força probante da escrita contábil, 232
Considerações sobre as exigências da escrita contábil, 234
Prepostos e validade documental, 236
Adaptações dos regimes societários, 237

9   Doutrina e laudos em perícia contábil, 239
Necessidade e relevância do estudo teórico, 239
O estudo da teoria contábil e o nível superior, 241
História da cultura contábil, 242
Teoria dos fenômenos patrimoniais, 244
Teorias fundamentais em contabilidade, 244
Teoria geral do conhecimento contábil, 245
Teoremas fundamentais em contabilidade, 246
Teorias dos sistemas de funções patrimoniais, 247
Teoria da prosperidade, 248

10   Arbitragem, mediação, conciliação e negociação, 249
Arbitragem, 249
Mediação, 250
Conciliação, 251
Negociação, 251
Comentários à Lei n. 9.307/1996, 251
Arbitragem como um segmento especial de mercado para contadores, 252
A perícia no âmbito da arbitragem, 252
A prova no âmbito de outros elementos vinculados ao labor dos contadores, 253

11   Perícia e o Código do Processo Civil, 255

12   Laudo pericial contábil, 265

Bibliografia, 359

FUNDAMENTOS DE PERÍCIA CONTÁBIL

1

Algumas notas sobre a história da perícia contábil no Brasil na primeira metade do século XX

No Brasil, a matéria sobre "Perícia Contábil" foi incluída para debate pela primeira vez perante um evento da classe no I Congresso Brasileiro de Contabilidade de 1924. O referido conclave chegou inclusive à conclusão sobre a necessidade de dividir em três as funções profissionais, ou seja, as de: Contador, Guarda-livros e Perito.

Foi no mesmo Congresso de 1924 que também se concluiu coletivamente sobre a eminente necessidade de "Oficialização da perícia judicial, cujos trabalhos seriam atribuídos privativamente aos membros das ditas Câmaras", ou seja, sobre a pretensão de se atribuir aos Conselhos de Contabilidade, quando criados, a fiscalização do importante trabalho do perito.

Além do referido, também na época e naquele evento histórico foi decidido sobre a imperiosa correlação entre a remuneração e as horas despendidas pelo profissional no trabalho.

As primeiras décadas do século XX foram palco de uma crise ocorrida no setor profissional de perícias, segundo o testemunho dos trabalhos apresentados. Grassava na época uma "indústria da falência", ou seja, a intensa maquinação para mascarar situação nos balanços e com a manobra falaciosa produzir quebras de empresas.

Em 1924, o contador Emílio de Figueiredo narrou sobre tal crise, afirmando que até os grandes líderes da época não escaparam de ataques injustificados ao reagirem contra o evento, fato de que foi vítima o renomado Professor Carlos de Carvalho. Segundo Figueiredo, esse ícone da Contabilidade brasileira teve que abandonar suas funções periciais em razão da pressão que sofreu por parte dos "falsários das falências" (tese de número 61 do I Congresso Brasileiro de Contabilidade).

Segundo o mesmo autor, o juiz paulista Deocleciano Rodrigues Seixas teria declarado que "a profissão de perito judicial está aviltada pelos que só veem a vida pelo prisma da materialidade, iludindo a justiça, confundindo a consciência dos juízes, facilitando as quebras fraudulentas, as concordatas".

Ao mal referido ainda se acrescia o da má remuneração dos peritos, deveras depreciada no judiciário; os interesses que pressionavam as decisões em muito agravaram a aflitiva condição dos profissionais que encontraram nos primeiros conclaves uma forma de protesto e apelo.

Na década de 1920, surgiu em nosso país a primeira obra específica sobre a matéria pericial, intitulada *Perícia em Contabilidade Comercial*, de autoria do ilustre professor João Luiz Santos, cuja segunda edição foi feita pela Editora Jornal do Brasil, do Rio de Janeiro, em 1928.

O Decreto n. 5.746, em 1929, veio logo após, de forma ainda não abrangente, mas, de forma objetiva, regulou sobre a exigência de atribuir-se apenas ao Contador a tarefa pericial.

A constante agregação dos profissionais da Contabilidade fez com que o ano de 1931 fosse pródigo no aparecimento de instituições em várias partes do Brasil, surgindo, então, a "Câmara de Peritos Contadores" (da qual participou ativamente como fundador o emérito escritor de muitos livros de Contabilidade e mais tarde membro do Conselho Federal de Contabilidade, o Professor Erymá Carneiro).

Todavia, somente na década de 1940 seria regulamentada a profissão de Contador, época em que se fez privativa do Contador a perícia (DL n. 9.295/1946). Na década de 1950 apareceu a mais alentada obra sobre a matéria de perícia, em dois volumes, de autoria do emérito professor Francisco D'Áuria, publicada pela Editora Nacional.

Outros livros, não em quantidade desejável, surgiram nas décadas seguintes, mas o crescimento da literatura e do próprio prestígio associativo e cultural dos peritos só se efetivou nas últimas décadas do século XX.

Introdução – As tecnologias contábeis

As aplicações dos conhecimentos científicos, para prestarem utilidade ao ser humano, são suas *Tecnologias*.

A Contabilidade possui diversas aplicações; logo, diversas tecnologias. Vide o meu livro: Tecnologia Contábil Contemporânea. A Contabilidade Pós-Moderna. Revista e Atualizada. 3. ed., Curitiba: Juruá, 2017.

Até o século XVIII, existiam *Técnicas Contábeis* que provinham de exercícios milenares da profissão contábil. Isso porque o conhecimento estava, ainda, em sua fase empírica e as aplicações eram "subjetivas", ou seja, ao feitio de "cada profissional".

Essa é a diferença entre "técnica" e "tecnologia": a primeira provém do empírico; a segunda, do científico.

Entre as tecnologias contábeis estão as da Escrituração, Orçamentária, de Custos, de Análise, Auditoria etc. E também a *Perícia Contábil*.

> A perícia contábil é uma tecnologia porque é a aplicação
> dos conhecimentos científicos da Contabilidade.

São muito antigas as manifestações de verificações sobre a verdade dos fatos, buscada por meios contábeis, e elas já se manifestavam entre os sumérios-babilônios. Com o evoluir do conhecimento, a técnica de verificar para fazer prova de eventos transformou-se em uma tecnologia, compatível com os grandes progressos, também, da informação (hoje, em expressivo volume, por computação eletrônica de dados).

Na literatura brasileira, hoje como obra histórica, já no início deste século se editavam trabalhos, sendo um dos mais famosos o de João Luiz dos Santos, *Perícia em contabilidade comercial*, editado no Rio de Janeiro, pelo Jornal do Brasil, em 1921.

No tempo do Brasil Colônia, já era relevante a função contábil e das perícias, conforme se encontra claramente evidenciado no Relatório de 19 de junho de 1779 do Vice-rei Marquês do Lavradio a seu sucessor Luís de Vasconcelos e Sousa (Arquivo Nacional do Rio de Janeiro).

Conceito de perícia contábil

*Quando precisamos de uma opinião válida, competente, de um entendedor, buscamos um **Perito.***

A expressão perícia advém do latim: **Peritia**, que em seu sentido próprio significa **Conhecimento** (adquirido pela experiência), bem como **Experiência.**

Na Roma antiga, de tal forma se deu valor aos que entendiam, que perícia passou a designar **Saber, Talento**, tal como a empregou o historiador Tácito, em sua obra *Anais,* na qual escreveu uma fase da História do Senado Romano (TÁCITO, Públio Cornélio. Annales).

*A tecnologia da perícia é a que enseja **Opinião** sobre **Verificação** feita, relativa ao patrimônio individualizado (de empreendimentos ou de pessoas).*

Tal verificação, por natureza, é **Determinada** ou **Requerida**; alguém interessado pede a opinião.

> Perícia contábil é a verificação de fatos ligados ao patrimônio individualizado, visando oferecer opinião mediante questão proposta. Para tal opinião realizam-se exames, vistorias, indagações, investigações, avaliações, arbitramentos, em suma, todo e qualquer procedimento necessário à opinião.

São razões, pois, do raciocínio para a formação do conceito de perícia contábil:

a) A necessidade de se conhecer uma opinião de especialista em Contabilidade sobre uma realidade patrimonial, em qualquer tempo, em qualquer espaço, qualitativa e quantitativamente, em causas e efeitos.

b) O exame do especialista sobre o que se deseja conhecer como opinião.

Assim, por exemplo, quando ocorreu a denúncia, na Câmara Federal, sobre as corrupções no Orçamento da República, se fez necessário conhecer a "movimentação das contas bancárias" dos implicados, e isso gerou uma Perícia Contábil para cada caso.

Logo, examinar, realizar levantamentos, vistoriar, fazer indagações, investigar, avaliar, arbitrar (diante da falta de elementos mais concretos), em suma, fazer o necessário para ter segurança sobre o que se vai opinar, *são Procedimentos Periciais*.

Os procedimentos periciais aplicam-se de acordo com a pertinência a cada caso.

Busca-se a ajuda da tecnologia da perícia contábil, pois, para dirimir dúvidas sobre fatos que se relacionam com a riqueza dos empreendimentos (aziendas) e/ou das pessoas, ou de "grupos".

O que se busca é uma *opinião válida para atestar sobre a regularidade, irregularidade ou situação da riqueza individualizada*.

Não se trata de um informe, mas de uma opinião.

O informe serve à perícia, e esta deve gerar um parecer ou ponto de vista tecnológico.

Trata-se de uma análise para produzir uma conclusão.

Caráter e objetos da tecnologia contábil da perícia

Caráter fundamental da tecnologia é a especificidade, ou seja, possuir um objeto determinado, requerido, para que possa gerar uma opinião abalizada em matéria contábil.

Se desejamos saber se uma pessoa teve em sua conta bancária somas de dinheiro que ultrapassaram a sua renda ou que não possuem origem comprovada e sadia, apenas uma perícia específica da conta permitirá que se forme uma opinião.

Se desejamos saber se um funcionário utilizou corretamente o dinheiro que lhe foi entregue em determinado período para realizar determinados gastos, só uma perícia pode determinar.

O caráter fundamental da perícia é a especificidade de exame e de opinião.

A perícia, todavia, pode ser "parcial" ou "total" no exame de contas, demonstrações, documentos ou fatos.

Dependendo do que se pretende, fixa-se o objeto a examinar e sua extensão.

Uma perícia pode ser integral ou parcial dos fatos patrimoniais, quer para detectar realidades ou existências, valores, forças de provas ou configurações de situações da riqueza aziendal.

Nos exames de partes, todavia, mesmo assim, estes não podem ser absolutos ou tidos como se fossem isolados, pois tudo no patrimônio vive em regime de interação.

Dessa forma, por exemplo, se examinamos uma conta bancária, dela podem decorrer fatos colaterais de interesse.

A ligação com uma terceira pessoa que pode estar envolvida em fatos que interessam à pesquisa e que podem gerar "outras indagações" não deve ser abandonada.

> Uma perícia pode ensejar outra perícia se o interesse de opinião abrange um objetivo que requer amplo conhecimento de uma questão postulada.

É caráter, pois, da perícia a **Abrangência** para atingir a **Especificidade** ou o propósito para o qual ela foi requerida.

Entre seus objetivos, a perícia tem o **Pleno Alcance da Realidade**, ou seja, deve perseguir a **Realidade**.

> A especificidade exige do trabalho pericial a perseguição plena, pelo exame contábil, do objetivo para o qual se deseja a opinião.

Todos os meios são válidos para a formação de uma opinião que se apoie na **Realidade**, na **Plenitude**, na **Essencialidade** e nas **Formas** dos fatos em exame.

Buscam-se a **Verdade** sobre o que se evidencia e a competente sustentação documental.

Como visa ser utilizada para fins diversos, a perícia necessita atingir tal fim e deve ser suficientemente **Confiável**.

> Tudo o que for pertinente à opinião a ser emitida deve ser objeto de exame da perícia.

É preciso, pois, **Abrangência** e **Segurança** ou **Confiabilidade**, evitando-se o subjetivo.

> A perícia contábil deve lastrear-se em elementos confiáveis e nenhum elemento útil deve ser desprezado.

A matéria deve, todavia, ater-se ao objeto para o qual foi requerida. Apenas, subsidiariamente, se auxiliar o objeto, deve apelar-se para complementações.

Como o parecer é requerido e o objeto é identificável, a verificação deve ser orientada no sentido específico, embora com ampla abrangência. A abrangência é requisito para a utilidade do parecer.

Isso, todavia, em casos axiomáticos, não exclui a possibilidade da síntese afirmativa ou negativa.

Quando ao perito se requer, todavia, opiniões de ordem genérica, nesse caso, sim, ele pode e deve procurar esgotar tudo o que se relaciona com a questão e que esteja no limite de sua observação.

Existem casos em que as partes interessadas solicitam ao perito "aduzir comentários que achar pertinentes"; nesse caso, sim, é dever do perito ampliar seu objeto de exame até o limite que julgar conveniente ao esclarecimento do assunto.

Fins e provas das perícias

A perícia pode ser requerida para fins diversos. Entre os principais fins estão os de matéria pré-judicial (para ilustrar abertura de processos), judiciais, regimentais, para decisões administrativas, para decisões de âmbito social, para finalidades fiscais.

No âmago, as perícias são ensejadas para que se tomem **Decisões** de diversas naturezas (de gestão, de direito etc.).

O fim é sempre o de obter **Prova Competente** para que se decida, e isso implica responsabilidades sérias para o perito, quer civis, quer criminais.

Como ela é sempre **Prova**, necessário se faz que se lastreie em bases consistentes e de plena materialidade (competentes e verdadeiras).

Assim, por exemplo, se um sócio desconfia de outro e entra em juízo para evocar distribuição justa dos lucros, que admite não tenha sido feita, só a perícia contábil poderá dar ao Juiz os meios para que faça o julgamento.

Vários são os fins para os quais se pode requerer uma perícia, mas, como prova que ela vai ser, é preciso que se baseie em elementos verdadeiros e competentes.

Uma perícia para fins administrativos é, por exemplo, a que se faz para verificar se o almoxarife está controlando os estoques sem permitir desvios destes.

Tal perícia pode ser requerida dentro da própria empresa para que se faça por sua própria contadoria (caso não disponha a empresa de outros meios de controle).

Exemplos de perícias regimentais são as que a Câmara dos Deputados faz para as Comissões Parlamentares de Inquérito. Perícias para fins sociais são as que os sindicatos promovem para acordos salariais.

Para observar se as empresas possuem meios de remunerar melhor, requer-se a perícia para se apurarem as condições em que os aumentos se suportam, e também se há lisura na apuração.

De acordo com as leis brasileiras, as perícias são instrumentos de prova, bastando que se observe o art. 464 do Código de Processo Civil, cujo texto é o seguinte:

"A prova pericial consiste em exame, vistoria ou avaliação."

É possível observar que o texto da lei fala em **Prova Pericial**, ou seja, elemento competente para instruir decisão.

Metodologia em perícia

Metodologia é o estudo dos métodos. E, no âmbito da moderna doutrina neopatrimonialista, temos o método indutivo axiomático, que toma por diretriz o paradigma de um axioma, ou seja, uma verdade reconhecida, sem afastar a semântica. É um brocardo que gera teorias e teoremas e compreende os seguintes passos ou ações: observar o fenômeno; analisá-lo estudando as suas relações lógicas essenciais de necessidade, finalidade, meios patrimoniais, função ou utilização; mensurá-lo adequadamente para conhecer a sua dimensão realista em relação a causa, efeito, tempo, espaço, qualidade e quantidade; conhecer as circunstâncias que geraram o fenômeno, em relação ao mundo social e todo o seu complexo de atos econômicos, políticos, jurídicos, ecológicos, tecnológicos e científicos; buscar a relação constante de todo esses elementos por uma comparação racional; e, por fim, compará-lo com os estados da eficácia.

O conhecimento científico da contabilidade, especialmente da doutrina neopatrimonialista,[1] enseja a construção de modelos para as fundamentações das respostas aos quesitos.

A ciência da contabilidade possui método próprio de observação e condução do raciocínio para o desenvolvimento e pesquisa, e que se estriba nos métodos indutivo axiomático e

---

[1] **Neopatrimonialismo** – corrente ou doutrina de pensamento moderno da Contabilidade, que surgiu no Brasil, com forte repercussão internacional. Trata-se de um esforço intelectual para atingir a função social plena do conhecimento científico contábil. Segundo o seu criador, o saudoso Prof. Sá, adotou como método ampliar a indagação aos "fatos que fazem acontecer as transformações da riqueza", além de observar o que aconteceu e o que poderá acontecer. Fundamenta-se em axiomas e teoremas que guiam toda a doutrina neopatrimonialista. Possui metodologia própria que a distingue das demais e do próprio patrimonialismo, científico de Vincenzo Masi, tomado como ponto de referência. A ideia-base do neopatrimonialismo é "admitir que no patrimônio tudo se transforma, tudo se relaciona, tudo se organiza em sistemas, todos os sistemas interagem, tudo busca a eficácia e nada pode estar alheio aos continentes da riqueza das células sociais, estabelecendo-se todo um processo lógico de construção de uma teoria geral que possa alimentar todas as demais". O neopatrimonialismo tem como origem um corpo de doutrinas que se formou no mundo latino e que foram criadas por grandes cientistas contábeis, tais como: Giovanni Rossi, Fábio Besta, Vincenzo Masi, Alberto Ceccherelli (Itália), Jaime Lopes Amorim (Portugal) e Francisco D'Áuria (Brasil). Essa corrente doutrinária científica tem por objeto o estudo das riquezas das células sociais e suas prosperidades, tendo como alicerce a teoria geral do conhecimento da contabilidade. A doutrina neopatrimonialista parte do brocardo de que o capital deve satisfazer as necessidades materiais das células sociais, para que estas sejam sempre eficazes e possam crescer continuamente, e esse crescimento se denomina prosperidade. Prega que o patrimônio está sempre em mutação, ou seja, em constante transformação, e, a partir dessa verdade real, o neopatrimonialismo construiu os dois primeiros axiomas de suporte: o axioma da movimentação e o da transformação. Contudo, essa corrente admite que o capital não se mova por si mesmo, porque depende da ação de forças externas. Uma visão neopatrimonialista não se preocupa apenas com "o que aconteceu", mas, sim, "por que aconteceu" o fato patrimonial, pois qualquer movimento da riqueza implica uma transformação que é sempre constante e relacionada com a sua ambiência ou com o seu entorno.

fenomenológico. O fenomenológico é auxiliar (em vez de limitar-se à forma documental ou de registros, observar a essência dos fatos).

Assim, a escolha do método depende do que se pretende alcançar com o exame contábil, devendo-se, todavia, considerar aquele do holismo, que foi eleito como o principal pelo neopatrimonialismo.

Lecionamos em literatura[2] especializada que:

O Neopatrimonialismo é uma nova corrente do pensamento contábil que se estruturou sobre um conjunto de teorias que implantou uma doutrina compatível com a evolução, apresentando metodologia fundamentada em axiomas e teoremas, tal como sugere a epistemologia ou lógica das ciências. Não se trata de um método de escriturar, nem de demonstrar, mas de 'raciocinar' para explicar o comportamento do patrimônio. Adota o estudo dos fenômenos da riqueza dos empreendimentos seguindo o holismo, ou seja, de que se devem considerar os fatos ocorridos tendo em vista uma visão ampla de tudo o que, como circunstância, cerca o acontecimento. Assim, por exemplo, não basta estudar o fenômeno da venda em uma empresa se não for analisado tal fato em relação ao mercado que a cerca, a política econômica do Estado, a fase predominante, se de inflação, desenvolvimento, retração, crise etc.

O método depende sempre do objeto que se examina. Ou seja, de acordo com a matéria que se tem a examinar é que se traça o curso dos trabalhos. Quando a matéria é parcial, alcançável, examina-se tudo, ou seja, a ***Globalidade do Universo de Exame***. Quando a matéria é demasiadamente ampla, sem possibilidades de alcançar-se o objetivo pela totalidade, utiliza-se a ***Amostragem*** (mas como exceção).

Enquanto na auditoria o exame é quase todo baseado em amostragens, na perícia tal critério deve ser tido como excepcional.

As normas de auditoria podem, sim, ajudar o desempenho na perícia, mas apenas como elemento subsidiário. Ou seja, valemo-nos da auditoria como uma ajuda para alguns poucos casos, mas não podemos dizer que se aplicam à perícia, sem restrições, os critérios daquela tecnologia.

O método da perícia é basicamente o analítico, não se dispensando detalhes, sempre que necessários. É preciso, pois:

1. Identificar-se bem o objetivo.
2. Planejar competentemente o trabalho.
3. Executar o trabalho com base em evidências inequívocas, plenas e totalmente confiáveis.
4. Ter muita cautela na conclusão e só emiti-la depois de estar absolutamente seguro sobre os resultados.
5. Concluir de forma clara, precisa, inequívoca.

Todo detalhe pode ser importante se, em mira, temos a consciência de que a perícia tem força de prova. Existem casos extremamente simples, mas outros extremamente complexos, o que exige muita cautela.

---

[2] SÁ, Antônio Lopes de. *Fundamentos da contabilidade geral*. 5. ed. Curitiba: Juruá, 2017.

> O método da perícia contábil não se confunde com o da auditoria. O método básico da perícia contábil é o analítico e de maior abrangência, visando à confiabilidade da opinião, como prova que deverá ser para terceiros.

A princípio, no início do século XX, muitos autores de bom nome denominavam a auditoria "Perícia Administrativa", porém, em nossa época, não há mais lugar para que se confundam tais conceitos.

Classificação das perícias

De acordo com o já exposto, é possível classificar as perícias em quatro grandes grupos gerais:

- ◆ Perícias Judiciais;
- ◆ Perícias Administrativas;
- ◆ Perícias no Âmbito da Arbitragem (Justiça Privada);
- ◆ Perícias Especiais.

É exemplo de perícia judicial a verificação de uma situação econômico-financeira para que o juiz possa homologar a recuperação judicial que ela pediu.

Exemplo de uma perícia administrativa é a verificação contábil para apurar corrupção.

Exemplo de perícia no âmbito da arbitragem, todas as que estão vinculadas a bens patrimoniais disponíveis.

Exemplo de uma perícia especial é a perícia que se faz para a fusão de sociedades.

Em verdade, há enorme tendência para que se classifiquem as perícias administrativas e especiais no campo da auditoria, mas, repetimos, tais fatos não devem ser confundidos.

Qualidade do perito

O profissional que executa a perícia contábil precisa ter um conjunto de capacidades, que são suas qualidades. Entre elas estão:

1. legal;
2. profissional;
3. ética;
4. moral.

A capacidade legal é a que lhe conferem o título de bacharel em Ciências Contábeis (e equiparados) e o registro no Conselho Regional de Contabilidade.

A capacidade profissional é caracterizada por:

1. conhecimento teórico da contabilidade;
2. conhecimento prático das tecnologias contábeis;

3. experiência em perícias;
4. perspicácia;
5. perseverança;
6. sagacidade;
7. conhecimento geral de ciências afins à Contabilidade;
8. índole criativa e intuitiva.

A capacidade ética é a que estabelece o Código de Ética Profissional do Contador e a Norma do Conselho Federal de Contabilidade.

A capacidade moral é a que se estriba na virtude das atitudes pessoais do profissional.

Entre as capacidades éticas, devem-se destacar basicamente a conduta do perito com seus colegas e o caráter de independência e veracidade que deve manter em seu parecer; havendo compromisso com a verdade e a virtude, a "independência", entendo, é fator discutível.

Quem não tem virtude mascara a independência.

O perito precisa ser um profissional habilitado, legal, cultural e intelectualmente, e exercer virtudes morais e éticas com total compromisso com a verdade.

O exercício da perícia contábil depende de formação superior, de sólidos princípios e de conhecimento prático razoável.

Qualidade do trabalho do perito

A qualidade do profissional quase sempre dita a qualidade do trabalho que executa. Existem, todavia, requisitos essenciais para que uma perícia seja considerada de qualidade. Um bom trabalho pericial deve ter:

1. objetividade;
2. precisão;
3. clareza;
4. fidelidade;
5. concisão;
6. confiabilidade inequívoca baseada em materialidades;
7. plena satisfação da finalidade.

A objetividade caracteriza-se pela ação do perito em não se desviar da matéria que motivou a questão e só subsidiariamente apelar para exames colaterais.

A precisão consiste em oferecer respostas pertinentes e adequadas às questões formuladas ou finalidades propostas.

A clareza está em usar em sua opinião uma linguagem acessível a quem irá utilizar seu trabalho, embora possa conservar a terminologia tecnológica e científica em seus relatos.

A fidelidade caracteriza-se por não se deixar influenciar por terceiros, nem por informes que não tenham materialidade e consistência competentes.

A concisão compreende evitar o prolixo e emitir uma opinião que possa, de maneira fácil, facilitar as decisões.

A confiabilidade consiste na perícia estar apoiada em elementos inequívocos e válidos legal e tecnologicamente.

A plena satisfação da finalidade é exatamente o resultado de o trabalho estar coerente com os motivos que o ensejaram.

A opinião do perito deve estar:

1. justificada na doutrina;
2. lastreada em elementos sólidos;
3. ao alcance de quem irá se utilizar dela.

A justificativa compreende a exposição da razão pela qual o perito conclui; por exemplo, se o que se inquere é se a empresa mantém sua escrita contábil legalmente, a resposta não será apenas um "SIM", mas deverá informar que ela se "mantém porque tem os livros tais e quais registrados, sob números tais ou quais, em tal ou qual Junta, em termos corretos, tempestiva-mente contabilizados os fatos, sendo o período examinado o que está abrangido pelas folhas tais e quais dos livros tais ou quais referidos; esses documentos têm a assinatura do Contador fulano, registrado sob nº tal no CRC, e as dos administradores, e estão as partidas registradas de acordo com os Princípios Contábeis do órgão tal ou qual".

Para chegar a essa conclusão, o perito deve ter realizado seus testes e exames, com base em livros, além de ter examinado os sistemas empregados e realizado testes (se por computação eletrônica, precisa testar a confiabilidade do sistema).

Tudo deve ser exposto de forma clara, precisa, detalhada, e dar segurança a quem irá se utilizar das conclusões.

> A qualidade do trabalho do perito espelha-se na própria confiança que seu relato e opinião despertam nos que irão se utilizar de sua opinião.

Informação pela perícia – laudos periciais

O perito informa pelo laudo que produz.

O laudo é sua opinião, no qual produz seu ponto de vista e o justifica, oferecendo, também, as bases ou elementos de que se utilizou para poder chegar a opinar.

Os laudos podem ser *Isolados*, de um só perito, ou de uma *Junta ou Colegiado de Peritos*.

Existem casos em que é exigível a participação de mais de um perito (na perícia judicial são três ou mais peritos).

O laudo pode obedecer a critérios diferentes, de acordo com cada caso.

Preferivelmente, deve expor a metodologia que foi seguida, a justificativa da escolha, a divisão por itens ou quesitos formulados.

Conforme o caso, os laudos também se fazem acompanhar de anexos que são demonstrativos ou provas sobre conclusões; com isso, destaca-se a análise da síntese que é feita em cada quesito.

Exemplificando:

Quesito nº ... – A empresa.... no período de ..... a .... utilizou-se de suas reservas para aumentos de capital?

Resposta ao Quesito nº ... – No período referido, a empresa destinou suas reservas para finalidades distintas, sendo, para fins de aumento de capital, utilizados valores que montam ......, de acordo com o demonstrado no anexo a esta perícia de nº ....., em que se espelham as datas, os valores, o registro das alterações contratuais na Junta Comercial.

No caso, o perito respondeu positivamente à pergunta, globalizou o valor (que era o interesse) e o analisou em anexo, de forma a detalhar todo o curso do evento.

Os anexos, nos laudos, podem às vezes formar a parte mais volumosa do trabalho.

Quando, todavia, por exemplo, no caso de perícias judiciais, no processo, já existem provas suficientes, com demonstrativos, é tolerável que o perito, ao verificar a veracidade do anexo, apenas se refira a ele, ou seja, alegando: "como consta das folhas..... dos autos".

Em perícias administrativas, em que, muitas vezes, o que se persegue é a fraude, os laudos passam a ter conotações outras, pois o importante não são os quesitos, mas apurações de fatos; nesse caso, o perito dá a seu relato uma conotação diferente e passa a expor seu plano de trabalho, a matéria verificada, as irregularidades detectadas, indicando onde recaiu a responsabilidade.

De qualquer forma, o laudo traz a opinião ou o conjunto delas e é preciso que tenha requisitos de qualidade, como já vimos.

São requisitos de um laudo:

1. identificação completa do caso (Processo nº ... de tal lugar, data, partes envolvidas etc.);
2. identificação do perito;
3. identificação da autoridade a que se destina;
4. o método adotado;
5. identificação de quesito por quesito ou do caso sobre o qual se opina;
6. resposta a cada um dos quesitos;
7. conclusões precisas sobre os quesitos;
8. anexos que comprovem os casos que merecem análises;
9. data e assinatura do perito.

Se não for possível a conclusão, o perito dará sua negativa; isso pode ocorrer no caso de impertinência (matéria fora do alcance contábil) ou de falta de convicção.

Se a conclusão só puder ser dada com ressalvas, estas devem ficar expressas e muito bem identificadas.

No caso de negativas, o perito deve sempre detalhar.

Por exemplo: "Não pode este perito afirmar que o limite de depreciações utilizado foi o adequado porque a empresa desde... não possuía seus registros de bens do imobilizado, nem os controlava de modo a permitir a plena identificação, nem nos apresentou qualquer laudo técnico que comprovasse a vida útil dos bens, apesar de solicitados, conforme carta à diretoria de produção, de tal data, com a prova de recebimento assinada pelo diretor.... em...".

Uma resposta com apenas um "não" seria "falta de qualidade" do laudo, deixando margens para dúvidas.

Nos casos de "avaliação", por exemplo, o perito precisa valer-se de muitos elementos, inclusive fotografias, publicações, informes e até "laudos de outros especialistas"; nesse caso, o perito precisa explicar toda sua metodologia e descrever a qualidade das fontes consultadas.

Sendo o laudo uma "prova", não pode conter defeitos.

O laudo pericial é uma peça de alta responsabilidade que requer qualidade, devendo atender a requisitos especiais que lhe são pertinentes.

O perito não deve poupar explicações que justifiquem seu trabalho e que ofereçam, aos que dele se vão utilizar, um máximo de confiança.

Erros e perícia

Tem sido tendência natural, nas normalizações contábeis, classificar os erros em:

◆ erros de essência;
◆ erros de forma.

Nessa condição, têm as normas feito prevalecer a essência sobre a forma.

O erro é um vício involuntário, de escrituração e/ou de demonstrações contábeis.

Diferencia-se, pois, da fraude.

Existem erros de inversões de números, de repetição de registros, de transposição de saldos de contas, de classificação de contas, de somas, de omissão de registros etc.

Conforme a relevância do erro, pode ele ter maior ou menor influência na conclusão do perito.

Detectado o erro, o perito precisa procurar a "origem" e as "causas" do erro.

Sendo o erro relevante, muitas vezes nem menção merece; se, todavia, influi substancialmente nas conclusões, precisa ser evidenciado e declaradas as influências que provocou.

Os erros de essência tendem a ser os mais graves; o erro de forma nem sempre altera a situação.

São erros de forma, por exemplo, os registros de pagamentos feitos pelos sócios, por suas contas particulares, para a empresa, quando o depósito da empresa correspondente também foi creditado na conta do mesmo sócio.

Se na empresa tudo foi feito como se caixa fosse, há um erro de forma; de essência, jamais, porque, se o sócio depositou em sua conta e pagou obrigação da empresa pela mesma conta, nada de lesão provocou, embora haja um "erro de forma".

O certo teria sido realizar-se o depósito na conta da empresa e emitir-se o cheque da empresa, também.

O perito, ao detectar erros, deve relatá-los, mas advertir sobre a consequência deles; se os erros não forem relevantes para sua opinião, pode até omiti-los.

Fraudes e perícia

A questão da fraude é sempre grave.

Fraude é a lesão, o dolo, portanto, atitude premeditada, feita propositadamente para lesar alguém.

Muitos são os casos de fraudes (vamos dedicar um capítulo a elas).

> Detectada a fraude, pela gravidade que representa, deve ser sempre relatada, se afetar a opinião requerida.

Quer nas perícias administrativas, judiciais, arbitrais ou especiais a fraude é sempre algo que motiva muitos trabalhos de verificação.

Há todo um método científico, próprio de verificação da fraude.

As perícias, quando estão volvidas para a localização de fraudes, devem ter planos específicos, com cautelas que envolvem, algumas vezes, cuidados especiais.

Muitas perícias são motivadas para detectar-se a fraude.

Indícios e perícia

Há substancial diferença entre "indício" e "prova".

Como a perícia deve ser uma prova, não pode oferecer suas conclusões apenas com base em indícios, e sim com base em evidências.

O indício é um caminho; jamais uma prova, repetimos.

Assim, por exemplo, se uma célula social mantém compras superiores a seus volumes de vendas, há um "indício" de que possa estar havendo irregularidades nas aquisições, porém não uma prova.

Se existe um saldo "credor" de caixa, há indício de irregularidade, mas nunca "prova de fraude" (o saldo pode decorrer de erro de lançamento).

Se uma empresa tem sobras de caixa, saldo muito alto e se está pagando despesas financeiras, há um "indício" de que algo não está normal, mas nunca só isso é uma "prova de irregularidade".

> Sendo o laudo pericial um forte elemento de decisão, não deve
> ter sua opinião conclusiva baseada apenas em indícios.

Tal princípio faz parte da base metodológica da tecnologia da perícia contábil: "indício não pode ensejar conclusão de laudo pericial".

Elementos materiais de exame pericial

Servem de base para os laudos periciais, em verdade, todos os elementos ao alcance do profissional, preferencialmente os que tenham capacidade legal de prova.

Por isso, os livros comerciais de registros, os documentos fiscais e legais, são bases fundamentais para verificações.

Os livros são aqueles que as leis comerciais e fiscais obrigam; os documentos são os que podem suprir as exigências igualmente da lei.

O perito, todavia, compulsa também componentes patrimoniais concretos (dinheiro, títulos, mercadorias, bens móveis, veículos etc.).

Além de tais elementos, lida, ainda, com instrumentações, como normas, cálculos, regulamentos etc.

Cada caso requer seus próprios componentes.

O que o perito não pode dispensar é o instrumento confiável e competente, adequado para cada caso que se examina.

> Um perito deve valer-se de todos os elementos materiais a seu alcance
> para que possa chegar às conclusões que levam à opinião.

Os livros, os critérios contábeis, as formalidades documentais, a qualidade de todos esses fatores, bem como os bens que formam o patrimônio, são elementos que frequentemente se compulsam.

É preciso, entretanto, ter sempre em mente *A Força Probante dos Referidos Instrumentos*.

A lei define tudo o que tem força de prova (daí a necessidade de o perito conhecer tais determinações).

> Não basta possuir elementos para verificar; é imprescindível
> que tenham força probante.

Um contrato, por exemplo, pode ter todas suas formalidades cumpridas, mas, se não tiver a assinatura das partes, de nada vale; se tiver a assinatura das partes e não tiver registro competente, não tem força de prova perante terceiros.

Não basta ter as listagens de computador que elaboram o Diário; é preciso que estejam elas encadernadas, numeradas, rubricadas e registradas nos órgãos adequados.

Não basta um simples "vale" para comprovar a saída de dinheiro do Caixa.

Pouco adianta que um Diário esteja registrado, encadernado com os termos de abertura e encerramento, com folhas rubricadas, se os registros contábeis não possuem caracterização, individuação e clareza.

Os elementos que servem de base para a perícia contábil precisam ser idôneos, válidos, com força de prova.

Considerar elementos inválidos é comprometer a qualidade da opinião e assumir responsabilidade grave perante terceiros.

Assim, por exemplo, simples cópias de "xerox" não substituem originais, em casos importantes, mesmo quando autenticadas (em caso em que o original é a prova).

Uso do trabalho de terceiros – auxiliares e especialistas

O perito não transfere sua responsabilidade porque delegou sua tarefa a auxiliares ou a outros especialistas.

Se está comprometido na perícia, se vai emitir opinião, responderá por ela, integralmente.

Por conseguinte, se deseja utilizar ou se precisa utilizar o trabalho de auxiliares ou de um especialista (engenheiro, corretor etc.), deve certificar-se de que são capazes.

É um risco muito grande a delegação de tarefas.

Preferível será não opinar que fazê-lo sem um grau satisfatório de convencimento sobre a capacidade dos delegados.

O perito não só deve exercer rigorosa seleção, mas também procurar, ele mesmo, testar a validade de tais tarefas.

Se vai socorrer-se de um especialista, precisa muito investigar sobre a capacidade dele, bem como sobre o conceito que tal especialista desfruta.

No caso de auxiliares para tarefas de menor relevância, precisa também selecionar.

Como o perito não delega responsabilidades porque delegou tarefas, precisa selecionar com muito rigor auxiliares ou especialistas nos quais possa confiar.

A cautela em eleger com um máximo rigor os que ajudam nas tarefas é condição essencial para a qualidade da opinião.

Eventualidade e perícia contábil

A perícia contábil é uma tarefa requerida, destinada a suprir uma eventualidade, com objetivo determinado, para colher opinião como prova para decisão.

Todos esses elementos compõem a natureza da perícia, mas, quanto a seu desempenho, ela é sempre eventual. Portanto, são características funcionais da perícia os elementos enunciados:

- ◆ Quanto à causa: necessidade de decisão.
- ◆ Quanto ao efeito: produção de opinião como prova.
- ◆ Quanto ao espaço: serve a determinada causa ou objetivo.
- ◆ Quanto ao tempo: tem caráter de eventualidade e não de perenidade.

Tais características distinguem a perícia, quase sempre, de outras tecnologias contábeis, como a auditoria.

Perícia e auditoria

Perícia contábil não é o mesmo que auditoria contábil.

Variam quanto à natureza das causas e efeitos, de espaço e de tempo.

A perícia serve a uma época, a um questionamento, a uma necessidade de prova; a auditoria tende a ser a necessidade constante, atingindo um número muito maior de interessados, sem necessidade de rigores metodológicos tão severos; basta dizer que a auditoria consagra a amostragem e a perícia a repele, como critério habitual.

A auditoria tem como objetivos normais a maior abrangência e a gestão como algo em continuidade, enquanto a perícia se prende à *Especificidade*, possui caráter de *Eventualidade*, só aceita o *Universo Completo* para produzir opinião como *Prova* e não como *Conceito*.

Existem muitos pontos em comum, podendo tais tecnologias se beneficiar uma do procedimento da outra, mesmo porque tudo está amparado pela ciência contábil, mas só por suplementação ou em casos muito especiais é que a perícia se vale dos critérios de auditoria.

Perícia contábil não é o mesmo que auditoria contábil, pois variam em causa, efeito, espaço, tempo e metodologia de trabalho.

A auditoria também permite maior delegação do que a perícia contábil. Auditoria é mais "revisão" e perícia mais "produção de prova" por verificação, exame, arbitramentos etc.

Perícia contábil e devassa

A perícia contábil pode transformar-se em devassa, mas também não se confunde com tal tarefa.

A devassa é um exame integral, sem nada excluir, com maior tempo de execução, interessada em conhecer todas as irregularidades que um evento tenha provocado.

A devassa envolve maior aceitação dos indícios, apela para maior quantidade de métodos extracontábeis e tem conotação de a tudo abranger, prolongando-se até o ponto em que todos os limites de verificação estejam esgotados, em todos os setores.

Não podemos dizer que a devassa seja um critério nitidamente contábil, mas que apenas apela para a Contabilidade para que esta desempenhe a função no que atinge aos fenômenos da riqueza.

Riscos na perícia

Os serviços contábeis, como quaisquer outros, possuem suas margens de risco; *na perícia, todavia, o risco tem muito mais significação, pois pode levar a uma opinião errônea, produzindo uma falsa prova, com lesão ao direito de terceiros.*

O *perito não pode errar*; tem para isto que precaver-se de todos os meios a seu alcance.

Tais precauções devem ser adotadas, principalmente, com relação aos seguintes fatores:

Tempo atribuído: somente aceitar a tarefa em tempo hábil para que possa desempenhá-la com rigor. Para tanto, deve dimensionar a tarefa e, se o tempo atribuído for incompatível com a necessidade de dedicação à execução, solicitar maior prazo; se este for negado, recusar a incumbência.

Plano de trabalho: elaborar um plano amplo e competente para a execução da perícia e escolher os melhores critérios de desempenho do plano.

Desempenho exigente: no desempenho ou execução do plano o perito deve usar sua autoridade para que tudo lhe seja oferecido a tempo e completamente, ou seja, os elementos materiais de exame devem ser satisfatórios.

Apoio exigente: nos casos, por exemplo, de sistemas informatizados, em que muitas entradas em computadores não possuem documentação (exemplo: caixas eletrônicos de bancos), exigir rigoroso apoio de programação de verificação (com assistência especializada de alto nível).

Resguardo de informes: todo informe fornecido com base em "conhecimento de serviços", ou "conhecimento de fatos", que seja relevante para o julgamento, deve ser colhido em depoimentos escritos e assinados pelos depoentes, testemunhadamente (por exemplo, informação sobre o critério de aplicação de títulos no mercado).

Provas emprestadas: onde couber, deve o perito apelar para a informação de pessoas alheias ao processo, mas ligadas por transações com a empresa ou instituição (por exemplo, pedido de confirmação de saldos a fornecedores, clientes etc.).

Declarações: quanto a dados a serem requeridos, o perito pode pedir à empresa que está sob seu exame uma carta da administração que declare que os elementos exibidos eram os exclusivos que existiam, e que nenhum outro foi produzido ou existe em outro local etc.

Preço: compatível com a qualidade e quantidade do trabalho a executar.

Em suma, *é preciso que o perito adote todas as medidas possíveis de precaução para a garantia de seu trabalho* e para que, posteriormente, não venha a prejudicar terceiros nem ser responsabilizado por omissão ou falsidade informativa.

Um trabalho pericial tem sempre riscos, necessitando de cautelas especiais.

Limites e riscos da prova emprestada

Dados fornecidos por terceiros, mas relevantes como prova, devem ser acolhidos com restrições, ou até mesmo não aceitos pelo perito.

Isso quando se tratar de trabalho que, não tendo sido da lavra do perito, como indagação, possa influir na opinião.

Em suma:

> o perito não deve tomar como sua a opinião que foi fruto de informação, dado ou tarefa de terceiros, mas, apenas, com restrições, procurar em tais elementos um subsídio a ser aceito com toda a relatividade e sobre o qual não deve afirmar.

Devem merecer recusa como prova todo e qualquer elemento derivado de método de amostragem, ainda que fornecido por terceiro que tenha conceito firmado como profissional de qualidade.

A probabilidade é um critério de fundamento que merece restrições, embora aceito em muitos casos, mas sempre duvidoso como elemento de prova em que só a certeza deve interessar.

Suspeição e impedimento de perito

Um perito pode ser julgado suspeito por uma das partes em litígio.

As razões da suspeição e de impedimento são as mesmas que também podem ser atribuídas a um juiz.

A matéria regula-se pelo estabelecido no art. 148 do Código de Processo Civil, como se segue:

> "Art. 148. Aplicam-se os motivos de impedimento e de suspeição: (...) II — aos auxiliares da justiça; (...) § 1º A parte interessada deverá arguir o impedimento ou a suspeição, em petição fundamentada e devidamente instruída, na primeira oportunidade em que lhe couber falar nos autos".

É motivo de suspeição o que estabelece o Código de Processo Civil em seus seguintes artigos e *que se aplicam ao perito*:

> Art. 145. Há suspeição do juiz:
>
> I — amigo íntimo ou inimigo de qualquer das partes ou de seus advogados;
>
> II — que receber presentes de pessoas que tiverem interesse na causa antes ou depois de iniciado o processo, que aconselhar alguma das partes acerca do objeto da causa ou que subministrar meios para atender às despesas do litígio;
>
> III — quando qualquer das partes for sua credora ou devedora, de seu cônjuge ou companheiro ou de parentes destes, em linha reta até o terceiro grau, inclusive;
>
> IV — interessado no julgamento do processo em favor de qualquer das partes.
>
> § 1º Poderá o juiz declarar-se suspeito por motivo de foro íntimo, sem necessidade de declarar suas razões.
>
> § 2º Será ilegítima a alegação de suspeição quando:
>
> I — houver sido provocada por quem a alega;
>
> II — a parte que a alega houver praticado ato que signifique manifesta aceitação do arguido.

> **MODELO Nº 01 – ESCUSA EM PERÍCIA JUDICIAL (IMPEDIMENTO – PERITO-CONTADOR)**
>
> Excelentíssimo(a) Senhor(a) Doutor(a) Juiz(Juíza) . . . .
>
> Autor:
>
> Réu:
>
> Ação:
>
> Processo nº:
>
> . . . ., Contador(a) registrado(a) no CRC . . . ., na condição de peri-to-contador nomeado no processo acima referido, vem à presença de Vossa Excelência comunicar, nos termos do art. . . . . do Código de Processo Civil (citar nº do item do Impedimento Legal, Técnico ou Suspeição) e da Norma Brasileira de Contabilidade NBC P 2.3 – Impedimento e Suspeição, do Conselho Federal de Contabilidade, o seu impedimento para a produção da prova pericial contábil, pelos motivos esclarecidos a seguir:
>
> Obs.: Tais motivos são somente aqueles insertos no art. . . . . do CPC e nos itens do Impedimento Legal ou Impedimento Técnico da NBC P 2.3 – Impedimento e Suspeição.
>
> Termos em que pede deferimento.
>
> . . . ., de . . . . de . . . .
>
> Nome do perito-contador
>
> Registro no CRC

> **MODELO Nº 02 – RENÚNCIA EM PERÍCIA ARBITRAL (IMPEDIMENTO PERITO-CONTADOR)**
>
> Senhor(a) Presidente(a) da Câmara . . . . ou do Tribunal Arbitral . . . .
>
> Requerente:
>
> Requerido:
>
> Ação:
>
> Processo nº:
>
> . . . ., Contador(a) registrado(a) no CRC . . . ., na condição de Perito--Contador escolhido no processo acima referido, vem à presença dessa Egrégia Câmara ou Egrégio Tribunal comunicar nos termos do item . . . . . . (citar nº do item do Impedimento Legal, Técnico ou Suspeição), da NBC P 2.3 – Impedimento e Suspeição, do Conselho Federal de Contabilidade, o seu impedimento para a produção da prova pericial contábil pelos motivos esclarecidos a seguir:
>
> Obs.: Tais motivos são somente aqueles insertos nos itens do Impedimento Legal ou Impedimento Técnico, da NBC P 2.3 – Impedimento e Suspeição.
>
> Certo da sua compreensão, agradeço antecipadamente.
>
> . . . ., de . . . . de . . . .
>
> Nome do perito-contador
>
> Registro no CRC

MODELO Nº 03 – RENÚNCIA EM PERÍCIA EXTRAJUDICIAL (IMPEDIMENTO PERITO-CONTADOR) Senhor(a) . . . . (Ou endereçado a empresa)

Assunto:

Referência:

. . . ., Contador(a) registrado(a) no CRC . . . ., na condição de perito-contador contratado para execução da perícia . . . ., vem pela presente comunicar, nos termos do item (citar nº do item do Impedimento Legal, Técnico ou Suspeição) da NBC P 2.3 – Impedimento e Suspeição, do Conselho Federal de Contabilidade, o seu impedimento no desenvolvimento do trabalho pericial contratado (citar o assunto ou referência) pelos motivos esclarecidos a seguir:

Obs.: Tais motivos são somente aqueles insertos nos itens do Impedimento Legal ou Impedimento Técnico, da NBC P 2.3 – Impedimento e Suspeição.

Certo da sua compreensão, agradeço antecipadamente.

. . . ., de . . . . de . . . .

Nome do perito-contador

Registro no CRC

MODELO Nº 04 – RENÚNCIA À INDICAÇÃO EM PERÍCIA JUDICIAL (IMPEDIMENTO PERITO-CONTADOR ASSISTENTE)

Excelentíssimo(a) Senhor(a) Doutor(a) Juiz(Juíza) . . . .

Autor:

Réu:

Ação:

Processo nº:

. . . ., Contador(a) registrado(a) no CRC . . . ., na condição de perito-contador assistente indicado pela parte (requerente ou requerido) no processo acima referido, vem à presença de Vossa Excelência comunicar, nos termos da Norma Brasileira de Contabilidade NBC P 2.3 – Impedimento e Suspeição, do Conselho Federal de Contabilidade, o seu impedimento na assistência da produção da prova pericial contábil, pelos motivos esclarecidos a seguir:

Obs.: Tais motivos são somente aqueles insertos no item Impedimento Técnico da NBC P 2.3 – Impedimento e Suspeição.

Termos em que pede deferimento.

. . . ., de . . . . de . . . .

Nome do perito-contador

Registro no CRC

MODELO Nº 05 – RENÚNCIA À INDICAÇÃO EM PERÍCIA ARBITRAL (IMPEDIMENTO PERITO--CONTADOR ASSISTENTE)

Senhor(a) Presidente(a) da Câmara . . . . ou do Tribunal Arbitral . . . .

Requerente:

Requerido:

Ação:

Processo nº:

. . . ., Contador(a) registrado(a) no CRC . . . ., na condição de perito--contador assistente indicado pela parte (requerente ou requerido) no processo acima referido, vem à presença dessa Egrégia Câmara ou Egrégio Tribunal, comunicar nos termos do item . . . . (citar nº do item do Impedimento Legal ou Impedimento Técnico), da NBC P 2.3 – Impedimento e Suspeição, do Conselho Federal de Contabilidade, o seu impedimento na assistência da produção da prova pericial contábil, cuja participação foi homologada por esse Juízo Arbitral pelos motivos esclarecidos a seguir:

Obs.: Tais motivos são somente aqueles insertos nos itens do Impedimento Legal ou Impedimento Técnico, da NBC P 2.3 – Impedimento e Suspeição.

Certo da sua compreensão, agradeço antecipadamente.

. . . ., de . . . . de . . . .

Nome do perito-contador

Registro no CRC

MODELO Nº 06 – RENÚNCIA EM ASSISTÊNCIA EM PERÍCIA EXTRAJUDICIAL (IMPEDIMENTO PERITO-CONTADOR ASSISTENTE)

Senhor(a) . . . .

(Ou endereçado à empresa)

Assunto:

Referência:

. . . ., Contador(a) registrado(a) no CRC . . . ., na condição de perito--contador assistente, indicado pela parte (requerente ou requerida) no processo acima referido, vem pela presente comunicar, nos termos do item (citar nº do item do Impedimento Legal ou Impedimento Técnico) da NBC P 2.3 – Impedimento e Suspeição, do Conselho Federal de Contabilidade, o seu impedimento na assistência da produção da prova pericial contábil pelos motivos esclarecidos a seguir:

Obs.: Tais motivos são somente aqueles insertos nos itens do Impedimento Legal ou Impedimento Técnico, da NBC P 2.3 – Impedimento e Suspeição.

Certo da sua compreensão, agradeço antecipadamente.

. . . ., de . . . . de . . . .

Nome do perito-contador

Registro no CRC

JOSÉ MARTONIO ALVES COELHO

Presidente do Conselho

Por dever ético, um perito não deve esperar que o julguem impedido.

Ao observar o que estabelece a lei e o que a norma regula, o profissional deve apresentar de forma espontânea a sua renúncia.

Como o que se visa é a produção de prova para que o juiz esteja habilitado a considerar a questão levantada, do trabalho pericial deve excluir-se toda influência emotiva e subjetiva (essa a imposição ética).

Simulação e prova

No desempenho da tarefa pericial contábil, em apoio à Justiça, o profissional depara certas vezes com quesitos que solicitam "simulações" ou formulação de hipóteses sobre situações.

Formula-se, por exemplo, o seguinte quesito: "Qual seria o lucro da empresa em 2008 se não tivesse a ré reduzido o volume de fornecimento de mercadorias à autora?".

O interesse, naturalmente, de quem formula uma pergunta como a exemplificada é o de obter argumento que possa ser favorável à tese que procura defender.

Há um risco quanto à opinião que se poderia derivar da resposta, especialmente se o que se está discutindo é o "lucro cessante".

A resposta do perito poderia ser tomada como um prejulgamento.

Uma questão ética, metodológica, portanto, surge para o Contador.

Ela emerge de uma interrogação fundamental sobre a finalidade para a qual se formulam as perícias.

Deflui do imperativo da natureza do trabalho se ele deve ser uma fonte de obter opinião, formação de prova ou esclarecimento.

Se o que se discute em Juízo deve ter por lastro uma prova, certo é que uma simulação ou situação hipotética deverá ser sempre recusada.

Não se sustentam direitos a partir de suposições, nem se oferecem opiniões para avaliá-los em bases de "condicionais", ou seja, se uma coisa aconteceria desta ou daquela forma.

Essa é a razão pela qual, do ponto de vista ético, um perito-contador pode abdicar de responder, julgando impertinente o quesito que requer simulações de situações.

Não haveria na recusa nem omissão, quebra de ética ou conduta equivocada, mas, sim, o exercício de uma posição definida no sentido de não instrumentar o trabalho com matéria que não possui realidade comprovável.

Existem, todavia, argumentos contrários a tal entendimento, ou seja, que defendem uma visão sobre o que "poderia vir a ocorrer", justificando ser uma auxiliar no julgamento do que se pretende postular.

Ou ainda: entendem como válido projetar um cenário visando a mostrar como seriam os fatos se tivessem ocorrido tais ou quais outros.

A questão do "se", entretanto, ou seja, do "condicional", "cogitado como possível", jamais será uma avaliação logicamente sustentável.

Isso porque o inexistente não comprova e o que "poderia ser" nem sempre o é deveras.

Os riscos das previsões são grandes, especialmente em países de instabilidade legislativa e casuísmo em plano econômico.

Se, todavia, o perito eleger o intransigente caminho de a tudo responder, sem considerar dúvidas e impertinências, assumindo os riscos da opinião, sem dúvida, a alguma das partes em litígio poderá vir a prejudicar.

O critério de "certeza", "segurança", "confiabilidade" que precisa ter um Laudo Pericial, por natureza deve recusar a simulação como uma formação de prova ou indução a opinião.

O papel do profissional não é aconselhar ou imaginar sobre situações, nem aceitar que estas possam ser sugeridas, mas oferecer as suas opiniões com fundamentação técnica, científica, mediante embasamentos sólidos calcados em realidades.

Uma piora ocorre quando, ao criar demonstrativos, estes possuem por apoio os argumentos e dados oferecidos pelas próprias partes em litígio.

Todas essas ponderações conduzem à conclusão de que o Laudo Pericial não deve ser instrumento de formulação de hipóteses, nem de probabilidades, mas, sim, de realidades.

Normas internacionais de contabilidade e contradições ante os conceitos e realidade patrimonial

Para fins periciais, as denominadas "Normas Internacionais de Contabilidade" derivadas de entidades particulares (IASB, CPC etc.), disposições de entidades oficiais, como a Comissão de Valores Mobiliários e similares, possuem apenas validade relativa, naquilo em que não ferem a realidade, a lei nem a doutrina científica.

A consideração na técnica da perícia deve estar presa à objetividade, e esta nem sempre tem sido a contemplada pelas ditas Normas Internacionais de Contabilidade quando ensejam critérios alternativos e subjetivos.

Diversos conceitos emitidos pelas entidades incumbidas das referidas "normalizações" são contestáveis ante o que a ciência da Contabilidade reconheceu ao longo de sua evolução.

Alguns aspectos relevantes hoje consagrados como realidade pelas normas, sob o pretexto de uma "visão de mercado", não são os que espelham o estritamente patrimonial, ou seja, o que a Contabilidade oferece em seus estudos científicos.

A título apenas de isolada e preliminar exemplificação, se encontram os procedimentos relativos ao "arrendamento mercantil", normalizados como "imobilização", como se patrimônio fosse, conceito não condizente perante a realidade contratual, a lei e a um estado de liquidação empresarial (este que, no caso, de forma paradoxal, as próprias normas consagram como o justo para avaliar).

As associações incumbidas de produzir normas contábeis na área internacional (FASB e IASB), controladas na prática por pequeno grupo de vocação anglo-saxônica, exercem tal influência que não só à ciência se permite contrariar, mas também aos próprios ditames do poder público e da lei (por curioso que pareça, até com o expresso consentimento deste).

São questionáveis muitas coisas que as normas apresentam como tentativa de alcançar a imagem fiel da riqueza patrimonial e dos resultados (lucros e perdas).

Até que ponto ocorre mesmo um interesse na dita fidelidade não se pode ainda determinar totalmente, pois existem forças que atuam no sentido de deixar liberadas as maneiras de informar contabilmente ou, pelo menos, fazê-las bastante "flexíveis" para ensejarem "alternativas".

Critérios liberais permitem adaptar os dados para mudar aparências nos balanços, quer para pior (o que enseja, em geral, queda no valor de ações), quer para melhor (quando ocorrem as altas nos valores referidos); tais alternativas derivadas da flexibilidade foram denunciadas em processos parlamentares de inquérito sobre as normas norte-americanas e por intelectuais que veem com seriedade a função contábil.

À "alquimia" nos conceitos e contas atribuiu-se a denominação "Contabilidade Criativa", em sentido pejorativo (assim o fez o Senado dos Estados e assim foi denunciado por diversos escritores na área contábil).

Segundo estudiosos famosos da matéria, os expedientes ditos "criativos" são condenáveis; somente uma normalização em base científica poderia corrigir a questão e recuperar o conceito profissional perdido desde a época dos grandes escândalos havidos no mercado de capitais (desde a década de 1970), difundidos internacionalmente pela imprensa.

No IX Congresso Internacional de Contabilidade do Mundo Latino, realizado em Lisboa, em 2008, perante um público de profissionais, universitários e estudiosos de mais de 2.000 pessoas, o emérito prof. Dr. Domingos José da Silva Cravo, da Universidade de Aveiro, em palestra proferida, denominou "anarquia epistemológica" o que estava a ocorrer, ante a implantação das ditas Normas Internacionais.

Memorável é, ainda, sob tal enfoque, uma conferência realizada em Belo Horizonte, no Conselho Regional de Contabilidade de Minas Gerais, pelo doutor professor Maurizio Fanni, da Universidade de Trieste, quando demonstrou amplamente o que se tem feito relativamente à manobra de valores; destacou o emérito estudioso que tal procedimento não é o que a Contabilidade científica recomenda, mas, sim, o que grupos de interesses bursáteis pressionam para que se efetive no sentido de manipular resultados.

Muito antes de todos esses referidos intelectuais o professor Abrahan Briloff, da Universidade de Nova Iorque, escreveu diversos artigos e livros contra a forma como se desenvolvia o movimento normativo.

A fraude, o embuste, o tratamento desleal, de forma geral, existem no exercício de todas as profissões, mas é deveras preocupante quando os procedimentos que podem ensejar tais coisas originam-se de normas oficialmente reconhecidas, textos legais e resoluções de entidades governamentais.

Considerada a importância social e humana da Contabilidade, a responsabilidade perante o Direito nos casos de perícias, uma normatização harmoniosa e científica é o que se tornaria desejável, mas esta parece não ser a que está amplamente sendo implantada, segundo o que se pode inferir a partir do exame da matéria já editada e dos conceitos emitidos.

A denominada "Estrutura Conceitual" das referidas Normas Internacionais (agasalhada pela Deliberação 675/2011 da Comissão de Valores Mobiliários) estabelece (texto da referida Deliberação):

> "As demonstrações contábeis são elaboradas e apresentadas para usuários externos em geral, tendo em vista suas finalidades distintas e necessidades diversas. Governos, órgãos reguladores ou autoridades tributárias, por exemplo, podem determinar especificamente exigências para atender a seus próprios interesses. Essas exigências, no entanto, não devem afetar as demonstrações contábeis elaboradas segundo esta Estrutura Conceitual.
>
> Demonstrações contábeis elaboradas dentro do que prescreve esta Estrutura Conceitual objetivam fornecer informações que sejam úteis na tomada de decisões econômicas e avaliações por parte dos usuários em geral, não tendo o propósito de atender finalidade ou necessidade específica de determinados grupos de usuários."

Hialina é a forma do texto que coloca as Normas à margem da própria ação dos governos, logo, das leis e de órgãos reguladores.

Tal fato é deveras relevante perante a questão pericial no âmbito do judiciário e onde a lei é parâmetro.

No presente momento, portanto, mediante a questão, falece a confiança e em dúvida se coloca a fidelidade, coisas não só desejáveis, mas obrigatórias para informações contábeis a serem periciadas.

O que existe na atualidade é a ostensiva multiplicidade de demonstrações, consagradas no Brasil pela recente Lei n. 11.638, publicada em 31 de dezembro de 2007, modificando o regulado para as sociedades por ações.

Foi legalmente aceita a diferença entre "escritas" e "demonstrações", reconhecendo todas como válidas, admitindo que se possa informar de forma independente: 1) o determinado pela Lei n. 6.404/1976; 2) o exigido pelo fisco; e 3) o normatizado contabilmente pela Comissão de Valores Mobiliários (cativo ao organismo internacional IASB), ainda que dissímiles sejam entre si os referidos informes, e, até, contraditórios em alguns aspectos.

Isso tenderá a criar problemas ao perito, pois a este só interessa a verdade, a essência dos fatos; a eleição, pois, dos elementos que devem servir de base ao laudo precisa ter como meta exclusiva a "realidade", e nem sempre ela se evidencia no apenas "normalizado", "legalizado" ou "tributariamente aceito", ante a verdade, pois são aspectos particulares de exibição de informes.

Quer as leis das sociedades, quer as leis fiscais, quer as Normas Internacionais que a Comissão de Valores Mobiliários impõe, possuem conflitos conceituais com as doutrinas científicas da Contabilidade, conforme tenho exposto em muitos artigos.

Em perícia contábil, é preciso cuidado especial com as verificações feitas em empresas que adotam procedimentos contábeis inspirados apenas em critérios de mercados de capitais, porque seguem ao que se tem proclamado ser uma "convergência normativa".

> As ditas "Normas Internacionais" da IASB não têm demonstrado terem compromisso com a ciência da Contabilidade nem com a Lei (como ficou expresso na dita Estrutura Conceitual); não são padrões de Contabilidade Científica, mas, sim, aspectos que ensejam informações, tal como as modela uma instituição particular, especialmente ao sabor de interesses bursáteis.

Em assim sendo, uma demonstração poderá estar de acordo com a Norma e não estar de acordo com a lei, cabendo ao perito, portanto, apurar o que de fato existe, fazendo as ressalvas pertinentes.

Como exemplo, pode-se citar que, para a existência de uma contabilidade internacional, é necessário um tratado internacional em que o Brasil seja um dos signatários; todavia, esse tratado deve ser assinado pelo Presidente da República e referendado pelo Congresso Nacional.

PLANO DE TRABALHO EM PERÍCIA CONTÁBIL

2

Conceito de plano de trabalho em perícia contábil

Conhecido o trabalho que deve executar e a opinião que deve emitir em cada questão ou quesito formulado, o perito deve traçar, com antecedência a maneira de executar as tarefas e os pontos que deve tanger, inclusive os correlatos.

Essa "previsão de tarefas", baseada nas questões propostas, constitui o plano de trabalho.

O plano é um guia a ser seguido, de forma organizada e harmônica, com as reflexões necessárias e as medidas que devem ser tomadas em cada quesito ou questão.

Para conseguir tal plano, é preciso seguir etapas. Dependendo da classe de perícia a realizar, traça-se a metodologia. Um plano depende de:

1. Pleno conhecimento da questão (se for judicial, pleno conhecimento do processo).
2. Pleno conhecimento de todos os fatos que motivam a tarefa.
3. Levantamento prévio dos recursos disponíveis para exame.
4. Prazo ou tempo para a execução das tarefas e entrega do laudo ou parecer.
5. Acessibilidade aos dados (se depende de muitos locais, com deslocamentos, burocracias etc.).

6. Pleno conhecimento dos sistemas contábeis adotados e confiabilidade de documentação.

7. Natureza de apoios, biblioteca, computadores e outros, se necessários.

Plano de trabalho em perícia contábil é a previsão, racionalmente organizada, para a execução das tarefas, no sentido de garantir a qualidade dos serviços, pela redução dos riscos sobre a opinião ou resposta.

Um plano de trabalho, sendo um guia, deve partir de realidades e de amplo conhecimento sobre tudo o que envolve a questão.

É enganoso imaginar que o elenco de quesitos já é um guia; o elenco é apenas o **Questionamento**, ou seja, o que as partes desejam saber ou requerem como opinião do perito.

Pleno conhecimento da questão

Toda perícia envolve uma questão, ou seja, um pedido de opinião ou informação de quem é competente para fornecê-la.

A perícia contábil emerge de dúvidas de natureza patrimonial ou da riqueza gerida.

Se a questão está em litígio, em juízo, existem partes que se conflitam – é inequívoco; o autor reclama direitos e o réu defende-se com seus argumentos.

Nessa contradição de pontos de vista, a riqueza de argumentos dos advogados tenta levar a sentença para seu constituinte, para beneficiá-lo.

O perito, para participar, deve ser um especialista, portanto, deve conhecer tudo sobre o que motivou a questão, os argumentos de cada um, os documentos apresentados etc.

Se perito do juiz, sua responsabilidade é total e enorme, pois a tendência é que seu laudo seja o de maior confiabilidade; se perito das partes (ou do réu ou do autor), o profissional precisa aprofundar-se nas razões de seu cliente e procurar, por todos os meios lícitos e éticos, dentro de seus conhecimentos, buscar razões em favor da parte que o constituiu. Sobre o perito assistente ou da parte, não há o ônus de suspeição, mas exige-se o dever ético.

Tudo isso exige pleno conhecimento da questão e das razões das partes.

Envolve, inclusive, prolongadas indagações do advogado e do cliente (no caso do perito de parte).

Se a perícia não é judicial, mas administrativa, se faz necessário conhecer tudo o que a motivou e por que se deseja a opinião, ou, ainda, o que se espera com ela.

Conhecendo a *razão essencial* do assunto, pode-se orientar a filosofia e a política do plano de trabalho.

O pleno conhecimento das razões pelas quais a perícia se realiza deve determinar a filosofia e a política do plano de trabalho a ser elaborado como guia.

Como são variadas as questões, variados são os planos.

Diferentemente da auditoria, a perícia vai exigir muito mais detalhamento e especificidade no plano de trabalho.

Pleno conhecimento dos fatos

Os fatos que envolvem a tarefa pericial são muitos e não se confundem com o conhecimento da "questão"; a questão nos dá a "razão" para a metodologia e os "fatos" nos informam – "o que já aconteceu e está por suceder".

Assim, por exemplo, um sócio entra na Justiça contra o outro, reclamando que o sócio-gerente não está cumprindo o contrato social; a razão pode ser "obter maior distribuição de lucro", mas os fatos que circundam a questão podem denunciar que, além do contrato social, houve um acordo de quotista em que o sócio de capital concordou que as distribuições só se fizessem quando o lucro fosse superior a determinado percentual do patrimônio líquido, corrigido até a época da distribuição.

A intenção do litigante é uma, e essa é sua razão, mas os fatos militam contra ele.

O perito pode chegar à conclusão de que os lucros foram apurados erroneamente por subavaliação de estoques ou que houve omissão de receitas etc., mas isso só mudará, no futuro, se a perícia tiver meios convincentes de uma opinião sólida.

Existem, pois, razões e fatos; nem sempre as razões são apoiadas pelos fatos e, às vezes, a perícia pode reverter os fatos ou apoiar as razões (tudo depende do que se tem para verificar).

Os fatos são ocorrências que não se confundem com as razões que motivaram uma perícia, mas é preciso conhecer ambos para planejar.

A questão que motivou a perícia pode ter contra ela fatos que estão ocorrendo ou ainda não se anexaram ao processo e que o perito deve procurar conhecer.

Pode ocorrer, ainda, que os motivadores da perícia não conheçam toda a extensão dos fatos que em litígio levantam.

Tal é o número de ocorrências que podem circundar uma perícia que não basta conhecer sobre o processo, sobre as razões, necessitando-se aprofundar sobre as eventualidades para que se trace o plano de trabalho; e ainda existe o caso em que o perito é convocado depois que os quesitos já foram todos formulados (inclusive o da parte que contrata o profissional).

Levantamento prévio dos recursos disponíveis para exame

Para planejar, é preciso conhecer os recursos disponíveis, quer humanos, quer materiais, competentes para se produzir um laudo de qualidade.

Diante dos quesitos, diante das questões, o que pode o perito contar para responder?

Nem sempre os elementos que se encontram à disposição do profissional são suficientes para a realização da tarefa conforme os quesitos ou questões requerem.

Se a parte requer um exame de custos e a empresa não tem escrita contábil de custos, as dificuldades são grandes.

Se são requeridos dados que exigem determinados controles e a empresa a ser examinada não dispõe deles, complicam-se os levantamentos.

Se se requer opinião sobre a qualidade do produto e a empresa não dispõe de meios para tais cuidados, dificilmente se conseguirá chegar a conclusões.

Por isso, antes de planejar, para não poder executar, é necessário levantar o que existe.

Somente sabendo o que se pode dispor para examinar é possível fazer um plano de trabalho pericial.

Os levantamentos devem estar centralizados dentro dos objetivos da perícia, mas não é demasiado procurar saber tudo o que existe porque, muitas vezes, é possível, por meio de um controle, obter outro, por decorrência.

Conhecido o que se solicita, é necessário conhecer os recursos disponíveis para a execução do trabalho.

Diferentemente da auditoria, na perícia a preocupação dos levantamentos se guia pelas "razões" e "fatos" que movem a questão.

Existem, pois, direcionamentos definidos.

Prazo para execução das tarefas

É comum, nas perícias, os juízes, os administradores, os interessados fixarem prazos para a realização do trabalho.

No caso judicial, os prazos são fatais. A lei fixa limites de prazos (CPC/2015). No caso de inquéritos, muitas vezes, também.

É preciso, depois de conhecer as razões, os fatos e os recursos, mensurá-los diante do tempo de que se dispõe. O melhor critério é o de realizar um *Cronograma*. O primeiro cronograma pode ser uma medida entre os fatores e o tempo.

Os cronogramas são peças simples, em que de um lado se coloca a TAREFA (os exames a serem feitos) e de outro o *Tempo Previsto*.

Tal hipótese pode fazer com que o perito peça mais prazo ou desista de realizar o serviço para não fazê-lo mal.

Podem-se calcular as tarefas em *Horas* de serviços.

Tarefas	Tempo/horas	Quesito nº
Exame de livros – legalidade	1	. . . . . .
Exame pág.... a pág.. Diário	92	. . . . . .
Exame conta Sr.	6	. . . . . .
Exame Razão conta....	19	. . . . . .
Exame contrato....	2	. . . . . .
Exame pagamentos Sr. ..	450	. . . . . .
Horas do Prazo	622	
Horas do Cronograma	570	

No caso exemplificado, o cronograma acusa que é possível, dentro das previsões, realizar a tarefa.

As margens do cronograma devem ser calculadas com "segurança", ou seja, sempre além, para cobrir os imprevistos, que são naturais.

Em tais considerações devem-se ainda ponderar problemas de acessibilidade e apoio.

Desse cronograma prévio elabora-se outro prevendo a distribuição de tarefas por auxiliares, se houver.

O CPC/2015 fixa os prazos, ou seja, no caso judicial a perícia precisa ser entregue pelo menos 20 dias antes da audiência de instrução e julgamento e os assistentes têm 15 dias de prazo após a entrega do laudo (§ 1º do art. 477 do CPC/2015).

Acesso aos dados

Nem sempre os dados necessários se acham no mesmo local onde reside o perito e às vezes se espalham por regiões até longínquas.

Outras vezes, esses mesmos dados encontram-se em mau estado de conservação, demandando esforços grandes para a leitura.

Em outra, ainda, dependem de informes de terceiros não implicados na questão e que procastinam ou tendem a procastinar o fornecimento (às vezes até instigados por uma das partes litigantes ou envolvidas no processo pericial).

É preciso, pois, caso haja determinação judicial de diligência, prever para o plano a questão do acesso aos dados.

Em empresas com muitas filiais (bancos, por exemplo), a tendência é de haver dificuldade em obter dados se o sistema de organização interna os dificulta (caso não existam centrais de arquivos de dados e documentos).

Para planejar o trabalho pericial é necessário conhecer a facilidade ou a dificuldade que se pode ter para chegar até os dados que são objeto de exames, assim como a qualidade para a leitura e o manuseio dos elementos.

Pleno conhecimento dos sistemas contábeis adotados e confiabilidade documental

Como existem muitos sistemas de registros contábeis e de arquivos, o perito também precisa entender como se processam.

Não é comum encontrar dois sistemas absolutamente iguais; existem, sim, muitas semelhanças.

O perito precisa ter um conhecimento razoável de sistemas e, especialmente em nossos dias, daqueles por critérios da informática.

Precisa testar a *Confiabilidade* dos sistemas e dos arquivos de documentos, de fitas, discos etc.

Para planejar, é preciso saber como se chega aos dados e até que ponto é possível ter confiança neles.

Se for preciso, por exemplo, analisar a conta de um cliente, em um banco, se faz necessário observar os lançamentos que possuem documentação de saques (cheques) e os que não possuem (caixa eletrônico); nesse caso, vai divergir o critério de exame, pois a parte de cheques é possível resolver com os microfilmes, mas a outra exigirá prova emprestada (pedir confirmação ao cliente).

Com o atual regime que facilita os saques, mas dificulta as perícias, as metodologias precisam variar de acordo com as circunstâncias.

> Um plano pericial precisa conhecer como chegar aos dados e como comprová-los para entender que recursos tecnológicos serão empregados.

Como *cada caso pericial tem seu próprio caráter*, sua especificidade, é possível que nessas variáveis de sistemas o perito possa adotar na mesma empresa, em circunstâncias diferentes, dois critérios.

É preciso combinar a "necessidade da indagação" com a "possibilidade dos sistemas de dados".

Existem casos em que somente outros programas de computação, armados para conferir fitas ou discos, oferecem os dados de que se necessita.

Não havendo confiabilidade, é preciso encontrar o caminho que conduza a ela, ou, então, declarar a impossibilidade de obtenção de elementos que produzam uma opinião de qualidade.

Natureza de apoios

Se o perito sabe com que apoios contar (e precisa saber), planejará de acordo com as circunstâncias.

No caso exemplificado no parágrafo anterior, sendo necessário um programa de computador, o perito precisa saber se vai dispor de pessoal da empresa ou se deve contratar (em certos casos é preferível contratar).

Havendo necessidade de pessoal, a empresa examinada pode se dispor a oferecer tal pessoal, mas também o perito deve estar preparado para utilizar seus auxiliares.

O perito deve fazer um elenco dos apoios de que necessita e onde poderá encontrá-los, para depois realizar o plano.

Apoios Necessários	Fonte
Programador para.....	Empresa......
Auxiliar de cálculos	Sr. .... (nosso funcionário)
Auxiliar de digitação	Solicitar ao periciado....
Auxiliar de análise	Sr. .... (nosso funcionário)
....	....
....	....

Cap. 2 • Plano de trabalho em perícia contábil **35**

Nem sempre uma perícia pode realizar-se sem a ajuda de pessoas que a auxiliem ou de especialistas que resolvam problemas específicos mais complexos (especialmente nas grandes tarefas, que envolvem muito material de exame).

Muitas perícias necessitam de ajuda de auxiliares e/ou técnicos especialistas, notadamente quando a matéria a ser examinada é muito grande.

As intricadas operações de nossa era, a velocidade da informação, a concentração dos capitais e dos mercados, o gigantismo das instituições, tudo isso vai fazendo da realidade da prestação de serviços contábeis um complexo que necessita de equipes de apoio.

Conteúdo dos planos periciais

Os planos periciais possuem conteúdo suficiente para que a opinião seja transmitida pelo perito, assim como possa satisfazer os que requereram a verificação e opinião.

Não há como padronizar, pois muitos são os casos que ocorrem, como ainda veremos mais adiante.

O importante é que os planos sigam os **Itens** que compõem o objeto de indagação.

Assim, por exemplo, em uma perícia administrativa em que se examina a atuação de um chefe de almoxarifado, o objetivo é saber se ele desviou materiais do estoque, visto que há uma acusação de que ele tem vendido materiais a atravessadores, tirando proveito próprio, e de que o último inventário feito não conseguiu apurar diferenças.

Percebe-se, no caso, que a possibilidade é a da manipulação nos registros de movimentação.

Podem ocorrer duas hipóteses básicas: compras registradas com entradas "a menor" ou saídas "a maior".

O plano deve girar em torno de tais verificações.

O conteúdo seria verificar as "entradas" contra as notas de compras e as "saídas" contra as requisições, e estas contra as ordens de produção.

Isso porque, partindo-se das notas fiscais de compras, se o registro de entrada foi "a menor", logo isso será acusado; partilhando-se das ordens de fabricação contra as notas de requisições de estoques, deve-se, também, se houver, detectar a diferença. Isso porque os "saldos" de cada item do estoque conferem com os "levantamentos físicos" que foram realizados.

O programa de trabalho do perito, pois, giraria em torno dessas ocorrências.

Exemplificando:

PROGRAMA DE TRABALHO PERICIAL

Empresa .... Data .... Inquérito administrativo nº .... Perito ....

Local de Exame: Almoxarifado da fábrica .... na cidade de ....

Unidade ....

> Almoxarife Responsável Sr. .... Auxiliares .... e .... e ....
>
> Sistema de registro de estoques......... Último inventário físico em ....
>
> ### I – NOTAS DE COMPRAS
>
> Confrontar as notas de compras do artigo .... fornecedor .... contra os registros de estoques ...... código .... no mês de ....
>
> Aplicar o mesmo critério para os artigos .... fornecedores ....
>
> Partir dos registros de estoques dos artigos .... para as notas de compras .... dos fornecedores ....
>
> ### II – ORDENS DE FABRICAÇÃO
>
> Partir das notas de fabricação nos........... dos materiais .... para o registro dos estoques códigos ....
>
> Partir dos estoques códigos .... para as notas de fabricação nos........
>
> *(Listar todos os exames e destacar as discrepâncias encontradas.)*

No caso de perícia judicial, os programas seguem os quesitos, determinando-se, em cada um, o que será examinado.

Exemplificando:

> ### PROGRAMA DE TRABALHO PERICIAL
>
> Processo nº ...... Vara ...... Juiz .... Partes: autores .... réus ...... Data ...... Natureza da ação .... Fórum de .... Advogados: Autores ...... Réus .... Peritos.............. Do juiz........... Do autor .... Do réu .... Compromisso em .... Prazo ....
>
> #### Quesito nº 1
>
> Solicitar os livros-diário do período .... a ....
>
> Verificar: Termos de abertura, rubricas nas páginas, nº registro ....
>
> Verificar o estado de encadernação das listagens
>
> Verificar se contêm as assinaturas do contabilista, dos proprietários
>
> Observar e relatar em que páginas estão lançados os demonstrativos contábeis de encerramento dos exercícios de .... e ....
>
> Solicitar os registros de Razão (listagens)
>
> Destacar, por digitações, imprimindo a seguir as contas de Razão relativas aos Srs. .... e .... de ....
>
> #### Quesito nº 2
>
> Destacar do arquivo o contrato nº .... entre........... e........ de.........
>
> Verificar se o destacado pela cláusula .... tem registro contábil pertinente em ....
>
> Realizar o mesmo procedimento em relação à cláusula.................

> **Quesito nº 3**
>
> Obter o total de registros de pagamentos da conta ....
>
> Observar se de ...... a ...... existem créditos na conta do Sr. ....
>
> Confrontar tais registros com a conta bancária ....

E assim por diante, vai-se estabelecendo o que realizar em relação a cada item da perícia.

As tarefas de planos são tanto mais complexas quanto intrincados o regime contábil e aquele de arquivamento.

Isso em razão da cautela contra os riscos de falha na tarefa pericial.

> Os planos periciais têm o conteúdo compatível com os objetos de exames, adaptando-se tudo a cada caso em conformidade com os regimes contábeis e documentais e natureza do serviço.

Não se pode determinar um programa-padrão, mas as linhas que guiam a organização dos conteúdos.

Controles e plano pericial

Conforme a perícia, é preciso que se observe o regime de controles internos que a empresa periciada tem.

Não são todos os casos que merecem indagações sobre o controle interno.

Quando, todavia, se fizerem necessários, podem-se seguir as mesmas linhas que são seguidas nos serviços dessa ordem, como, em alguns casos, os de auditoria.

Nesse caso, se a perícia vai depender de tais medidas, é necessário observar os "riscos inerentes", ou seja, aqueles saldos de contas que se podem movimentar escapando aos controles internos.

Aplicam-se, no caso, as técnicas de sondagem especial para que se levantem as contas que não dependem de controles (não se movimentam com documentos, mas diretamente por processos eletrônicos ou por autorizações diretas da administração).

O perito precisa proteger-se contra tais riscos.

> Quanto mais deficientes forem os controles internos, mais riscos tendem a gravar a opinião dos peritos, exigindo cautelas especiais.

É nesse particular que muito conta a experiência profissional do contador.

Sobre tais particulares, sugerimos consultar a nossa obra *Curso de auditoria*, na qual tratamos, em capítulos específicos, dos controles internos e dos riscos inerentes.

LAUDOS PERICIAIS 3

Conceito de laudo pericial

A manifestação literal do perito sobre fatos patrimoniais devidamente circunstanciados gera a peça tecnológica denominada Laudo Pericial Contábil.

É o julgamento ou pronunciamento, baseado nos conhecimentos que tem o profissional da contabilidade, em face de eventos ou fatos que são submetidos a sua apreciação.

Laudo é uma palavra que provém da expressão verbal latina substantivada *laudare (laudo, laudare)*, no sentido de "pronunciar", tal como a empregou Marco Túlio Cícero em *Pro Murema* (75).

O laudo é, de fato, um pronunciamento ou manifestação de um especialista, ou seja, o que ele entende sobre uma questão ou várias, que se submetem a sua apreciação.

Exemplificando: em um processo judicial, um advogado precisa argumentar sobre o valor de quotas da sociedade da qual seu cliente saiu; o sócio egresso entende que foi prejudicado e, inconformado, entrou na Justiça para discutir. O advogado sabe que pela lei o sócio tem direito a receber o valor de suas quotas na forma que o contrato estabelecia, mas não tem conhecimentos contábeis suficientes para atestar isso; o Juiz, por sua vez, sendo também advogado, não dispõe de conhecimento especializado para julgar. Requer-se, então, a opinião de um perito-contador.

40 Perícia contábil • *Lopes de Sá*

No processo, como é usual, formulam-se os ***Quesitos*** ou perguntas (tanto o juiz, o autor, como o réu podem formular, por meio de seus advogados, tais quesitos).

O perito do juiz examina a questão e dá sua opinião por meio de seu ***Laudo***.

Exemplo de laudo:

Exmo. Sr. Doutor

Juiz de Direito da .... Vara .... da Comarca de ....

Antônio Lopes de Sá, perito nomeado e compromissado nos autos do Processo de nº ..... em que são partes, como autores, ... e como réus ......, requer a juntada de seu laudo pericial contábil, concluído tempestivamente, cujo teor é o seguinte:

QUESITOS DOS AUTORES

1º O valor atribuído ao Patrimônio Líquido para efeito de determinar o valor da sociedade .... está correto?

Resposta do Perito: Conforme demonstramos no Anexo nº 01, que fica fazendo parte integrante deste laudo, o valor atribuído de $ ...... pelos réus não está correto.

Militam contra a correção os itens 1 a 3 do Anexo nº 01, supra-aludido, ou seja, não foram corretas as reavaliações dos bens do Ativo Permanente, nem, como se demonstra nos itens 4 a 6, do Anexo 01 já referido, os valores imateriais de "fundo de comércio" ou aviamento, como o previsto na cláusula .... do contrato social registrado sob nº .... na Junta ....

2º No entender do perito, qual o valor a ser atribuído às quotas dos autores ...... pelas quotas que possuíam na sociedade ......?

Resposta do Perito: No entender deste perito e como se acha demonstrado no Anexo nº 02, que fica fazendo parte integrante deste laudo, o valor de Patrimônio Líquido Reavaliado, ao qual se agrega o valor do aviamento, produz um total de $ .....; calculando-se o percentual de participação dos autores e que era de .....%, o valor de suas quotas é de $ ...... (itens 9 e 10 do Anexo nº 02).

QUESITOS DOS RÉUS

1º O valor de $ ...... de Patrimônio Líquido do balanço encerrado em ...... foi reavaliado para servir de base de cálculo de quotas dos sócios ...... egressos?

Resposta do Perito: Sim. Houve reavaliação, porém a mesma deixou de incluir elementos e outros os fez com insuficiência, conforme está demonstrado no Anexo nº 01, apenso.

2º O Patrimônio Líquido Reavaliado foi, percentualmente, atribuído como valor de resgate das quotas dos sócios egressos?

Resposta do Perito: Sim. Tal valor, todavia, como já foi esclarecido, não é o que este perito considera correto.

O valor correto seria, como respondeu este perito no presente laudo, $ ....

3º Entende o senhor perito que, diante da situação de prejuízo verificada nos exercícios de ...... e ......, seria o caso de calcular-se valor de aviamento, conforme determina a cláusula ...... do contrato social?

> *Resposta do Perito*: Entende este perito, conforme a melhor doutrina contábil e de acordo com normas consagradas, que o valor de aviamento se calcula sobre as "perspectivas de lucros" e não sobre os resultados passados.
>
> Em razão disso, como demonstra no Anexo nº 02, o aviamento deve ser calculado e agregado ao valor de patrimônio líquido para que se tenha o valor de cálculo a que se refere a cláusula ... do Contrato Social. Para reforço da opinião deste perito, em anexo de nº 03, relaciona as opiniões dos maiores mestres da atualidade sobre o assunto.
>
> Belo Horizonte, ...
>
> Antônio Lopes de Sá – Contador CRC 1086 MG

É óbvio que o exemplo é o mais singelo; em geral, as perícias possuem mais ou menos quesitos conforme a necessidade de argumentação dos advogados e o esclarecimento que se deve prestar ao Juiz.

Cada caso, pois, gera cada laudo pericial contábil.

Laudo pericial contábil é uma peça tecnológica que contém opiniões do perito-contador, como pronunciamento, sobre questões que lhe são formuladas e que requerem seu pronunciamento.

Não se pode deixar de observar que o laudo é uma peça de ***Especialista***, necessitando, todavia, para que seja de boa qualidade, que contenha argumentos sobre as opiniões.

Estrutura dos laudos

Não existe um padrão de laudo, na arbitragem ou em procedimentos extrajudiciais, mas existem formalidades que compõem a sua estrutura.

No âmbito da Justiça Estatal, o CPC/2015, em seu art. 473, estabelece as condições mínimas para a apresentação de um laudo.

Em geral, no mínimo, um laudo deve ter em sua estrutura os seguintes elementos:

I – Prólogo de encaminhamento, método científico, análises técnicas e científicas
II – Quesitos
III – Respostas
IV – Assinatura do perito
V – Anexos
VI – Pareceres (se houver)

O prólogo de encaminhamento é, como foi visto no exemplo do parágrafo anterior, a identificação e o pedido de anexação aos autos.

Por isso, é dirigido ao Juiz, identificados a Vara, a comarca, o número do processo, os autores e os réus, a natureza da ação, bem como o perito (nos casos judiciais).

Se o laudo é de Perícia Administrativa ou de outro gênero, será encaminhado a quem o requereu e identificada a razão.

No caso judicial, os quesitos são divididos nos grupos de: quesitos dos autores e quesitos dos réus.

No caso administrativo, os quesitos são identificados pelas áreas de interesse que foram objeto de indagação (que podem ser setores da empresa, grupo de pessoas, filiais, agentes etc.).

As respostas devem seguir-se aos quesitos.

Os anexos "ilustram" as respostas, para evitar que se tornem prolixas ou, então, reforçam a opinião.

Pareceres de outros especialistas ou de notáveis podem ser requeridos para efeito de reforço da opinião do perito ou até para suplementá-la e, nesse caso, apensos ficam ao laudo.

> Os laudos, em suas estruturas, devem encerrar identificações dos destinatários, do perito, das questões que foram formuladas e conter respostas pertinentes, devidamente argumentadas, anexando-se o que possa reforçar os argumentos das respostas ou opiniões emitidas.

A estrutura pode ser ampliada, de acordo com cada caso, mas deve conter, no mínimo, o que foi exposto.

Requisitos de um laudo contábil

Para que um laudo possa classificar-se como de boa qualidade, precisa atender aos seguintes requisitos mínimos:

1. objetividade;
2. rigor tecnológico;
3. concisão;
4. argumentação;
5. exatidão;
6. clareza.

A *objetividade* é um princípio que se estriba no preceito acolhido pelas ciências, ou seja, a exclusão do julgamento em bases "pessoais" ou "subjetivas".

A contabilidade tem seus princípios, suas leis, suas normas, formados através dos milênios.

O que a caracteriza como ciência é exatamente o fato da "generalidade" da aplicação do conhecimento.

Sobre a questão, veja-se nossa obra *Teoria da contabilidade superior* (Belo Horizonte: UNA-IPAT, 1994).

A opinião de um contador não é inspirada no que ele "supõe", mas no que ele "aprendeu" ou "absorveu" como conhecimento.

O que é objetivo é "racional" e, no campo tecnológico da perícia, deve inspirar-se na ciência contábil. Ou seja, como Immanuel Kant entende, o objetivo é o que está atado ao "conhecimento" (*Crítica da razão pura*, dialética, livro I, séc. I).

Em seu laudo, o perito não deve divagar, mas, de forma concreta, ater-se à matéria, respeitando sua disciplina de conhecimentos.

Exemplificando: *Resposta objetiva*: "As depreciações calculadas no exercício de ...... na base percentual aplicada sobre o saldo das contas .... não espelham a realidade. Os valores deveriam ser $ .... $ .... $ .... Considerando-se a vida útil dos bens relacionados no anexo nº .... e os laudos do Instituto Tecnológico de .... que a fixou.

Não ocorrendo outros fatores, como os de obsolescência, sinistros etc., que interrompam a vida útil, a depreciação deve limitar-se dentro de uma razão que considere a vida útil e o valor para se encontrarem as quotas de depreciação pertinentes."

Exemplificando: *Resposta não objetiva*: "As depreciações parecem aceitáveis, porque a empresa naturalmente as calculou dentro de suas conveniências."

O perito precisa ater-se à questão com "realidade" e dentro dos "parâmetros da contabilidade" e não deve utilizar expressões como as exemplificadas – "Parece-me"; o perito não deve emitir opiniões vagas e imprecisas em matéria definida no conhecimento contábil.

Por isso, um laudo também deve ter *rigor tecnológico*, ou seja, deve limitar-se ao que é reconhecido como científico no campo da especialidade.

O rigor tecnológico já expulsa, por si, o "subjetivo".

Em Contabilidade há um número expressivo de doutrinas e de normas em que o perito pode basear-se para emitir suas opiniões.

A *concisão* exige que as respostas evitem o prolixo. Um laudo deve evitar palavras e argumentos inúteis ao caso.

Um laudo deve ser bem redigido, mas não é uma peça literária; precisa ater-se ao "assunto" e responder satisfatoriamente. A concisão, todavia, não deve chegar ao absurdo da exclusão dos argumentos.

Exemplificando: *Resposta concisa inadequada*

Quesito: O valor dos estoques foi determinado corretamente no exercício de...?

Resposta: Não.

Exemplificando: *Resposta concisa adequada*

Não. O valor dos materiais foi tomado apenas pelo preço de fatura, sem considerar os demais custos de compra que devem aumentar o custo dos materiais. "O anexo nº ...... demonstra tal irregularidade. Além de tal procedimento ferir o que dispõe a lei ......, fere a Norma de Avaliação Contábil do CFC nº ...... e altera o resultado da empresa para menor."

A parte colocada "entre aspas" representa um acréscimo que não pode ser tomado como concisão, mas completa objetivamente a orientação que o perito deve dar sobre as *consequências* do fato.

44 Perícia contábil • Lopes de Sá

No que tange à *argumentação*, deve o perito alegar por que concluiu ou em que se baseia para apresentar sua opinião.

No exemplo supramencionado, a parte entre aspas (Além de tal procedimento ferir.... etc.) é uma argumentação, pois o perito cita em que se baseou para afirmar.

Quando as argumentações forem longas, demandando a evocação de muitos argumentos, o perito pode utilizar-se de anexo para discorrer sobre suas razões, tornando, dessa forma, mais concisa a resposta.

Exemplificando o caso de anexo de argumentação:

Resposta ao quesito n⁰ ...... – O valor de aviamento não foi considerado no cálculo de valor das quotas, mas faz parte do valor de cessão de quotas e ações. Sobre a questão, o Anexo n⁰ ....., que fica fazendo parte deste laudo, apresenta as argumentações sobre o assunto e faz citações às principais obras sobre a questão, com opinião de valiosos luminares da Contabilidade, e às normas editadas a esse respeito.

Tal procedimento visa tornar mais prática a leitura e utilização do laudo, e, se de interesse dos advogados, a leitura do Anexo pode complementar razões.

No que tange à *exatidão*, ela é condição essencial de um laudo.

O perito não deve "supor", mas só afirmar quando tem *absoluta segurança sobre o que opina*.

O laudo não é uma informação empírica, pois isso não cabe em peças tecnológicas.

Um laudo não pode basear-se em suposições, mas apenas em fatos concretos.

Por isso, *um laudo não é uma informação, mas uma opinião baseada em realidades inequívocas*; havendo insegurança para opinar, o perito deve abdicar, declarando sua impossibilidade para responder.

Um laudo que se baseie apenas em "depoimentos de testemunhas" não é um laudo pericial contábil, pois falta materialidade para concluir.

O perito deve, no que diz respeito à ciência, fundamentar suas conclusões na literatura contábil especializada, mas não é um coletor de "opinião de terceiros", e sim um emissor de opinião própria.

Pode até ouvir terceiros, mas apenas como subsídio ou reforço de uma conclusão, à qual já chegou por meio de investigação contábil.

Um laudo pericial contábil não pode ser baseado apenas em opiniões e testemunhos de terceiros. Deve basear-se também em materialidades de natureza contábil.

A *exatidão* de um laudo só pode ser conseguida se as provas que instruíram a demanda e que conduzem à opinião são consistentes e obtidas por critérios eminentemente contábeis.

No que tange à *clareza*, ela é importantíssima porque o perito deve entender que o laudo é feito *para terceiros* que não são especialistas e que não possuem obrigação de entender a terminologia tecnológica e científica da Contabilidade. Portanto, como suporte, é deveras importante a inclusão dos conceitos.

Além do mais, a clareza envolve frases *inequívocas* quanto a seu entendimento; deve o perito evitar *interpretações* do que afirma; deve *afirmar claramente*.

Frases vagas, de dupla interpretação, com abuso de terminologia contábil específica, rebuscada demasiadamente em seu vernáculo, impedem a *clareza*.

A resposta a um quesito não deve ensejar nova pergunta.

Um laudo exige respostas que esgotem os assuntos dos quesitos
e que não necessitem mais de esclarecimentos.

A clareza compreende, pois, também, em si, a necessidade de que uma resposta não só seja isenta de dúvidas, como também tenha a abrangência completa dentro do que se pergunta.

Algumas vezes, as perguntas ao perito são incompletas, por desconhecimento contábil de quem as pergunta (por isso o perito precisa conhecer as "razões" dela), devendo-se analisar a inicial e a contestação para evitar interpretações polissêmicas ou ambíguas; nesse caso, o perito pode "complementar" sua resposta, dentro do tema.

Quando um quesito é incompleto em sua redação, mas tem objetivo correto dentro das
razões que motivam a perícia, é conveniente ao perito complementar a resposta.

Foi o caso da pergunta ou quesito anteriormente exemplificado em que se inquere, por exemplo:

> Quesito nº ... – O valor dos estoques foi determinado corretamente no exercício de ....?
>
> A resposta poderia ser apenas não.
>
> Isso seria responder sem argumentar.

Além de argumentar, o perito pode complementar:

> Resposta: .... Além de tal procedimento ferir a lei ...... art. ..... § ...... fere a Norma de Contabilidade nº ...... do ...... e *provocou a redução do lucro apurado no mesmo exercício*.

A parte grifada (provocou...) é a complementação que ajuda o propósito da pergunta, embora não esteja contido nela.

O simples "Não" na resposta ao quesito denota má qualidade do laudo. O objetivo do laudo é esclarecer e não, apenas, cumprir uma obrigação de resposta da qual o profissional se desincumbe com um simples "não".

A clareza exige, pois, não só o inequívoco, o que não sugere mais perguntas, mas também o que tudo alcança dentro do assunto.

A apresentação apenas da negativa, no caso exemplificado, não há dúvida, responde, mas "não esclarece por quê".

Faz parte do dever do profissional, como comportamento ético, exibir as razões de sua conclusão.

Requisitos das respostas no laudo

As respostas aos quesitos que motivam um laudo devem, pois, ter os seguintes requisitos:

- objetividade;
- justificação;
- rigor tecnológico;
- precisão;
- complementação (quando necessária);
- clareza.

Como *da qualidade das respostas depende a qualidade do laudo* e como sobre o assunto já dissertamos, apenas aqui se repetem as condições imprescindíveis.

Uma resposta deve ater-se a seu *Objeto*, ou seja, ao que está perguntado. Se o que se pergunta comporta complementação, esta deve ser feita.

Não basta, também, só responder; necessário se faz explicar por que se chegou à resposta, e isso é argumentar. Argumentando-se, justifica-se o ponto de vista.

Como a perícia é contábil, deve pautar-se dentro da metodologia de tal conhecimento. *Um laudo não é uma peça de suposição, ficção ou literatura, mas algo tecnológico*, ou seja, inspira-se nos princípios da doutrina contábil.

Para que se chegue a conclusões, é preciso, pois, rigor tecnológico. Necessário, também, que exista certeza sobre o que se afirma, e isso é *precisão*.

Para que a resposta seja entendida, é preciso que esteja ao alcance de quem vai utilizar-se dela. Isso exige *clareza*.

Já exemplificamos, no parágrafo precedente, todos esses aspectos, mas não é demasiado aduzir que *uma resposta pericial precisa ser útil*.

A utilidade se traduz, no caso, por atender aos propósitos de quem formula a questão.

Tipos de laudos

Os laudos variam de acordo com suas finalidades, que são muitas.

No campo *Administrativo*, podem existir laudos para atender aos seguintes propósitos:

- desfalques (fraudes);
- corrupção;
- opinião de apoio ao conselho fiscal ou ao conselho administrativo;
- abuso de direito ou de poder, logo, desvio de finalidade;
- desempenho ou gestão;

- aumentos salariais;
- decisões administrativas diversas.

Ensejam, pois, perícias casos da vida administrativa em que se faz necessário "investigar", por "exame contábil específico", um problema sobre o qual a administração precisa inteirar-se para saber como irá proceder.

Os casos de **Desfalques** são comuns; a prática da fraude deriva de vários motivos e existem formas próprias de investigá-la (como veremos mais adiante neste livro).

As práticas de **Corrupção**, em que se envolvem corruptos e corruptores, têm-se generalizado nas grandes organizações e no Poder Público em particular, em todo o mundo. A apuração dessa mazela social depende de técnica pericial.

Assim, por exemplo, no ano de 1993, no Brasil, a nação se surpreendeu com a denominada "Máfia do Orçamento", em que políticos e funcionários do Governo se envolveram em usos criminosos de verbas públicas, em favorecimento próprio. São de conhecimento de toda a nação os "rastreamentos de contas bancárias", por exemplo, para descobrir a "fonte do dinheiro" que foi ter às mãos desses maus cidadãos.

Foi preciso investigar, pericialmente, para que se pudesse concluir toda a trama que vitimou a nação.

As perícias administrativas, no campo do exame da gestão, visam especialmente observar se determinado gestor é perdulário, se não se aplica em seu trabalho, usando mal o patrimônio etc.

As perícias para aumentos salariais visam especular sobre os limites suportáveis dos aumentos.

As perícias para decisões são feitas para que um administrador tenha plena consciência sobre o que irá decidir.

As perícias judiciais (das quais trataremos, analiticamente, em capítulo seguinte) são diversas e dependem da "natureza" das ações judiciais para as quais foram requeridas.

Por isso, como são muito variadas, podemos pelo menos esclarecer que se referem a trabalhos em processos judiciais e/ou arbitrais de ações de:

- apuração de haveres;
- busca e apreensão;
- consignação em pagamento;
- cominatórias;
- concordatas;
- desapropriação;
- dissolução de sociedade;
- exclusão de sócio;
- extrato de conta;
- embargos;
- executivas;
- exibição de livros;
- falências;

- impugnação de créditos;
- inventário;
- inquérito judicial;
- liquidação de firma;
- mensuração de perdas, danos e lucros cessantes;
- negatória de renovação de contrato;
- ordinária em geral;
- penais;
- possessórias;
- prestação de contas;
- reclamações trabalhistas;
- reintegração de posse;
- rescisórias;
- tributárias (fiscais) etc.

Os tipos de perícia variam, pois, de acordo com a finalidade a que se aplicam.

Como, no caso judicial e arbitral, visam oferecer provas, pode o juiz ou o árbitro entender que são justificáveis as perícias, e, como são variadas as naturezas dos litígios, muitos são os tipos de trabalho do perito, mas sempre deve desenvolver-se dentro dos objetivos para os quais seu trabalho foi requerido.

A tecnologia a ser empregada será sempre a contábil, mas o tipo da perícia pode ditar metodologias específicas.

Existem casos, inclusive, em que só a perícia é que vai oferecer meios para se decidir, quer por sentença do juiz, quer do administrador (dependendo do caso, ou seja, se a perícia é judicial ou administrativa).

Anexos dos laudos

Os anexos de um laudo pericial são, em geral, "esclarecimentos" ou "análises" das matérias descritas nas respostas dos quesitos. Possibilitam que as respostas sejam mais "concisas", deixando os detalhes para os anexos, ou apresentam comprovações da matéria que se acha descrita.

Podem, como vimos, constituir-se de:

1. extratos de contas;
2. demonstrações de contas;
3. razões de cálculos;
4. documentos;
5. pareceres;
6. cópias de matérias em livros, resoluções etc.;
7. demonstrações de apurações;
8. inventários;
9. balanços;
10. balancetes;

11. fluxos de caixa;
12. listagens;
13. publicações;
14. certidões;
15. cópias de páginas de Diário, Razão, livros em geral;
16. declarações;
17. cópias de comprovantes;
18. atestados;
19. análises contábeis;
20. análises tecnológicas;
21. escrituras;
22. formais de partilhas;
23. depoimentos;
24. fichas de lançamentos;
25. cópias de contratos;
26. prestações de contas;
27. avaliações de bens;
28. fotografias;
29. levantamentos físicos diversos;
30. análises de custos;
31. impressos de controles internos de empresas;
32. acórdãos e instruções normativas;
33. regulamentos;
34. tabelas de preços;
35. estatísticas e dados econômicos;
36. pedidos de compras;
37. ordens de compras;
38. ordens de fabricação;
39. fichas cadastrais;
40. cópias de recibos;
41. cópias de recolhimentos de tributos;
42. cópias de carteiras de trabalho;
43. cópias de registros de pessoal;
44. cópias de recolhimentos de contribuições sociais;
45. cópias de recolhimentos de tributos;
46. cópias de relações de rendimentos;
47. cópias de declarações de Imposto de Renda;
48. cópias de relações trabalhistas;
49. cópias de cartas;
50. cópias de convocações de assembleias;
51. cópias de atas;
52. cópias de cotações de bolsas;
53. cópias de e-mails etc.

Os exemplos visam, por sua extensão, esclarecer como podem ser diversas as naturezas dos anexos.

O perito, todas as vezes que necessitar "esclarecer", "dar mais força" a seus argumentos, deve apelar para os anexos.

Cada perícia, naturalmente, indicará a necessidade, prevalecendo sempre o bom senso, ou seja, devem-se evitar anexos sobre o óbvio ou sobre matéria que já conste do processo.

Os anexos devem ser numerados, e a referência a eles, no texto dos quesitos, será sempre por seu número.

Pode-se, também, listar os anexos.

Exemplificando:

> Anexo nº 1: Cópia do contrato de compra e venda de quotas da sociedade....
> Anexo nº 2: Inventário de mercadorias na data.....
> Anexo nº 3: Demonstração do valor de quota
> etc.

Isso não dispensa a referência, no texto de resposta ao quesito, ao número do anexo. (Cada anexo deve ter o seu número próprio.)

Os anexos devem ser pertinentes ao assunto de cada quesito, ou seja, devem referir-se à matéria objetivamente. Na resposta deve constar: "conforme anexo nº..." ou, então, "veja-se anexo nº.....".

Preferivelmente, o número dos anexos deve seguir a sequência dos quesitos, ou seja, deve ser em numeração crescente; pode-se também classificar: "Quesito nº 1, Anexo nº ..." "Quesito nº 2, Anexo nº...." etc. É possível, ainda, convencionar um prefixo com o número do anexo; por exemplo: 1/1, 1/2, 1/3, representando o primeiro o número do quesito e o segundo o número do anexo; para o quesito 2, ter-se-ia 2/1, 2/2, 2/3 etc.

Nesse caso, no texto da resposta ao quesito constaria: "conforme anexo 1/3"; ou "conforme anexo nº 3/5" etc.

Os anexos são partes do laudo que a ele são adicionadas para esclarecer ou comprovar o texto da resposta aos quesitos.

Como tal, os anexos evitam longos textos de respostas e em muito facilitam a leitura do laudo.

Os anexos devem ser numerados seguidamente e no texto das respostas dos quesitos deve-se fazer referência a tais números como referência.

A quantidade de anexos depende de cada caso; não são elementos obrigatórios de um laudo, mas o enriquecem e ajudam nos esclarecimentos.

Se o processo, todavia, já tem as comprovações anexadas, basta que o perito se refira, em sua resposta, à página em que o documento se acha, evitando novamente anexar o que já está apenso.

Como o perito deve guardar cópia de seu trabalho (para seu controle), os anexos ao laudo também devem fazer parte de seu arquivo (nesse caso, necessitando de duas vias).

Alguns peritos costumam dar a seus clientes (quando são peritos assistentes ou da parte) cópia integral do que entregaram à Justiça; nesse caso, se extraíram anexos, mais uma cópia será, obviamente, necessária.

Laudos coletivos

Em muitos casos, conforme exigência legal ou interesse de quem requer a perícia, o trabalho é feito por mais de um profissional.

Nas perícias judiciais são três os peritos, em geral, mas podem ser mais. Um é o perito do juiz e dois são assistentes, ou seja, um dos autores e outro dos réus.

É habitual, pois, o "laudo coletivo" ou realizado por uma junta de profissionais.

Em casos extrajudiciais, como avaliação de bens para aumento de capital, a lei obriga que sejam três os peritos.

Em inquéritos administrativos, conforme o volume, podem funcionar diversos peritos.

Como o trabalho é coletivo, podem ocorrer: concordância plena, concordância parcial e/ou discordância total entre os peritos.

Laudo coletivo é aquele que é realizado por uma junta de peritos, ou seja, por mais de um profissional, e pode provocar concordância ou discordância entre eles.

Nos casos de discordância, o perito que não concorda produz um laudo à parte no qual manifesta seu ponto de vista. É o caso dos laudos em separado.

Nesse caso, o perito, em seu laudo, diz que concorda com os demais em tais ou quais respostas, mas discorda em tal ou qual.

No caso de "discordância", é preciso que o perito não só apresente seu ponto de vista, mas também o justifique e argumente por que discorda.

Se todos estão de acordo, todos assinam em conjunto. Os que discordam, apresentam laudos em separado. Tais laudos devem possuir um máximo de argumentação.

Exemplificando:

Exmo. Sr. Dr. Juiz de Direito da ... Vara .... de .....

Meritíssimo Juiz.

Antônio Lopes de Sá, Contador, CRC 1086 MG, CPF...., ..., ..., perito assistente dos réus .... no Processo de nº ..., Ação ...., em que são autores ..... e réus ....., divergindo do laudo do

> ilustre Perito de V.Exa., vem apresentar Laudo Pericial Contábil, em separado, relativamente às respostas dos quesitos nº .... e nº .... dos autores e os de nº .... e nº .... dos réus.
>
> Requer a juntada, pois, de seu laudo nos autos.
>
> Belo Horizonte, ...
>
> *Assinatura*: ....

No laudo, o perito passa, então, a apresentar os motivos de sua discordância e a resposta que entende como correta.

Pode, todavia, apenas apresentar sua resposta sem apresentar razões de sua discordância, mas entendemos que a melhor técnica seja como exemplificamos a seguir:

LAUDO PERICIAL CONTÁBIL – EM SEPARADO

Processo nº ....

Ação ....

Autores ....

Réus .....

Vara ..... de .....

Data: .....

Perito assistente dos réus: ....

QUESITOS DOS AUTORES

Quesito nº ......

Resposta: De acordo com o perito do juiz.

Quesito nº ......

Resposta: De acordo com o perito do juiz.

Quesito nº ......

Resposta: O perito signatário discorda da resposta do perito do juiz e apresenta a seguinte:

O valor de patrimônio líquido real da sociedade .... é de $...., conforme está demonstrado no Anexo nº ... .

O Patrimônio Líquido deve incluir não só o valor do Capital e das Reservas de Correção Monetária, mas também os Lucros Acumulados no período de .... a ....., motivo da lide, foi de $....., conforme balancete de apuração do mês de .....; veja-se o Anexo nº ....

Além do mais, Patrimônio Líquido Real não é apenas o que figura em Balanço, mas o que resulta de uma atualização dos valores de Ativo, e de atualização dos valores das dívidas; nesse caso, conforme demonstramos no Anexo nº ...., o Patrimônio Líquido excede ao de balanço em $....., ou seja, o *real* é de $...... e o demonstrado é de $..... .

Resposta: O perito signatário discorda da resposta do perito do Juiz e apresenta a seguinte:

Quesito nº ....

A reserva de reavaliação de $ .... constante do Patrimônio Líquido não representa o valor atual dos bens do Ativo em ..... porque foi realizada a reavaliação dois anos antes da lide, conforme lançamentos às págs. ...... do Diário nº ....; consideramos que os valores a serem tomados são os atualizados, de acordo com os laudos de avaliação realizados em ...... por .... e anexos a este laudo sob nᵒˢ .....

Por conseguinte, a Reserva de Reavaliação referida e constante do Balanço em.... não é competente para traduzir o valor atual, residindo neste ponto *a discordância* do signatário perito.

Como tais valores *distorcem substancialmente* a realidade do valor de Patrimônio Líquido Real, mesmo considerada a Reserva de Reavaliação, está ela muito abaixo da realidade por referir-se a uma *reavaliação remota*, ou seja, há dois anos praticada.

Como perante a Lei ..... art. .... e art. ..... as Reservas de Correção Monetária não se confundem com as de Reavaliação, a falta de atualização reflete uma séria diferença.

QUESITOS DOS RÉUS

Quesito nº ....

Resposta: O perito signatário discorda da resposta do perito do Juiz e apresenta a seguinte:

O valor de Patrimônio Líquido deve coincidir com aquele da data em que o direito é reclamado e, por conseguinte, a "competência", ou prazo em que os lucros se formam é a que vai do dia .... ao dia ....

A falta de consideração de tais lucros, de sua acumulação competente, distorce o valor de Patrimônio Líquido em $ ...... conforme anexo ...... onde se demonstram os elementos a serem considerados na apuração e suas datas.

Quesito nº .....

Resposta: O perito signatário discorda da resposta do perito do Juiz e apresenta a seguinte:

As Despesas de Administração constantes da pág. .... do Diário nº .... são, em realidade, liberalidades cometidas pela Diretoria, sem a autorização expressa da assembleia; os anexos nᵒˢ ..... e ...... e ...... e ..... evidenciam que no Estatuto da Sociedade é vedada toda despesa de doação sem autorização de Assembleia; que na Assembleia de aprovação das contas de ..... foi ressalvado tal fato pelo acionista ......; que a referida doação nada tem a ver com o objeto de exploração da empresa; que o documento de doação não tem a identificação completa do beneficiário.

O perito signatário está de acordo com as demais respostas aos quesitos de nᵒˢ ...... dos autores e nᵒˢ....... dos réus.

Belo Horizonte, ...

Antônio Lopes de Sá – Contador, CRC 1086 MG

Nos laudos que apresentam discordâncias, o perito deve ater-se à parte "material", a seus pontos de vista como "ideias", jamais, por conseguinte, dando caráter "pessoal" que possa de forma direta ou indireta atingir seu colega.

Expressões como "pessoas menos informadas", "pessoas menos avisadas", "sendo isso questão de competência", "só os incompetentes", "somente os desatualizados", "aqueles que estão superados" etc. não devem ser empregadas.

Deve haver o máximo respeito no tratamento entre os peritos e a linguagem deve ser a mais elevada.

Podem-se utilizar expressões como "discorda", "deixa de aceitar" e equivalentes que são objetivas, sem, todavia, sugerir ofensa pessoal.

Laudos discordantes são naturais, pois podem ocorrer diferenças de pontos de vista em questões polêmicas e mesmo em forma de observar os fatos.

Não há demérito em discordar, mas existe em ofender ou tentar menosprezar um colega no exercício da profissão.

Mesmo quando há diferença de experiência e cultura, o respeito é condição essencial.

Laudo insuficiente (§ 5º do art. 465 do CPC/2015)

Laudo insuficiente é aquele que não esclarece tudo o que dele se espera como meio de entendimento sobre uma questão ou várias que tenham sido formuladas.

Pode ocorrer que um laudo não satisfaça. Pode ocorrer que seja questionável e omisso.

Um laudo pode satisfazer uma parte e não satisfazer a outra; a uma pode interessar a omissão e à outra, pode prejudicar.

Quando ocorre a "insuficiência", é aconselhável outra perícia (sobre isso trataremos no capítulo seguinte, dedicado à parte da perícia judicial).

As verificações podem ser incompletas. Os exames podem omitir ou mal interpretar. Um fato pode passar despercebido.

Todas essas ocorrências podem suceder, e são de fato, na prática, constatáveis; a própria lei prevê isso para os casos de perícia judicial.

Na perícia administrativa pode, também, ocorrer que as respostas não sejam tão esclarecedoras como delas se esperava.

Tudo isso pode ensejar uma segunda perícia sobre os mesmos assuntos.

Outro perito pode chegar a conclusões mais amplas e satisfatórias.

É inequívoco que as capacidades não são iguais entre todos os profissionais.

O laudo insuficiente, pois, pode existir.

Um laudo será insuficiente quando suas opiniões não forem satisfatoriamente esclarecedoras para quem o requereu ou dele vai necessitar como prova.

Sendo o laudo uma peça de valia para os fins de decisão, pode ocorrer que uma das partes interessadas o considere lesivo a seus direitos, porque omitiu ou distorceu opiniões.

As considerações de insuficiências dos laudos, todavia, não devem ser tratadas com excessos de rigor.

Só se deve considerar um laudo insuficiente quando os dados omissos neste ou que estiverem expostos de forma incompleta forem capazes de alterar a decisão do juiz.

Pequenos erros de cálculos, exclusões de detalhes e documentos irrelevantes, falta de análises de particularidades não decisivas ante o julgamento são imperfeições, mas não insuficiências competentes para que um laudo seja, de fato, considerado defeituoso por insuficiência de dados.

Entretanto, não escapa ao julgamento de laudo insuficiente aquele que tem como resposta a evasiva ou uma declaração de incapacidade de apuração quando na realidade a apuração era possível.

Laudo deficiente (§ 5º do art. 465 do CPC/2015)

Se um laudo foi feito com ausência ou a disfunção de uma estrutura técnica científica ou que tenha sido apresentado com patologias, diz-se deficiente.

Deficiência é o termo usado para definir a ausência ou a disfunção de uma estrutura técnica científica, ausência de análise técnica ou científica e/ou do método científico, e diz respeito à atividade exercida pelo perito; de uma forma mais restrita, refere-se à ausência de conhecimento do perito, logo, é um laudo que não é suficiente sob o ponto de vista quantitativo e qualificativo, por ser deficitário ou incompleto.

Esclarecimento de laudo

Um laudo pode não estar devidamente claro, embora não seja insuficiente.

Há uma diferença de conceitos; o laudo insuficiente é geralmente o que omite ou distorce; o laudo que enseja esclarecimento é o que não omite, não distorce, mas permite interpretação duvidosa.

Existem expressões, polissêmicas, que podem permitir duplo sentido ou que podem conduzir a entendimentos opostos (isso deve ser evitado pelo perito).

Sobre esse assunto, voltaremos a tratar no caso das perícias judiciais.

Assim, por exemplo, a uma pergunta objetiva (quesito claro) pode corresponder uma resposta "subjetiva" ou "duvidosa".

Isso, repetimos, deve ser evitado pelo perito, mas pode acontecer.

Assim, por exemplo:

Quesito nº .....

Os anexos do contrato .... esclarecem sobre a situação da empresa em .... e deles consta uma dívida a .... de $......?

Resposta: A esse perito não foram apresentados os anexos ....

No caso, o perito não afirma se os anexos existem ou não e não responde à pergunta objetivamente.

A parte pode ter subtraído os anexos e eles serem parte essencial para a decisão do assunto.

Tal laudo merece esclarecimento: os anexos existem ou não existem; não basta dizer que não foram apresentados. Se existem, deveriam ter sido apresentados e, nesse caso, a perícia seria feita nos anexos; se não existem, o perito assim deverá considerar para seu trabalho (a falta de apresentação, reiteradamente pedida, sugere a conclusão de inexistência para o trabalho, ou seja, se o perito pediu várias vezes e não teve em mãos o que pediu, deve concluir que os referidos anexos não existem).

O perito deveria ser preciso e claro: "Este perito não encontrou os anexos a que se refere o quesito e, apesar de serem mencionados no texto do contrato, não se encontram no arquivo da empresa nem foram apresentados, mesmo requeridos reiteradamente, concluindo este perito por sua inexistência."

> Faz-se necessário o esclarecimento de um laudo todas as vezes que uma das partes interessadas entender que as respostas permitem dupla interpretação ou forem vagas ou sem objetividade.

Caso haja necessidade de esclarecimento, podem as partes e o próprio juiz ficar satisfeitos com explicações verbais ou adicionais.

Não se trata, no caso, de fazer-se "nova perícia", mas de objetivar respostas aos laudos.

Entrega dos laudos

Os laudos possuem "prazos", ou seja, tempo certo em que devem ser produzidos; portanto, para que haja prova de que o prazo se cumpre, é preciso "formalizar" a entrega.

O perito deve proteger-se com a "prova da entrega".

> Os laudos devem ser entregues em prazos certos e se faz necessário comprovar a entrega, obtendo-se recibo ou meio de prova do cumprimento dos referidos prazos.

No capítulo seguinte, sobre perícias judiciais, trataremos novamente do assunto sob esse aspecto específico.

A formalização de entrega deve obedecer à natureza e às formalidades de cada caso; nas perícias administrativas, uma carta ou um ofício; nas judiciais, processos físicos, a petição ao juiz para a anexação aos autos; nas eletrônicas, a cópia da manifestação com o registro do movimento e data.

O laudo é compromisso em tempo determinado e por isso sua entrega deve ser sempre comprovada.

Limites da pertinência da opinião no laudo pericial

Quando o perito contábil está a serviço do juiz por ele nomeado, tem por responsabilidade principal orientar a decisão do magistrado.

Algumas vezes, tal orientação está além do que consta do questionado, ou seja, o laudo pode transcender os limites dos quesitos formulados.

Deve o perito, então, por exercício da consciência ética, ir além do que requerem os temas elaborados pelas partes e acrescentar o que pode contribuir para a decisão e que por ele foi detectado.

Trata-se de assumir o verdadeiro "espírito da opinião", ou seja, o que o juiz espera como orientação para proferir sua sentença.

Se o perito consegue perceber o que não foi perguntado, mas que influi na decisão, deve, a serviço da justiça e da qualidade de seu trabalho, transcender o que foi inquirido.

Assim, por exemplo, se o processo se refere à saída de um sócio e à apuração dos haveres deste na empresa, podem as partes formular quesitos sobre as avaliações e não formulá-los sobre as contingências ou riscos virtuais.

Em favor da Justiça, o perito deve determinar a parte que cabe ao sócio que se retira, de acordo com a avaliação feita, mas precisa, também, consignar que a empresa tem riscos iminentes de pagar por tais ou quais somas por indenizações já identificadas e que contra ela correm e que não foram objeto das perguntas formuladas.

As partes podem, no calor do processo ou por omissão, formular quesitos defeituosos que prejudicam o julgamento; se o perito consegue detectar tais erros, deve emitir sua opinião, ainda que não requerida na solicitação feita pelas partes litigantes.

Acima do formal está o essencial.

É da essência do trabalho do perito do juiz auxiliar o magistrado no sentido de uma decisão adequada.

É óbvio que me refiro ao que se encontra dentro da matéria em lide e não fora ou estranho ao que se discute.

Desde que pertinente e mesmo que omissa em quesito, a opinião do perito deve ser dada, quando ela puder influir no critério da sentença.

Não se trata, pois, de uma opinião impertinente, mas do exercício adequado e ético da profissão do perito, pois o objetivo maior é sempre o de ensejar-se a Justiça.

Os quesitos, logicamente, devem ser pertinentes ao processo, assim como a opinião.

Como podem, todavia, estar faltando quesitos que abranjam toda a matéria necessária, será pertinente ao trabalho do perito completar o que se tornou omisso.

Desde que a opinião pericial esteja presa à matéria em lide e possa motivar esclarecimento, pouco importa se foi ou não objeto de indagação, para que o profissional emita, como subsídio, seu parecer.

É, pois, pertinente, toda a matéria contida em um laudo desde que sustentado em um juízo científico e não de valor, que se atenha ao objeto da lide, visando fornecer subsídios para o julgamento.

Desde que dentro da capacidade técnica e científica do profissional, e se referente ao objeto da lide, toda opinião é pertinente e ética.

Se um perito é conhecedor de sua profissão e se pode utilizá-la em favor da Justiça e não o faz, não só rompe o dever ético, como também viola a essência do exercício profissional.

Nesse caso, comete o delito da omissão, da má condução de seu conhecimento e, como bem escreve Montesquieu, pratica a inutilidade e labora contra a sociedade em que habita (*Do Espírito das leis*, Capítulo XIV, Livro XXIX).

Análise técnica

A análise técnica é uma ferramenta prevista no inc. II do art. 473 do CPC/2015, que é utilizada nos laboratórios de perícia forense-arbitrais para testes, em que o resultado da análise pericial vai indicar se o teste deu positivo ou negativo para uma determinada situação, dentro de parâmetros técnicos previamente indicados e normalizados para aferir tanto um diagnóstico positivo como um negativo.

A análise técnica diferencia-se da científica, pois na técnica tem-se apenas a aplicação de métricas, e na científica tem-se a análise do resultado do exame técnico.

Como exemplo, realiza-se um exame para saber se existe ou não o intangível fundo de comércio, e o perito verifica se o resultado da equação deu positivo ou negativo em relação à existência do *goodwill* ou do *badwill*. Nesse caso a análise técnica avalia a existência do bem intangível, pois uma análise técnica implica o uso de procedimento contábil positivado que exprime uma parametrização contábil.

Uma análise técnica, quando realizada em outro laboratório de perícia forense-arbitral, utilizando a mesma técnica, ou seja, a mesma métrica e a mesma base de dados, deve alcançar os mesmos resultados.

Análise científica

A análise científica, prevista no inciso II do art. 473 do CPC/2015, implica a descrição e a explicação de um fenômeno, estabelecendo-se as relações entre causa e efeito. Logo, significa estabelecer uma conexão entre vários atos ou fatos, ou vários grupos de atos e fatos para se refletir sobre eles, inclusive o resultado de uma análise técnica.

Durante a análise científica, que é um ato realizado em um laboratório de perícia contábil, além das interpretações de métricas contábeis, também se estabelece uma conexão com a doutrina pertinente à questão em disputa, como um meio de fundamentação.

Uma análise científica pode estar vinculada à validade ou à refutabilidade de um parecer contábil juntado na inicial ou na contestação.

Se no processo probatório não fosse possível a análise científica, a ciência da contabilidade, com suas teorias, teoremas, axiomas e princípios, não seria relevante para o convencimento do juiz em relação à matéria fática, objeto da demanda.

Uma análise científica efetuada à luz de um método científico consiste em juntar evidências verificáveis – baseadas na observação sistemática e controlada de um fenômeno que sustenta uma tese.

Método científico

A utilização de um método científico pelo perito na elaboração de sua investigação está prevista no inc. III do art. 473 do CPC/2015.

Dentro das convenções da epistemologia e da hermenêutica, a Contabilidade preenche, pois, todos os requisitos, como o conhecimento científico.

A ciência da Contabilidade possui método próprio de observação e condução do raciocínio para o desenvolvimento e pesquisa, e que se estriba no indutivo axiomático e no fenomenológico.

Um método científico, no âmbito da perícia contábil, é procedimento de cunho científico que regula, previamente, uma série de estudos, investigações e procedimentos, que se devem realizar em um laboratório pericial, apontando eventuais falácias ou comprovando determinadas hipóteses, em vista de um resultado que se pretende provar em juízo. É adversário do empírico ou da prática, de atos sem inteligência ou sem juízo. E não se confunde com a metodologia, que é o estudo dos métodos.

Sendo a Contabilidade uma ciência social, esta tem método científico. Como um referencial, citamos o método indutivo axiomático, por vezes auxiliado pelo método fenomenológico (em vez de limitar-se à forma documental ou de registros, observar a essência dos fatos).[1]

Como exemplo de método científico indutivo, cito.[2]

> "Assim, por exemplo, ao observar que, em uma panificadora, ao se aumentar a produção, o custo dos pães, por unidade, cai; se ao observar que aumentando a produção em uma fábrica de biscoitos, o custo do quilo de biscoitos, também, cai; se isto se repete, igualmente, em uma fábrica de parafusos, de tecidos, de calçados, de cimento, de tratores, de bebidas etc., sempre da mesma forma, a partir desses raciocínios particulares e empíricos, pode-se concluir, pelo método indutivo, de forma universal, que toda vez que se aumentar a quantidade produzida, mantidas as mesmas condições de produção, no mesmo espaço e tempo, o valor unitário de cada unidade tende a ficar menor. (...)
>
> Partindo-se, pois, do: 1) observado particularmente (em cada caso individual, mas, relativo ao mesmo fenômeno), 2) estabelecendo-se uma relação entre as razões lógicas do acontecido, 3) encontrando-se conceitos, 4) pode partir-se, seguindo esse critério indutivo (do particular para o geral) de raciocínio, 5) para enunciados ou teoremas, e desses 6) para as teorias."

A ciência da Contabilidade não aceita subordinação a dogmas e regras normativas oriundas da política contábil, porque tem como escopo a verdade; e representa um pensamento evolutivo, tal como ocorre, e sucedeu, em outras ciências, como, por exemplo: a física teórica (de Planck, Einstein, Lorenz, Heinsenberg e outros).

A corrente neopatrimonialista proclamou a autonomia científica da contabilidade, comprovando que ela se ligava a muitas ciências, e possuem vários teoremas e axiomas (como, em verdade, é comum a todos os demais ramos do conhecimento), mas que possuía objeto, finalidade e método próprios. Não se trata de um método de escriturar, nem de demonstrar, mas de "raciocinar" para explicar o comportamento dos atos e dos fatos patrimoniais.

---

[1] O neopatrimonialismo deu prioridade ao método indutivo axiomático, pois importante é o encontro com a verdade, como está referido na doutrina: SÁ, Antônio Lopes. *Fundamentos da contabilidade geral*. 4. ed. Curitiba: Juruá, 2012.

[2] SÁ, Antônio Lopes. *Fundamentos da contabilidade geral*. 4. ed. Curitiba: Juruá, 2012. p. 47.

O método indutivo axiomático[3] é um procedimento de análise científica que confronta princípios e axiomas, gera teorias e teoremas, e compreende os seguintes passos ou ações:

1. observar o fenômeno;
2. analisá-lo, estudando as suas relações lógicas essenciais de necessidade, finalidade, meios patrimoniais, função ou utilização;
3. mensurá-lo adequadamente para conhecer a sua dimensão realista em relação a causa, efeito, tempo, espaço, qualidade e quantidade;
4. conhecer as circunstâncias que geraram o fenômeno, em relação ao mundo social e todo o seu complexo de atos econômicos, políticos, jurídicos, ecológicos, tecnológicos e científicos;
5. buscar a relação constante de todos esses elementos por uma comparação racional e, por fim, compará-lo com os estados da eficácia.

É deveras importante a indicação precisa do método científico utilizado, demonstrando ser aceito pelos doutrinadores ou especialistas da área contábil-pericial, devendo indicar a literatura que foi a fonte de tal método. Tal é a importância da utilização de um método, que o CPC/2015 determina: "Art. 479. O juiz apreciará a prova pericial de acordo com o disposto no art. 371, indicando na sentença os motivos que o levaram a considerar ou a deixar de considerar as conclusões do laudo, levando em conta o método utilizado pelo perito."

---

[3] O conceito deste método verte de nossa doutrina especializada: SÁ, Antônio Lopes de. *Teoria da contabilidade*. 3. ed. São Paulo: Atlas, 2002. p. 83-85.

PERÍCIA JUDICIAL 4

Preliminares conceituais

A perícia judicial é específica e define-se pelo texto da lei; estabelecem os arts. 464 e seguintes do Código do Processo Civil, na parte relativa ao "Processo de Conhecimento", que "A prova pericial consiste em exame, vistoria e avaliação."

Ela se motiva no fato de o juiz depender do conhecimento técnico ou especializado de um profissional para poder decidir.

No caso da perícia contábil, a especialização é a que se refere a todos os fenômenos relativos ao patrimônio individualizado de pessoa, pessoas, sociedades simples ou empresariais, autarquias, instituição e grupo de empresas.

O trabalho, pois, deve ser conferido pelo juiz a um contador, perito de sua confiança por ele designado, todas as vezes que as partes requererem e for julgado procedente o pedido.

A perícia terá força de prova.

Pode, todavia, ser contestada, discutida, esclarecida e até julgada nula, insuficiente ou motivadora de nova perícia.

A perícia geralmente é aceita quando as provas dos autos são insuficientes para o esclarecimento.

Ela se torna imprescindível quando o que se discute depende de opinião especializada.

> Perícia contábil judicial é a que visa servir de prova, esclarecendo o juiz sobre assuntos em litígio que merecem seu julgamento, objetivando fatos relativos ao patrimônio aziendal ou de pessoas.

O juiz busca conhecer o assunto pela opinião do perito, que vai agir como se juiz fosse na indagação de fatos para, por meio de exames, vistorias, avaliações, fortalecer sua opinião.

O pedido de perícia precisa ser justificado pela parte que a requer e o juiz pode até limitar-se a só ouvir o perito (§ 2° do art. 463 do CPC/2015), nomear o perito para elaborar um laudo (art. 465 do CPC/2015), ou acolher parecer técnico de valor probante que instruir a inicial ou a contestação (inciso VI do art. 319 do CPC/2015).

Ao deferi-la, o juiz indica seu perito, e as partes do processo (autores e réus), dentro de quinze dias da intimação do despacho de nomeação do perito (art. 465 do CPC/2015), devem indicar os "assistentes" (cada parte indica seu assistente; são, pois, três os contadores que estarão trabalhando).

Também, no mesmo prazo, as partes devem apresentar seus **Quesitos** ou perguntas aos quais os peritos devem responder.

Quando muitos são os litigantes, é a maioria que indica os peritos assistentes (a maioria dos autores indica o assistente dos autores, e a maioria dos réus indica o assistente dos réus).

Os peritos devem se "comprometer" tão logo sejam cientificados de suas nomeações, mediante acordo (não há mais termo após a Lei n. 8.455/1992). O perito pode escusar-se ou ser recusado, nos termos do art. 467 do CPC/2015.

A perícia contábil, no âmbito judicial, muito responsabiliza o profissional, pois de sua opinião vai depender o destino de pessoas.

Tais perícias devem cumprir todo um curso de rotinas fixadas pela lei, de normas profissionais estabelecidas pelo Conselho Federal de Contabilidade.

Ciclo normal da perícia judicial

Podemos dizer que o ciclo da perícia judicial envolve seu curso, em suas fases preliminar, operacional e final.

FASE PRELIMINAR:
1. a perícia é requerida ao juiz pela parte interessada, podendo as partes indicar um perito de consenso, quando se tratar de bens patrimoniais disponíveis, nos termos do art. 471[1] do CPC/2015;
2. o juiz defere a perícia e escolhe seu perito;

---

[1] **CPC/2015**, "Art. 471. As partes podem, de comum acordo, escolher o perito, indicando-o mediante requerimento, desde que: I – sejam plenamente capazes; II – a causa possa ser resolvida por autocomposição. § 1º As partes, ao escolher o perito, já devem indicar os respectivos assistentes técnicos para acompanhar a realização da perícia, que se realizará em data e local previamente anunciados. § 2º O perito e os assistentes técnicos devem entregar, respectivamente, laudo e pareceres em prazo

3. as partes formulam quesitos e indicam seus assistentes;
4. os peritos são cientificados da indicação;
5. os peritos propõem honorários e requerem depósito;
6. o juiz estabelece prazo, local e hora para início.

FASE OPERACIONAL:
1. início da perícia e diligências;[2]
2. curso do trabalho;
3. elaboração do laudo.

FASE FINAL:
1. assinatura do laudo;
2. entrega do laudo ou laudos;
3. levantamento dos honorários;
4. esclarecimentos (se requeridos).

Há, pois, todo um conjunto de fases que formam o ciclo da perícia judicial.

O ciclo da perícia judicial compõe-se das fases inicial, operacional
e final, e estas, de eventos distintos que formam todo o conjunto
de ocorrências que caracterizam tais tarefas.

Em todas as fases existem prazos e formalidades a serem cumpridos.

Trataremos dos diversos assuntos por itens que se destacam nos parágrafos que seguem.

Objetos de perícia judicial

Os diversos tipos de ações judiciais que motivam as perícias ensejam variadíssimos quesitos, que requerem dos peritos muitos objetos de exames.

O que é requerido pode determinar uma perícia de âmbito *Total* ou *Parcial*.

Nos exames periciais contábeis *Parciais*, as verificações quase sempre abrangem:

1. existência de bens e valores;
2. saldos de contas e registros em contas;
3. lançamentos (feitos ou não) em Diário;
4. contas de Razão e suas análises;
5. extratos de contas;
6. apuração de custos;
7. formação de preços;

---

fixado pelo juiz. § 3º A perícia consensual substitui, para todos os efeitos, a que seria realizada por perito nomeado pelo juiz."

[2] As diligências são determinadas pelo juiz, por força dos arts. 420 e 421 do CPC/2015.

8. levantamentos de situações;
9. verificação de documentos e registros;
10. verificação de legitimidade e adequação de documentos;
11. análises financeiras;
12. análises de apuração de resultados;
13. análises de resultados;
14. análises patrimoniais;
15. análises de registros de pessoal;
16. análises de folhas de pagamento;
17. análises de declarações trabalhistas;
18. análises de declarações de Impostos de Renda;
19. análises de recolhimentos de tributos;
20. análises de recolhimentos previdenciários;
21. análises de contratos;
22. levantamentos físicos de mercadorias e materiais etc.

Nos exames totais ou integrais podem ser objeto de exame os mesmos elementos que foram objeto de exames parciais, porém sem exclusão de nada, visando-se quase sempre à apuração de:

1. gestões ruinosas ou fraudulentas;
2. irregularidades em prestação de contas;
3. estado patrimonial para concordatas e falências;
4. exame patrimonial para fusões, cisões e liquidações;
5. valor patrimonial de ações e quotas etc.

De acordo com cada ação judicial, determinam-se os objetos de verificação, exame e avaliação.

Lógica dos quesitos

Os quesitos devem ser, como já foi visto, *pertinentes à matéria que forma o motivo da ação.*

Hodiernamente, o parecer técnico contábil, para embasar a inicial ou a contestação, é peça deveras importante, que servirá de base para a elaboração dos quesitos.

A elaboração dos quesitos deve, por uma questão de lógica técnica, ser prioritariamente feita pelos assistentes após a análise do corpo de provas disponíveis.

Devem ser formulados em "sequência lógica", de modo a conduzir-se à conclusão que se deseja.

O êxito do advogado, escreve o Prof. José Olympio de Castro Filho, "por vezes se limita à boa escolha do perito" (*Prática forense.* Rio de Janeiro: Forense, s.d. p. 200).

O advogado, sem dúvida, muito depende de seu perito, mas este, para poder executar um bom trabalho para as partes que o elegem, precisa muito bem conhecer os argumentos ou razões sobre os quais o advogado espera defender seu constituinte.

Os quesitos devem ser "conduzidos" a argumentos, mas tecnicamente dependem da orientação técnica do perito.

Como afirma o mesmo autor, devem ser redigidos "em forma lógica e seriada, de maneira a conduzir o raciocínio para se chegar a determinada conclusão desejada" (autor e obra referida, p. 201).

O perito deve, pois, orientar os quesitos quando estiver atuando pelas partes.

Os quesitos devem resultar de um esforço conjunto entre o contador
e o advogado de modo a possuírem uma forma lógica competente
para se chegar às conclusões desejadas como provas.

Se, por exemplo, o que se deseja provar é que o registro realizado pela sociedade empresarial vale como prova de que um capital foi integralizado regularmente, com recursos dos sócios, a escrituração faz prova a favor e contra. Nos termos dos arts. 417 e 418 do CPC/2015, os quesitos podem ser:

1. A sociedade empresarial ...... possui escrita regular, na forma da legislação do país e de acordo com preceitos contábeis?
2. Em ...... realizou registro de aumento de capital?
3. Tal registro está lastreado em documento hábil?
4. O registro está feito de acordo com as normas contábeis usuais?
5. O capital aumentado foi integralizado?
6. A integralização processou-se em dinheiro?
7. As contas usadas para o registro são adequadas?
8. O aumento de capital está regularmente comprovado e registrado na forma contábil?

O último quesito é a "conclusão" que se desejava. Para isso, redigiu-se o quesito procurando mostrar:

1. Que a sociedade empresarial tem escrita regular – logo, com força de prova perante terceiros.
2. Que se realizou aumento de capital.
3. Que a documentação pertinente é a adequada.
4. Que o registro contábil foi feito corretamente.
5. Que o capital foi integralizado.
6. Que as contas usadas para o registro da integralização foram as corretas e que se processou em dinheiro.
7. Que o registro em dinheiro foi feito nas contas devidas.

Logo:
8. Que o aumento de capital e o registro foram regulares, produzindo, dessa forma, plena prova.

Houve, pois, toda uma lógica conduzindo os quesitos.

Quando, todavia, várias são as conclusões a encontrar, o mesmo critério se usa para "cada conclusão desejada".

O que não se pode abandonar é a "sequência lógica".

No caso exemplificado, procurou-se provar que a integralização se fez "em dinheiro", que tudo se operou na forma legal e contábil.

Para isso foram se construindo as "premissas"; o critério é, no caso, "dedutivo". Ou seja:

Se A é igual a B;
Se B é igual a C;

Logo:

A é igual a C.

O método não precisa ser necessariamente o dedutivo; há ocasiões em que o indutivo se adapta melhor (partir do particular para o geral) e, ainda, em outras, o "analógico" pode ser o escolhido (isto é, semelhante àquilo, e, se isso ocorreu sob esta circunstância, sob aquela também ocorrerá); a seleção do método depende de cada caso.

O que se necessita é de "sequência lógica", ou, ainda, organização mental para redigir quesitos.

Os peritos em juízo – nomeação, indicação, intimação

Nas perícias contábeis, judiciais, já vimos, três são os peritos: um do juiz e um de cada parte litigante (um dos autores e um dos réus).

Em verdade, são, pois, três contadores; o juiz nomeia o seu e as partes indicam os assistentes.

Os peritos das partes devem ser indicados no prazo de 15 dias, contados da intimação do despacho de nomeação do perito, e, no mesmo prazo, os quesitos são apresentados pelas partes. Isso é o que regula o art. 465 do Código do Processo Civil.

Aceita a indicação, o perito do juiz se compromete e pode então conectar-se com os assistentes indicados.

De acordo com a lei, os peritos devem ser contadores (registrados no Conselho Regional de Contabilidade).

A escolha do perito é deveras relevante para o sucesso dos trabalhos.

O assistente técnico (tanto do autor, quanto do réu) conhece de sua indicação pelas partes em litígio ou pelos advogados, pois não há mais necessidade do que anteriormente se fazia, que era a notificação para que se procedesse à assinatura de termo de compromisso, em cartório.

Os assistentes não se compromissam, apenas são indicados e depois avaliam o laudo do perito do juízo.

Aos assistentes técnicos, segundo o Código de Processo Civil, cabe a manifestação em forma de parecer do laudo do perito do juízo, no prazo de 15 dias da publicação da juntada do laudo nos autos do processo (concordando ou ressalvando).

Na prática do art. 474 do CPC/2015, o perito do juízo tem franqueado às partes e aos seus assistentes amplo acesso mesmo durante a elaboração do trabalho de campo, antes da produção do laudo final, para que exista benefício na qualidade técnica e de doutrina contábil.

Em decorrência disso, a manifestação dos assistentes tem-se tornado mais efetiva no sentido de evitar interpretações diferentes, sanando, na fase de trabalho de campo, os problemas que posteriormente poderiam ocorrer.

A atuação dos assistentes técnicos, em geral, torna-se mais qualificada e eficiente quando as partes contratam os serviços destes desde a formação da peça inicial ou contestatória.

Conforme a importância da causa, deve-se escolher a importância do perito (esta a norma que na prática preside). Quanto mais complexa a causa, mais experiência e cultura deve ter o profissional.

A perícia judicial é das que se realiza "em conjunto", podendo haver, pois, concordâncias e discordâncias.

Ao juiz compete, também, fixar local, hora e prazo de entrega do laudo pericial.

O perito, ao aceitar, deve também requerer e pedir depósito de seus honorários (com correção monetária).

Recusa e substituição do perito

O perito pode recusar sua indicação (art. 467 do CPC/2015) por vários motivos. Entre eles estão os de:

1. estado de saúde;
2. impedimentos éticos (que veremos mais adiante);
3. indisponibilidade de tempo etc.

A recusa deve ser comunicada ao juiz, por escrito, com a justificativa, quando então será nomeado outro perito para substituir ou prender a função. A escusa deve ser apresentada dentro de até cinco dias da intimação.

Nesse caso, pode-se redigir uma petição nos seguintes termos:

Exmo. Sr. Dr. Juiz de Direito da .... Vara .... da Comarca de ....

Meritíssimo Juiz,

Antônio Lopes de Sá, Contador, CRC 1086 MG, CPF nº........ residente em.... na Rua... nº...., tendo sido indicado para perito na Ação...... Processo nº ..... em que são partes, como autor, ... como réu, ... estando com viagem inadiável marcada, em razão de compromisso para lecionar em curso de Pós-graduação na Universidade..... da localidade.... de..... a....., conforme documento anexo, devendo permanecer, pois, ... meses ausente desta Comarca, vem, tempestiva e respeitosamente, requerer a V.Exa. se digne desobrigá-lo da honrosa incumbência que lhe foi outorgada.

Belo Horizonte, ...

Assinatura.....

Tal petição tem o encaminhamento comum e é habitual que as autoridades a despachem imediatamente e o cartório a anexe aos autos.

Todavia, se o perito é indicado pela parte, geralmente é por ela consultado, mas, se mesmo assim o impedimento surgir, dirigir-se-á a ela e ao juiz, por escrito, separadamente, no prazo legal.

À parte não fará petição, mas só justificativa.

Se o perito é do juiz, as partes podem indicar outros assistentes técnicos também, porque se deverá proceder à substituição.

A escusa do perito deve, todavia, ser apresentada dentro de um prazo de cinco dias da data da intimação ou notificação, repetimos, o que, não sendo feito, obriga o perito a cumprir a tarefa.

> Um perito pode escusar-se a aceitar a perícia para a qual foi nomeado ou indicado, mas deve fazê-lo dentro de cinco dias a partir da data em que foi notificado de sua designação.

É, também, lícito às partes recusar o perito do juiz por suspeição, mas deverão provar os motivos da não aceitação.

O perito, pois, pode recusar e ser recusado.

O impedimento ou suspeição ocorre quando:

1. Amigo íntimo ou inimigo capital de qualquer das partes.
2. Alguma das partes for credora ou devedora do perito.
3. For herdeiro presuntivo, donatário, empregador ou empregado.
4. For interessado no julgamento da causa.
5. Tiver parentesco próximo em linha colateral até o terceiro grau.
6. For procurador de uma das partes.
7. Tiver relações profissionais ou de interesses societários com qualquer das partes.
8. Tiverem seus parentes próximos semelhantes ligações com terceiros enunciadas nos itens precedentes.

O que se deseja evitar, no caso de impedimento, é o exercício da "parcialidade".

Em caso de perito das partes, todavia, raramente ocorrem impedimentos.

O perito das partes deve ser imparcial, mas tudo fazer para que os interesses das partes sejam defendidos.

O impedimento, todavia, deve ser denunciado pelo perito, evitando que seja recusado pelas partes.

A função de perito, entretanto, exige rigores éticos e morais que ditam procedimentos igualmente rigorosos; denunciar o impedimento é um ato de dignidade, mais que qualquer outro, embora a lei cerceie a parcialidade (arts. 146 e 423 do Código do Processo Civil).

As Normas do Conselho Federal de Contabilidade (como veremos em capítulo próprio) também esclarecem sobre os impedimentos.

Proposta de honorários – depósito prévio

Aceita a perícia, o profissional deve requerer seus honorários (fazem parte das custas e quem pede a perícia é quem deve fazer o depósito).

Tal fixação prévia pode, todavia, ser reajustada se o prazo da perícia assim o exigir e nos casos de inflação (habitual em nosso país).

Em caso de aumento da carga horária de trabalho do perito, mesmo ele tendo fixado previamente seus honorários, se teve a cautela de precaver-se contra aumento de tal carga, pode pedir reajuste.

A proposta de honorários deve, pois, ser bem feita.

Portanto, fazer a proposta e pleitear o depósito são coisas que o perito pode realizar concomitantemente, mas com zelo suficiente para não cometer erros contra si nem contra a parte.

Cabe ao autor adiantar as despesas, mas se o réu perder, deverá arcar com as despesas (art. 82 do Código do Processo Civil).

Exemplo de petição relativa a honorários:

Exmo. Sr. Dr. Juiz de Direito da ... Vara Cível do Estado de....

Meritíssimo Juiz,

Antônio Lopes de Sá, Contador, CRC 1086 MG, CPF.......... perito judicial nomeado por V.Exa. para trabalhos contábeis no Processo nº .... Ação.... em que são partes ..... vem realizar proposta de honorários e requerer o depósito prévio, na base de $...... a hora de trabalho, estimando um total de .... horas, perfazendo o total de $ .... reajustáveis na base de ....; ressalva, desde já, que, considerada a imposição dos levantamentos que se exigirão para suprir os objetivos do Quesito nº ...., dos autores, podem os honorários, caso ultrapassem os prognósticos, sofrer uma alteração de carga horária de até..... .

Nestes termos, pede deferimento.

Belo Horizonte, ...

Assinatura ......

A proposta pode ainda detalhar mais a natureza dos trabalhos a serem executados, para justificar a previsão.

Também pode requerer o local em que o depósito seja feito à disposição do Meritíssimo Juiz e a ser levantado quando da entrega dos trabalhos.

Os honorários podem ser contestados, mas, em geral, o juiz e o perito, em comunhão, estabelecem acordos que vigoram na quase totalidade.

No caso dos assistentes, quase sempre os honorários se ajustam sem dificuldade entre a parte e o perito.

O depósito prévio, no caso do perito do juiz, fica à disposição deste, para ser tempestivamente levantado depois.

O levantamento dos honorários é feito, por exemplo, mediante uma petição semelhante à seguinte:

Exmo. Sr. Dr. Juiz de Direito da ... Vara Cível da Comarca de Belo Horizonte

Meritíssimo Juiz,

Antônio Lopes de Sá, Contador, CRC 1086 MG, CPF....., perito oficial nomeado por V.Exa. no Processo nº .... Ação .... em que são partes ...., tendo apresentado seu laudo pericial, tempestivamente, em .... já apensos aos Autos, vem mui respeitosamente requerer à V.Exa. a liberação de seus honorários, já depositados na conta.... do Banco .... à disposição do MM. Juiz.

Respeitosamente, pede deferimento.

Belo Horizonte, ...

Assinatura.........

Portanto:

1. Faz-se proposta e pede-se depósito prévio em conta e à disposição do MM. Juiz.
2. Executa-se a perícia e produz-se o laudo.
3. Entrega-se o laudo e faz-se petição para a liberação do depósito feito em conta e que ficou à disposição da Justiça.

Esta é a sequência normal, que, todavia, de acordo com disposições recentes, pode ser alterada, pois permite-se ao perito do juiz requerer parte de seus honorários por antecipação, mesmo antes de concluir o trabalho (em geral, até 50%).

Nesse caso, deve requerer ao juiz a liberação de parte do depósito, se assim desejar, podendo retirá-lo antes da entrega do trabalho, se deferida a petição.

Nada mais justo que essa medida, em certos casos, pois muitas perícias, pelo seu vulto, exigem tempo dilatado e investimentos em pagamentos de auxiliares e de meios para conseguir os elementos necessários.

O requerimento, nesse caso, segue a mesma norma daquele de liberação total, apenas referindo que se trata de parcela a antecipar-se, de acordo com o que faculta a lei.

Se, para efeitos éticos, o perito detalha as razões de sua petição, tende a valorizá-la.

Substituição de perito e desistência

A lei prevê, como foi visto, a substituição do perito, no art. 468 do CPC:

"Art. 468. O perito pode ser substituído quando: I – faltar-lhe conhecimento técnico ou científico; II – sem motivo legítimo, deixar de cumprir o encargo no prazo que lhe foi assinado. § 1º No caso previsto no inciso II, o juiz comunicará a ocorrência à corporação profissional respectiva, podendo, ainda, impor multa ao perito, fixada tendo em vista o valor da causa e o possível prejuízo decorrente do atraso no processo. § 2º O perito substituído restituirá, no prazo de 15 (quinze) dias, os valores recebidos pelo trabalho não realizado, sob pena de ficar impedido de atuar como perito judicial pelo prazo de 5 (cinco) anos. § 3º Não ocorrendo a restituição voluntária de que trata o § 2º, a parte que tiver realizado o adiantamento dos honorários poderá promover execução contra o perito, na forma dos arts. 513 e seguintes deste Código, com fundamento na decisão que determinar a devolução do numerário."

Isso deve, todavia, ser feito tempestivamente, ou seja, somente antes da entrega do laudo, visto que depois da entrega não mais é possível substituir um assistente de parte.

Se o perito é intimado e não cumpre sua tarefa em tempo hábil, pode ser substituído.

Nesse caso, além da substituição, o perito é multado pelo juiz em face do valor da causa (art. 468 do CPC/2015).

Também pode ser substituído o perito que não tem capacidade para o exercício de seu trabalho (não é contador), ou, como diz a lei: "quando carecer de conhecimento técnico ou científico".

A substituição também se dá, como já foi visto, quando o profissional recusa o trabalho por impedimento ou impossibilidade de executá-lo.

Retirada dos autos físicos ou acesso aos autos eletrônicos

Para bem conhecer todo o processo e realizar o plano da perícia, o perito precisa conhecer bem os autos; para isso, precisa retirá-lo do cartório onde se encontra.

Tal ato também implica requerimento, ou, sendo o perito já bem conhecido, é usual que mediante simples controle do cartório se lhe faça a entrega.

Outras vezes (no caso de partes, especialmente) é retirado pelo advogado e cedido ao perito, em confiança.

Ocorrendo, todavia, situação diversa, o perito requer ao juiz a retirada mediante petição:

Exmo. Sr. Dr. Juiz de Direito da ... Vara Cível de ....

Meritíssimo Juiz,

Antônio Lopes de Sá, Contador, CRC 1086 MG, CPF......., perito compromissado nos autos...... Processo nº ..... em que são partes....... tendo necessidade de examinar os referidos, para efeito de desincumbir-se de sua missão e poder apresentar seu lado em tempo hábil, requer, pela presente, a retirada dos mesmos.

Pede deferimento.

Belo Horizonte, ...

Assinatura ....

O perito deve, ao devolver os autos, solicitar baixa da carga feita em cartório quando da entrega ou mesmo pedir algo que comprove a devolução (um protocolo simples, com recibo); isso porque pode ocorrer extravio e o profissional ser responsabilizado, o que seria grave.

Início do trabalho pericial e diligências

Em data, hora e local determinados pelo juiz, os peritos devem iniciar seu trabalho. A essa altura, os nomes dos peritos já são conhecidos uns dos outros.

O dever do perito do juiz é comunicar-se com os assistentes para comporem a metodologia de seus trabalhos. Caso o perito do juiz não procure o assistente, este deve tomar a iniciativa de fazê-lo.

Os três peritos devem, em tese, estar presentes no ato do início das tarefas. Na prática, todavia, e conforme o caso, os assistentes podem combinar com o perito do juiz apenas o exame de seu plano.

Em casos complexos, é dever do perito assistente acompanhar todos os trabalhos, ou, pelo menos, os que dizem respeito aos quesitos básicos ou de maior relevância na decisão (se existirem).

Quando o perito inicia seu trabalho, já deve estar de posse de seu laudo (sobre o plano já tratamos nesta obra). Deve requerer, então, livros, documentos, demonstrações, em suma, o material necessário ao desempenho de sua tarefa.

Pode deixar com a empresa ou pessoa a ser verificada a relação do que precisa e voltar em hora e data marcada para iniciar a tarefa, evitando a perda de tempo. Pode, também, antecipar-se e requerer por telefone o que precisa, para no início já ter tudo a sua disposição.

Peritos mais minuciosos costumam levar por escrito o que precisam, em tipo de Carta que o perito pede à parte que vai ser examinada. Por exemplo:

À

Sociedade empresarial.........

A/C de S.M.D. Diretoria

Prezados senhores:

Como perito oficial do MM. Juiz Sr. Dr. .... da ..... Vara Cível desta Comarca, venho solicitar de V.Sas. que deixem a minha disposição os seguintes elementos, para início de verificação, na hora..... dia..

São os seguintes os elementos:

Diário de.... a......

Razão da mesma data

Comprovantes Contábeis da mesma data

Contrato firmado em..... com ....

Balancetes dos meses......

Desde já muito agradeço.

Atenciosamente,

Antônio Lopes de Sá (assinatura)

Rua Bernardo Guimarães, 2530

Telefax 337-3613 / Tel. 337-7889

Nesse caso, toma-se o cuidado de na segunda via de tal carta colher a assinatura de quem a recebeu.

Dificuldades e resistências da parte na hipótese de o juiz determinar a exibição de documentos, nos termos do art. 420 do CPC/2015

A parte examinada pode criar obstáculos ao perito, sonegando informações ou procrastinando a entrega de documentos e livros.

Nesse caso, agindo com habilidade, o perito deve tentar demover tais obstáculos, fazendo ver os problemas que daí podem decorrer.

Não conseguindo, deve imediatamente cientificar ao juiz a resistência e, conforme o caso, requerer a busca e a apreensão judicial dos elementos necessários ao trabalho.

Tal medida, todavia, só deve ser tomada em casos extremos e depois de esgotadas todas as formas amigáveis de convencimento da parte.

O perito tem plenos poderes de investigação, inclusive de produzir os anexos que desejar para ilustrar seu trabalho, bem como de ouvir testemunhas.

Deve, todavia, evitar as provas fracas, como é o caso de testemunhas (o perito não é um investigador, mas aquele que usa métodos contábeis, em que a testemunha é sempre um recurso duvidoso).

Comportamento ético entre os peritos

Como a perícia judicial é feita com a participação de três profissionais, se faz necessário o exercício de um comportamento ético pautado pela cordialidade e respeito.

O trabalho precisa ser harmônico.

Não deve existir a mentalidade de que peritos de partes são "litigantes" ou "inimigos" e que o perito do juiz é um superior aos demais, que são seus "subalternos auxiliares".

O perito do juiz, assim como os indicados, tem dever para com a verdade formal que instrui a demanda.

Todos têm influência no trabalho e o princípio deve ser o de igualdade.

Não são raras as vezes em que o laudo de um perito auxiliar é tomado pelo juiz ou pelos desembargadores, abandonando-se o do perito oficial (participei de alguns trabalhos como perito auxiliar em que nosso laudo é que serviu de base para o julgamento, em vez daquele do perito do juiz e do qual fui discordante).

Portanto, a expressão "auxiliar", utilizada pela lei, não nos parece das mais felizes; *em verdade, são três os peritos, cada um preservando o interesse de quem o nomeou ou indicou*, embora a maior responsabilidade pese sobre o perito do juiz. Não deve haver parcialidade, mas sim vigilância.

Com um tratamento de recíproco respeito, os peritos podem valorizar um o trabalho do outro, buscando-se o consenso.

Laudos de consenso

Quando todos os peritos concordam com as respostas, o laudo é dito de "consenso".

Nesse caso, todos assinam o mesmo laudo.

Tal tarefa em muito ajuda o juiz e facilita o curso dos processos.

> Laudo de consenso é aquele em que todos os peritos estão de acordo com todas as respostas, assinando juntos o laudo.

Quando não há consenso, o perito que discordar faz laudo em separado, como já foi visto no Capítulo 3.

Os peritos auxiliares, todavia, não podem e não devem cometer a omissão, ou seja, confiar no laudo do perito oficial sem ter examinado todas as questões, pois isso seria, sim, aético, como procedimento profissional.

Se, todavia, a divergência é pequena, o perito auxiliar pode assinar o laudo como se de consenso fosse, fazendo apenas a ressalva no próprio laudo.

A ressalva pode ser colocada ao pé do laudo ou anexa a ele; ao assinar, o perito escreverá adiante de sua assinatura: "observada a ressalva neste laudo".

A ressalva pode ter a seguinte redação, por exemplo:

RESSALVA AO PRESENTE LAUDO

Assino o presente laudo, em consenso, ressalvada a resposta ao item nº ....., que em minha opinião deve ser: "O saldo correto da conta .... é $....... em ......, considerando que ....."

Assinatura.......

Quando as divergências são maiores, necessitando de mais explicações, melhor será o laudo em separado para manifestar a discordância.

Laudo discordante ou em separado

Já tratamos deste assunto no capítulo anterior.

O laudo discordante ou em separado, oferecido pelo perito da parte ou auxiliar, justifica-se quando muitas são as discordâncias ou quando a relevância delas sugere detalhamentos.

Nesse caso, o perito o produz, como já foi visto, e faz petição para a juntada aos autos.

Uso do trabalho de terceiros e pareceres

O perito pode necessitar de pareceres de autoridades, para fortalecer seu laudo, ou de auxílio de outros especialistas.

Nesse caso, deve acautelar-se quanto à qualidade do especialista.

Deve, também, mencionar no laudo em qual opinião se fundamentou.

Exemplificando:

Quesito nº....

Resposta: Os valores do Ativo Imobilizado da fábrica...... foram avaliados pelo Dr. ....., engenheiro CREA nº......, a nosso pedido, e se acham anexos a este laudo de nº .....; de acordo com tal avaliação, a determinação do Patrimônio Líquido Real fica em $ ....., conforme demonstramos em anexo nº ... .

É preciso que haja "cautela" por parte do perito na delegação de tarefas; sobre essa matéria também, já tratamos.

Requisitos formais do laudo

Já tratamos, igualmente, sobre os requisitos de um laudo.

Os judiciais, todavia, devem ter como base uma "rigorosa revisão" de todas as respostas, pois se destinam a decisões que atingem terceiros.

Todas as opiniões devem ter "referências" e, se possível, anexos vigorosos.

Ao afirmar que um saldo é tal ou qual, o perito deve demonstrar e anexar os elementos que conduziram a essa conclusão, referindo-se a números de documentos, número de página registro, número do Diário etc.

Exemplificando:

Quesito nº .....

Resposta: Conforme nota nº ...... registrada no Diário nº ..... à folha nº ..... em tal data, o valor de $ .... deveria ter sido levado à conta ..., conforme cláusula ..... do contrato firmado em ...... entre..... registrado no Cartório de Títulos e Documentos de...... em tal data, sob nº ....; no entanto, a referida nota foi levada à conta de ...., em desacordo com as cláusulas referidas e alterando o saldo da conta em $...., conforme demonstramos no anexo nº .... a esta perícia.

Nos anexos nº ... estão a nota fiscal referida e a cópia do contrato.

Portanto, além dos anexos, a referência do texto dá plena segurança ao laudo. Além disso, as respostas, como vimos, devem ser objetivas e de muita clareza. Devem, também, ser concisas.

Os laudos devem ser bem datilografados, com espaço dois, papel de boa qualidade e margem esquerda de 3 a 3,5 centímetros para permitir arquivamento sem lesão do documento e facilitar consulta nos autos volumosos.

Os quesitos devem obedecer à ordem numérica, iniciando pelos dos autores, seguindo-se o dos réus.

A cada quesito se faz suceder a resposta pertinente.

No capítulo sobre laudos, apresentamos um singelo trabalho, bem como as formalidades gerais que deve possuir (sugerimos que seja lido).

As respostas, repetimos, não devem limitar-se a monossílabos, como "sim" ou "não"; devem ser sempre esclarecedoras e apresentar razões.

A entrega dos laudos é feita mediante formalidade também, ou seja, petição solicitando juntada nos autos.

Entrega dos laudos

O laudo, como dissemos, uma vez concluído, é assinado pelos peritos (oficial e assistentes, se houver consenso).

Se não houver consenso, o perito auxiliar faz laudo à parte ou discordante.

Seja qual for o caso, todavia, os laudos são entregues mediante formalidades, com petição ao Juiz (cumprindo os prazos de lei):

Exmo. Sr. Dr. Juiz de Direito da... Vara ... de ....

Antônio Lopes de Sá, Contador, CRC 1086 MG, CPF ..., perito oficial no processo nº ..., em que são partes ...., vem mui respeitosa e tempestivamente apresentar seu laudo pericial, requerendo a juntada dos mesmos aos autos.

Belo Horizonte, ...

Assinatura....

Se o laudo é de consenso, ou unânime, o perito declinará tal fato.

Exemplificando:

Exmo. Sr. Dr. Juiz de Direito da ... Vara ... de ...

Meritíssimo Juiz

Antônio Lopes de Sá, Contador, CRC 1086 MG, CPF........, perito oficial no processo nº ..., em que são partes ..., vem mui respeitosa e tempestivamente apresentar o laudo pericial, de consenso com os peritos auxiliares......, do autor e ..... do réu, requerendo juntada aos autos.

Belo Horizonte,.....

Assinatura.....

A entrega do laudo, repetimos, deve passar por revisão séria por parte do perito para que nenhum erro possa prejudicar as partes.

O perito guardará cópia do laudo, para seu controle, com a cópia da petição e o controle do recebimento.

Os peritos assistentes igualmente deverão ter duas cópias do laudo; uma reterá em poder de seu arquivo e outra encaminhará ao advogado do seu cliente ou parte que o indicou.

O laudo deve ser entregue no prazo fixado, mas pelo menos dez dias antes da audiência marcada.

Esclarecimento sobre a perícia

Como já foi referido, faltando clareza, pode o perito ser convocado para prestar esclarecimentos sobre o laudo.

Não só o juiz pode formular quesitos que entenda necessários, como também, em audiência, ouvir o perito.

As partes igualmente podem requerer, em juízo, esclarecimentos sobre o laudo, requerendo ao juiz que intime o perito ou os assistentes técnicos a comparecerem em audiência, formulando as perguntas em forma de quesitos. Vide § 3° do art. 477 do CPC/2015.

Inteirado, o perito pode comparecer à audiência com as respostas por escrito e pedir que sejam anexadas como depoimento aos autos.

É preciso, pois, que pelo menos cinco dias antes da audiência os peritos sejam notificados.

Não havendo respeito a esse prazo, os peritos não são obrigados a comparecer (§ 4º do art. 474 do Código do Processo Civil).

Não desejando o perito apresentar por escrito seu depoimento, o fará verbalmente e ele será anotado pelo escrivão, na audiência.

Conforme o caso, todavia, convém levar por escrito as respostas dos quesitos em dúvida.

Não se trata, no caso, de nova perícia, mas de esclarecimento sobre laudo de uma perícia já feita, sendo limitado ao assunto da perícia.

Nova perícia – art. 480 do CPC/2015

Pode o juiz, também, não satisfeito com o laudo, determinar que seja feita uma nova perícia.

Nesse caso, não se trata de esclarecer um trabalho feito, mas de realizar outro.

A segunda perícia rege-se, todavia, pelas mesmas formalidades da primeira (art. 480 do Código do Processo Civil).

A nova perícia não anula a primeira; ambas são instrumentos válidos de apreciação (§ 3º do art. 480 do Código do Processo Civil).

No caso de "nova perícia", considerado o fato e sua natureza, o perito precisa ter um comportamento específico.

Deve conhecer das "dúvidas do juiz", das "imprecisões" que precisam ser sanadas e concentrar seu trabalho no sentido de produzir um trabalho que cumpra suas finalidades.

Quem provoca a nova perícia deve ter razões fundadas para tanto e, nesse caso, *devem estas ser bem conhecidas para que possam guiar a metodologia do novo trabalho.*

Não estão em jogo somente, no caso, as razões da causa, mas as "razões da insatisfação" ou "dúvida".

Só se justifica uma nova perícia, entretanto, quando a primeira for insuficiente.

A insuficiência se justifica por falta de esclarecimento, principalmente, de questões que não podem limitar-se a esclarecimentos em audiência, mas demandando realmente pesquisa em dados.

Todavia, sendo insofismável a primeira perícia, a segunda de forma alguma se justifica.

Quesitos suplementares

Quesitos suplementares não são "nova perícia".

Não se trata de estabelecer um novo exame, mas de adicionar ao já feito elementos que se fazem necessários.

Após a entrega dos laudos, o juiz abre às partes o exame dos laudos; então, sim, pode surgir a necessidade de complementar, em razão de as "respostas" sugerirem novos exames pertinentes.

O juiz deverá deferir o pedido, pois, se não o fizer, ainda que requerido, não será motivo de trabalho pericial.

Quando o perito vai realizar seu trabalho com base em quesitos complementares, deve identificar em seu laudo que de fato são dessa natureza.

Na prática, *há um "novo laudo", embora vinculado ao primeiro*.

O profissional deve ter muito cuidado com respeito à coerência entre esses laudos.

A tarefa, no caso, é bem específica, ou seja, visa a complementar, a ajudar àquela anterior, ou seja, vem adicionar argumentos dentro de uma mesma linha de raciocínios.

Os quesitos suplementares apresentam-se durante as diligências.

Quesitos impertinentes

O perito pode deixar de responder um quesito se julgar que foge a sua especialidade.

Obviamente, o que extrapola o campo contábil não é responsabilidade do perito-contador.

Assim, por exemplo, se o quesito solicita ao perito a interpretação de um texto de lei, ele não é obrigado a responder, pois isso foge aos limites de sua responsabilidade, a menos que o texto se refira especificamente a fato contábil.

Se um quesito é formulado no sentido, por exemplo, de avaliar o "estado de saúde" de um empregado, tal matéria foge ao campo contábil, devendo ser dirigida a um médico.

Tais quesitos são ditos "Impertinentes", ou seja, não se referem à matéria da capacidade profissional do Contador.

O perito contábil deve limitar-se à matéria de sua competência profissional.

Quesitos impertinentes podem ser respondidos, simplesmente, por exemplo:

Quesito nº ....

Resposta: considera o perito o quesito impertinente ao âmbito de sua responsabilidade profissional, deixando, por conseguinte, de respondê-lo.

Os tribunais, inclusive, apoiam esse posicionamento.

O quesito impertinente é a pergunta dirigida ao contador e que foge do âmbito do exercício de sua profissão, ou seja, não se refere à matéria contábil (patrimonial aziendal).

A pergunta, todavia, mesmo legal, por exemplo, se se referir a matéria nitidamente contábil, como a relativa a correção monetária, avaliação de elementos do ativo, classificação de reservas etc. (tudo constante de texto de lei), não é impertinente, por ligar-se exclusivamente a procedimento contábil.

No caso, o contador vai interpretar o que se refere a sua área, pois muitos advogados, sem cultura contábil, não têm condições de alcançar todo o conteúdo.

O quesito só é impertinente, por conseguinte, quando foge à matéria da especialidade do perito contábil.

Não é o fato de ser texto de lei, mas o fato de não se referir a matéria patrimonial que torna impertinente a questão.

A resposta de um perito, pois, tem "limites", e estes são os de sua especialidade.

O perito deve limitar suas respostas ao campo contábil, que é o de sua especialidade profissional específica.

Por isso, *não é obrigado a responder a tudo o que lhe é perguntado, mas ao que é pertinente a sua especialidade.*

Perícias discrepantes

Diante de perícias discrepantes, o juiz pode tomar uma média de opiniões; o juiz não é obrigado a limitar-se a um laudo específico.

Assim, por exemplo, em um arbitramento de aluguel, os laudos podem chegar a valores diversos, mas, sendo todos muito bem fundamentados, pode o juiz optar por uma média de opiniões.

O laudo bem elaborado tem, pois, a seu favor tal crédito na Justiça, que muito responsabiliza os peritos em sua feitura.

O fato de uma perícia discrepar da outra é natural, especialmente em matéria que comporta a polêmica.

O importante é que cada perito tenha condições de bem argumentar sua conclusão.

Perícia em livros de terceiros

Pode ocorrer, em um processo, de a perícia em uma das partes litigantes não ser suficiente, sendo necessária a perícia em outra empresa que não é parte no processo.

Esse é o caso de perícia em livros de terceiros.

O juiz pode determinar, pois, o exame em empresa que não esteja envolvida na lide.

Assim, por exemplo, pode ocorrer a necessidade de verificar contas bancárias particulares de sócios em um banco que não faz parte da lide.

O perito deve deslocar-se para tal verificação tão logo o juiz expeça o mandato e esteja ele autorizado.

O perito deve limitar-se, exclusivamente, à matéria de que trata o quesito, nada mais.

Não só seria aético extrapolar, como também seria violação aos limites de atuação.

Eticamente, o perito deve lidar com terceiros com a máxima urbanidade, com cautela necessária para não invadir a privacidade de terceiros; melhor será que peça, objetivamente, por carta, o que deseja que seja exibido e se limite a tal indagação.

A carta tem a vantagem de estabelecer linhas de responsabilidades.

Posteriormente, pois, não poderá ser acusado de apropriação de dados.

Pode, por exemplo, dirigir a seguinte correspondência à empresa que não está na lide:

Ao

Banco.....

A/C de S.M.D. Presidência

Senhor Presidente:

O signatário, designado para realizar exames periciais no processo nº.... em que são partes....., como perito oficial do MM Juiz da .... Vara Cível, devendo responder ao quesito nº...
dos autores, que envolve o exame da conta do Sr. .... em seu estabelecimento, agência...,
conforme mandato judicial......., vem requerer a V.Exa. se digne mandar colocar a nossa
disposição os seguintes elementos:

....

....

....

Solicita, ainda, que lhe seja reservado local que possa ser utilizado para os exames e que
se faça acompanhar de representante de V.Exa. durante os trabalhos, se assim for o desejo
de V.Exa.

Atenciosamente,

Assinatura ..... Perito-contador CRC .....

Tal procedimento é de máxima ética e preserva a pessoa do perito e da empresa ou terceiro que, não estando na lide, deve, todavia, ter sua escrita contábil verificada.

Quando uma listagem, um extrato de conta, por exemplo, tiver condições de substituir
exames de livros, será sempre de melhor conveniência limitar-se a eles.

Se a questão, entretanto, for complexa, de grande responsabilidade, melhor será uma verificação bem mais profunda.

Perícia em locais diferentes

Uma perícia pode abranger agências, filiais, fábricas de um mesmo litigante, em diversas
localidades do país ou até no exterior (conforme o caso).

Nesse caso, o perito terá que se deslocar, e esse deslocamento exige cuidados, ou seja, é
preciso que o perito, ao chegar ao local, venha munido de identificação e autorização competente para sua verificação.

Ao realizar a viagem, levará consigo uma correspondência de autorização, sua carteira do
CRC, os quesitos específicos do local e seu plano de trabalho; pode antecipar, requerendo que
em sua chegada já estejam à sua disposição tais ou quais elementos.

Nesse caso, requererá a medida à administração da empresa em exame; exemplificando:

> À
>
> Empresa....
>
> A/C de S.M.D. Presidente Sr. ....
>
> Senhor Presidente:
>
> O signatário, perito oficial no processo nº ...., em que sua empresa é ré, vem respeitosamente, para atender ao que dispõem os quesitos nos........, pedir autorização para realizar seu trabalho nos dias..... do mês...., na localidade de .... onde se encontra sua filial...
>
> Para reduzir os custos da viagem e para que o prazo da perícia seja cumprido, solicita por gentileza à mesma filial que deixe à disposição, para exame, os seguintes elementos:
>
> ....
>
> ....
>
> Requer, também, seja avisada sua gerência de nossa presença e que seja expedida uma carta de autorização para que realizemos a tarefa que deve ser entregue em nosso escritório na Rua....., nesta cidade, até as ..... do dia ....
>
> Quaisquer esclarecimentos podem V.Sas. solicitar-nos pelo telefone..... no horário de..... .
>
> Atenciosamente,
>
> Assinatura.....

O perito deve protocolar essa carta, tomando o recibo da entrega na 2ª via.

As despesas de viagem, como passagens, estadia, alimentação, locomoção, não são do perito, mas custas do processo, e o perito deve solicitar o reembolso ou antecipação de numerário.

Os custos de viagem não são do perito, mas de quem requer a perícia, segundo decidiu o egrégio Tribunal Federal de Recursos – 2ª Turma – acórdão publicado no *DJU* de 17-09-1975, p. 6.674-6.675.

Indeferimento de perícia

Compete ao juiz deferir ou indeferir o pedido de perícia, conforme o § 1º do art. 464 do CPC/2015.

Em geral, há indeferimento quando o juiz entende que os documentos apresentados são suficientes, inquestionáveis, formando prova suficiente, ou quando este se satisfaz com um parecer técnico ou depoimento de peritos. O Supremo Tribunal Federal (*DJU* 26-09-1975, p. 6.906) decidiu que, quando a documentação é suficiente, também pode ser aceito o indeferimento de perícia.

Entende, ainda, o Tribunal Federal de Recursos (2ª Turma, *DJU* 09-04-1973, p. 2.191) que o indeferimento só ocorrerá quando a prova dos autos não for manifesta e evidente; ou seja, se as provas dos autos não são suficientes, quando é absolutamente inútil e inadmissível tudo o que se juntou, necessitando verificação, deve-se deferir a perícia.

> Só se admite o indeferimento de perícia quando as provas dos autos
> são suficientes e inquestionáveis, sendo consistentes.

O juiz tem o arbítrio de indeferir, e a parte interessada o de recorrer da decisão do juiz.

Litisconsórcio e peritos assistentes

Se uma parte entra em um processo como litisconsorte, e há interesses diferentes das outras partes litigantes que estão em jogo, entende a Justiça que podem, independentemente de sorteio, nomear seus peritos assistentes.

Nesse caso, podem existir vários peritos assistentes.

Tal parágrafo estabelece: "Havendo pluralidade de autores ou de réus, far-se-á a escolha pelas partes.

> Uma perícia pode ter mais do que três peritos em
> juízo, se ocorrer caso de litisconsórcio.

Obviamente, tal junta de peritos deverá trabalhar com maior probabilidade de discordâncias, requerendo um comportamento ético de redobrado esforço.

Prazo de laudo e laudo fora do prazo

O juiz fixa prazo para a elaboração do trabalho do perito, ou seja, para a entrega do laudo.

Na prática, entre juiz e perito, e é comum o juiz atender ao perito, estabelece-se o prazo estimado na base da carga horária de trabalho que será requerida.

O art. 477 do CPC/2015 estabelece:

> "Art. 477. O perito protocolará o laudo em juízo, no prazo fixado pelo juiz, pelo menos 20 (vinte) dias antes da audiência de instrução e julgamento.
>
> § 1º As partes serão intimadas para, querendo, manifestar-se sobre o laudo do perito do juízo no prazo comum de 15 (quinze) dias, podendo o assistente técnico de cada uma das partes, em igual prazo, apresentar seu respectivo parecer.
>
> § 2º O perito do juízo tem o dever de, no prazo de 15 (quinze) dias, esclarecer ponto:
>
> I – sobre o qual exista divergência ou dúvida de qualquer das partes, do juiz ou do órgão do Ministério Público;
>
> II – divergente apresentado no parecer do assistente técnico da parte.
>
> § 3º Se ainda houver necessidade de esclarecimentos, a parte requererá ao juiz que mande intimar o perito ou o assistente técnico a comparecer à audiência de instrução e julgamento, formulando, desde logo, as perguntas, sob forma de quesitos.

§ 4º O perito ou o assistente técnico será intimado por meio eletrônico, com pelo menos 10 (dez) dias de antecedência da audiência."

Tal artigo, sem dúvida, deixa lugar para que a matéria comporte a seguinte interrogação: "Se o prazo dado pelo juiz vencer, e se o perito não tiver entregue o laudo, e se a audiência de instrução e julgamento ainda tiver 40 dias para ser realizada, e se o laudo for entregue vinte dias antes dela, seria o laudo recusado?".

Se o juiz fixa o prazo da perícia e não fixa o prazo da audiência coincidente com a antecipação de vinte dias, a entrega depois do prazo do juiz invalidaria ou daria motivo para a recusa da perícia?

Entende o douto Tribunal de Justiça de Minas Gerais:

> "Não há nenhum conflito ou nenhuma incongruência entre os arts. 427 n. II e 433 do CPC de 1973. É que o prazo de realização da perícia não pode ser tratado como peremptório, mesmo porque não é dirigido às partes e sim a órgãos auxiliares do juízo.
>
> Logo, no caso de não ter sido ainda designado dia para audiência de instrução e julgamento, obviamente que não se pode obstar a juntada de laudo pericial nos autos, embora já decorrido aquele fixado pelo magistrado."

Tal acórdão, de 16-12-1982, teve como relator o eminente Desembargador Xavier Lopes. O prazo do juiz, portanto, pode ser preterido.

Em geral, os juízes concedem prorrogação de prazos, quando requerido.

Juiz com cultura contábil e perícia

Mesmo que o juiz tenha cultura contábil (alguns a possuem, pois, inclusive, podem ter formação nesse campo), não pode acumular as funções de "perito" e de "juiz", nem indeferir pedido de perícia com base, apenas, nessa condição.

Isso é o que têm decidido os tribunais. A função de perito é, pois, específica. Veda a Justiça a acumulação.

Sustação de perícia

Uma perícia pode ser autorizada pelo juiz e ser sustada.

O perito precisa conhecer, pois, esse fato.

Um mandado de segurança pode suspender uma perícia, mesmo determinada pelo juiz, se ela é autorizada por ele antes do julgamento das preliminares na contestação da ação.

Isso porque as preliminares podem prejudicar a realização da perícia.

Essa foi uma decisão no Mandado de Segurança 37.282, do Tribunal de Justiça do Rio Grande do Sul.

Uma preliminar pode ser indeferida, mas não pode deixar de ser apreciada.

Se a preliminar não foi apreciada e a perícia determinada, a parte interessada pode impetrar o mandado de segurança, e este pode resultar em sustação da perícia.

Ausência de quesito e esclarecimento

Uma das partes litigantes pode deixar de apresentar quesitos para a perícia, se isso for de seu interesse, ou se o prazo de apresentação foi perdido.

Todavia, isso não a impede de, ao examinar o laudo produzido e entregue, pedir esclarecimentos.

Isso não se confunde com "quesitos suplementares", porque estes só existem quando há outros quesitos normalmente apresentados (só se suplementa ou complementa o que existe).

No caso, a parte deseja comentar e ouvir comentários sobre um laudo produzido e não sobre seus quesitos que não foram apresentados.

O perito, pois, fica obrigado a esclarecer o que lhe for perguntado sobre o laudo que produziu.

Quesito de laudo excluído

No caso de o esclarecimento contradizer a resposta do laudo, prevalece o que o perito informa no esclarecimento.

Esse é o entendimento dos tribunais, como o da Apel. Sum. 154.819 do 2º Tribunal de Alçada de São Paulo.

Os esclarecimentos, todavia, devem restringir-se ao laudo.

A resposta de um quesito pode, pois, para efeitos de prova, ser anulada, diante de contradição em depoimento de esclarecimento do perito.

Isso muito responsabiliza o profissional quanto à coerência que deve empregar.

Como pode uma das partes utilizar-se de tal entendimento para anular quesito que lhe possa ser desfavorável, é sensato que o perito sempre tome conhecimento do que lhe vai ser perguntado e apresente, por escrito, suas respostas, pedindo que sejam anexadas como depoimento.

Isso porque, conforme o estado psíquico de cada profissional, pode, no esclarecimento, emocionar-se e contradizer-se, contrariando o que calma e corretamente elaborou na produção de seu laudo.

O clima das audiências é muitas vezes tumultuado propositadamente por advogados sagazes, que tentam motivar ou conduzir opiniões.

Se o perito não tem prática de diálogos, não tem tranquilidade natural para ambientes de tal natureza, devendo levar por escrito suas respostas.

Responsabilidade criminal do perito

O perito pode ser responsabilizado pela inveracidade de seu laudo, se comprovado dolo ou má-fé, quer em juízo, quer perante os conselhos de contabilidade. Tal responsabilidade envolve:

I – indenização à parte prejudicada;
II – inabilitação por dois anos para o exercício de nova perícia;
III – sanção penal por crime.

Isso é o que estabelece o art. 158 do Código do Processo Civil.

Além dessas sansões, pode sofrer aquelas que lhe venham a ser estabelecidas pelo Tribunal de Ética Profissional dos Conselhos de Contabilidade.

A responsabilidade do perito contábil é muito grande, e os erros por dolo ou má-fé em seu trabalho podem resultar em sérias sanções de naturezas civil, criminal e ética, com graves consequências materiais e de naturezas moral e ética profissional.

Tais responsabilidades, como se pode perceber, muito preocupam, mas nenhum problema ocorre quando a tarefa é executada com lisura, sinceridade, competência e muito bem argumentada (daí o valor auxiliar que os anexos possuem como provas e argumentações das conclusões).

O perito tem em sua atuação o poder de influir na vida de terceiros, mas também terceiros podem influir na dele, de forma gravosa, se seu desempenho não é de máxima lisura e intenção única de apresentar a verdade.

É preferível omitir uma opinião sobre fatos sobre os quais não se chegou a um convencimento pleno do que lançar qualquer resposta só para satisfazer os quesitos que foram formulados.

O perito deve trabalhar com forte dose de cautela.

Não deve precipitar-se; por isso, se o prazo que lhe fixam para realizar o trabalho não é suficiente, deve aventar a hipótese de prorrogação ou recusar a tarefa (o que pode fazer).

A pressa é inimiga de um trabalho pericial perfeito.

Ao estimar a extensão do trabalho, o perito deve ter em mente que a tarefa deve executar-se com larga margem de segurança.

Proteger-se contra as sanções que podem vitimar o perito depende da execução da tarefa com máxima tranquilidade e competência, em tempo hábil e conveniente.

O perito sempre deve estar atento ao prazo que o juiz fixa, mas antes de tudo deve dar ciência ao juiz da quantidade de tempo necessária e, conforme o caso, sobre a probabilidade de uma prorrogação, para que se cumpra a tarefa com zelo e proteção do profissional e das partes.

Sigilo profissional do perito

O sigilo profissional é um dever ético para qualquer tarefa contábil, mas essencialmente na perícia.

A lei protege o sigilo; a ética impõe o sigilo.

O que o profissional conhece por força do que lhe é exibido ou narrado não deve ser dado a conhecer a terceiros.

Um laudo, quando peça de processo, pode vir a ser requerido, mas isso não implica autorizar-se ao perito a difusão do que inseriu no laudo.

Além do mais, muitas vezes na prática, ao se elaborar um trabalho pericial, toma-se conhecimento de outros fatos alheios ao processo e que se encontram no Diário, Razão e Documentos da empresa.

Na busca de um dado, pode-se passar por muitos outros.

O profissional tem o dever de nada revelar sobre o que conhece ao elaborar seu trabalho, nem deve comentar sobre o que realiza com terceiros.

Isso faz parte da ética, da moralidade, da sanidade de virtude que um contador precisa exercer.

A traição ao sigilo é ausência de virtude.

Nem sob vara um profissional é obrigado a revelar um sigilo que lhe foi confiado; no caso de perícia, somente sob vara o perito deve esclarecer o que respondeu.

Ressalva-se o caso do perito assistente que é obrigado a orientar o advogado de sua parte para que, inclusive, produza quesitos suplementares.

Opinião interpretativa em perícia

Apesar de as perícias se referirem a fatos contábeis, ou seja, os alusivos ao patrimônio, e de parecer que só a verificação ou exame de registros e demonstrações é objeto de perícias, a verdade é que surgem casos especiais em que se requer "opinião" do perito.

Contabilidade não é só registro e demonstração; isso, aliás, é a parte "instrumental", "informativa", mas não a "científica".

Um contador deve conhecer de "ciência" e de "tecnologia".

A lei é muito clara no art. 156 do Código de Processo Civil: "O juiz será assistido por perito quando a prova do fato depender de conhecimento técnico ou científico".

Por isso, consagrou-se solicitar ao perito sua "interpretação" sobre fatos que a lei não detalha. Por exemplo:

Quesito nº ...

Pode o senhor perito informar se as despesas glosadas pelo auditor do tesouro nacional, segundo auto de infração....., motivo da presente lide, são "operacionais" ou "não"?

Uma pergunta dessa pode ser formulada em um processo de anulação de execução de débito fiscal.

A empresa pode discordar da opinião do agente do fisco e requerer perícia para determinar se a despesa é ou não dedutível para fins de imposto de renda.

O perito terá, então, que oferecer seus conceitos de autoridade da profissão, de obras especializadas e de normas contábeis se existirem sobre o fato em questão.

Pode, inclusive, solicitar um parecer de autoridade contábil de notório reconhecimento.

É absolutamente pertinente um quesito dessa natureza.

O perito pode discordar do auditor do tesouro, do Conselho de Contribuintes, em suma, das autoridades do âmbito administrativo.

Conhecemos muitos e muitos casos de perícias na Justiça que derrubaram autuações e relatórios de elementos do fisco.

A opinião interpretativa na perícia contábil é de raríssima utilidade em determinados tipos de causas.

O art. 420 do Código de Processo Penal não pode ser interpretado em seu sentido absoluto, mas em conjunto com o art. 145 citado, que é o genérico, no qual se prevê conhecimento científico e técnico.

O juiz pode, ainda, e até, dispensar a perícia se estiver esclarecido por pareceres técnicos competentes juntados na inicial e na contestação (art. 427 do CPC).

Pode, ainda, a autoridade referida requerer opinião verbal a peritos em audiência.

Opiniões de alta profundidade como elementos de perícia

Uma causa pode necessitar de uma opinião altamente especializada e que exige grande capacidade de um profissional.

Assim, por exemplo, se uma célula social requer em juízo a consideração de incapacidade contributiva, em uma causa fiscal, vai necessitar provar tal impossibilidade em pagar sua dívida com o Tesouro.

O parecer do profissional deve partir de uma análise profunda, convincente, inequívoca.

Tais peças não se confinam em simples opiniões, sumárias, por maior que seja a autoridade que o emite, mas requerem todo um elenco de instrumentação, de sustentação de uma opinião decisiva, final.

Provar a ausência de liquidez, diante de uma dívida fiscal, requer a apresentação, pelo menos, das seguintes análises:

1. Estudo da tendência da liquidez em relação ao passado e até a época do fato.
2. Fluxo de caixa, com base na tendência, para os próximos anos.
3. Prospecção do lucro da sociedade.
4. Evidenciação das margens de retorno do capital ante a evolução da dívida.
5. Tendência da participação de capital de terceiros, incluída a dívida, ante as evoluções do capital próprio da sociedade.
6. Estrutura dos ativos e ativos improdutivos ou obsoletos.
7. Margens de risco.

A partir dessas evidenciações, com todas as suas razões de cálculos e com os comprovantes da realidade, o profissional que deve emitir a opinião precisa observar os fatores ambientais que influirão sobre todos esses comportamentos (de ordem econômica, social, tecnológica etc.).

Uma célula social em situação de falta de liquidez não tem condições favoráveis de atualizar-se em seu imobilizado e, não se atualizando, não tem condições de competitividade.

A perda dos espaços nos mercados origina também a tendência de queda dos lucros.

Todos esses estudos devem formar um complexo competente para fundamentar uma situação de incapacidade contributiva.

Não se pode negar o valor de prova que tem um parecer vigoroso, criterioso, emitido por profissional de notória capacidade, mas, para que tenha tal qualidade, é preciso que seja inequívoco.

Por dever ético, portanto, aquele que é o responsável pela opinião precisa dar provas de sua consciência profissional, compondo seu parecer com forte argumentação, provas, bibliografias, experiências análogas etc.

Uma perícia reforçada com uma opinião eficaz cresce, substancialmente, de valor e facilita a tarefa da Justiça.

APLICAÇÕES IMPORTANTES DA PERÍCIA CONTÁBIL 5

A perícia contábil nas várias causas judiciais

Muitos são os casos de ações judiciais para os quais se requer a perícia contábil.

Como força de prova, alicerçada em outros elementos que provam, como a escrita contábil, os documentos, tudo aliado a um acervo científico e tecnológico, a perícia tem algo de especial e específico.

A escrita contábil, às vezes, é decisiva no julgamento.

Se envolve fatos patrimoniais de pessoas, sociedades empresariais ou simples, instituições, onde estiver o diretor patrimonial está a perícia como auxiliar de primeira linha nos julgamentos.

Logo, grande é o campo de ação do perito; os casos que apresentamos a seguir são alguns deles; repetimos, inclusive, temas para sermos mais didáticos, ampliando o valor expositivo.

Alimentos (ação ordinária)

A ação ordinária de alimentos deriva da necessidade de apuração de haveres de cônjuge ou responsável pela manutenção de dependentes.

Busca-se a convicção sobre o que de poder econômico tem uma pessoa para fins de manter aqueles pelos quais é legalmente responsável.

Movida essa ação, os quesitos apresentados ao perito direcionam-se no sentido de averiguação de posse material ou patrimonial, como, por exemplo, o potencial de renda de um pai ou uma mãe para manter seus filhos, visando mensurar a pensão que será atribuída.

Tal trabalho pericial pode envolver o exame de escrita contábil de empresa da qual o responsável é titular ou associado, ou mesmo controlador, ou também de suas contas bancárias e de títulos, padrão de vida que ostenta (sinais exteriores de riqueza) etc.

Para exame feito na empresa, os quesitos direcionam-se no sentido de apurar-se o que dela aufere como renda, tal como: valor de retiradas (fixadas em contrato ou registradas contabilmente), salário indiretos (benefícios como automóvel, residência, alimentação etc. supridos pela empresa), retiradas por conta de lucros etc. auferidos pelo réu.

Como é usual em todo o mundo a dita "economia informal" (formada pela evasão de receitas ou sonegação fiscal), as perícias podem ser orientadas a examinar o "padrão de vida", ou os ditos "sinais exteriores de riqueza" (matéria que não consta de escrita contábil, mas que o perito pode verificar pelo exame de livros de terceiros, como de compras de veículos, contas bancárias etc.).

Um advogado astuto, assessorado por um perito competente, pode levantar "padrões de vida" fora da escrita contábil, com relativa facilidade, obtendo provas em livros de terceiros e até por critérios de indagações paralelas.

É habitual, também, prevendo a separação, o empresário recorrer a simulações como "transferências de quotas e ações" a terceiros que se prestam a ser seus intermediários, transferir propriedades a preços vis para depois recuperá-las em operações de triangulações etc.

O perito hábil, no caso, procura examinar tais situações por comparações de "declarações de bens anteriores", por "alterações contratuais anteriores", por "transferências em livros de ações" anteriores, por "vendas de veículos recentemente operadas" etc., buscando indícios para depois colher provas sobre o desvio de posses para redução de pensões alimentícias.

A formulação de quesitos, no caso, deve ser orientada no sentido de observar, pois, situações na época e antes da época da ação ordinária. Exemplificando:

QUESITOS DA AUTORA

1º Qual a retirada *pro labore* do Sr. .... nas empresas de sua administração?

O perito deve observar os atribuídos pelo contrato social vigente e dos últimos 24 meses, tudo em moeda constante.

2º Qual a participação social do Sr. ..... no capital social das sociedades..... e.....?

3º Tem remunerações indiretas por seu cargo de direção? Quais? Em quanto montaram tais remunerações nos períodos dos últimos 24 meses, estabelecido para a avaliação o regime de moeda constante?

4º A participação percentual no capital das sociedades.... e .... do réu Sr. .... alterou-se nos últimos três anos? Em quanto?

5º Foram operadas transferências de capital do réu nos últimos três anos? Em que montante percentual? Para quem?

> 6º Pela declaração de bens do réu, tem ele outras fontes de rendimentos? Quais? Em quanto montaram nesses últimos três anos, considerados os valores em moeda constante?
>
> 7º O réu tem contas bancárias próprias? Em quais bancos? Os depósitos feitos em suas contas coincidem com os rendimentos declarados?
>
> Ou, ainda, os depósitos são compatíveis com as fontes de rendimentos apuradas por retiradas *pro-labore* e de lucros?
>
> Em suma, as investigações devem ser feitas no sentido da apuração da renda do réu para que o juiz tenha condições de determinar a pensão alimentícia a ser atribuída e se o que o réu declara pela empresa é o que movimenta em suas contas.

Além do mais, os quesitos visam observar os indícios de atitudes tomadas pelo réu para omitir rendas que sempre teve, com o intuito de reduzir o ônus da pensão alimentícia.

Como pode haver simulações, o perito deve estar atento a essa natureza da causa, que é proteger os que necessitam de pensão alimentícia.

O perito assistente da autora deverá militar no mesmo sentido e o perito assistente do réu deverá procurar observar se são justas as verificações realizadas e se contra a parte que o designou não se cometem excessos. Lembrando que ao assistente não cabe a defesa, isso é atribuição dos advogados, pois os peritos têm dever para com a verdade científica.

Sem embargos à inteligência do ilustre filósofo Protágoras,[1] "a verdade é relativa, por ser uma opinião subjetiva, pois depende da perspectiva de cada pessoa". Esse argumento não se aplica à perícia, quando da utilização de método científico para a valorimetria de uma prova, uma vez que a perspectiva é a da ciência da Contabilidade e de suas teorias.

Apuração de haveres

As causas de apuração de haveres podem dar-se em razão de morte de sócio, morte do cônjuge de sócio, do exercício do direito de retirar, dissolução parcial e/ou total da sociedade, em suma, nos casos em que se torna necessário apurar os "direitos" de alguém em uma massa patrimonial.

Por isso, também se dá quando um sócio se retira ou é expulso da sociedade ou tem outros direitos decorrentes de amortização de suas quotas de capital ou ações.

O que se busca conhecer são:

1. Os créditos do sócio, em conta, devidamente atualizados.
2. Os débitos do sócio, em conta, devidamente atualizados.
3. O valor de patrimônio líquido real.
4. O fundo de comércio – *goodwill* e outros ativos ou passivos ocultos.
5. As expectativas de caixa da sociedade quando ela vai continuar em funcionamento e existe a previsão expressa de que a precificação se dará pela via do fluxo de caixa descontado.
6. As expectativas de realização do Ativo, quando a sociedade vai liquidar-se.

---

[1] Protágoras nasceu na Grécia, 490-420 a.C. Abordou a ética e o relativismo.

Essas são as questões básicas que se propõem, embora não sejam as exclusivas, já que podem existir privilégios que ao sócio tinham sido garantidos.

Os exames abrangem, pois, diversos elementos e se devem considerar as condições da continuação ou não da sociedade.

Nas apurações de haveres de sócio falecido, a questão abrange o problema de "Inventário"; pode ter várias conotações:

I – Se a célula social era um empresário.
II – Se a empresa era sociedade de pessoas.
III – Se a célula social era sociedade anônima ou de responsabilidade limitada.

No caso de empresa individual ocorre o balanço e nada há que pensar em "rateio de haveres por sócios".

No caso de sociedade de pessoas (limitada, em nome coletivo, em comandita simples etc.) faz-se a "apuração de haveres".

O juiz determina, então, no caso de apuração de haveres e de balanço, um perito para proceder às avaliações.

Na prática, todavia, o que ocorre é a apuração do que toca ao ser inventariado.

Uma variedade de casos pode ocorrer. É preciso examinar:

1. O contrato social e suas alterações para determinar a participação do sócio, quer por subscrição, quer por integralização.
2. Se o sócio tinha direito a retiradas *pro labore*, de quanto, se foram creditadas ou pagas, em suma, o que ocorreu, inclusive com a situação de regularidade de retenções por obrigações fiscais e previdenciárias.
3. Se os balanços atribuíram lucros e se estes foram pagos ou creditados.
4. Se o sócio recebeu antecipações por lucros ou por retiradas.
5. Se o sócio emprestou dinheiro à sociedade.
6. Se o sócio recebeu empréstimos da sociedade.
7. Se os lucros foram acumulados.
8. Se os valores de empréstimos foram atualizados monetariamente.
9. Se fluíram juros sobre os empréstimos.
10. Se o Patrimônio Líquido foi corrigido monetariamente.
11. Qual a média de lucros passados, a valores constantes.
12. Quais as expectativas de lucros, a valores constantes.
13. Qual o valor real de reposição do Ativo Imobilizado da sociedade.
14. Se a sociedade fez reservas para contingências ou testes de recuperabilidade dos ativos imobilizados e intangíveis.
15. Qual a perspectiva do Imobilizado Técnico ante o mercado (valorização, desvalorização, obsolescência etc.).
16. Se existe subavaliação de estoques (caso comum para reduzir lucros tributáveis).
17. Se existem riscos maiores sobre as contas a receber etc.
18. A precificação do fundo de comércio.
19. A existência de ativos ou passivos fictícios ou omitidos.

Em suma, uma análise rigorosa não deve limitar-se aos dados contábeis do balanço.

É preciso considerar a falsidade que os balanços hoje representam no País, em face da malsinada Lei das Sociedades por Ações (Lei n. 6.404/1976), que deformou as demonstrações contábeis.

Entre a "essência" da substância patrimonial de uma empresa e a forma contábil demonstrada em balanço, há uma grande diferença em face do mentiroso processo da correção monetária, baseada em "suposições" de ajustes (critérios econômicos de poder aquisitivo da moeda, absolutamente falsos para a realidade patrimonial).

O perito precisa, pois, louvar-se em "levantamentos de realidade", embora também examinando os controles internos da sociedade e sua escrita (quanto às formalidades).

É preciso "rastrear" as contas de Capital, de Empréstimos, de Lucros, das realidades do Ativo e Passivo da sociedade.

Os exames não são tão singelos como podem parecer.

Os quesitos devem ser orientados no sentido de abranger a totalidade dos direitos, em bases de realidades.

Trata-se de um exame integral, global, objetivando conhecer a "parcela que toca ao sócio falecido ou egresso".

Examinam-se a sociedade e a situação do sócio nela.

O exame de apuração de haveres é complexo e não se limita apenas às contas do sócio, mas também às da sociedade em seu comportamento comparativo e prospectivo.

O contador assistente da parte deve orientar o advogado sobre tais realidades, explicando que a posição do sócio depende da posição e do comportamento da sociedade.

Os volumes de faturamento, a remuneração do capital, as taxas de crescimento da empresa, as obrigações, a situação de mercado, a natureza do imobilizado, a qualidade e a remuneração de pessoal, a competência dos controles internos, a sanidade fiscal, as perdas, as provisões, a proteção contra o risco, a produtividade, as possibilidades de ampliação, a prosperidade ou o definhamento, o equilíbrio do capital, em suma, todas as funções patrimoniais devem ser examinadas.

Os haveres não são só os que friamente se evidenciam nas contas e nos saldos do capital; a escrita contábil é um ponto de partida, mas não o de "chegada", pois há muita falsidade na avaliação dos balanços no Brasil, mascarados os valores que estão por um incompetente sistema contábil da Lei n. 6.404/1976.

É preciso encontrar a "essência dos haveres".

Os valores que devem constar no inventário, em razão da perícia, devem ser os de uma realidade que faça justiça tanto aos herdeiros quanto aos sócios remanescentes e que vão continuar com a sociedade.

Pode ocorrer de, em certas condições, a saída de um sócio principal, por pagamento de haveres, deixar a empresa seriamente comprometida e sem condições de prosseguir em seus negócios.

Expectativas de lucros podem distorcer se o pagamento aos herdeiros se dá com prejuízo da operacionalidade dos negócios.

O perito-assistente precisa, também, orientar o advogado sobre essa circunstância.

O perito do juiz também precisa informá-lo sobre o que representa o esvaziamento do capital de giro para reembolso de quotas de capital.

Por isso é que a análise deve ser feita com um máximo de critério, observando-se a vida da empresa e os interesses dos herdeiros.

Muitas sociedades não se acautelam, em seus contratos sociais, para os casos de morte de sócios e resgate de suas quotas.

A saída, *ex abrupto*, de capital de giro pode levar a empresa a seríssimos problemas.

Embora se proteja um "direito", a morte de um sócio pode decretar extinção da empresa, sob certas circunstâncias, sendo necessário ponderar sobre tal ocorrência.

Método na apuração de haveres

Quando o objetivo é o da apuração contábil de haveres para que se conheça o valor de quota patrimonial de sócio, o método a ser empregado deve revelar os seguintes fatos:

1. Determinação qualitativa do ativo.
2. Determinação quantitativa ou valorimétrica do ativo.
3. Determinação de imaterialidades (aviamento), se houver.
4. Determinação qualitativa das dívidas.
5. Determinação quantitativa ou valorimétrica das dívidas.
6. Apuração de lucros ou de perdas acumuladas.
7. Apuração do patrimônio líquido real.
8. Apuração de contingências.
9. Determinação do valor de quota em face do patrimônio líquido.

Tais elementos são, em tese, os que se consideram, tomando por base:

1. Balanço patrimonial.
2. Balanço de resultado (lucros e perdas).
3. Inventário físico, qualitativo e quantitativo.
4. Livros e documentações pertinentes.
5. Informações econômicas, estatísticas e financeiras pertinentes.

O critério geral de determinação e apuração é similar ao de uma *liquidação*, ou seja, dos valores que possam encontrar mercado para eles.

Determinação qualitativa do ativo

Implica apurar:

- O "estado físico e legal" em que se encontram os bens do imobilizado de utilização ou de renda (considerados os desgastes pelo uso, a obsolescência, os defeitos de conservação e manutenção e afins).
- A condição legal e financeira de liquidação dos créditos (se são líquidos e certos).
- O "estado físico e legal" em que se encontram mercadorias, produtos ou bens de venda (considerados os problemas de deterioração, má conservação, obsolescência e afins).
- A condição legal e financeira de liquidação dos valores mobiliários de renda (títulos do mercado, participações de capital em outras empresas).
- Os bens numerários e a realidade de sua liberação efetiva (se em bancos ou instituição financeira).

O objetivo, no caso, é verificar a riqueza como "essência" em sua capacidade legal, de ser útil e de poder encontrar mercado comprador, se oferecida para obter o estado líquido.

Determinação quantitativa ou valorimétrica do ativo

Considerado o aspecto qualitativo patrimonial, ou seja, o estado físico, legal, essencial dos bens do ativo, a avaliação deve ser feita sob o aspecto de "valor de mercado", ou seja, aquele pelo qual ele possa ser convertido em dinheiro, quer por achar quem o compre, quer por se encontrar liberado como numerário.

Isso implica a observação, também em valor monetário, de todos os elementos redutores: depreciação, obsolescência, deterioração, estragos etc. já referidos no levantamento de natureza qualitativa.

As imobilizações de uso e de renda se consideram pela probabilidade de venda, assim como os bens como mercadorias, produtos, títulos do mercado e afins.

Determinação de imaterialidades (aviamento)

O fundo de comércio desenvolvido internamente é um ativo intangível que se formou pelo desempenho proativo de uma sociedade empresarial. É um ativo subjacente por estar normalmente espargido por todo o ativo sem um registro específico, e depende de perícia para a sua mensuração monetária.

O aviamento é composto ou formado por vetores, tais como: *market share*; marca; ponto comercial; acervo técnico; garantias; economia em escala; exclusividade ou monopólio na produção de determinados bens; patente; credibilidade; direito de arena; *know-how*; tradição; *res sperata*; capital intelectual; franquia; entre outros.

O aviamento só existe se a empresa possui efetivamente possibilidade de lucros futuros e se suas quotas ou ações possuem mercado, ou seja, alguém disposto a pagar um preço por elas. Para ausência do *goodwill*, ou seja, preço negativo, utiliza-se o termo *badwill*.

Empresas em definhamento, em regime de paralisação, sem a intenção de continuidade, não possuem aviamento ou fundo de comércio imaterial.

Cabe ainda considerar que, em relação ao potencial de lucro, um superlucro que se espera venha a continuar no futuro, deve-se ter em conta o quanto se precisará desembolsar para os valores de reposição do ativo imobilizado técnico (que entendo seja dedução de valor de aviamento porventura apurado).

No que se refere a um superlucro que se espera venha a continuar no futuro, deve ser aplicado o teste de *impairment of goodwill*.

O critério de apuração dos haveres, assim como a inclusão dos intangíveis, como o fundo de comércio, está previsto no CPC, conforme se segue: "Art. 606. Em caso de omissão do contrato social, o juiz definirá, como critério de apuração de haveres, o valor patrimonial apurado em balanço de determinação, tomando-se por referência a data da resolução e avaliando-se bens e direitos do ativo, tangíveis e intangíveis, a preço de saída, além do passivo também a ser apurado de igual forma."

Determinação qualitativa das dívidas

Implica levantar o aspecto essencial e a natureza das dívidas (a fornecedores, bancos, impostos e contribuições, previdência social etc.), se líquidas e certas, assim como a natureza dos ônus que sobre elas possam recair.

Determinação quantitativa ou valorimétrica das dívidas

Implica considerar não só o valor nominal das dívidas, mas também aquele de seus encargos (correções ou ajustes monetários, juros, multas etc.).

Verificado o aspecto qualitativo referido, o quantitativo deve ater-se ao valor monetário que estabelecerem contratos, legislações etc.

Apuração de lucros ou de perdas acumuladas

Para que se possa ter a visão real da riqueza, é preciso apurar lucros e perdas em formação (do exercício) e somar tal crédito aos precedentes (acumulados) para obter-se uma acumulação atualizada.

Apuração do patrimônio líquido real

O patrimônio líquido real é uma decorrência dos valores monetários do ativo acrescido dos lucros acumulados atualizados, reservas e fundos, e desse somatório devem ser subtraídas as dívidas e as perdas acumuladas.

Apuração de contingências

Na apuração devem-se considerar os riscos que pesam sobre o patrimônio (ações judiciais em andamento, probabilidade de multas etc.) e também os elementos que porventura possam representar o inverso, ou seja, uma probabilidade de resultado não registrada na escrita contábil.

Avaliação de patrimônio incorporado

Como vimos, a avaliação faz parte da tarefa de perícia.

Pode-se questionar a avaliação de incorporação.

Nesse caso, os peritos devem observar os critérios de laudos produzidos por colegas (já que a lei exige que se façam para a incorporação) a partir dos "critérios utilizados para avaliar".

Em geral, a perícia se dá sobre um laudo, mas sem abandonar a hipótese de se verificar se a escrita contábil, na ocasião, encontrava-se em ordem, se foi respeitada no que era pertinente.

Mesmo que o laudo de avaliação tenha sido produzido por três peritos e a Assembleia o tenha aprovado, pode conter vícios.

A Lei das Sociedades por Ações comete o gravíssimo erro de não exigir que pelo menos um dos peritos seja contador.

Isso abre a porta para uma série de imperfeições.

Portanto, nas ações que visam discutir o prejuízo da minoria sobre uma incorporação, cujos valores são contestáveis, discutíveis, deve-se começar pelo valor da escrita, pelo valor do critério empregado para avaliar bens patrimoniais.

Uma incorporação pode prejudicar sócios.

O prejuízo pode advir de defeitos de avaliação (super e subavaliações).

Nesse caso, é preciso observar as condições da escrita na ocasião do ato que se discute e a influência dos valores considerados para o "Balanço de Incorporação".

Não se trata, pois, do exame singelo de um laudo, mas das origens dos valores que se submeteram aos ajustes.

Busca e apreensão

Violação de estatuto, liberalidades excessivas, suspeitas de irregularidade, ausência prolongada de distribuição de resultados, uma série de fatos podem sugerir ações na Justiça, movidas por sócios e acionistas, ou interessados, no sentido de que se exija a exibição de livros e de documentos; diante da negativa da sociedade em apresentar os livros, quando solicitado, o juiz pode determinar a "Busca e Apreensão", ou seja, determinar a exigência da exibição.

Os exames visam à busca de "provas", já que os livros possuem "força probante" a favor ou contra o empresário.

Também se pode requerer a apreensão de bens para que se realize a sua devida avaliação, no sentido de proteger direitos contratuais (como a reserva de domínio, por exemplo).

O requerente deve, todavia, apresentar em Juízo as razões que conduzem ao pedido, ou seja, as violações procedidas ou fundamentos de suas suspeitas quanto a irregularidades.

O juiz aprecia as provas sobre a questão e, então, determina ou não o exame.

A Lei das Sociedades por Ações (Lei n. 6.404/1976), por exemplo, em seu art. 105, outorga aos detentores de 5% ou mais do valor do capital o direito de requerer o exame.

Os arts. 381 e 382 do Código do Processo Civil são expressos em determinar também como "produção antecipada de provas".

E determina, ainda, no art. 321: "O juiz pode, de ofício, ordenar à parte a exibição parcial dos livros e dos documentos, extraindo-se deles a suma que interessar ao litígio, bem como reproduções autenticadas."

Muitos motivos podem gerar desconfiança e necessidade de exames, como produção antecipada de prova, por meio de mandado do juiz, mas, em geral, quase sempre, os mais frequentes são:

1. não distribuição de lucro ou de lucro muito reduzido ou fora dos parâmetros estatutários;
2. dilapidação de patrimônio social, contratos tidos como ruinosos de venda de propriedades, desperdícios notórios, na comparação que se pode fazer com empresa congênere, por análise de balanço;
3. gastos nitidamente supérfluos ou ostensivos, como propaganda exagerada de produtos que são vendidos por monopólios ou oligopólios cartelizados;
4. excesso de diretores e pagamentos de honorários a empregados da administração muito além daqueles praticados no mercado de trabalho;
5. nepotismo;
6. exagero no endividamento;
7. obras suntuárias;
8. aumento de custos e despesas mais que proporcionais ao aumento das vendas;
9. mordomias exageradas da diretoria;
10. contratos de locação, de arrendamento mercantil, incompatíveis com o ramo de negócios;
11. concessão de franquias com privilégios a terceiros ligados à diretoria;
12. desvio de mercadorias a preços sem resultados normais para empresas de parentes de diretores;
13. favorecimentos a empresas de parentes por meio de empréstimos ou absorção de despesas;
14. viagens da diretoria ao exterior sem justificativa ou que não tenha resultado em proveito na produção de receitas;
15. prejuízos por períodos sucessivos;
16. suspeita de aquisição de notas frias;
17. comprovação de emissão de notas calçadas;
18. despesas suntuárias de brindes;
19. aplicações no mercado de capitais superiores àquelas do próprio ramo de negócios (não se aplica a empresas que são instituições financeiras);
20. grandes ociosidades de disponibilidades etc.

É evidente que o requerimento da busca e apreensão ou da exigência de exibição de livros precisa lastrear-se em fatos deveras concretos e não em suspeitas sem fundamentos que só têm por base perturbar a vida administrativa ou satisfazer caprichos pessoais.

Os tribunais têm indeferido a exibição quando os motivos não são relevantes.

Embora o Supremo Tribunal Federal acolha a tese de que a exibição é meio de conseguir prova para litígios, nem sempre são acolhidos os requerimentos.

Quando, todavia, são determinados, cabe ao perito examinar tendo por parametria a irregularidade ou suspeita indicada; conforme o caso, como o de prejuízos constantes, o perito tem de ampliar seus trabalhos de modo a conhecer as razões e, inclusive e se necessário, realizar exames de balanços de empresas congêneres da mesma praça (se possível).

O "processo preparatório" pode exigir uma perícia que "dê base para a outra ação"; nesse sentido o perito deve trabalhar, pois esse é o motivo da perícia.

A astúcia do advogado pesa muito na propositura da ação, pois, havendo determinados tipos de suspeitas, é preciso dar largas aos motivos do pedido de exibição para que a vistoria seja plena.

Ao perito compete seguir os quesitos formulados, mas é necessário que se atente aos verdadeiros propósitos das provas que deseja, por antecipação, produzir.

Sabemos também, sobejamente, e em minha vida profissional tive ocasião de comprovar, que muitas empresas "preparam fraudulentamente" suas falências e/ou concordatas com intenção de beneficiar alguns e prejudicar outros sócios.

Conheci o caso de uma empresa que foi próspera toda a vida. Quando seu titular faleceu, para que os herdeiros legítimos não tivessem em seu poder o controle, simularam-se transferências de ações e aumentos de capital e, depois, perdendo em Juízo em face do que haviam recorrido os herdeiros, pressentindo tal fato, os diretores simularam despesas e dívidas até levar a empresa à falência, saindo com o fruto das vendas omitidas e das despesas falsas cujos recibos haviam comprado.

No mundo dos negócios há todo um repositório de malícias e de ciladas, em jogos de ambições, contra os quais um bom perito deve estar prevenido.

O requerimento de prova antecipada, por exibição de livros ou busca e apreensão deles para que se processe a vistoria ou a verificação, é um caso especial que muito responsabiliza o perito, pois pode-se estar diante de uma cilada na qual os que se privilegiam do poder armam contra sócios minoritários ou herdeiros.

A desconfiança levantada pode ser um revide, mas quando o juiz chega a aprová-la é porque reconheceu razões para que cautelas se exerçam para prevenir direitos (e daí as ações cautelares serem cabíveis e necessárias).

O mesmo ocorre quando há caso de penhor ou garantia de bens, podendo ocorrer problemas de mau uso ou dilapidação de bens cuja avaliação se requer (e da qual deflui perícia).

Os quesitos nessas ações precisam de especial zelo e, conforme o caso, de análises prévias de balanços e balancetes para que as justificativas sejam bem fundamentadas.

Em certos casos é até aconselhável, no pedido, já se instruir com análise feita por contador de notória capacidade.

Consignação em pagamento

Tais ações limitam-se, quase sempre, a exames parciais, em que se requer a comprovação de que tais ou quais depósitos se fizeram ou não para garantia de execuções.

Há mais singeleza, nesse caso.

Os quesitos são objetivos e visam, apenas, a rastrear os registros de pagamentos e das sanidades de suas origens, tais como os registros feitos ou não nas contas próprias.

O perito já é orientado, objetivamente, sobre o que irá examinar.

A ação de consignação de pagamento é um "Procedimento Especial", no qual o devedor ou um terceiro pode requerer com efeito de pagamento a consignação da quantia ou da coisa devida.

O que o perito vai verificar é se foi cumprida a consignação e sob que condições isso foi feito, no interesse da parte reclamante.

Como as consignações podem ocorrer em "prestações", a perícia pode ter que abranger muitos registros, ou seja, toda uma dinâmica de contas.

Valores, prazos, legitimidade do fato, tudo isso pode envolver matéria de quesitos.

Também os "locais" determinados podem ser objeto de indagação.

Os depósitos, no caso, possuem: valores, prazos e locais fixados (e também, obviamente, ajustes).

O descumprimento, como gera obrigações e custas, precisa ser bem caracterizado.

Todas as "quitações" precisam ser examinadas.

Importa, também, quem legitimamente deve receber.

É preciso conhecer muito bem a natureza da consignação para que o perito possa orientar seu trabalho.

É uso e costume considerar como pagamento e extinção de obrigação o depósito judicial da coisa devida, nos casos e formas legais.

Isso ocorre:

a) Se o credor, sem justa causa, se recusar a receber o pagamento ou dar quitação devida.

b) Se o credor não mandar receber nem comparecer ao local estabelecido para o pagamento, no tempo certo.

c) Se o credor for desconhecido, estiver ausente ou residir em lugar incerto ou onde exista risco de acesso.

d) Se ocorrer dúvida sobre quem deveria de fato receber o que se prometeu pagar ou entregar.

e) Se o pagamento estiver em litígio.

f) Se houver concurso de preferência aberto contra o credor ou se este for incapaz para receber e quitar.

O pagamento, perante a lei, exige requisitos para que seja considerado feito, e tais exigências se referem a:

1. pessoa certa;
2. objeto certo de pagamento;
3. modo de pagamento;
4. tempo certo (prazo fixado).

É princípio consagrado que "quem paga mal, paga duas vezes".

Existem muitas normas no Código Civil e no Código de Processo Civil sobre os pagamentos que um perito precisa conhecer.

A perícia instrui o perito por meio dos quesitos, mas é necessário que o contador conheça bem o que a lei regula para produzir respostas úteis como meios de provas.

O exame é de contas, de documentos, de contratos, de naturezas, de obrigações, em suma, deve suscitar ao perito em cada caso "qual o objeto a ser examinado" e "o que melhor atende ao propósito da ação".

Cominação de pena pecuniária

Quando o autor de uma causa pede a condenação de uma pessoa a abster-se de algum ato, ou tolerar uma atividade, ou prestar fato que não pode ser realizado por terceiro, pode fazer constar da petição inicial a **"cominação de pena pecuniária"**, caso não venha a cumprir a sentença exarada.

Tal pedido pode ser alternativo se o cumprimento também o for, ou seja, se existirem formas diversas de se chegar ao mesmo resultado.

O pedido pode determinar as "formas alternativas de cumprimento", deixando ao arbítrio do juiz determinar a que melhor satisfaz os interesses da Justiça.

Vários pedidos, todavia, podem ser formulados em uma só ação, desde que compatíveis.

Como a matéria comporta contestação, o perito, muitas vezes em seu trabalho, tem que dar relevância aos fatos tanto do réu como do autor, partindo de pesquisas distintas (para um e para outro), e muitas vezes encontrará situações que, podendo parecer conflitantes, se inserem dentro de um mesmo sentido.

As ações cominatórias são comuns e muitas são as perícias.

Muitas também são as razões que levam à apreciação do mérito e que podem ser evocadas nas preliminares.

Tais razões podem escapar ao juiz, mas serem motivo de apreciação no mérito e, então, a perícia poderá colaborar na produção de provas.

Nessas condições, a competência dos quesitos e a competência do perito são de altíssima relevância.

Os peritos assistentes, nas ações cominatórias, representam importantíssimos fatores de sucesso.

O sucesso de uma causa depende da ajuda que o perito da parte oferece ao advogado.

Participamos de diversos processos como perito de parte e conseguimos, inclusive discordando do perito oficial, que nossa perícia fosse considerada para a decisão no Tribunal, em vez daquela feita pelo perito do juiz (e este havia desconsiderado a nossa...).

A prova pericial é importantíssima.

Recuperação judicial

Exames periciais exaustivos são os feitos para aprovar um requerimento de procedimento de recuperação judicial.

Todas as situações precisam ser vistoriadas e comprovadas.

Uma criteriosa e severa verificação das situações financeira, de resultados, de riscos, de produtividade, de equilíbrio patrimonial, em suma, de todas as funções da riqueza empresarial, precisa ser realizada.

A verificação de possibilidades de fraudes é pesquisada.

O pedido precisa estar justificado pela perícia.

Muitos são os objetos de exame e requerem do perito um profundo conhecimento sobre as "fraudes contábeis".

Nos casos de má-fé (e muitos são constatáveis), o pedido de recuperação, ou até mesmo o de falência, pode ter sido preparado para prejudicar credores.

Alguns casos são de notória incompetência administrativa, outros de ausência de assessoramento competente, outros de circunstâncias desastrosas de medidas do Poder Público (como os Planos Cruzado, do Governo Collor de Mello etc.), mas alguns de inequívoca má-fé ou desejo de prejudicar terceiros.

O perito precisa conhecer as razões que justificam um procedimento de recuperação judicial, porque ela implica um "acordo para pagamento que foge àquele originariamente concedido pelo credor".

Os exames devem levar à convicção sobre a veracidade das peças contábeis, dos documentos e da dinâmica dos acontecimentos que conduziram ao estado de coisas que gerou o pedido de recuperação judicial.

Trata-se de uma verificação que exige capacidade do profissional.

O perito precisa informar ao juiz *se a sociedade empresária tem capacidade de recuperação*, ou seja, de *cumprir suas obrigações mediante a dilatação dos prazos de pagamentos*.

Não só verificar se há irregularidade no pedido, mas também viabilidade econômico--financeira dele.

Com a determinação de que os débitos devem ser pagos durante o cumprimento do procedimento de recuperação judicial, muitas sociedades empresariais não possuem a capacidade de pagá-los, em face da violência do impacto, da falta de capital de giro. O perito precisa avaliar tal circunstância.

A recuperação judicial não deve ser uma oportunidade para que se agravem questões de falta de liquidez, nem que se resolvam, isoladamente, débitos com alguns credores.

Como o pedido deve estar justificado, ao perito compete examinar a factibilidade dos fluxos de caixa organizados para provar que a sociedade empresarial merece a concessão de dilatação de prazos de pagamentos.

O perito precisa, mediante uma qualificação econômico-financeira, examinar, basicamente:

1. o fluxo de caixa prognosticado;
2. a capacidade de realização do Ativo Circulante;
3. o volume de vendas;
4. a margem de lucros;
5. o volume dos custos e despesas operacionais;
6. o volume dos custos de ajustes de dívidas (variações monetárias);

7. se o lucro gerado tem capacidade de produzir realizações competentes para pagar o custo da concordata;
8. a capacidade produtiva do Imobilizado;
9. a força do trabalho produtivo e a capacidade comercial;
10. os riscos sobre o capital e a situação fiscal;
11. as contingências negativas e positivas;
12. o mercado da empresa e o conceito de seu produto;
13. no caso de comércio, os pontos comerciais de que dispõe e o volume de clientela;
14. a idoneidade administrativa e a tradição da empresa;
15. o estado da escrita contábil e dos controles internos;
16. o comportamento passado da empresa quanto à liquidez e à rentabilidade;
17. o motivo básico que conduziu à insolvência (por análises comparadas);
18. a possibilidade de reversão do motivo que levou à insolvência;
19. a possibilidade de desimobilização sem queda do regime produtivo;
20. quanto tem de capital acessório ou investido em capital de outras empresas etc.

Cada item requer uma série de exames.

Assim, por exemplo, ao examinar a capacidade de realização do Ativo Circulante, é preciso:

a) Listar o estoque e conhecer sua capacidade de giro, observando o que é obsoleto ou está sem movimento há muito tempo; verificar se os estoques são ágeis e se há vitalidade na sua renovação, sendo composto de materiais e mercadorias que estão sempre a se esgotar.
b) Verificar se há estoque suficiente para ser vendido sem ser necessário realizar grandes dívidas para repor o necessário para alimentar o movimento da empresa.
c) Listar as duplicatas a receber por prazos de vencimento e por clientes; observar o volume das vencidas e há quanto tempo.
d) Observar se as duplicatas a receber são líquidas e certas como realização ou se são de difícil liquidação.
e) Observar se não existem duplicatas emitidas sem cobertura de notas fiscais (duplicatas frias).
f) Observar o custo do recebimento de duplicatas.
g) Observar se os sócios são devedores da empresa e se têm capacidade individual de repor o dinheiro sacado.
h) Observar se existem créditos a receber em contas de "Diversos", sem títulos líquidos e certos que correspondam aos créditos cujos saldos se evidenciam no balanço (créditos falsos apenas para inflarem o capital circulante ou realizável).

Aí está um singelo exemplo de quanto se tem a observar para cumprir um só item da relação de verificações que devem ser feitas e que relatamos.

Logo, só o item 2 – Capacidade de realização do Ativo Circulante envolve muitíssimos itens e horas dilatadas de indagações.

Inventariar tal ativo, conhecer sua capacidade de giro, sua autenticidade, sua confiabilidade como instrumento de ingresso de recursos financeiros demandam uma árdua tarefa.

É preciso detectar erros não só formais, mas também de "essência patrimonial", valor jurídico e sanidade fiscal.

Pode ocorrer, por exemplo, que um grande número de duplicatas vencidas e não pagas sejam de empresas do mesmo grupo; pode ser que sejam de pessoas ligadas à administração; pode ser que sejam de clientes também concordatários: tudo isso pode comprometer, seriamente, a capacidade de realização.

Essa é a razão por que é preciso conhecer "quem deve", "que ligações tem com a empresa", "que capacidade possui de pagamento".

O mesmo ocorre com o estoque em que grande parte pode "não ser colocável", ou só ser colocável a "muito longo prazo", ou estar em estado que necessite "complementar beneficiamento para ser vendido", ou referir-se à "produção já abandonada".

Não basta que o ativo denote bens – é preciso que eles tenham capacidade de ser úteis, de satisfazer as necessidades da empresa, pois só assim se opera a eficácia (veja-se o aspecto teórico dessa matéria em nosso livro *Teoria geral do conhecimento contábil*, Belo Horizonte: edição IPAT-UNA, 1992 ou em *Teoria da contabilidade superior*, Belo Horizonte: edição IPAT-UNA, 1994).

Um patrimônio vale pelo que de funcional possui e não porque simplesmente se possui.

A empresa conserva seu direito sobre Duplicatas a Receber, mas de nada ele adianta se ela não consegue receber a tempo de pagar suas obrigações.

Nesse ponto é que se diferenciam os objetos da ciência do Direito e da ciência da Contabilidade sobre os mesmos bens; há um direito que se refere à riqueza, mas só a funcionalidade dela evidenciada pela satisfação tempestiva da necessidade dá eficácia ao patrimônio.

O aspecto contábil indaga sobre a eficácia e é sobre isso que o perito deve opinar; não que existem direitos a receber, mas se a empresa pode receber para cumprir suas necessidades no tempo hábil em que se propõe a fazê-lo.

Um laudo pericial visa a opinar sobre a factibilidade do que pretende quem se habilita ao estado de concordatário.

Isso demanda uma análise de grave seriedade.

No exame das dívidas, por exemplo, é preciso analisar o que pode ser "parcelado" a prazos mais dilatados, quem são os credores etc.

A perícia deve ser "conclusiva", informando causas e expectativas.

Por exemplo:

CAUSAS DO DESEQUILÍBRIO EMPRESARIAL

No entender deste perito, pelos exames feitos conforme análises apensas a este laudo (Anexos de nº.... a nº....), a empresa foi levada a seu estado de insolvência pelas seguintes razões:

    a) excesso de imobilizações, acima da capacidade de sustentação de seu capital próprio e que gerou;

    b) excesso de endividamento que gerou;

    c) altíssimas despesas financeiras que:

        absorveu todo o lucro e

        provocou perdas de montante expressivo.

> Os quadros dos anexos n^os ..... mostram que o Capital Próprio é menor que as Imobilizações em $..... e que as despesas financeiras geradas representam ... % da receita, produzindo perdas de $..... que representam .... % de todo o capital próprio.
>
> ### PERSPECTIVAS DE SOLUÇÃO
>
> Se a empresa desimobilizar a parte improdutiva de seu Ativo Permanente (onde construiria a segunda fábrica), poderá pagar $... de suas dívidas, conforme avaliação feita pela empresa de avaliação... (anexo nº...), poderá liquidar...% de suas dívidas; nesse caso, mantidas as vendas e reduzidos os custos em ....%, a empresa poderá, em ..... meses, equilibrar-se e cumprir os compromissos totais.
>
> Como as correções monetárias e despesas financeiras montam em $..., agravando o problema, a factibilidade a que nos referimos em equilibrar deixará de ocorrer se a desimobilização não se verificar até um prazo de ... meses.
>
> Isso demonstramos no quadro..., anexo nº ... .
>
> A empresa não tem problema em colocar seus produtos e que são de boa qualidade, bem aceitos pela clientela e com um baixíssimo índice de devoluções de apenas 0,02% sobre a quantidade produzida, conforme demonstra-se no anexo próprio de nº ... .
>
> Os estoques são ágeis, o limite de insolvência de clientes é baixíssimo, a situação fiscal é boa, apenas por dívida parcelada com o Instituto de Previdência e Receita Federal, conforme se demonstra em quadro nº ... anexo nº ... .
>
> O fluxo de caixa apresentado pela empresa requerente parece-nos excessivamente otimista no que se refere aos meses de ..., conforme fazemos demonstrar pelo fluxo que produzimos e que contrasta com o da requerente com uma variação de ...%, que, embora não impeditiva de prever-se o equilíbrio, faz que ele aconteça, provavelmente em... devido à situação atual do mercado imobiliário e o Parecer que coletamos e que está nos anexos sob nº ... emitido pela Corretora....., uma das mais credenciadas em vendas de imóveis industriais.
>
> Cumpre, ainda, observar que os controles internos da empresa são satisfatórios e sua escrita não apresenta vícios relevantes.
>
> Belo Horizonte,.......
>
> Antônio Lopes de Sá – Contador CRC 1086-MG, Perito

Uma conclusão dessa natureza capacita o juiz a decidir por que espelha as razões do desequilíbrio, mostra a factibilidade de recuperação e aponta os pontos principais de sanidade da empresa.

Um laudo pericial em pedido de concordata precisa ser orientador, oferecendo ao juiz meios para que possa deferir ou indeferir o pedido que recebe.

A dimensão da empresa, suas ramificações, se complexa, pode exigir muito do perito, mas, dada a natureza do caso, não pode delongar-se, pois pode comprometer mais a situação do requerente.

Cambiais – ações cambiárias – notas promissórias

Farto é o número de ações que se propõe com relação às notas promissórias, e, mesmo considerada a autonomia desse título, considerado como um autêntico "contrato aberto", em que dificilmente se discute a *causa debendi*, ou seja, a origem da dívida, ainda assim gera campo para perícias contábeis, sob vários aspectos.

Como a prova testemunhal não é aceita para a prova da dívida (Acórdão 30.260, Tribunal de Justiça de Minas Gerais, 04-11-1968), apela-se para outro tipo de prova, em que naturalmente a perícia tem seu campo de importância.

Não são raros os casos em que o perito é instado a examinar e opinar sobre:

1. Aspectos formais dos títulos em face da escrita;
2. Datas em face de lançamentos do Diário;
3. Registros de emissão em face dos livros contábeis;
4. Registros de pagamentos em face dos livros;
5. Registros de endossos e avais nas contas de compensação;
6. Registros em contas específicas de débitos e créditos;
7. Análises de contratos e seus cumprimentos;
8. Instrumentação e vinculação das notas promissórias;
9. Elo causal do título em face dos registros contábeis;

etc.

Ocorrem, por exemplo, casos em que se tenta obrigar a sociedade comercial em face de nota promissória que é de emissão particular de sócio e que possui vínculo com os negócios da empresa; a perícia, no caso, pode instrumentar as contestações com grande vigor.

Embargos de nulidade em ações civis foram acolhidos nesse sentido, como o de nº 61.443, de 09-07-1970, do Tribunal de Justiça do então Estado da Guanabara.

Isso porque os tribunais entendem que "só provas robustas derrubam a autonomia cambial" (Acórdão 74.307 do Tribunal de Justiça da Guanabara, 24-08-1971).

Também em causas falimentares se justificam as perícias para a investigação da *causa debendi* nas obrigações cambiais (em que podem ocorrer casos de fraudes, simulações etc.).

Essa é a razão pela qual os peritos devem se inteirar sobre como proceder aos exames para atender a um sem-número de causas sobre notas promissórias e que versam, por exemplo, sobre:

1. aceite;
2. avais;
3. emissão incapaz;
4. mandato;
5. protestos;
6. requisitos formais;
7. responsabilidade de mandatários;
8. agiotagem e mercado paralelo;
9. apreensão por autoridade policial;
10. apropriação indébita;
11. arresto;
12. *causa debendi*;
13. cobrança executiva (vários casos);

14. prescrição;
15. vínculo à dívida pública;
16. aval e contrato de crédito;
17. direito de regresso;
18. doação e fraude contra credores;
19. novação de dívida;
20. doação em pagamento;
21. depósito em garantia;
22. falências;
23. concordatas;
24. outorga;
25. busca e apreensão;
26. benefício de ordem;
27. cancelamento de aval;
28. cartão de crédito;
29. cessão de dívida;
30. cláusula sem protesto;
31. pacto adjeto;
32. título em branco;
33. novação parcelada;
34. estelionato;
35. hipoteca;
36. condição suspensiva;
37. juros moratórios;
38. destruição;
39. coação;
40. emissão por incapaz;
41. endosso em preto;
42. *pro solvendo* e *pro soluto*;
43. mútuo;
44. tomador;
45. simulação;
46. meação de bens;
47. responsabilidade de herdeiro;
48. responsabilidade sucessória em geral;
49. substituição por cheque;
50. substituição por duplicata;
    etc.

Apenas como exemplificação, nada menos de meia centena de casos foi referida e que pode ocorrer, com relação à nota promissória, e que, por analogia, também pode atingir as demais cambiais de uso empresarial e civil.

A prova robusta da perícia, tão bem aceita pelos tribunais, pode detectar muitos casos de simulações, fraudes, falsidades ideológicas, como também de legitimidade de créditos reclamados e contestados em ações executivas e cambiárias.

No caso de duplicatas, a *causa debendi*, ou seja, a **origem legítima por vendas efetivamente feitas** é primordial e nisto diferencia-se fundamentalmente da nota promissória.

O exame pericial nas causas cambiárias muito depende da natureza dos títulos no que tange a suas origens.

Enquanto a nota promissória goza de plena autonomia (mas podendo ser contestada com provas maiores), a duplicata só se justifica se lastreada em operação comercial comprovadamente feita e acobertada por documentação fiscal competente.

Existem casos em que a contestação de notas promissórias consegue vingar, como o que evidencia o texto do acórdão em Agravo de Instrumento 26.298, de 17-04-1974, do Tribunal de Justiça do Rio de Janeiro:

> "A nota promissória entregue em branco resulta uma obrigação cambial. Mas, também é certo (...) que a irregularidade no lançamento dos requisitos cambiários pode ser oposta quando de má-fé o portador, e, sendo malicioso o preenchimento, com prejuízo do subscrito do título, contraria os termos essenciais da relação fundamental."

Em geral, os tribunais têm dado força à nota promissória, em sua autonomia, mas há casos em que a contestação bem fundamentada com prova pericial competente pode resultar em sentença diversa.

O mesmo Tribunal de Justiça do Rio de Janeiro, em 20-11-1974, no Embargo Infringente de Apelação Civil nº 85.244, decidiu:

> "É improcedente a cobrança de notas promissórias sem força de registro e sem prova de negócio subjacente que lhe deu origem."

O papel da perícia, na contestação, para ilidir a dívida, é buscar a "prova da improcedência"; no caso de cobrança, o inverso, ou seja, "a prova inequívoca" da procedência.

Pode-se, pela perícia, tentar provar tanto o dolo quanto a má-fé, mas também a legitimidade, conforme o caso.

Quando a nota promissória, por exemplo, é emitida para substituir duplicatas vencidas e não pagas (costume usado para voltar a operar o título em instituição de crédito), é documento válido, embora pudesse ser extraída a "triplicata", com outra data de vencimento.

Muitos são os casos que podem ocorrer e que necessitam da prova pericial, no giro das cambiais.

Compensação de créditos

O Código Civil Brasileiro, em seu art. 368, estabelece que, se duas pessoas forem, ao mesmo tempo, devedor e credor uma da outra, as duas obrigações extinguem-se até que se compensem.

Contudo, a lei também estabelece como a compensação pode operar-se, ou seja, é necessário que as dívidas sejam líquidas, vencidas e de coisas fungíveis.

E também estabelece que as coisas fungíveis sejam do mesmo gênero, não se compensando se diferem em qualidade, quando o contrato estabelece tais qualidades.

Afirma, ainda, que coisas incertas não se compensam.

Estabelece também que o fiador pode determinar compensações.

A lei, por conseguinte, coloca condições que motivam, naturalmente, discussões e ensejam perícias para que se estabeleçam as provas da possibilidade, da justiça ou da irregularidade de compensações pretendidas.

Se estão satisfeitas as condições da lei, não há como discutir a validade e quase o estado automático da compensação.

Escreve o emérito J. M. de Carvalho Santos que, "em se tratando de compensação legal, ela se opera de pleno direito, independentemente de qualquer pedido das partes".[2]

Nesse caso, o quesito da perícia deve orientar-se no sentido de evidenciar se os requisitos se cumpriram, ou seja:

a) A e B são reciprocamente devedores e credores?
b) Tais valores estão devidamente registrados em suas escritas contábeis, de forma regular, e esta tem validade plena?
c) Quais valores representam tais débitos e créditos, respectivamente, de A e B?
d) Tais valores encontram-se lançados nas escritas de A e B de forma coerente?
e) Ambas as dívidas são líquidas e certas?
f) Estão, ambas, vencidas?
g) As coisas fungíveis que as devem quitar são da mesma natureza?
h) Há contrato que regule a compensação?
i) Há carta ou documento que estabeleça como se quitam?
j) São incertas?
k) Que operação as originou, uma e outra?

Tais elementos, respondidos pelo perito, podem dirimir dúvidas de contestações em ações que visam a impedir uma compensação que a lei assegura e que a doutrina melhor do direito (citada) considera automática, plena, independentemente de qualquer pedido das partes.

As causas sobre compensações de créditos podem estar estribadas em interesses procrastinatórios e até em má-fé de uma das partes, razão pela qual, estabelecido o litígio entre duas empresas, ambas as escritas devem ser examinadas.

Há casos em que a compensação não pode ser feita e a lei também estabelece (renúncia prévia, expressa, e com o Poder Público).

---

[2] Código Civil Brasileiro Interpretado", volume XIII, p. 234.

A diferença entre os valores também não impede a compensação, exceto nos casos previstos em lei (art. 373 do Código Civil), que são: esbulho, furto ou roubo; comodato, depósito de alimentos e coisa não suscetível de penhora.

Tudo isso deve ser verificado na perícia e os quesitos podem e devem, conforme o interesse das partes, investigar sobre os casos de impedimentos.

Como a compensação tem efeito equivalente a pagamento, é preciso que as verificações de impedimentos sejam do maior critério.

Os desníveis entre os valores dão para o credor, que fica com maior parte a receber, o direito de cobrar pelos meios que julgar conveniente; e o fato da compensação parcial não impede o exercício desse direito.

Compensação não é sinônimo de "equivalência de valores", e, embora esta possa ocorrer, também é possível que, a maior ou a menor, fique saldo a favor de uma ou de outra parte.

A parte compensável não ocorre em mora, mesmo vencido o débito.

Tudo isso deve ser objeto de indagação do perito nessas ações que visam a apreciar os efeitos das compensações e suas legitimidades.

Sobre as diferenças ocorrem os mesmos ônus normais a quaisquer dívidas, inclusive a mora e a correção monetária.

Muitos são os aspectos a serem observados por um perito nesse tipo de ação; a exclusão da compensação, por exemplo, a que se refere o art. 375 do Código Civil Brasileiro, merece, em causas das Varas da Fazenda (fiscais), ponderações, pois o Código não veda em caráter absoluto a compensação.

A própria lei fiscal admite os casos em que ela se opera, como nos de antecipações (Imposto de Renda na Fonte, só para citar um caso).

O que a lei, em seu espírito, deixa claro é que pretende defender os interesses do Estado contra as procrastinações de recolhimentos e abertura de campo para a fraude.

O perito deve, pois, com a relatividade devida, examinar cada caso que lhe é apresentado em quesitos (e estes nem sempre alcançam tudo o que um perito pode oferecer).

Também há que se ponderar que, nos casos privados (entre empresas e pessoas), para que a compensação seja vedada, deve ser provado o impedimento, quer por cláusula contratual, quer por carta registrada, quer por notificação judicial ou extrajudicial, mas registrada, ou por documento que tenha força afim.

Força afim tem, por exemplo, uma ordem de compra ou uma nota fiscal em que, nas condições, conste a "não compensação" e com a qual o devedor tenha concordado, apondo sua assinatura (tal acordo só pode ser bilateral).

A pesquisa contábil, pois, deve muitas vezes rastrear a operação desde a "proposta de venda", "ordens de compras ou pedidos", bem como "notas fiscais", "contratos de compra e venda", "correspondência com comprovação de recebimento" etc.

Não se "supõe o impedimento de compensação", porque ele se opera "automaticamente" se cumpridos os requisitos legais; apenas a "prova em contrário à compensação é válida".

Mesmo no caso de falência ou de recuperação judicial, a compensação não pode ser anulada ou contestada se o fato se consumou antes que ocorressem aquelas; isso deve ser exposto pelo perito na resposta a seus quesitos, ou seja, a "tempestividade dos fatores que autorizavam automaticamente a compensação de créditos e débitos".

Vencida a dívida antes do processo falimentar, mantida a equivalência para a quitação, mesmo em valores diferentes, prevalecem os direitos automáticos da compensação.

Ela se opera *ex vi legis*.

A oposição só vingará se o perito comprovar a fraude, a má-fé, a falsidade ideológica, a intempestividade ou o desrespeito à lei e a seus impedimentos, ou, então, a "renúncia expressa das partes, previamente feita", e "bilateral" (repetimos).

Também no caso de "créditos cedidos a terceiros" (endosso, dação em pagamento, penhor etc.), o perito precisa indagar se o devedor foi notificado e se não se opôs (o que cria a situação de acordo tácito) ao valor que lhe foi atribuído como dívida.

Para tal indagação deve requerer a prova; não exibida, é dever declinar a resposta ao quesito; quando, todavia, possui meios para indagar, sem requerer (casos de arquivos bem documentados de transações que originam créditos, como as ordens de compra, notas fiscais com recibos, pedidos do cliente, correspondência ativa comprovada etc.), poderá realizar com maior segurança sua informação, referindo-se a documentos efetivos, dos quais extrairá cópias para compor os anexos.

Problema a ser observado na "opinião do perito" sobre a oposição de notificação da "cessão do crédito", já referido por parte do devedor, é que a lei *não fixa o prazo da oposição* nem sua forma.

A ninguém cabe, pois, supor prazos, e ele estará cumprido, entendemos, mesmo na proximidade do vencimento da obrigação (cumprindo ao perito observar que a oposição foi feita, se a constatar, e omitindo a questão de prazo, porque omissa é a lei).

O perito precisa, ainda, observar os "custos sobre a compensação", pois os valores, quando não pagos no mesmo lugar, normalmente comportam gastos que se incorporam na compensação, conforme o art. 378 do Código Civil Brasileiro.

Mesmo que os quesitos não mencionem (pode passar despercebido ao elaborador), o perito deve estar atento a essa condição e demonstrar tais gastos, anexando cópia de comprovantes que detectar em seu exame como anexos da perícia.

Essa razão, advertimos, beneficia as empresas que destacam, como subcontas, as despesas de cobranças de créditos, em seus planos de contas, pois facilitam não só as revisões periciais, mas também a citação de folha de Diário (que tem plena força probante).

É preciso, todavia, observar se sobre a questão das cobranças nada se ressalvou, pois, se o devedor por elas se responsabilizou, tudo está claro, mas, se expressamente não o fez, pode questionar-se, pois por natureza é "custo de crédito cedido", ou seja, pode presumir-se estar agregado no processo de venda a prazo, já inserido no preço.

As despesas de correção monetária inserem-se nesse contexto, pois se supõe, por usos e costumes, que façam parte do preço faturado (a menos que haja disciplina governamental de que isso é impeditivo, como ocorre em certos planos econômicos de controles de preços).

Quando existem várias dívidas a compensar, presume-se que o tratamento seja igual para todas, a menos que ressalvado.

O que se preserva é a "compensação como um todo", e não cada dívida de per si (a menos que haja ressalva especial para determinada operação, o que pode ocorrer por condições econômicas de transações, com mercadorias diferentes em formações de preço e hábitos de venda), segundo a opinião dos mais eminentes **jurisconsultos.**

O perito tem, ainda, que observar se as compensações não se realizam com o prejuízo de terceiros (**conluios,** notadamente em empresas coligadas e controladas).

> As perícias nas ações de compensações de créditos e débitos envolvem muitos aspectos particulares quanto às formalidades e possibilidades de fraudes e abusos de diversas naturezas.

Os créditos dados em "garantia", no regime de compensação, podem produzir ideias falsas (penhora, caução, vínculos fiduciários em geral), pois a escrita contábil pode omitir tal condição, especialmente em razão de muitas empresas não se utilizarem das contas de compensação que lamentavelmente a Lei das Sociedades por Ações, aplicada ao regime das demais, na parte contábil (Lei n. 6.404/1976), omite, embora a técnica contábil obrigue o registro das compensações, e, em especial, nas situações de atos e não de fatos patrimoniais.

O perito precisa, pois, subsidiariamente, apelar para outros recursos, como exames documentais ou pedidos de confirmação de transações com instituições de crédito ou terceiros e entender se é conveniente pedir "prova emprestada".

Nas escritas sadias, as penhoras, as cauções, os endossos, as fianças são registradas em contas especiais chamadas de "ordem" ou de "compensação".

A omissão de tais registros, entendo, prejudica a qualidade do informe contábil e pode levar a sérios problemas em prejuízo de terceiros.

Consignação e depósito para pagamento

Questões em juízo motivam perícias frequentes sobre os pagamentos feitos por "consignação" ou "entrega de valores para garantir pagamentos". Isso porque, se feito legalmente, o depósito extingue a obrigação (art. 334 do Código Civil Brasileiro).

Muitos são os aspectos a serem observados sobre o montante, seus ajustes, suas formalidades.

Em vários casos não se verifica apenas um "fato", mas todo um conjunto (tudo depende de cada processo).

O pagamento, regula a lei, precisa ser feito sob condições certas (já analisamos alguns aspectos neste livro), que consideram, principalmente:

1. quem deve pagar;
2. a quem se deve pagar;
3. o objeto e a prova do pagamento (grande interesse pericial);
4. o lugar do pagamento;
5. o tempo ou prazo do pagamento;
6. a mora ou retardamento em pagar;
7. o pagamento indevido;

8. o pagamento por consignação;
9. o pagamento com sub-rogação;
10. opção por pagar;
11. dação em pagamento;
12. novação ou reforma de dívida;
13. compensação de dívida.

Todos esses aspectos possuem relacionamentos estreitos e podem influir no caso de "consignação", de forma direta ou indireta.

Quando se "consigna" ou se entrega valor a terceiro para "garantia" de dívida que se discute judicialmente, existem formalidades a serem cumpridas que precisam ser respeitadas e que o perito deve tomar como base para suas verificações.

Quem está apto a receber, qual o modo de depositar e onde o depósito foi feito, em que época foi feito, tudo isso é matéria de verificação obrigatória para que as formalidades estejam atendidas e o direito garantido.

Tudo começa verificando-se o que estabelece o art. 335 do Código Civil Brasileiro, ou seja, "quando ocorre o privilégio da quitação pelo depósito", porque se vai discutir sobre ele.

Pode-se consignar, segundo a lei:

1. Se o credor, sem justa causa, se recusa a receber o pagamento ou dar quitação a ele na forma correta ou recomendável (adequada).
2. Se o credor não cobrar dentro das condições usuais pactuadas, ou seja, no lugar, tempo e da forma que contratou verbal ou expressamente com o devedor.
3. Se o credor for desconhecido, estiver declarado ausente, ou residir em lugar incerto ou de acesso perigoso e difícil.
4. Se ocorrer dúvida sobre quem legitimamente deveria receber o pagamento.
5. Se pender litígio sobre o valor a pagar.
6. Se houver concurso de preferências aberto contra o credor, ou se este for incapaz de receber o pagamento.

Essas condições são essenciais como "justificativa" da consignação.

O perito, antes mesmo de entrar no mérito da questão, precisa indagar se a consignação era cabível e não só o seu montante.

Em geral, a própria formulação da ação já oferece ao perito razões, mas nem sempre fundamentadas, a ponto de não ensejarem objetos de indagação.

Há casos em que a consignação não pode ser feita, ou seja, não estando enquadrada nos casos ostensivamente expressos pela lei, ela não surte efeito como pagamento.

Os casos fiscais são frequentes, pois a maioria das questões que vão a juízo discutem a validade da autuação que gerou a cobrança de tributo ou multa que se julga indevida.

O depósito, acreditam muitos juristas, em pareceres brilhantes, pode ser evitado se em preliminar julgar-se por indevido o débito; nesse caso, não se discute dívida, porque não se reconhece a necessidade de pagamento (a questão tem sido polemizada).

À perícia também cabe analisar tal aspecto, sendo sugerível que quesitos se postulem nesse sentido, quando conveniente.

O objetivo da perícia, também, podem ser quanto às formalidades.

a) se quem depositou era capaz para pagar;
b) se está bem declarado o motivo do depósito;
c) se o propósito está definido para garantir pagamento;
d) se foi feito a tempo;
e) se o valor foi adequado ao montante a quitar;
f) se a pessoa em nome de quem se depositou era hábil para receber e quitar;
g) se está preservado o ajuste monetário da importância;
h) se o local onde se depositou é o adequado;
i) se as comprovações são competentes.

Alguns estudiosos julgam que os itens descritos de "a" até "f" são mais relevantes e os itens "g", "h", "i", suplementares.

O depósito deve ser requerido ao juiz, em primeiro lugar, e, sendo este autorizado por mandado, seguem-se as citações aos credores, representantes e litigantes, conforme o caso e a pertinência.

O credor tem direito a embargo, justificado, e tudo isso, oportunamente, pode ser de muito interesse do perito conhecer (inclusive sobre as alegações do embargo).

Riscos e juros sobre a dívida cessam com o depósito, bem como encargos que sobre a mora pudessem ocorrer a partir da data do evento de consignação do pagamento.

Se o credor aceitar o depósito e levantá-lo, cessam os problemas e efetiva-se a quitação (também isso o perito, em certos casos, deve verificar).

Se o depósito, todavia, for julgado procedente, o devedor não pode mais levantá-lo, ainda que o credor venha a consentir (diz a lei, art. 339 do Código Civil), senão de acordo com outros devedores e fiadores.

Existe o caso, ainda, de "diversos credores" que podem discutir entre si (matéria que vai influir no exame pericial); havendo pendência de litígio entre credores, todavia, qualquer um deles pode requerer a consignação (com isso visando-se beneficiar o devedor que tem interesse em liquidar a dívida e tem dúvidas de como fazê-lo convenientemente).

> As perícias de consignações de pagamentos, ensejando depósitos e subordinando-se a diversas formalidades, exigem do perito não só o exame da conta e do valor depositado, mas também de todas as formalidades pertinentes e estabelecidas claramente em lei.

As "despesas pertinentes" ao problema do depósito em consignação de pagamento também são do credor, quando julgadas procedentes, mas podem ser do devedor, se julgadas improcedentes.

Depende de quem "tem a culpa pelo depósito" (assim é a tendência do julgamento e o perito precisa acompanhar tal questão).

Em uma escrita contábil bem organizada, o perito encontrará a conta de Ativo Realizável a Longo Prazo de "Consignações para Pagamentos" ou de "Depósitos em Garantia", ou equivalente, registrando o valor depositado e analisando por local de depósito (se mais de um).

Onde há maior regime de preocupação patrimonial, além desta conta, encontrará a de Reservas de Contingências para proteger os resultados da empresa, acumulando, pois, por capitalização, valores que possam desfalcar o capital circulante, se exigível o depósito e perdida a ação em curso.

Os valores das contas de Depósito e da reserva podem ou não coincidir, de acordo com a probabilidade calculada, mas os históricos deverão definir a questão.

Pode ocorrer, ainda, que, se a dívida for líquida e certa e a prova da perícia for comprovada, não tendo sido feito o depósito ou se julgado notoriamente insuficiente, pode o juiz determinar o arresto de bens para garantia da dívida e, nesse caso, a perícia já é um veículo auxiliar que muito facilita a ação dos advogados e da Justiça.

Como a produção antecipada de provas é bem acolhida (art. 831 do Código de Processo Civil), o perito já pode, em certas circunstâncias, antecipá-la em favor de seu cliente ou da Justiça.

No caso enfocado, muito se aplica tal precaução.

Isso porque arresto, sequestro, penhora, busca e apreensão, depósito etc. possuem certo caráter de prioridade na proteção do crédito.

O perito, agindo dessa forma (prova antecipada), exerce em grau de alta qualidade sua condição ética.

Tal é a importância que nem férias nem outra circunstância vacancial interrompem o trabalho da prova antecipada (art. 214, inc. I, do CPC/2015).

Desapropriação de bens

As desapropriações são atos do poder, quando este, considerando por lei algo de "utilidade pública", indenizando o proprietário, tira-lhe a posse e o uso de bens (todos e quaisquer bens podem ser objeto de tal ato).

A lei regula os casos em que a desapropriação é autorizada.

Quando a desapropriação atinge imóveis que são pontos comerciais, onde funcionam empresas, em geral ocorrem discrepâncias no que tange à avaliação, notadamente do "fundo de comércio", dos "lucros cessantes" etc.

Ocorrem, ainda, os casos de estoques paralisados, perda de produção, lesão à qualidade de produtos, perda de mercados específicos, perda de utilização racional (imóveis tomados) etc.

As questões mais delicadas da perícia, no caso, quase sempre requeridas, estão na prova da perda que o estabelecimento empresarial vai sofrer em decorrência do ato público.

O valor do imóvel é, algumas vezes, muito inferior ao valor do "comércio" ou da "indústria" instalada.

Para tal fim, instauram-se processos para que a indenização seja feita com a maior justiça ,e a precificação não pode dispensar o exame pericial para tal determinação ou estima.

As avaliações do Poder Público nem sempre são competentes e atendem a interesses políticos, muitas vezes conflitantes com aqueles reais do indivíduo ou da empresa.

O papel do perito é, pois, da maior relevância.

Uma empresa "em funcionamento", "em prosperidade", pode sofrer graves prejuízos com o abandono de seu ponto, além dos custos de remoção, produção interrompida etc.

O papel do perito é avaliar, determinar com capacidade as lesões ou os abusos reivindicatórios.

Nessa área, muito importam os cálculos de valor de "remuneração do capital" em face do "local" e do "tempo de reorganização".

Podem até ocorrer fatos opostos, ou seja, de maiores benefícios pelo abandono do ponto; existem imóveis que se tornam tão valorizados que, como investimentos em fábrica ou loja, se tornam inadequados para fornecer uma taxa de retorno do capital condizente com o tipo de mercadoria ou produto que representa sua atividade.

A desapropriação pode prejudicar ou beneficiar o empresário.

O perito, com sua capacidade de trabalho, tem condições de realizar estudos sobre a questão.

Assim, por exemplo, no caso enfocado sobre o valor da propriedade como uso empresarial, devem-se observar:

1. A evolução dos lucros (comparação entre investimento e a taxa de retorno deles em moeda constante, nos últimos três anos, pelo menos).
2. Os custos adicionais que podem advir do deslocamento (transportes, basicamente).
3. A maior ou menor dificuldade de obtenção de mão de obra.
4. A maior ou menor facilidade de suprir a clientela e que reflexos pode ter na venda e no lucro.
5. Quais dispêndios promoveriam a remoção.
6. Havendo capital excedente, com a desapropriação (cobertos os gastos de remoção e interrupção de produção), quanto poderia render.
7. Em um imóvel de menor custo, reduzido o volume de investimentos no imobilizado, o que isso traria de resultados positivos para a empresa.
8. Com a queda de produção ou aumento (ver o caso por prognósticos), qual o aumento ou redução dos custos fixos.
9. Quais gastos adicionais de acomodação de pessoal poderiam ser realizados.
10. Quais reduções seriam promovidas nos impostos sobre os imóveis e sobre os demais encargos municipais (no caso de remoção para outro município).
    Etc.

O que se visa é conhecer os "efeitos da mudança" para melhor ou para pior na vida empresarial.

Tais cálculos são feitos em bases de balanços, de demonstrações e de reavaliações, uma vez que as peças contábeis, diante da lei brasileira dedicada a elas (Lei n. 6.404/1976), deformam a verdade.

O critério de correção monetária adotado no Brasil é desajustado para fins gerenciais e de determinação do valor do negócio.

O perito tem que levantar uma posição negocial.

A posição negocial envolve:

1. Reavaliação de bens intangíveis e tangíveis.
2. Levantamento da parte informal que não consta da escrita, mas é verdadeira.
3. Dados qualitativos do patrimônio.
4. Produção em base de unidades e não de preços.
5. Estudos da organização racional do trabalho no espaço ocupado (que pode estar prejudicado).
6. Cálculos de tendências de prosperidade ou de definhamento (qual seja o caso).
7. Levantamento dos custos reais de produção.
8. Projeção dos custos em outra planta industrial ou comercial.
9. Idade do imobilizado.
10. Força de trabalho no local e fora dele.
11. Perspectivas de produtividade e qualidade de custos.
12. Impacto no capital de giro (para mais ou para menos, em função do que se estima receber pelo imóvel que será desapropriado).
13. Redução ou aumento de gastos financeiros.
14. Aumento ou redução da capacidade dos estoques.
15. Aumento ou redução de despesas de conservação e manutenção etc.

É, pois, um estudo que pode não só tornar-se exaustivo, como também requererá o trabalho auxiliar de profissionais da administração, de engenharia e mercadologia.

Um processo bem feito tem plenas possibilidades de sucesso nas indenizações por desapropriação, mas depende, e muito, da perícia contábil.

Há hoje toda uma literatura especializada sobre o valor negocial dos empreendimentos e seus problemas de deslocamento, inclusive Normas Internacionais de Contabilidade, a esse respeito (da Comissão Internacional de Normalização Contábil – IASC).

As desapropriações causam transtornos na vida empresarial que não se ressarcem só com o pagamento do imóvel; a empresa é um organismo complexo em que muitas variáveis interferem em seu funcionamento.

Todas essas variáveis são mensuráveis em trabalhos de qualidade superior.

O trabalho pericial, todavia, vai depender de cada caso, ou seja, de cada tipo de lesão sobre o qual se deseja reclamar.

Há, ainda, que se considerar que a empresa pode ser forçada a abandonar suas instalações mesmo antes de receber o valor das indenizações. Nesse caso, tais perdas precisam ser computadas, mas precisam ser comprovadas, podendo-se realizar "prova antecipada" com previsão dos tempos de probabilidades da ocorrência.

Cálculos de lucros cessantes, de fundo de comércio, de perdas eventuais, de encargos sobre a mudança, de ônus sobre a formação de preços, de ônus sobre a entrega de bens, de redução de capacidade de vendas etc. são necessários.

São necessários estudos sobre o passado, o presente e o futuro, tudo em bases comparativas e em moeda constante (não se podem utilizar índices econômicos, quase sempre, pois no Brasil a experiência nos prova que redundam em sérios prejuízos; cálculos em BTN, OTN, UFIR etc. são falhos e deixam de refletir realidades).

A escrita é importante, muito relativamente, no que se refere a valores.

É, também, falsa no que se refere à apuração de resultados, sob o aspecto da realidade.

Sabemos que as depreciações são falsas porque os valores do imobilizado são falsos, corrigidos segundo o "justo valor"; sabemos que os preços não sobem dessa forma e que cada mercadoria, cada produto tem seu próprio mercado e índice de elevação; sabemos que o medicamento não sobe na mesma proporção do sapato, nem o sapato na mesma proporção dos computadores, e que preços de automóveis em Rondônia não são iguais aos de Minas Gerais ou de São Paulo; logo, preços médios são falsas medidas para a observação da realidade.

Se é a Justiça que se vai servir, se o que se deseja é não prejudicar, a valorimetria deve ter a responsabilidade de enfrentar a realidade, que não é a adotada pela lei das sociedades no país, em relação à Contabilidade.

Os valores que a lei fixa para corrigir balanços na base do "poder aquisitivo da moeda" são uma grande farsa, um critério econômico criticado pelos próprios maiores estudiosos e assim referido pelo maior mestre da doutrina italiana deste século. No Brasil, a correção monetária dos balanços já foi extinta, Gino Zappa alertava:

> "Só por grave erro de método pode pensar-se em trazer os princípios que presidem a formação dos valores, e os procedimentos de sua determinação, a uma consciência das leis que formam as coisas."

> "Como se pode crer que cada fato empresarial possa ser um fato jurídico" (no sentido citado).

> "A regra geral deve ser a busca do valor real."

> "Não se deve aplicar na determinação (de valores contábeis) critérios econômicos."

> "Há uma doutrina autônoma do valor em Contabilidade."

> "O critério de nível geral de preços é mera presunção."

> "A moeda não tem condições de medir a si mesma."

> "O valor da moeda não pode desconhecer tempo e local."

> "Os números – índices, limitados a alguns preços, necessariamente exíguos, não podem ser tomados em caráter geral de variação de preços."

> "O mesmo conceito de nível de preços e de valor de aquisição da moeda é, entre nossos economistas, duramente criticado e julgado como uma *inútil, vaga e imprecisa abstração*."

Tais afirmativas coligidas das ideias e citações de Gino Zappa, em seu *Il reddito di impresa*, 2ª edição, nos capítulos sobre Valores monetários e variações de contas, edição Giuffrè, Milão, 1946, dão-nos uma ideia nítida da desmoralização do processo que no Brasil, lamentavelmente, foi consagrado pela lei.

> A lei brasileira foge à realidade das avaliações e segue critérios condenados desde a primeira metade do século XX, que são um desserviço à justiça.

O que Zappa nos dá a entender, por sua colocação sobre a Justiça do Valor e o Valor da Justiça, é o mesmo que Marco Túlio Cícero nos leciona em sua *De re publica III, IX*: "Ut intellegatis discrepare ab aequitate sapientiam" ("a Justiça é coisa diversa da sabedoria").

Poder-se-ia parafrasear Montesquieu, em *Do Espírito das Leis*, quando se referia aos problemas dos abusos econômicos em Roma, dizendo que "ora se precisam abandonar as leis para seguir os costumes", ou seja, como descreve Zappa, "preciso é não adotar o que a lei estabelece como norma dura de avaliação para entender que cada valor tenha sua própria formação, em seu tempo, em seu espaço" (Montesquieu, *Do Espírito das leis*, Cap. XXII, IV).

A Lei n. 8.200, no Brasil, veio consagrar toda a balbúrdia em que se caiu no regime de Correção Monetária baseado nas falsas medidas do fantasioso, inútil e abstrato "poder de compra da moeda".

O dito valor da moeda é símbolo fictício que Montesquieu (para citá-lo novamente, Cap. X, IV – *Do espírito das leis*) descreve com realidade: "O dinheiro, como moeda, tem um valor que o príncipe pode fixar em algumas relações e que não poderia fixar em outras." "As moedas de cada Estado têm um valor relativo...".

Ocorre que, quando "os príncipes" (que nas democracias são muitos...) como grupos dominantes, dão-se à incompetência de fixar correções monetárias com base em ficções, como confiar em tais valores para determinar a "Justiça" de uma desapropriação, da compra de um negócio, do valor de transferência?

O perito tem compromisso com a verdade, e esta só pode ser determinada quando se avalia o valor dos bens em bases reais, e não de fantasias de valores imaginários, que a própria Lei n. 8.200 comprova serem falsos.

Como é possível corrigir monetariamente um imóvel em Copacabana, na Avenida Paulista, em Búzios, pelo mesmo coeficiente que se aplica em Várzea da Palma, Santo Hipólito, Guaporé etc.?

Como é possível corrigir pelo mesmo coeficiente um computador e uma cadeira?

O exame, por conseguinte, de "valor negocial" não pode cometer os mesmos erros que comete a correção monetária.

A própria lei, contradizendo-se, cria a figura da Reavaliação, por não crer em sua Correção.

Os quesitos, pois, de uma empresa que irá sofrer remoção devem ter conotações específicas e podem ser, por exemplo:

QUESITOS PARA DESAPROPRIAÇÃO (VALORES DE REMOÇÃO)

1º Quais as atividades básicas da empresa?

2º Depende de seu ponto? Sempre dependeu?

3º Qual a área que ocupa, total?

4º   Qual a área da atividade? Que porcentagem representa?

5º   A desapropriação atinge toda a área? A área que atinge inviabiliza o desempenho?

6º   Terá a empresa que mudar-se?

7º   Que local pode ser prospectado para a mudança?

8º   Qual o faturamento nos últimos ... anos? E o lucro no mesmo período? Pode o senhor perito avaliá-lo em moeda constante? Como se comportaria?

9º   A empresa conseguiu prosperar em seu local? Dependeu dele?

10º   Quais os períodos do ano em que mais fatura? Depende do acesso de público?

11º   A mudança é factível?

12º   Que tempo demandaria?

13º   Representará a mudança perda de produção e vendas?

14º   Qual a perda estimada? Em quanto tempo poderia recobrar seu ritmo normal?

15º   A montagem em outro local inutilizaria máquinas e equipamentos?

16º   Em quanto se estimam as novas instalações, em moeda atual convertida em moeda mais forte?

17º   Qual o número de empregados da empresa? Moram na vizinhança?

18º   Em quanto se estima possa crescer o custo de transporte?

19º   O aproveitamento das instalações será integral?

      Quanto se estima que possa ser perdido, e quanto isso representa percentualmente do capital na atualidade?

20º   A mudança implicaria perda de produtividade? Perda de qualidade de custo? Perda de qualidade de atendimento ao cliente?

21º   Se ocorrer perda, pode ser prevista? Em quanto?

22º   A natureza da atividade ficaria inviabilizada em outro local?

23º   Se inviabilizada ou diminuída, qual a perda estimada do fundo de comércio?

24º   O imóvel é próprio ou locado?

25º   Qual a perda estimada, se próprio o imóvel, na edificação de outro?

26º   Todas as instalações são removíveis?

27º   A escrita contábil da empresa é regular? Atende aos requisitos legais e aos procedimentos contábeis?

28º   A situação fiscal é normal?

29º   Quanto se estima de indenizações a pessoal em caso de mudança?

30º   Quanto se estima de custos de recrutamento de novo pessoal?

31º   E quanto se estima de custos de treinamento?

32º   Haverá problemas de formação de estoques e armazenamento? Quais prejuízos se estimam?

33º   Queira o Sr. Dr. perito aduzir informes sobre a remoção que julga úteis ao esclarecimento sobre a justiça do valor de indenização por desapropriação.

Tais quesitos, naturalmente, poderiam ser ampliados, mas produzem uma noção metodológica que oferece um exemplo prático sobre a matéria.

A escrita contábil pode ainda sugerir ao perito informações adicionais que venham em favor de uma justiça da desapropriação, especialmente relativas a aumentos e/ou reduções de custos em razão de mudança de local.

Dissolução de sociedade

Não se confunde dissolução com resolução, pois a dissolução põe fim à vida da sociedade, realizando-se os ativos e pagando os passivos; já a resolução resolve a sociedade em relação a um ou mais sócios que se desligam, hipótese esta em que a cédula social continua em operação.

Uma sociedade se dissolve de acordo com o previsto em lei e sua dissolução pode dar-se automaticamente ou pode ser requerida.

Para que possa passar pela dissolução e liquidação (que é a transformação de tudo o que for possível em dinheiro para pagar a terceiro e devolver capital aos sócios), precisa, necessariamente, de levantamento competente.

Nesse particular, o trabalho pericial exerce uma função importante, bem como na argumentação que se apresenta para requerer-se a dissolução (geralmente provando a inviabilidade da manutenção).

O "motivo" que leva à dissolução, quando em juízo, deve orientar a metodologia da perícia.

Os quesitos devem formular-se ao sabor das pretensões que levam à paralisação definitiva de um organismo vivo, como é uma empresa.

É preciso provar a "impossibilidade de continuar".

Os motivos que conduzem a uma conclusão sobre a questão precisam ser, quase sempre, deveras convincentes.

Grandes são as controvérsias na matéria de liquidação requerida por sócios e com relação à morte de um deles.

Para efeito pericial, todavia, tudo se concentra na questão de apuração de haveres (já tratada neste capítulo).

Embora não se limite só na apuração (há casos em que é preciso apurar irregularidades), a maior tarefa do perito está em determinar a parte que cabe ao sócio egresso ou a seus sucessores.

Houve época em que tais apurações se limitavam aos rigores da escrita; depois, o próprio judiciário convenceu-se da mentira que ela representa, por efeito dos graves defeitos da Lei n. 6.404/1976, e determinou avaliações mais realísticas.

A justiça, de fato, para efeitos de valores, não pode ser obtusa a ponto de admitir que só o escriturado deve prevalecer pela cifra denunciada se os valores históricos estão desmoralizados em toda a doutrina e prática, nas principais civilizações da atualidade.

Muitos já são os acórdãos que determinam haveres "atualizados"; muitos são os que defendem a continuação da atividade como instituto, preservando o emprego do pessoal, a criação da riqueza, fazendo prevalecer o social sobre o pessoal.

Há uma inequívoca evolução do direito com a qual a Contabilidade em muito pode cooperar, na produção da prova pericial.

Na dissolução, todavia, tem-se contestado a apuração de haveres, embora não se a tenha excluído no caso da partilha da liquidação que pode ensejar fraude.

Isso porque, dissolvida a sociedade, passa ela à fase de liquidação (transformar o patrimônio em seu estado líquido, que é o dinheiro), e, aí, sim, pode haver prejuízo de sócio, dando a lei o direito de reclamar. A liquidação de uma sociedade implica realizar os ativos e pagar os passivos, distribuindo o remanescente entre os sócios.

A desarmonia entre sócios também pode decretar a "dissolução parcial", segundo entendimento de natureza jurídica, e aí também cabem perícias que objetivam dirimir dúvidas sobre o abuso de poder de sócios-gerentes, bem como fraudes contra o sócio que requer sua saída.

Tais perícias podem objetivar, primeiro, produção de prova em medida cautelar de exibição de livros (conforme veremos adiante) e, depois, a ação principal que reclama os justos haveres.

A "desarmonia grave entre sócios", quase sempre bem provada, bem como a má-fé na condução dos negócios, tem sido considerada como justa causa da dissolução societária.

O *animus manendi* (intenção de permanecer) na sociedade, por si só, pode não justificar a saída das sociedades empresariais, mas o espírito de sociedade não pode faltar.

O exame contábil tem, nas dissoluções e liquidações, papel relevante como meio para determinar o que de justiça cabe a cada parte.

Sobre a questão, consulte-se, neste capítulo, a parte de apuração de haveres.

Exclusão de sócio

A lei prevê a exclusão de sócio, mas garante-lhe a justa recuperação de seu capital.

O sócio egresso, se sai por interesse dos demais, precisa ressarcir-se do que lhe é impedido, mesmo que tenha contribuído para o impedimento.

Nesse caso, ocorre o fenômeno da apuração de haveres, mas pode também incluir o de cálculos de fundo de comércio imaterial, se provado que a exclusão beneficia mais os remanescentes (que também podem ter criado a situação).

A sociedade pode ser obrigada a exibir toda sua escrituração, livros, documentos e balanços (art. 1.191 do Código Civil) para ensejar uma apuração clara, como procedimento preparatório.

Aí cabe a perícia, feita com o rigor necessário para avaliar a "quota" do sócio expulso.

Pressentindo o fato, o próprio sócio pode acautelar-se e requerer a produção antecipada por exibição de meios que levem à avaliação de sua parte, antes que os fatos amadureçam e a escrita possa ser preparada para prejudicá-lo na exclusão.

Cada caso tem sua própria característica.

Há casos em que a sociedade exclui o sócio, sem que seu contrato estabeleça a forma, apoiada apenas em suposta omissão e desinteresse, mas nem sempre os Tribunais aceitam e dão provimento a pedido de anulação de assembleia em que se deu a exclusão.

Distingue-se o que a maioria diz ser o interesse da sociedade e o que as provas possam confirmar (nesse caso, a perícia contábil pode provar em favor do sócio demitido, evidenciando que nenhuma lesão direta ele causou ao patrimônio).

Há distinção entre o interesse da sociedade e aquele dos sócios, ainda que possa parecer que a sociedade não se deriva da existência de sócios; o patrimônio acaba por ter uma vida especial que muitas vezes transcende a própria atuação pessoal dos sócios (hoje, as administrações de muitas empresas não são entregues a sócios e seus lucros se produzem por mãos de terceiros).

Isso evidencia, cada vez mais, a autonomia da Contabilidade como uma ciência da riqueza e não como uma ciência de proprietários.

A ação perniciosa de um sócio tem que ser comprovada em relação aos efeitos sobre a riqueza.

Os efeitos sobre a riqueza são medidas que só a Contabilidade, com segurança, pode oferecer e, por isso, a perícia se torna imprescindível.

A culpabilidade do sócio, comprovada e autorizada pelo contrato social (art. 1.030 do CC), aceita sua exclusão pelo juiz, não excluindo, todavia, seu direito de reaver o que possuía e, nesse caso, uma segunda perícia faz tal apuração (ou já na primeira pode-se determinar se os quesitos se dirigem nesse sentido).

A exclusão de sócio não é coisa natural se não a disciplina bem o contrato; pode, todavia, dar-se de acordo com o que a lei estabelece; pericialmente, isso deve ser inequivocamente comprovado e aceito em juízo, ou seja, a exclusão deve ser identificada quanto à validade legal.

O sócio remisso (que não integralizou capital) pode também ser excluído, mas isso deve provar-se contabilmente e pelas disposições contratuais em que se estabeleceu a forma de integralização e prazo.

Deve-se, no caso, examinar:

a) O lançamento da subscrição do capital e o contrato.
b) A conta de capital aberta para o sócio que deverá tê-lo debitado pela responsabilidade de integralização.
c) O registro das integralizações feitas.

O exame concentra-se na conta de capital e na conta do sócio; se contestado o levantamento, cabe ao sócio provar o contrário (como depósito feito em nome da sociedade para o fim específico de integralização).

Para ilidir a prova dos livros, somente uma prova maior pode socorrer tal pretensão.

Milita contra a expulsão de um sócio o fato, por exemplo, de a sociedade estar em plena prosperidade e o sócio nela estar há tempos; a perícia pode provar que a presença do sócio não prejudica os lucros nem a expansão patrimonial eficaz.

A perícia, no caso, pode dedicar-se a evidenciar:

1. Evolução das vendas, comparando-as em moeda constante.
2. Percentuais de lucros sobre as vendas (expansão).
3. Progresso do lucro em valores reais (deflacionados).
4. Aumento real do ativo (em moeda constante por comparações de exercícios).
5. Crescimento do número de clientes.
6. Abertura de filiais.

124 Perícia contábil • *Lopes de Sá*

7. Crescimento do número de pessoal.
8. Crescimento da renda real de pessoal por melhoria de salário dentro da empresa (acima do mercado).
9. Ampliação do número de funções administrativas e de produção etc.

As análises de balanços, no caso, são relevantes para indicar a prosperidade e a eficácia das funções da riqueza em nada prejudicadas pela presença de um sócio que se pretende expulsar.

O oposto também pode ocorrer, ou seja, concentrando-se na função atribuída ao sócio, por exemplo, provar-se que ela prejudica a empresa.

Assim, por exemplo, se o sócio é diretor industrial, pode-se comprovar:

1. Queda da qualidade de produção por aumento do índice de devolução de produtos ou de assistência técnica.
2. Desperdícios que comprometem a produtividade.
3. Aumento exagerado de custos.
4. Custo não eficaz ou de má qualidade.
5. Excesso de despesas de conservação por omissão de cuidados com o imobilizado técnico.
6. Ociosidade expressiva de equipamentos de produção por capacidade ociosa exagerada.
7. Grandes riscos de obsolescência sobre o imobilizado por aquisição de equipamentos desatualizados.
8. Excesso de armazenamento de materiais (estoques superdimensionados com ônus financeiros para mantê-los sem proveito na produção).
9. Má seleção de pessoal.
10. Desperdício de energia acentuado etc.

A sociedade terá de provar que, notificado o sócio sobre seus erros de administração, neles persistiu e tudo isso se prova por perícia contábil.

Analisando "cada função atribuída a cada sócio na administração" e seus efeitos, pode-se chegar à conclusão sobre sua ação nociva ou eficaz.

Assim, por exemplo, um diretor financeiro que tem sob sua responsabilidade a parte também de controles, pode ser responsabilizado por:

1. Pagamentos fora do prazo com ônus financeiro.
2. Ausência de captações de recursos a menor custo.
3. Multas fiscais por desordem de controle contábil.
4. Pagamentos de altas taxas de juros sem pesquisar as mais convenientes.
5. Negligência no recebimento de contas a receber.
6. Constantes alcances de caixa pelo pessoal.
7. Aprovações de pagamentos sem rigorosa inspeção.
8. Descontrole de contas bancárias.
9. Atrasos consideráveis de escrita contábil e falta de apresentação de balanços.

10. Declarações fiscais omissas e fora do prazo.
11. Falta de proteção contra o risco em numerário.
12. Ausência prolongada da empresa em horas de maior movimento financeiro.
13. Demora na tomada de contas de caixas menores.
14. Deficiências na obtenção de comprovação de pagamentos etc.

Quesitos bem orientados levam a sustentar a conveniência da exclusão de sócios por justa causa, mas a sociedade empresarial ou simples deve produzir provas antecipadas sobre a questão, quer por notificações particulares, depois por notificações judiciais e, finalmente, por cautelar como formação de prova antecipada.

É conveniente que o advogado faça essa preparação com o contador que irá designar para a produção das provas.

A exclusão de sócio é um processo desgastante, mas, se bem alicerçada contabilmente, tem todas as chances de êxito.

Embargos de impedimento de consumação de alienação

Para impor embargo à alienação de bens, para que não se consumem as vendas em prejuízo de terceiros, especialmente em processos falimentares, pode-se requerer perícia.

Visa-se, no fato, comprovar o evento e seus danos através de exame contábil.

As alienações podem ser ruinosas (apenas para obterem recursos) em ocasiões de desespero financeiro, ou mesmo quando propositadamente se deseja prejudicar terceiros que poderiam delas beneficiar-se em outras circunstâncias.

Contabilmente, é possível detectar todas essas ocorrências a partir de exames de valores (preços) e de funções dos bens como garantia ou uso adequado.

Garantia de terceiros não é só o que se oferece com tal propósito determinado, mas o que pode militar em benefício se não se dispuser.

A venda de uma loja de boa qualidade por uma empresa que dela auferia bom resultado, para beneficiar particularmente um sócio ou um grupo, é, sem dúvida, um enfraquecimento do direito de terceiros que tal bem assegurava.

Cada bem patrimonial tem sua função; cada componente da riqueza tem sua expressão; a alienação ou cessão de um elemento da riqueza pode resultar em prejuízo da sociedade, do patrimônio ou de alguém especialmente que tenha interesse ligado.

Como as pessoas jurídicas não se confundem com as físicas, o embargo de "terceiros" tem seu sentido quando se visa preservar direitos que podem ser feridos com a venda de patrimônio; o mesmo ocorre com as pessoas jurídicas que entre si não se confundem e em que uma pode embargar a venda que outra, especialmente devedora, pudesse vir a consumar.

Todavia, tal circunstância necessita de prova e a pericial é de relevante importância, notadamente quando envolve pessoa jurídica.

O art. 674 do Código de Processo Civil é muito claro a esse respeito:

> "Art. 674. Quem, não sendo parte no processo, sofrer constrição ou ameaça de constrição sobre bens que possua ou sobre os quais tenha direito incompatível com o ato constritivo, poderá requerer seu desfazimento ou sua inibição por meio de embargos de terceiro. § 1º

> Os embargos podem ser de terceiro proprietário, inclusive fiduciário, ou possuidor. § 2º Considera-se terceiro, para ajuizamento dos embargos: I – o cônjuge ou companheiro, quando defende a posse de bens próprios ou de sua meação, ressalvado o disposto no art. 843; II – o adquirente de bens cuja constrição decorreu de decisão que declara a ineficácia da alienação realizada em fraude à execução; III – quem sofre constrição judicial de seus bens por força de desconsideração da personalidade jurídica, de cujo incidente não fez parte; IV – o credor com garantia real para obstar expropriação judicial do objeto de direito real de garantia, caso não tenha sido intimado, nos termos legais dos atos expropriatórios respectivos."

Tudo isso visa, como nós havíamos referido, proteger um terceiro contra uma alienação que possa prejudicar seu direto ou seu interesse, seja ele de que natureza for, mas que se justifique.

O embargante tem que provar seu direito de posse e pode fazê-lo por perícia contábil, conveniente em certos casos mais que simples documentos ou testemunhas.

Em audiência preliminar tal prova já pode ser produzida.

Os embargos podem, ainda, abranger todo um complexo de bens, e nesse caso a perícia torna-se praticamente indispensável.

Como os embargos podem ser contestados, a perícia precisa ser produzida com um máximo de zelo e minúcia.

Deve estar enriquecida por quesitos e respostas inequívocas e muito bem argumentadas e comprovadas.

Como pode haver substituição de garantia, também nesse caso pode recair o objeto de perícia para a verificação da adequação.

Existe acórdão de alta valia, que bem evidencia a grande importância da medida na proteção do direito de terceiros:

> "Tem o sócio comum legitimidade para embargar execução, particular ou fiscal, aparelhada contra a sociedade à qual pertence, quando o procedimento lhe tiver alcançado como parte, com penhora de bens de sua propriedade particular."

Tal é o acórdão unânime da 1ª Câmara Civil do Tribunal de Justiça do Paraná, de 24-08-1983, na Apelação 454/83, tendo como relator o Desembargador Nunes do Nascimento.

Provado o prejuízo de terceiro, envolvido de forma alheia a sua vontade, acolheu a Justiça o embargo e, nesse caso, as perícias são de extrema utilidade para comprovar, inclusive, se necessária a má-fé do causador do dano que se perpetraria, como a boa-fé de quem se vê envolvido.

Estima de bens penhorados

O art. 870 do Código de Processo Civil determina que o juiz deve nomear um perito para estimar os bens penhorados em não havendo avaliador oficial.

Como a penhora pode recair sobre estabelecimento, ou seja, sobre tantos bens quantos necessários para garantir o pagamento de dívida (arts. 831 e 862 do Código do Processo Civil), um simples avaliador pode não ter a competência necessária para determinar avaliações patrimoniais que demandam conhecimentos específicos de Contabilidade.

Como o patrimônio empresarial é objeto de estudos e da especialização do contador, este é, naturalmente, o mais habilitado para o exame de avaliação pericial.

Essa é a razão pela qual muitos juízes preferem ostensivamente os contadores para o desempenho.

Como também existem casos em que a penhora não compensa ser feita, a apreciação minuciosa deve, inequivocamente, descer ao âmbito contábil para que seja judiciosa.

Existem, ainda, os casos em que necessário se faz a alienação antecipada, em face do caráter dos bens, e isso também é especialização que o contador possui e melhor desempenha.

Muitos são os fenômenos que ameaçam a vida dos valores, e a formação contábil oferece meios plenos para tais verificações. Não se trata, em certos casos, de exames singelos.

Do ponto de vista patrimonial, visa-se *minimizar a perda pelo não pagamento do devedor*, ou a probabilidade de perda, buscando-se uma igualdade em valores, quantitativa e tempestivamente.

Esse é o objetivo quanto ao aspecto da riqueza.

Partindo-se do princípio de que a dívida é certa e de que o devedor pode solvê-la de alguma forma, aplica-se a execução para satisfazer o direito pela expropriação, que consiste:

a) na alienação de bens do devedor;
b) na adjudicação em favor do credor;
c) no usufruto de imóvel ou de empresa.

A lei exclui alguns poucos elementos impenhoráveis (art. 649 do Código de Processo Civil) ou por serem impenhoráveis por não serem alienáveis, ou de uso para manutenção essencial da vida, ou de estima particular subjetiva ou de garantia de vida, mas são poucos e, em geral, sem "valia comercial relevante".

Consente a lei ainda, mediante consignação de valor, em remir a execução.

Como existem, no caso:

a) bens e valores para penhora;
b) bens não penhoráveis; ou
c) matéria que não compensa a penhora.

Tudo isso interessa ser "levantado", "avaliado", "considerado" sob um critério técnico patrimonial, matéria da área de um perito-contador.

"Avaliação", em Contabilidade, é atribuição de um "justo valor", de acordo com critérios consagrados pela valorimetria contábil (teoria e tecnologia do valor em Contabilidade).

De qualquer forma, sem se prender a preciosismos, o perito-contador deve cuidar da "avaliação", pois o objetivo é o "justo".

O levantamento deve ser amplo, pois ao juiz caberá o arbítrio de ampliar ou reduzir a penhora (art. 874 do Código de Processo Civil).

O papel do perito, pois, é observar o que pode ser objeto dessa compensação que se deseja alcançar para solver o débito.

Nessa tarefa, é preciso abrangência e a observação de tudo o que pode impedir o propósito desejado (estado, vinculação, deficiência, risco sobre os bens etc.).

O que pode ser objeto de penhora deve ser esclarecido com a máxima clareza e detalhe para cumprir os objetivos que a lei fixa.

Muitos são os aspectos a serem levantados; alguns, simples, já definidos na época da penhora (mesmo assim podem ocorrer problemas quanto ao assunto) e outros que se devem levantar e avaliar na ocasião da execução da dívida (e aí as discrepâncias podem, realmente, ser grandes), pois dois são os momentos e distintos: o da penhora e o da execução.

Em tese, a penhora ocorre sobre bens dos quais o devedor tem "plena disponibilidade", ou seja, "é de sua legítima propriedade", "livre para alienação", sem vínculos que possam impedir a realização do bem em dinheiro.

Todavia, na prática, em função do tempo, de circunstâncias, modificações podem ocorrer, pois objeto de penhora podem ser coisas móveis sujeitas a transformações.

A questão da "escolha" da coisa incerta pode pertencer ao devedor ou ao credor, conforme o pactuado, e isso o perito deve pesquisar para que seu laudo seja de maior utilidade.

Recaindo o penhor sobre objetos que dependem de "seleção", de "opção", é preciso verificar como se disciplinou a questão e que tipo mais favorece o gênero da causa movida.

É responsabilidade dos peritos descrever a característica dos bens e seus valores (aspectos qualitativos e quantitativos).

Todavia, em verdade, a questão não é apenas "descritiva", como singelamente refere o texto do Código; um bem pode ser apenas descrito "fisicamente", sem, todavia, seu aspecto "funcional" ou de "utilidade" ser mencionado, mas é este que lhe empresta o valor de troca ou de venda.

O perito precisa desconhecer a limitação da lei e prender-se a seu espírito, que é, no caso, o de suprir a garantia.

Um bem vale não pelo que é, mas pela utilidade que presta.

Existem valores diversos: físico, funcional, estimativo etc.; a lei fala em "valor", apenas, sem qualificá-lo.

Contudo, ao perito conhecedor da ciência patrimonial, conhecedor dos objetos que se visa alcançar com sua tarefa, deve esclarecer bem o "critério de avaliação" e quais as restrições que podem ser opostas aos diversos aspectos do mesmo valor.

Assim, por exemplo, determinado equipamento pode estar "novo", "praticamente semiusado", ser de boa procedência, de "boa marca", de valor de compra de $...., mas já estar obsoleto ou superado por outro que rende maior utilidade no mercado; o valor de aquisição, por exemplo, pode nem mais ser ressarcido em face da questão de obsolescência em que caiu o equipamento.

Como o objetivo, todavia, é "realizar o valor", ou seja, fazer dinheiro com ele para conseguir liquidar a obrigação, o que interessa é o valor pelo qual o bem pode ser vendido, ou, ainda, o que se pode com ele conseguir em numerário; ressalva-se, entretanto, o caso em que o equipamento exemplificado, por exemplo, ainda tem plena condição de ser bem utilizado pelo credor em empresa sua ou em sua função.

O "valor de utilização" pode não ser o "valor venal" e o perito pode, nesse caso, sem errar, estabelecer sua ressalva na avaliação.

O que parece, pois, à primeira vista muito singelo é, na realidade, deveras complexo.

Existem normas internacionalmente aceitas para a avaliação, inclusive em planos oficiais de contas de países (notadamente os europeus), pela Lei das Sociedades por Ações no Brasil (n. 6.404/1976), mas, no caso pericial, tais parametrias podem não ser de plena utilidade, considerados os aspectos específicos de uma ação de execução de penhora.

Como escreve Zappa, a autoridade mais consagrada da pátria da Contabilidade do século XX: "as coisas não se compram nem se medem por si mesmas, mas com outras de gêneros diferentes", e, assim, após aceitar tal princípio, afirma que "a noção de valor, tanto de moeda como de mercadoria, implica sempre um conceito relativo que nos sugere a ideia de troca".[3]

Os problemas de "risco" e "utilidade", como elementos agregados à avaliação, para que se consiga o preço, na doutrina moderna dos valores, assumem um papel de altíssima relevância que o perito não pode desconhecer.

Os quesitos, pois, de perícias volvidas à avaliação para os fins de execução de penhora devem ser volvidos a aspectos objetivos de apuração de "realização efetiva" ou de "utilidade efetiva" do bem como instrumento de ressarcimento de dívida não recebida ou cujo recebimento envolve risco.

Exibição de livros e documentos

Como já foi visto, a ação cautelar para a produção de provas, baseada na exibição de livros e documentos, encontra no trabalho do perito contábil um vigoroso meio auxiliar.

A força de prova dos livros comerciais é matéria expressa na lei brasileira, bem como no uso e costume em todas as partes do mundo, há milênios.

Todo sócio, mesmo minoritário, de sociedade limitada, em nome coletivo etc. e das sociedades anônimas a partir de 5% de participação no capital social, tem direito de exigir a exibição de livros e documentos que comprovam os registros contábeis.

Visando produzir "prova antecipada" ou para convencer-se sobre dúvidas que possui, um sócio pode requerer o exame de livros geralmente quando, por exemplo:

1. Não recebe lucros em dinheiro ou os recebe em valores muito limitados em relação ao volume produzido.
2. Ao examinar os balanços, observa o crescimento exagerado de gastos administrativos ou comerciais em razão do crescimento da receita (não proporcionalidade).
3. Verifica excessos de retiradas *pro-labore* pelo altíssimo padrão de vida de diretores ou esbanjamento em atividades sociais, construção de casas próprias suntuosas, automóveis importados, excesso de luxo das instalações etc.
4. Conhece do nepotismo adotado pela administração, ou seja, o emprego de parentes próximos ou de pessoas ligadas de interesse familiar ou não.

---

[3] ZAPPA, Gino. *Il reddito di impresa*. 2. ed. Milano: Giuffrè, 1946. p. 208

5. Toma conhecimento de viagens constantes a locais que não são do interesse da empresa, como ao estrangeiro, estações de água, cidades de alto nível de lazer etc.
6. Sabe que os diretores frequentam clubes de elite, realizando despesas altas e em muitas companhias de interesse não comercial para a empresa.
7. Sabe que mantêm cavalos de corrida; **arriscam nos turfes**; frequentam cassinos; praticam jogos de azar no exterior.
8. Sabe que mantêm casas de praia ou de campo de suntuoso acabamento e com festas permanentes em fins de semana ou períodos determinados de férias ou feriados.
9. Sabe que possuem iates e neles promovem festas, viagens e pescarias de refinamento.
10. Sabe que observa esbanjamento em despesas de publicidade da empresa ou de representação social acima da necessidade real dos negócios (despesas suntuárias ou supérfluas).
11. Sabe que alugam imóveis para deleite de sócios e altos funcionários ligados à direção.
12. Sabe que abusam nas liberalidades de brindes de alto valor a pessoas diversas e não ligadas aos maiores negócios da empresa.
13. Sabe que mantêm empresa congênere da qual só participam os diretores e para a qual desviam prestígios custeados pela empresa à qual pertence o sócio insatisfeito.
14. Sabe que realizam vendas ruinosas de patrimônio em proveito próprio dos dirigentes ou de parentes.
15. Sabe que se utilizam dos veículos da empresa para atender a interesses particulares da família dos diretores etc.

Ou seja, quando a empresa não está sendo utilizada para o benefício de todos os sócios e quando não os remunera com justiça, podendo, todavia, fazê-lo, há sempre insatisfação e criação de direito de reclamação, mas tudo exigindo "prova antecipada".

Todas as "suposições" necessitam de "provas", pois só estas possuem valor em juízo.

O caminho natural é a perícia, dada a força probante dos livros comerciais, como já por várias vezes nos referimos nesta obra.

A exibição de livros, todavia, não se verifica apenas por motivos como o enfocado.

Podem ocorrer outras necessidades, como a de prova de negócios realizados, fornecimentos, liquidez e certeza de créditos, podendo ser provocada, inclusive, por pessoa não comerciante.

Quando da exibição, o perito precisa verificar:

1. os aspectos formais dos registros;
2. a validade dos registros e livros e a materialidade;
3. a força documental;
4. a metodologia contábil;
5. as existências físicas, se evocadas (de bens e valores);
6. os fatos específicos que motivam o pedido de exibição.

Para legitimar uma falência, por exemplo, pode-se requerer o exame de livros e pedir a exibição destes e de documentos.

Para levantar caso de dolo, de fraude, igualmente se pode requerer o exame.

É óbvio que à parte solicitada cabe impugnação, mas, em geral, em juízo, a tendência é de que se conceda, especialmente quando as argumentações são bem feitas e a necessidade é evidenciada com objetividade e isenção de ânimo.

O perito-contador pode, em determinados casos, realizar o exame nos livros tanto de devedor como de credor, tanto do requerente como do requerido, conforme o caso.

Quando a verificação é exigida para requerimento de falência, exames de profundidade podem-se fazer necessários (como já foi visto nesta obra para casos semelhantes).

O estudo deve aprofundar-se não só nos livros, mas também nas demonstrações contábeis e em levantamentos realizados.

Para provar-se que uma empresa está prestes a ser insolvente, ou já o é, se fazem necessários os recursos das análises contábeis.

Além da análise, repetimos, é preciso que as formalidades legais intrínsecas e extrínsecas da escrita contábil estejam cumpridas.

A recusa de tais exibições faz prova "contra" o comerciante que a pratica e, em havendo, o perito deve munir-se de provas da recusa, não se limitando a alegá-la.

Tal prova pode fazê-la documentada ou testemunhada, se impossível aquela.

No entanto, a vistoria dos livros pode ser negada pelo juiz quando, por exemplo, ele se convencer de que os documentos apresentados são suficientes para comprovarem a legitimidade de crédito que se reclama.

Na prática, todavia, diante da evolução do próprio direito, da evolução espantosa dos meios de informática, da complexidade dos mercados, dos progressos sociais e demais modificações impressas à vida das empresas e das pessoas neste século, as disposições regidas pelo Código de 1850 têm merecido restrições e sugerido alternativas e tolerâncias de comportamentos em juízo.

A informação contábil, hoje, transcendeu ao encasulamento que possuía, como algo expressamente "privativo", "sigiloso", "reservadíssimo"; o fisco hoje invade totalmente a privacidade comercial, como os controles de preços, os interesses sindicais etc.

Embora ainda existam resquícios de proteção, na prática não se operam; o Supremo Tribunal Federal, por exemplo, em súmulas próprias, editou o seguinte:

> Súmula 260: "O exame de livros comerciais, em ação judicial, fica limitado às transações entre os litigantes."
>
> Súmula 390: "A exibição de livros comerciais pode ser requerida como medida preventiva."
>
> Súmula 439: "Estão sujeitos à fiscalização tributária, ou previdenciária, quaisquer livros comerciais, limitado o exame aos pontos objetos da investigação."

O caráter das súmulas do Tribunal, legalista, preso aos textos do Código Comercial e das leis, contudo, na prática contábil, nem sempre pode ser mantido.

Os fenômenos patrimoniais, que os livros registram, possuem uma propriedade inequívoca de "interdependência", de "interação", de hereditariedade, que, em certos casos, envolve a verificação de "toda a escrita" e não só de um fato isolado.

Uma transação pode estar conectada a outra que, por sua vez, já derivou de outra, e o entendimento da primeira depende do conhecimento das precedentes.

Só o perito-contador pode fixar os limites do que pode ver, que vão responsabilizá-lo pela opinião que irá emitir.

Não se trata de manter, pois, uma tradição de sigilos em prejuízo da evidência das verdades que se buscam julgar.

O que o Supremo deseja evitar é que a perícia se transforme em devassa, criando dificuldades.

Por isso, existem acórdãos que impedem o exame de livros de sociedades que não participam da lide, embora contenham dados que à lide interessem e que só um perito contábil pode identificar.

No caso, por exemplo, de sócio falecido que se havia retirado da sociedade e cujos fatos da época em que dela participava seus herdeiros se interessam por conhecer, embora possa parecer remoto o evento e fora de propósito em lide, tem acolhimento na Justiça para a exibição e verificação de livros e documentos o pedido dos herdeiros.

A extrema restrição de só litigantes requererem a exibição tem, todavia, sido contestada em juízo e acolhida por autoridades.

Controvérsias jurídicas existem, mas todas as vezes que o perito for chamado à verificação deve ter em mente as necessidades essenciais dos requerentes e buscar todas as razões que possam fortalecer as provas e encontrar a verdade (muitas vezes exigindo exames amplos).

Extravio e dissipação de bens

A conservação de um bem é direito que se protege legalmente e a possibilidade de extravio ou dissipação pode ensejar pedido de "arrolamento" ou "listagem" por "inventário" ou "verificação de existência".

Quem requer precisa provar:

I – seu direito nos bens;
II – os motivos do receio de extravio ou dissipação.

Ocorre, aí, a necessidade da prova a que se referem os arts. 857 e 858 do Código de Processo Civil.

O perito fica, pois, nesse caso, incumbido de tudo verificar, recebendo para tanto a proteção necessária e devendo garantir-se de que não ocorrerão riscos durante o processo de levantamento (para tanto, pode lacrar ou apor selos, trancar em cofres, vedar ambientes etc., tudo fazendo para que não ocorra erro de inventário por adulterações, fraudes ou má-fé da parte que tem o dever de permitir o inventário).

Contabilmente, os inventários possuem princípios a serem respeitados, que devem ser aplicados nos casos de arrolamentos.

É óbvio que uma coisa é o inventário para fins de apuração de um exercício de gestão e outra para os fins de arrolamento para proteção contra extravio e/ou dissipação de bens.

São aspectos absolutamente diferentes, mas regidos pelos mesmos princípios contábeis de "verificar" e "avaliar" elementos patrimoniais.

O perito deve, conforme estabelece a lei, sugerir as medidas de conservação necessárias e advertir sobre os riscos que estão ameaçando os bens.

As boas práticas preveem que se devem lavrar todas as ocorrências relativas às necessidades de uma conservação eficaz.

Como o juiz deverá nomear o "depositário" dos bens e como este, naturalmente, vai receber elementos patrimoniais para serem colocados sob sua responsabilidade, o laudo pericial de arrolamento deve ser competentemente minucioso e preciso, pois vai, como consequência, responsabilizar terceiros.

O perito descreverá:

a) local e hora em que iniciou seu trabalho;
b) qualidade, bem descrita, dos bens arrolados;
c) todas as minúcias relativas ao estado dos bens;
d) critérios tomados para avaliação dos bens;
e) valores atribuídos aos bens;
f) quaisquer anomalias verificadas durante o arrolamento.

O laudo deverá ser, pois, minucioso, informativo, preciso e competente para servir de base para responsabilizar o depositário.

Falta de entrega de mercadorias

Acontece quando mercadorias, equipamentos, máquinas etc. podem ser encomendados a terceiros, paga uma parte para que sejam produzidos e, depois, o fornecedor faltar com o seu compromisso de entrega.

A falta de cumprimento do fornecedor pode gerar causa ou ação ordinária para o compelir ao cumprimento do prometido.

Determina a lei que a entrega da mercadoria vendida é obrigatória, que a falta da entrega enseja a execução (art. 806 do Código de Processo Civil) e que a falta de tal obrigação, em época certa, pode gerar pedido de indenização por perdas e danos.

Tais prerrogativas do comprador podem gerar processos na Justiça, sendo necessária a perícia para comprovar toda a transação.

Uma variedade de casos pode ocorrer, como:

a) ausência total de entrega, tendo havido parte de pagamento pelo comprador;
b) parte do prometido entregue, total pago e outra parte não entregue;
c) várias entregas feitas, mas não todas e todo o pagamento feito pelo comprador já realizado;
d) todo o pagamento feito pelo comprador e nenhuma mercadoria entregue etc.

Cada caso enseja um exame específico.

Em geral, todavia, uma perícia para compelir à entrega pode gerar exames dos seguintes documentos e livros:

1. contrato de compra e venda;
2. pedidos ou ordens de compras;
3. processo de concorrência pública para venda;
4. recibos de depósito por conta de pagamento;
5. cheques de pagamentos;
6. ordens de pagamentos;
7. notas fiscais de entregas;
8. diário;
9. razão;
10. conta do fornecedor e do cliente;
11. registros de duplicatas;
12. registros de custos do fornecedor;
13. registros de produção do fornecedor;
14. interpelações judiciais sobre a entrega;
15. correspondências entre as partes;
16. balanços e balancetes etc.

Os objetivos entre os exames podem ser:

a) conhecer as condições de compra e venda;
b) determinar a "coisa certa" ou qualidade comprometida;
c) determinar a quantidade comprometida;
d) determinar os prazos comprometidos;
e) conhecer a parte cumprida e a cumprir do contrato;
f) conhecer a efetiva capacidade de entrega do prometido;
g) calcular perdas sobre a falta de entrega;
h) conhecer modificações acordadas sobre o contrato originário etc.

Como a falta de entrega pode gerar sérias perdas ao comprador e como tem ele o direito de delas se ressarcir, mediante indenização que pode compelir o fornecedor a pagar, o perito, em geral, é solicitado para calcular as perdas decorrentes.

Tais perdas podem ser de apuração certa e direta ou incerta, exigindo exames de maior amplitude.

A perda pode decorrer de "lucro cessante" em uma operação já esperada, pode decorrer de falta de venda de mercadorias outras porque não se entregou o que faltou e o cliente só recebia toda a encomenda, pode decorrer de descumprimento de concorrência pública que gerou problemas sérios de cortes de outros fornecimentos e até desclassificações futuras, em suma: variadíssimos são os efeitos dos prejuízos que podem suceder.

Às vezes, não é só a falta de uma entrega determinada que causa a perda, mas também as decorrências, que podem ser muito mais gravosas.

Não é só a perda em um lote certo de mercadorias, mas as consequências colaterais e futuras que podem levar uma empresa a sérios prejuízos pela falta de cumprimento da obrigação do fornecedor.

O perito tem, pois, sob sua responsabilidade, a avaliação de todas essas consequências que envolvem particularidades diversas.

Nos casos simples, basta o confronto entre o lucro de unidade que se deixou de receber, as épocas e o que renderiam, vendidas as mercadorias ao preço usual de mercado:

MERCADORIAS NÃO ENTREGUES:	
...... ton. de ...... a	$...........
Preço de Custo das não entregues	$...........
.... Ton. de ...... a	$...........
Preço de Venda Prospectivo	$...........
Perda projetada...........	$ _____

O confronto, no caso mais singelo, entre o custo na época da entrega e a venda da mercadoria, se o comprador dela pudesse dispor, projeta a perda verificada por "lucro cessante", ou que se deixou de auferir por não ter o produto.

Todavia, como nos referimos, outros fatores complicadores podem ocorrer, como:

1. Paralisação temporária da atividade (quando o produto é essencial para acionar a atividade), não só com "falta de lucro sobre a venda", mas também ocorrência de "custos fixos", não absorvíveis ou possíveis de serem compensados.
2. Perda de cliente de rara importância e relevante no movimento de aquisições.
3. Perda de venda de outras mercadorias em decorrência de falta da mercadoria não entregue.
4. Aquisição de mercadoria de outro fornecedor a preços desvantajosos, com perdas etc.

A perícia pode, por conseguinte, abranger aspectos peculiares, sempre no sentido de comprovar os danos causados por falta de entrega de mercadoria (descumprimento por parte do fornecedor).

Falências

O estado falimentar, motivado pela insolvência ou absoluta incapacidade de pagamento de obrigações, pode decorrer de muitos motivos, inclusive o de intuito de fraude contra terceiros.

Diversos são os motivos que ensejam as perícias nas empresas em falência, mas para o perito, em geral, apresentam os mesmos grandes objetos de verificação, através de exames de livros, documentos e análises.

Matéria análoga já enfocamos nos casos dos pedidos de recuperação judicial (neste mesmo Capítulo 5) e muito se aplica ao caso falimentar.

Podem ocorrer problemas de desvio e ocultação de bens, simulações de dívidas, administrações ruinosas por incompetência, administrações ruinosas propositadamente feitas para prejudicar sócios ou terceiros, locupletamento ilícito, em suma, causas de força maior, fortuitas, propositadas, como omissão de cautelas, abuso de direito, abuso de poder, desvio de finalidade etc.

136 Perícia contábil • *Lopes de Sá*

O desequilíbrio de uma sociedade empresarial pode ter sido preparado durante períodos longos, como premeditado; pode resultar de premeditações, de surpresas, de omissões etc.; são variadíssimas as causas que levam as empresas à interrupção de suas atividades normais.

Como o interesse de credores, acionistas ou sócios, empregados, Governo etc. está sempre presente, a responsabilidade de apuração nos exames periciais é da maior relevância e constitui-se em um dos mais importantes temas de estudos contábeis (há, inclusive, doutrina específica sobre os casos de desequilíbrios e perda da economicidade da empresa).

O termo: "economicidade" refere-se à capacidade ou à atividade produtiva e de geração de lucros. Pela visão do neopatrimonialismo, é[4] "função de vitalidade patrimonial. Capacidade de circular valores patrimoniais e de sobreviver". Economicidade é também um dos princípios do fordismo, teoria Ford de administração, que tem como fundamento reduzir ao mínimo o estoque de matéria-prima, aumentando a velocidade de produção e venda. Na teoria da Ford, a economicidade tem como características: padronização de mão de obra, material e desenho, produção em série, minimização de custos, revolução na estratégia comercial, produção em massa, com ênfase na real ou potencial capacidade de consumo em massa, produção de carros a preços populares (pioneiro em 1903), estabelecimento de salário mínimo e jornada diária de oito horas de trabalho.

Conhecer a qualidade, a legitimidade, a quantidade dos créditos, os que realmente devem receber, como se pode salvar da melhor forma o interesse dos legítimos credores, tudo isso envolve a matéria pericial.

A falência é um processo de "execução coletiva", em que todos os credores procuram concorrer para salvar, da melhor forma, seus créditos. Segue um ritual que envolve um sem--número de fatos e atos jurídicos, administrativos, contábeis, sociais etc.

Basicamente, as falências decorrem de requerimentos cujas origens podem ser:

1. o credor, ou seja, *por ação do credor*;
2. o próprio devedor, ou *autofalência*; ou
3. o espólio ou os que têm direitos de sucessão (cônjuge sobrevivente, herdeiro, inventariante), ou seja, *falência de espólio ou de sucessores.*

Havendo o fenômeno da "insolvência", ou seja, da incapacidade de pagar, as partes interessadas, seguindo o que preceitua a lei, pedem a "declaração de falência", que só pode existir mediante declaração judicial. A Lei n. 11.101/2005 regula a recuperação judicial, a extrajudicial e a falência do empresário e da sociedade empresária.

A recuperação judicial tem por objetivo viabilizar a superação da situação de crise econômico-financeira do devedor, a fim de permitir a manutenção da fonte produtora, do emprego dos trabalhadores e dos interesses dos credores, promovendo, assim, a preservação da empresa, sua função social e o estímulo à atividade econômica.

Tudo precisa basear-se, entretanto, na posição patrimonial, nas contas, na escrita contábil, nos balanços, ou seja, a Contabilidade tem um papel determinante em todo o processo e as investigações periciais são imprescindíveis.

---

[4] SÁ, Antônio Lopes de. *Fundamentos da contabilidade geral.* Belo Horizonte: UNA, 2000. p. 321.

Cap. 5 • Aplicações importantes da perícia contábil **137**

A decretação da falência está prevista na Lei n. 11.105/2005, conforme se segue:

"Art. 94. Será decretada a falência do devedor que:

I – sem relevante razão de direito, não paga, no vencimento, obrigação líquida materializada em título ou títulos executivos protestados cuja soma ultrapasse o equivalente a 40 (quarenta) salários mínimos na data do pedido de falência;

II – executado por qualquer quantia líquida, não paga, não deposita e não nomeia à penhora bens suficientes dentro do prazo legal;

III – pratica qualquer dos seguintes atos, exceto se fizer parte de plano de recuperação judicial:

a) procede à liquidação precipitada de seus ativos ou lança mão de meio ruinoso ou fraudulento para realizar pagamentos;

b) realiza ou, por atos inequívocos, tenta realizar, com o objetivo de retardar pagamentos ou fraudar credores, negócio simulado ou alienação de parte ou da totalidade de seu ativo a terceiro, credor ou não;

c) transfere estabelecimento a terceiro, credor ou não, sem o consentimento de todos os credores e sem ficar com bens suficientes para solver seu passivo;

d) simula a transferência de seu principal estabelecimento com o objetivo de burlar a legislação ou a fiscalização ou para prejudicar credor;

e) dá ou reforça garantia a credor por dívida contraída anteriormente sem ficar com bens livres e desembaraçados suficientes para saldar seu passivo;

f) ausenta-se sem deixar representante habilitado e com recursos suficientes para pagar os credores, abandona estabelecimento ou tenta ocultar-se de seu domicílio, do local de sua sede ou de seu principal estabelecimento;

g) deixa de cumprir, no prazo estabelecido, obrigação assumida no plano de recuperação judicial.

§ 1º Credores podem reunir-se em litisconsórcio a fim de perfazer o limite mínimo para o pedido de falência com base no inciso I do *caput* deste artigo.

§ 2º Ainda que líquidos, não legitimam o pedido de falência os créditos que nela não se possam reclamar.

§ 3º Na hipótese do inciso I do *caput* deste artigo, o pedido de falência será instruído com os títulos executivos na forma do parágrafo único do art. 9º desta Lei, acompanhados, em qualquer caso, dos respectivos instrumentos de protesto para fim falimentar nos termos da legislação específica.

§ 4º Na hipótese do inciso II do *caput* deste artigo, o pedido de falência será instruído com certidão expedida pelo juízo em que se processa a execução."

Logo, já de início, o art. 7º da Lei de Falências, em vigor, começa por referir-se à verificação contábil, conforme segue cópia *in verbis*:

"Art. 7º A verificação dos créditos será realizada pelo administrador judicial, com base nos livros contábeis e documentos comerciais e fiscais do devedor e nos documentos que lhe forem apresentados pelos credores, podendo contar com o auxílio de profissionais ou empresas especializadas."

A verificação das contas não se restringe apenas ao registro singelo, mas a todo um critério de indagações, acompanhando-se o "crédito" desde sua origem, ou seja, os fatos que legitimaram o nascimento.

As origens podem decorrer de muitos fatores:

Créditos operacionais
   Venda de mercadorias
   Venda de equipamentos
   Venda de serviços
   Venda de imobilizações utilizadas
   Venda de direitos de produção etc.

Financiamentos
   Empréstimos a curto prazo
   Empréstimos hipotecários a longo prazo
   Arrendamentos mercantis
   Debêntures
   Empréstimos mediante cauções de títulos
   Suprimentos de caixa ou para fornecimentos de materiais
   Suprimentos por conta de aumento de capital etc.

Podem ainda existir outras modalidades, menos frequentes, cabendo ao perito sempre investigar a "procedência", a *causa debendi*, ou seja, qual a razão pela qual o crédito figura no Passivo do devedor.

Se a prova é produzida na escrita do credor, os créditos constarão, obviamente, como contas de ativo; se o exame é feito na escrita do devedor, as dívidas devem estar inscritas em contas do passivo.

O credor, diz a lei, para que possa requerer o exame a partir de seus livros, deve possuir escrita legal, devidamente formalizada, em forma contábil adequada.

É preciso, pois, como afirma o texto legal, que as formalidades intrínsecas e extrínsecas da escrita do credor se cumpram, em face de sua escrituração.

A recusa, na exibição dos livros, ou a irregularidade neles, faz prova contra o devedor.

Havendo, pois, resistência da parte examinada, deve o perito relatar ao juiz.

O relato não deve limitar-se a uma afirmação, deve o perito buscar meios de evidências e, estando acompanhado de outro perito, a prova testemunhal se amplia, fugindo do arbítrio subjetivo (embora isso não seja de todo cogitação, inclusive do texto da lei, que nada detalha a esse respeito).

Quando o credor inicia o processo da falência, segue toda uma rotina, como passamos a evidenciar.

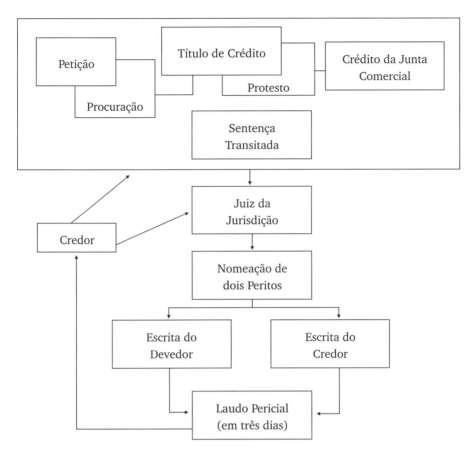

O credor pode requerer, em petição ao juiz, juntando a procuração devida, a habilitação do título de crédito.

Pode ocorrer, também, o caso de "autofalência, art. 105 da Lei n. 11.101/2005", ou seja, quando o requerimento é feito pelo próprio devedor e segue-se uma rotina, como passamos a demonstrar.

A petição inicial, nos termos do art. 105 da Lei n. 11.101/2005, será assinada pelo devedor e acompanhada de:

> "I – demonstrações contábeis referentes aos 3 (três) últimos exercícios sociais e as levantadas especialmente para instruir o pedido, confeccionadas com estrita observância da legislação societária aplicável e compostas obrigatoriamente de:
>
> a) balanço patrimonial;
>
> b) demonstração de resultados acumulados;
>
> c) demonstração do resultado desde o último exercício social;
>
> d) relatório do fluxo de caixa;
>
> II – relação nominal dos credores, indicando endereço, importância, natureza e classificação dos respectivos créditos;

III – relação dos bens e direitos que compõem o ativo, com a respectiva estimativa de valor e documentos comprobatórios de propriedade;

IV – prova da condição de empresário, contrato social ou estatuto em vigor ou, se não houver, a indicação de todos os sócios, seus endereços e a relação de seus bens pessoais;

V – os livros obrigatórios e documentos contábeis que lhe forem exigidos por lei;

VI – relação de seus administradores nos últimos 5 (cinco) anos, com os respectivos endereços, suas funções e participação societária."

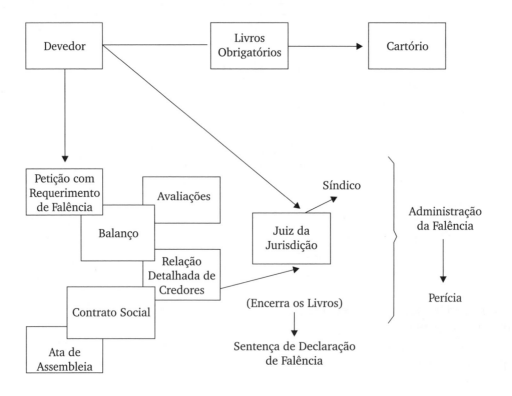

A perícia contábil tem condições de legitimar falências pelo exame das contas nas escritas, verificando contas.

Obviamente, ela não só torna líquida a obrigação, como a lei estabelece, mas tem também outras responsabilidades definidas em lei, pois caracteriza a falência a prática de atos que prejudicam terceiros, como:

1. falta de pagamento mesmo quando a dívida é executada;
2. falta de depósito de importância para sustar reexecução;
3. falta de nomeação de bens à penhora;

4. liquidações ruinosas ou precipitadas ou, então, fraudulentas para realizar pagamentos (como emissão de duplicatas sem vendas);
5. convocação apenas de alguns credores para acordos sobre dívidas com dilação, remissão de créditos, cessão de bens etc.;
6. simulações e alienações de bens que poderiam garantir os demais credores;
7. dar garantias somente a alguns credores em prejuízo de outros;
8. contrair novas dívidas com garantias de bens em prejuízo dos outros credores;
9. ausentar-se, abandonar o estabelecimento, ocultar-se, deixando pessoa no estabelecimento que nada pode decidir etc.

Tais condições também são passíveis de requerimento de falência e pode, nesse caso, como tudo indica, estar o ato revestido de má-fé, com prática de fraude (que pode gerar perícia específica para ser constatada e, então, provocar ação penal).

As verificações periciais, na falência, muito responsabilizam o perito, devendo este adotar redobrada cautela em seu trabalho; tanto o juiz como as partes muito dependem de uma tarefa de qualidade de um laudo pericial no processo falimentar.

Muitos outros casos podem ocorrer no caso falimentar, gerando necessidade de perícia, como:

1. falsidade de título e nulidade de obrigação;
2. oposição ao auto de pedido de falência, por sócio;
3. crimes falimentares – inquérito judicial;
4. responsabilidade de administradores;
5 elisão por depósito;
6. perdas e danos por requerimento doloso;
7. revogação de atos praticados antes da falência;
8. oposição ao pedido de sentença de extinção de obrigações;
9. depósitos em consignação etc.

Todos esses e alguns outros fatos podem gerar causas judiciais, com necessidade da participação do perito-contador, para levantar as diversas situações em favor ou contra os autores.

A falência pode decorrer de atos de incompetência que geram os grandes desequilíbrios, mas também (e assim a prática tem comprovado) defluir de inequívocas fraudes contra sócios e credores (em nossa vida profissional tivemos ocasião de comprovar tal realidade).

O devedor, como é natural, pode defender-se pelas medidas que a lei faculta e, também, para tal fim, poderá requerer perícia com a finalidade de provar em contrário.

Pode, inclusive, antes de abordar o mérito, em preliminar, arguir da inexistência ou nulidade de citação, incompetência absoluta, inépcia da inicial, arguição de falsidade de créditos etc.

A função do perito, onde for chamado, no caso, está em analisar as características de contas, os procedimentos administrativos, o interesse de terceiros em jogo, a qualidade documental etc., como já vimos, seguindo os quesitos que lhe são formulados e, até, indo além, nos casos em que perceber lesão efetiva ao direito.

142 Perícia contábil • *Lopes de Sá*

Essa é a razão pela qual a perícia, no processo falimentar, tem conotações especiais, específicas. Por exemplo, fraude contra credores (art. 168 da Lei n. 11.101/2006), que envolve até a figura da contabilidade paralela.

Assim, por exemplo, podem-se formular quesitos orientados no sentido de se apurar fraudes que provocaram um estado de "aparência de desequilíbrio", para fins falimentares; o advogado do credor, em busca da caracterização das fraudes falimentares, orientado por seu contador, já diante de suspeitas que ocorriam, pode elaborar os seguintes:

QUESITOS PERICIAIS

1. A empresa .... vendeu mercadorias no período de ... a ... com qual percentual de acréscimo sobre o preço de aquisição das mesmas mercadorias?
2. Em período igual, mas do ano anterior de 199.., qual era o percentual de acréscimo sobre o preço de compra para que se formasse o preço de venda dessas mesmas mercadorias?
3. Em razão das respostas aos quesitos 1 e 2, na opinião do perito, pode-se afirmar que tais vendas foram ruinosas?
4. Houve vendas a pessoas ligadas à diretoria no período de... a ...?
5. Sendo afirmativa a resposta do quesito 4, qual a porcentagem de tais vendas em relação ao valor total das vendas no mesmo período? Pode-se considerar tal percentual como expressivo?
6. Houve vendas de bens imóveis no período de ... a ...?
7. Se houve venda ou vendas, tais imóveis haviam sido reavaliados?
8. O preço de venda é igual ou inferior ao da reavaliação?
9. O adquirente do imóvel é pessoa ligada à diretoria, ou seja, parente, sócio em outro empreendimento, dependente, pessoa da família de cônjuge de diretor?
10. A venda foi à vista? Se a prazo, o valor já foi recebido?
11. Existem créditos a receber de clientes vencidos há mais de três meses?
12. Pode ocorrer que tais créditos tenham sido recebidos e não baixados?
13. Pode o sr. perito certificar-se disso mediante prova emprestada?
14. As duplicatas a receber estão lastreadas por notas fiscais com provas competentes de entrega da mercadoria (hipótese de duplicatas de favor ou falsas)?
15. Existem duplicatas emitidas sem lastro de notas fiscais?
16. Existem estoques paralisados há muito tempo? Podem ser obsoletos?
17. Pode-se determinar o montante de obsolescência do estoque de mercadorias?
18. Existem vendas de máquinas de produção realizadas no período de... a...?
19. As vendas de máquinas foram feitas ao preço reavaliado?
20. Quem adquiriu as máquinas é pessoa ligada à diretoria?
21. Existem máquinas sem função na produção?
22. Após a venda das máquinas, caso tenham ocorrido, houve redução no volume de unidades produzidas?
23. Houve expressiva dispensa de pessoal após a venda de imobilizado de produção? Quanto custou tal demissão? Qual o percentual de tais gastos em relação ao preço das máquinas vendidas?

24. Qual a natureza das dívidas do Passivo?
25. Quanto, percentualmente, representam, em relação ao total das dívidas, as obrigações para com particulares, pessoas físicas?
26. Quanto, percentualmente, representam, em relação ao total das dívidas, as obrigações com empresas associadas?
27. Quanto, percentualmente, representam, em relação às dívidas totais, as dívidas com sócios e diretores?
28. Estão registradas as obrigações de arrendamento mercantil pelo saldo a pagar?
29. Existem contas de compensação que denunciam as obrigações potenciais da empresa por avais, endossos, fianças etc.?
30. Quais as principais dívidas?
31. Qual o destino do dinheiro de tais dívidas?
32. Naquilo que a empresa destinou o dinheiro de suas principais dívidas ficou representação física no Ativo?
33. A empresa se endividou para pagar despesas ou para investir?
34. Quanto representam, percentualmente, as despesas administrativas das vendas?
35. Quais as principais despesas administrativas? Estabeleça o sr. perito o percentual de tais despesas em razão do total dos gastos administrativos.
36. Qual o percentual de gastos com a remuneração da diretoria, sua assessoria, os serviços de apoio e os salários indiretos da mesma diretoria, em face do total das despesas administrativas?
37. Entende o sr. perito, ao responder o quesito 36, que tais gastos são elevados em face da dimensão da empresa?
38. Qual o gasto total administrativo com a diretoria no período de ... a ...? E em igual período no ano anterior? Estabeleça tais comparações em moeda constante.
39. Quantas pessoas ligadas à diretoria (parentes, contraparentes, filhos de sócios, colaterais) estão empregadas na empresa?
40. As pessoas referidas no quesito 39 recebem salários compatíveis com as suas funções? São indispensáveis tais funções?
41. As pessoas aludidas nos itens 39 e 40 recebem salários compatíveis com o mercado para suas funções?
42. Os honorários da diretoria são os usuais para uma empresa da dimensão da ....?
43. Quais os gastos de relações públicas e publicidade no período de... a... em relação ao percentual com as vendas de igual período?
44. Quais eram tais percentagens em período igual nos três últimos anos?
45. O aumento dos gastos referidos no quesito 43 elevou os lucros na mesma proporção?
46. Os contratos de publicidade são vultosos? De quantos por cento sobre a venda? Iguais ou maiores que os lucros do período?
47. Para tais gastos houve concorrência pública para a contratação?
48. Quais os preços apresentados pelos concorrentes e quem eram eles?
49. A empresa de publicidade com a qual se fez o contrato é das mais conceituadas em seu ramo? Seus sócios são pessoas ligadas aos diretores?
50. A empresa contraiu dívidas para pagar a publicidade?
51. Já as resgatou?

52. Quanto o débito de publicidade representa em relação aos demais débitos da empresa e percentualmente ao total das dívidas?
53. Que percentual representam as despesas de comissões em face do volume das vendas?
54. O percentual das despesas de comissões é o usual de tal ramo?
55. Sem que se paguem comissões é possível manter o ritmo de vendas?
56. Quais os beneficiários das comissões? São pessoas ligadas à diretoria por parentesco ou dependência?
57. A empresa sempre pagou comissões?
58. Existem despesas de viagens significativas? Que percentual representam em face das despesas comerciais?
59. Os gastos são feitos em locais onde a empresa tem clientes?
60. Existem viagens ao exterior feitas pela diretoria? A empresa importa ou exporta? Teria possibilidades e vantagens em fazê-lo?
61. A empresa paga cartões de crédito de sócios? De diretores?
62. A empresa está em dia com suas obrigações fiscais? Tem parcelamentos?
63. O imposto recolhido de fonte e as contribuições previdenciárias de empregados estão recolhidos?
64. A empresa está em perdas? Sempre esteve? Quando iniciaram?
65. No período em que a empresa iniciou suas perdas houve queda de vendas?
66. Qual a principal despesa no período em que as perdas se iniciaram?
67. Qual a razão de tal despesa?
68. A empresa mantém escrita regular e cumprem seus livros obrigatórios as formalidades intrínsecas exigidas?
69. Alterou seu critério contábil? Quando?
70. Mantém em boa guarda os arquivos?
71. Seu último balanço foi visado pela autoridade judiciária?
72. Os demonstrativos contábeis estão registrados em seus diários nos últimos cinco anos?
73. Suas declarações de Imposto de Renda coincidem com os demonstrativos de Diário?

O questionário, nos seus 73 quesitos, dá uma ideia de um critério de indagação que busca uma posição fraudulenta e que insiste em alguns itens em que havia desconfiança de transgressões, como:

a) vendas ruinosas de mercadorias e vendas com favorecimentos a protegidos da diretoria;
b) vendas fictícias para mascarar ativo;
c) venda ruinosa de imóvel a protegido da diretoria;
d) contas recebidas e não baixadas para mascarar ativo;
e) estoque sem colocação, mas apresentado como realizável;
f) venda ruinosa de máquinas com prejuízo da produção;
g) gastos exagerados da diretoria;
h) nepotismo (proteção a parentes);
i) contrato exagerado e falso de publicidade;
j) comissões pagas a parentes e não necessárias ao negócio;

k) viagens de recreio pagas pela empresa;
l) cartões de crédito particulares pagos pela empresa;
m) dívidas desnecessárias para cobrir despesas supérfluas ou até falsas;
n) produção forçada de perda quando a empresa sempre foi lucrativa.

Como perito, tivemos a oportunidade de comprovar tal situação em uma empresa levada à falência por seus diretores para prejudicar o herdeiro legítimo do presidente e principal sócio.

A perícia acusou toda a trama por meio da verificação de itens muito semelhantes aos apresentados no exemplo.

> Uma falência fraudulenta pode ser perfeitamente identificada a partir de uma perícia contábil competente, derivada de quesitos competentes e com base em análises criteriosas e tecnológicas.

Nem todas as perícias judiciais, de falências, todavia, baseiam-se em indagações sobre fraudes; grande parte delas preocupa-se mais em *verificar os créditos*:

- por suas origens ou *causa debendi*;
- por seus requisitos de legalidade;
- por seus justos valores;
- pela classificação de importância;
- pela possibilidade de compensarem-se;
- pelos outros efeitos colaterais.

Cada caso, pois, enseja ao perito a verificação de aspectos, e, repetimos, a produção de anexos nesse tipo de perícia é muito importante como "esclarecimento" e "detalhamento".

É preciso, mais que em muitos outros casos, considerar que a perícia, proveniente de livros contábeis, vai produzir provas e estas vão criar obrigações.

O perito precisa ter em mente que:

> Livros mercantis, contábeis, encontram-se, pela lei, expressamente equiparados a documentos públicos, para efeito em juízo.

Nesse sentido, não só a lei, mas também a jurisprudência do Supremo Tribunal Federal, em muitos acórdãos, apoiam e respeitam tal verdade.

A escrita contábil faz prova, tem fé pública, e o perito, ao estribar-se nela, pelo laudo, reproduz essa faculdade.

Fundo de comércio

A determinação do denominado "fundo de comércio" é motivo de causas judiciais; notadamente, quando os sócios ou os acionistas não regularam a matéria em seu estatuto ou contrato, ou quando não nomearam árbitro para estabelecê-lo.

O conceito de fundo de comércio tem merecido vasta consideração doutrinária. Muitos são os autores que o classificam em "material" e "imaterial" e que o definem como "valor econômico" ou "valor negocial" de uma empresa.

Já em relação ao sentido e alcance de aviamento, afirmamos[5] que: "sob a designação (aviamento) entende-se, em Contabilidade, a imobilização técnica e imaterial que representa a capacidade da empresa em obter resultados, envolvendo diversos componentes".

Em outra literatura[6] afirmamos que: "o valor de negócio de um capital, no sentido de aquisição de uma empresa, requer conhecimento de maior abrangência e não deve confundir-se com um simples ágio". Além do fato de que as melhores doutrinas, nacionais e internacionais, já pacificam o fato de que o *goodwill* é o superlucro.

Hoje, grande parte, como a União Europeia de Contadores, Economistas e Financistas, aceita o fundo de comércio como um "sobrevalor que se paga para adquirir um negócio", ou ágio; nesse sentido, a expressão se manifesta como *aviamento, goodwill, fond de commerce*, nos idiomas italiano, inglês e francês; *plusvalia* e *llave de negócio*, termos utilizados pelos peruanos.

Defendemos que ágio não é sinônimo de *goodwill*, pois este é o excesso de lucros, enquanto ágio representa o quanto alguém está disposto a pagar por algo, além do seu preço de mercado.

A "mais-valia" é algo, pois, imaterial, ou seja, que transcende o valor de patrimônio líquido contábil.

Um dos maiores doutrinadores da questão, o eminente Prof. Giovanni Ferrero, escreve:

> "A noção de capital econômico torna-se significativa somente enquanto desejamos as relações dinâmicas entre o valor atribuível ao capital próprio vinculado ao funcionamento da empresa e a capacidade desta em produzir lucros."[7]

E acrescenta[8]:

> "É necessário distinguir o presumível valor de realização do capital econômico do valor econômico abstratamente atribuível ao capital da empresa em função de uma prospectiva durabilidade lucrativa da mesma empresa."

O fundo de comércio ou aviamento é um "valor imaterial", fundamentado na capacidade de lucros de uma empresa, mas de lucros que se esperam; supõe-se que o sócio, ao sair de uma empresa, "cessa de lucrar", cedendo seu capital, para o qual contribuiu e organizou, ficando

---

[5] SÁ, Antônio Lopes de. *Normas técnicas em contabilidade*. Rio de Janeiro: Apec, 1975. p. 198 e 201.

[6] SÁ, Antônio Lopes de. *Fundo de comércio*. Curitiba: Juruá, 2007. p. 231.

[7] FERRERO, G. *La valutazione economica del capitale d'impresa*. Milano: Giuffrè, 1966. p. 2.

[8] FERRERO, G. *La valutazione economica del capitale d'impresa*. Milão: Giuffré, 1966. p. 23.

este em mãos de terceiros que estão na empresa; o "ágio" é uma forma de compensar-se. Se ele não saísse, teria o resultado.

Ao sair, porque vende ou porque se amortiza sua parte, há um "sobrepreço", de natureza "imaterial", mas calculável.

Tal valor, diz Ferrero[9], confunde-se com o da própria empresa, que está funcionando como se fosse uma "máquina de produzir lucro", como algo que em seu dever vai sempre crescendo pelos resultados, e isso tem um valor.

Não se trata, todavia, no caso de fundo de comércio, de "avaliar a empresa", mas de determinar "seu maior valor sobre o patrimônio", e é assim que a moderna doutrina e os léxicos aceitam hoje.

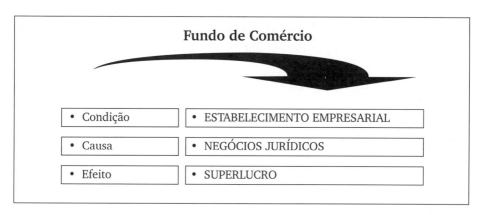

O valor da quota é o valor de patrimônio líquido real mais o valor do fundo de comércio imaterial.

O valor de fundo de comércio imaterial é a "maior valia" sobre o real valor de patrimônio líquido.

Assim entendem os mestres, assim entendem os léxicos.

O valor de fundo de comércio, imaterial, ou aviamento, ou *goodwill* é a maior valia que um valor real de patrimônio líquido tem.

Esse maior valor é o da "expectativa de lucros superior à remuneração normal do ativo operacional" e deflui dos fatores que para isso cooperam, como: ponto comercial, nome de produto, clientela, patentes de invenção, organização, força de trabalho etc. São fatores que ajudam a criar os lucros e a espera deles, essa "marcha de prosperidade" que faz o aviamento, fundo de comércio, *goodwill*, como os ingleses denominam, ou *firmenwert*, em alemão.

Tal elemento é um "direito" que se pode reivindicar. Determiná-lo, todavia, requer especialidade.

---

[9] FERRERO, G. *La valutazione economica del capitale d'impresa*. Milano: Giuffrè, 1966. p. 111.

148 Perícia contábil • *Lopes de Sá*

Se um sócio é expulso de uma sociedade, se um herdeiro quer conhecer os reais haveres de seu progenitor em uma empresa etc., é de todo lícito não só reclamar o "valor real de patrimônio líquido", mas também o "maior valor que tem a empresa" como "acessório", como "força produtora", como "fonte lucrativa".

O perito, convocado, designado, tem de enfrentar essa realidade de cálculos e "avaliar o fundo de comércio".

Os contratos sociais podem estabelecer fórmula para o cálculo; não havendo, compete ao perito optar pelo critério que defende.

Não existe uniformidade de entendimentos.

Muitas são as fórmulas que existem (método M. Leake, método Schmalenbach, método Auler, método Gref, método Retail, método Ferrero, método Triedlander, método holístico, método clássico inglês, método Schonwandt, Método Gustav Muller, Método Manfred Berliner etc.).

Entendo, particularmente, que tal cálculo não deve tomar por base senão preceitos lógicos, rigorosos.

Aceito, como base, para os cálculos que sugiro, as seguintes diretrizes:

a) Os lucros a serem considerados devem ser os "futuros", e não os "passados"; portanto, devem ser avaliados os resultados presentes para se obter o valor provável (VP) do lucro. Referimo-nos ao lucro da operação, logo, ganhos ou perdas com a alienação de ativos imobilizadas e despesas ou receitas financeiras não devem influenciar o lucro.

b) Devem-se levar em conta o comportamento "atual" da empresa e as "potencialidades positivas" que ela tem.

c) Deve-se levar em conta o procedimento da empresa perante seu próprio mercado.

d) Necessário se faz considerar a "força" dos elementos propulsores do lucro que a empresa possui no momento da precificação:

d.1.   idade do pessoal;

d.2.   idade do equipamento ou imobilizado técnico;

d.3.   ameaças que ela tem de obsolescência;

d.4.   comportamento da concorrência;

d.5.   qualidade de custo;

d.6.   qualidade de controles internos;

d.7.   qualidade da administração;

d.8.   capacidade de elasticidade;

d.9.   força de tecnologia e produtividade.

Não é um exame singelo e sem riscos.

Lucros passados podem ser "fortuitos" e estar seriamente ameaçados por potencialidades negativas (riscos grandes sobre a empresa).

A prospecção de lucros é sempre um trabalho que tem todos os problemas das hipóteses e o perito deve minimizar, ampliando sua indagação a extremos.

Deve, em seu laudo, ser exaustivo em suas argumentações sobre as razões lógicas que fundamentaram seus cálculos.

Cap. 5 • Aplicações importantes da perícia contábil **149**

Poucos trabalhos periciais são tão delicados e complexos, pois visam produzir provas onde tudo repousa no campo da prospecção contabilística. Portanto, avultam as questões de ceticismo para uma asseguração razoável, que deve estar ancorada na probabilidade, na razoabilidade e na proporcionalidade do que se pretende demonstrar. Toda a precificação do fundo de comércio deve ser fundamentada no curso da prosperidade de uma célula social e na probabilidade desse prosseguimento, motivo pelo qual, na certificação do preço do *goodwill*, aplica-se um juízo de ponderação por parte do perito.

Determinar-se o aviamento não é impossível, mas é tarefa
que exige muita pesquisa e capacidade científica.

Empresas que produzem lucros durante dezenas de anos seguidos podem, sob uma administração incompetente, reverter tal marcha. Muitas empresas desaparecem depois de períodos de prosperidade.

O inverso também é verdadeiro; muitas empresas em definhamento e deficitárias erguem-se, valorizam-se e passam a ser prósperas. A prosperidade é resultante da eficácia.

Uma análise contábil do comportamento da eficácia das funções patrimoniais e da capacidade da administração pode, com margens apreciáveis de segurança, traçar a marcha de lucros futuros. Isso exige conhecimento científico.

Peritos de alta qualidade devem ser convocados para a tarefa dos cálculos de fundo de comércio.

Não se pode afirmar que a economia em má situação leva a empresa a lucros maus; isso não é verdade; existem empresas prósperas em economias decadentes e existem empresas decadentes em economias prósperas.

Contudo, não pode haver empresa próspera sem eficácia da função do patrimônio (sobre isso estamos produzindo toda uma teoria cujas bases já se encontram em nossa obra *Teoria da contabilidade superior*, Belo Horizonte: edição IPAT-UNA, 1994).

Sem conhecimento teórico não se pode calcular o fundo de comércio. Tal tarefa é de ordem superior e demanda conhecimentos amplos, além dos específicos.

Força humana, força de ação no mercado, eficácia comportamental do patrimônio, metodologias, patentes, concessões, pontos, relações humanas eficazes internas e externas da empresa, crédito, condições tributárias especiais, programas eficazes de qualidade e de treinamento, acervo técnico etc. são alguns dos muitos fatores que precisam ser examinados e que possuem direto reflexo nos resultados presentes e futuros da empresa.

Sem uma análise profunda da empresa, de seus ambientes internos e externos, se torna impossível possuir ideias prospectivas dos resultados que vão determinar bases do cálculo do fundo de comércio.

A formulação dos quesitos deve, para que haja proveitoso rendimento do trabalho, solicitar do perito seu conceito e sua avaliação sobre os fatores aqui considerados.

Um quesito singelo pode enfraquecer os argumentos de quem, como autor, pleiteia o "maior valor" sobre o "patrimônio físico", porque ficará à mercê de critérios que nem sempre a Justiça tem condições de apreciar.

Portanto, sugere-se, como já foi dito nesta obra, *induzir o perito a avaliar o fundo de comércio* por meio dos componentes que devem ser considerados como fatores de uma fórmula de cálculos.

Os quesitos de uma perícia que deve determinar o fundo de comércio devem induzir a uma fórmula de cálculo a partir dos fatores que devem ser considerados como componentes do valor imaterial de um capital e que lhe garante lucros futuros.

Portanto, apenas para exemplificar, poder-se-ia formular os seguintes.

QUESITOS PERICIAIS

1. A empresa possui uma administração de nível superior educacional?
2. A diretoria é mesclada de elementos jovens e de adultos experientes?
3. Tem a diretoria tradição administrativa?
4. A diretoria trabalha mediante plano estratégico?
5. A diretoria tem farta informação gerencial? Informatizada?
6. A diretoria tem bons controles internos?
7. A empresa está estruturada com bom organograma e funcionogramas?
8. Possui um serviço eficiente de Recursos Humanos?
9. Possui critérios racionais de seleção? Psicotécnicos?
10. Tem centro de treinamento?
11. Adota círculos de qualidade?
12. Tem quadro de cargos e salários definido?
13. Tem regimento de pessoal?
14. Avalia o desempenho de seu pessoal?
15. É alto ou baixo o índice de rotatividade de pessoal?
16. Qual a idade média de suas chefias?
17. Existe controle de produtividade?
18. Possui estrutura sólida de vendas?
19. Tem controle sobre seu território de vendas?
20. Qual o limite de "devoluções de seus produtos"?
21. Tem concorrência acirrada?
22. Enfrenta a concorrência com promoções e qualidade de produtos?
23. Tem ociosidade de estoques?
24. Possui patentes de invenção e marcas de fábrica?
25. Mantém bom crédito liquidando com pontualidade?
26. Tem suas instalações e bens em seguro suficiente?
27. Tem produzido lucro que garante retorno a seu capital?
28. Seu sistema contábil é confiável? É legal? Tem dívidas com o fisco?
29. Possui pendências na Justiça?
30. Participa de atividades cívicas?
31. Tem bom relacionamento político?
32. Sua localização é favorável?

33. Seu equipamento é moderno? Cuida da renovação? Faz reservas para garantir a obsolescência?
34. Pesquisa novas linhas de produtos?
35. Dispõe de favorecimentos tributários?
36. Pertence a algum grupo de conceito?
37. A situação de seus associados é boa?
38. Qual o índice de crescimento de sua clientela? Qual sua tendência?
39. Qual o índice de crescimento do lucro? Qual sua tendência?
40. Qual o índice de crescimento do patrimônio líquido? Qual sua tendência?
41. Existe composição patrimonial harmônica nos investimentos?
42. Existe composição patrimonial harmônica entre as fontes de recursos?
43. Existem planos de investimentos de ampliação?
44. A empresa investiu nos últimos três anos em ampliações?
45. Existem reservas de ampliação, ou retenções de lucros acumulados para tal fim?
46. Diante de todos esses fatores, queira o senhor perito determinar qual o valor que estima para o *Fundo de Comércio Imaterial* da empresa.
47. Calculado o valor global, queira o senhor perito determinar qual o valor de fundo de comércio atribuível às quotas do autor sr ....

Obviamente que um laudo, guiado por tais elementos, vai espelhar:

◆ a qualidade da força administrativa;
◆ a qualidade da força de pessoal;
◆ a qualidade da força produtiva;
◆ a qualidade da força de mercado;
◆ a qualidade do patrimônio;
◆ a qualidade da força do lucro.

Uma empresa que tenha como positivos os fatores enunciados nos quesitos têm todas as probabilidades de lucros continuados, futuros, a seu favor.

As probabilidades de crescimento do lucro, garantidas por uma estrutura sadia, oferecem meios para a continuidade, logo, para *lucros futuros*.

Em nosso modo de entender, o lucro futuro só pode ser projetado a partir da "probabilidade de sua ocorrência", fundamentada no curso da prosperidade da empresa e na garantia desse prosseguimento.

Lucros futuros dependem, para determiná-los, da tendência ou probabilidade de sua ocorrência calculada sobre a estrutura patrimonial em funcionamento e da garantia que esta oferece da continuidade de manutenção da taxa de probabilidade.

Logo, uma fórmula para o cálculo deve ter como fator inicial o "***Valor provável***" (Vp) de ocorrência de um lucro, obtido pelo cálculo de probabilidade do curso dos lucros de funcionamento (deles excluídos todos os resultados acessórios ou que não sejam legítimos da atividade). Toda precificação do fundo de comércio deve considerar os princípios da razoabilidade, probabilidade e proporcionalidade.

Esse lucro, calculado matematicamente a partir de dados contábeis e de cálculos contábeis que escoimam os resultados não operacionais e tudo reduzem a valores constantes, é fator básico.

A precificação do fundo de comércio tem como referente o excesso de lucro operacional, em relação a uma remuneração mínima do ativo operacional, que pode ser equivalente a 6% ao ano. Naturalmente, em países cuja economia seja mais madura, como Estados Unidos, Alemanha e Japão, essa remuneração de 6% sobre o ativo operacional é demasiadamente elevada, devendo ser ajustada às taxas de juros pagas pelos títulos da dívida pública, dos respectivos países.

Resta, agora, medir "por quanto tempo essa probabilidade pode resistir" ou a empresa pode "suportar", o que representa a vida útil do fundo de comércio, uma antecipação de resultados a título de "valor imaterial reembolsado". No caso de fundo de comércio negativo, o *badwill*, este não deve ser reduzido dos haveres, e sim considerado como um valor nulo.

A vida útil do fundo de comércio é o período em que se espera que sejam gerados os benefícios econômicos; esse período de vida útil pode ser: o tempo que falta para exploração de uma permissão ou concessão do uso de uma coisa pública, o período de tempo restante de um contrato de locação não residencial, o tempo de uso de uma franquia, *royalties* ou a duração de contrato de representação, distribuição, agência ou qualquer outro tipo de contrato constante no Código Civil, inclusive os contratos atípicos. Portanto, o período da vida útil pode ser determinado ou indeterminado. Na hipótese de vida útil indeterminada, também deve ser incluído na avaliação o *going value*.[10]

Dos critérios de valorimetria do fundo de comércio exclui-se, por erro de cognição, o fluxo de caixa descontado, uma vez que o fundo de comércio autodesenvolvido baseia-se na capacidade de geração do superlucro, e o fluxo de caixa baseia-se na geração de caixa. E a lógica contábil não deixa dúvidas, em relação à distinção entre geração do superlucro e geração de caixa, pois pode haver geração de caixa sem que ocorra geração de lucro, assim como o contrário também é verdadeiro. Portanto, falacioso é o procedimento de apurar o fundo de comércio pela via do fluxo de caixa descontado.

Quanto mais vigorosa a empresa, maior tende a ser o tempo da prosperidade. Isso, logicamente, é óbice, é a "descapitalização" que vai ocorrer pelo pagamento desse potencial de superlucro, que ainda não está realizado "financeiramente".

---

[10] **GOING VALUE** – decorre de um princípio contábil, o da continuidade. Portanto, o *going value* indica o valor da continuidade dos negócios pela sua perpetuidade ou valor em marcha. Baseia-se no pressuposto básico de que qualquer célula social empresarial foi concebida para sempre existir, e que a capacidade instalada deveria sempre ser explorada e otimizada. O *going value*, em sua concepção, indica uma série infinita, ou de duração muitíssimo longa, de fluxos de superlucros dos negócios. Esse valor residual, que equivale a uma perpetuidade, *going value*, é obtido pela divisão do valor presente do fundo de comércio do último ano da previsão pelo dobro da taxa de remuneração do ativo operacional. E pode ser utilizado na valorimetria do aviamento, para os casos de desapropriação, em que o negócio se torna inexequível em outro local, ou casos de resolução da sociedade em relação a um ou mais sócios ou acionistas, entre outras hipóteses de indenização do *goodwill*.

Quanto maior for a participação do sócio a reembolsar, maiores serão a descapitalização e o problema, mesmo porque as condições da empresa podem mudar se ela se sente reduzida de uma forte parte de seu capital.

Nesse outro fator reside toda uma incógnita que só pode ser resolvida a partir de uma simulação de como os lucros se comportariam com a "saída do capital" que se vai pagar ao sócio que se retira ou que requer sua parte.

Isso pode, por parte do réu, em seus quesitos, ser argumentado para opor-se ou impugnar o laudo no que tange ao número de anos que se calcula para esse "lucro futuro".

Isso porque, matematicamente, o fator Vp será multiplicado por "N", que é o número de anos que entrará na fórmula.

Sobre essa questão, entendemos, reside a outra parte da questão, tão importante quanto a primeira já considerada.

Tem-se, arbitrariamente, escolhido o número de 2, 3 e até 5 anos (existem fórmulas que isto acolhem).

A amortização de quotas ou de ações pode dar-se com redução ou não do capital (os sócios remanescentes geralmente ficam com as pagas amortizadas, ou com a própria sociedade); todavia, havendo redução, é inequívoco que ocorre uma "saída de dinheiro", desfalcando o giro, o que pode ter influência na produção dos lucros futuros.

O perito, nesse sentido, para realizar tarefa de critério, deve simular o que ocorrerá com a redução e, se isso influir nos lucros, deve fazer de tais valores "fatores redutores" do fundo de comércio.

Portanto, para que se encontre o valor imaterial, todo um sistema de cálculos deve ser realizado. O "lucro futuro" que representa o valor de "aviamento" precisa, pois, ser calculado com zelo.

Para o *cálculo dos lucros futuros*, recomenda-se:

1. Encontrar a taxa percentual de prosperidade ou de acréscimo pelos lucros; exemplificando:

Exercícios	$ – Lucro	Aumento
1	200	20%
2	250	25%
3	300	20%
4	348	16%
5	414	19%

Taxa média de aumento: 20%

2. Calcular o lucro do ano seguinte – o 1º – a partir do último lucro (414), sobre o qual se aplica a taxa média de crescimento, ou seja, multiplica-se por 20 e divide-se por 100; logo:

Lucro do 1º exercício seguinte, calculado:

$$414 \times 20 \ = \ \frac{8.280}{100} \ = \ 82,80$$

$$414 + 82,80 = 496,80$$

3. Com relação ao segundo exercício, faz-se a mesma coisa; multiplica-se 486,80 por 20, divide-se por 100 e soma-se ao lucro do exercício anterior, e assim por diante.

A soma dos exercícios (2, 3 ou mais) representa o lucro futuro projetado que se toma como fundo de comércio imaterial.

Tal valor soma-se ao valor da quota, obtido pela divisão do Patrimônio Líquido Real pelo número total de quotas e, depois, multiplicado pelo número de quotas do sócio.

Exemplificando:

Patrimônio Líquido Real	$ 10.000	
Quotas Totais	$ 1000	
Valor de Quota	$ 10	
Nº de Quotas do Sócio	200	
Valor da Quota do Sócio	$ 2.000	(200 × 10)
Fundo de Comércio	$ 600	
Valor a Pagar ao Sócio	$ 2.600	(2.000 + 600)

Logicamente, se da apuração resultar que os lucros tendem a reduzir em 10% em face do resgate, do valor do fundo de comércio subtrai-se $ 60.

Nesse caso, o valor a resgatar seria de 2.600 – 60. O perito faria demonstração de tal redução em seu laudo.

Tal critério que apresentamos é um caminho, porém, como já foi dito, não é o único.

Em vez da média simples, pode-se adotar a "média móvel", que é mais utilizada em cálculos de tendências (processo estatístico).

Muitas outras variáveis, todavia, podem ocorrer, pois a empresa pode ser de produção cíclica, trabalhar sob encomendas e ter anos excepcionais e outros de plena ociosidade etc.

> Nos cálculos do potencial de lucros, para fins de apuração de fundo de comércio, é preciso ponderar as condições sob as quais os lucros se produzem em cada ramo de atividade, bem como os ciclos de realização dos resultados, que podem ser longos.

A adoção de uma fórmula genérica é um grave risco.

Pode-se seguir um método, como o que indicamos, mas não se pode assegurar sua infalibilidade diante de circunstâncias especiais ou características de cada negócio.

O critério seguido pelo perito deve ser explicado, justificado em seu laudo e todas as razões de cálculos devem ser apresentadas. A justificativa do critério adotado, método de precificação do fundo de comércio, pode estar ancorada na literatura contábil especializada.

É preciso ponderar que, sob certas circunstâncias, o resgate pode determinar profundas alterações na vida empresarial, especialmente havendo redução de capital.

Não há dúvida, todavia, na doutrina consagrada, de que o fundo de comércio é um valor "a maior" que se agrega ao valor "real da quota" ou da "ação" que representa a expectativa de resultados durante determinado período.

Como encontrar tal valor depende, pois, de projeções e da certeza da continuidade da prosperidade empresarial, logo, a possibilidade de recuperabilidade desse capital, fundo de comércio, deve ser assegurada. A probabilidade de recuperabilidade do ativo intangível, fundo de comércio, é tão relevante quanto a possibilidade de recuperabilidade de qualquer outro capital investido no ativo imobilizado, conforme a Lei n. 6.404/1976, art. 183, § 3º, I e II. Tal fato, recuperabilidade, também é conhecido como *impairment of goodwill*.

Impugnação de créditos falimentares

O processo de falência já foi exaustivamente tratado nesta obra.

Na ocorrência de "impugnação de crédito" habilitado, todavia, se faz necessária a perícia contábil, visando observar os aspectos da legitimidade, da *causa debendi* ou origem etc., como já foi comentado no parágrafo sobre falências.

Os quesitos concentram-se no sentido de conduzir o trabalho à prova de que o crédito não é considerável como objeto de pagamento.

Podem ocorrer defeitos quanto à legitimidade, é possível que estejam prescritos (em cinco anos prescrevem as cambiais, conforme artigo 52 do Decreto n. 2.044, mas o prazo reduziu-se, segundo entendem muitos doutos pela lei uniforme, Decreto n. 57.663/1966, e passaram a ser de três anos), é viável ocorrerem fraudes.

Segundo a lei, têm qualidade para a impugnação "todos os credores que declararam seus créditos e os sócios e acionistas da sociedade falida".

Na produção das provas, a perícia pode ser peça de rara importância.

A perícia deve ser orientada no sentido de apresentar provas contra a impugnação, ou a favor dela, segundo o que for evocado.

A impugnação deve ter um fundamento; este pode ser válido ou não; assim, por exemplo, se a impugnação se dá em razão de uma duplicata "não aceita", caberá ao perito um exame no sentido de buscar a nota fiscal que a gerou, a prova de entrega da mercadoria, ou alegar que, tendo perseguido tais elementos de prova, não os encontrou.

A impugnação, quando bem fundamentada, já oferece ao perito elementos para sustentá-la; quando, todavia, provém de simples alegação ou suposição, cabe ao perito verificar se o crédito é sustentável e para tanto deve investigar as causas.

Para a prova de duplicata, deve buscar os documentos da negociação (pedido, nota fiscal, conhecimento de embarque, assinatura do recebimento etc.); para nota promissória, observar os requisitos legais e a formalização competentemente, inclusive se consta da escrita do credor;

se o débito decorreu de contrato de prestação de serviços, deve-se examinar a sua forma, seu registro, a emissão da fatura de serviços, provas do serviço prestado pelos seus efeitos etc.

O laudo não deve inspirar-se só em "provas testemunhais", como já vimos, pois tal não é a natureza de uma perícia contábil.

Impugnação de créditos fiscais

Em tese, uma autuação fiscal, por natureza, deriva de um trabalho de verificação contábil; nem sempre, porém, a verificação está fundamentada em critérios que a própria lei determina.

Ao fisco compete ilidir a prova da escrita comercial com "prova maior", inclusive comprovando a falsidade ideológica ou a simulação, se houver. Não basta ao fisco, apenas, alegar.

Muitos processos na área administrativa (inclusive conselho de contribuintes) podem ter resultados adversos para as empresas.

Nos recursos, todavia, da Justiça Federal, grande é o número de casos em que se derrotam as pretensões da Fazenda.

O uso da perícia é de relevante importância na contestação aos procedimentos dos auditores do Tesouro ou agentes de fiscalização tributária.

Existem entendimentos fazendários que se estratificam nas áreas administrativas, considerados como "certos", que, na esfera judiciária, são, opostamente, considerados errados.

O pedido de perícia, em determinados casos, como meio de produção de prova contra as pretensões do fisco, é relevante instrumento de vitória para o contribuinte.

Assim, por exemplo, tem sido entendimento consagrado nas esferas administrativas que a integralização de capital em dinheiro, sem que o contribuinte prove a disponibilidade do numerário no ato, é prova de "omissão de receita"; supõe o fisco, supõe o Conselho de Contribuintes que ocorreu "sonegação" e o dinheiro da sonegação voltou.

Na área judiciária, todavia, requerida a perícia, o contribuinte logra provar que houve o registro do dinheiro em caixa, conforme lançamento do diário; como os livros comerciais possuem fé pública, provando a favor do empresário, a pretensão fiscal tem sido derrotada nos tribunais.

A perícia prova, no caso, que:

a) A escrita da empresa obedece às formalidades intrínsecas e extrínsecas.
b) O aumento de capital em dinheiro foi registrado movimentando as contas usuais e adequadas.
c) O histórico do lançamento se refere a documento de valor também público, testemunhado e registrado na Junta Comercial tempestivamente.
d) O dinheiro que entrou no caixa supriu pagamentos tais ou quais, devidamente documentados e válidos.

Esse caso é apenas um entre vários; muitos, todavia, são os exemplos que poderiam ser citados, evidenciado que a prova da escrita contábil, lastreando laudo competente, tem força de prova que pode gerar a anulação de débito fiscal impugnado, mediante sentença favorável ao contribuinte.

O caso do arrendamento mercantil é semelhante; entendeu a Fazenda Nacional que o fato de a empresa pagar o arrendamento quase todo no primeiro ano era uma simulação e uma sonegação. O Conselho de Contribuinte acabou por aceitar tal tese; recorrido na Justiça, provado que os lançamentos contábeis conferem com o contrato e que a Lei n. 6.099 nada impede sobre a quantidade a pagar no prazo, tem a Receita Federal perdido reiteradamente nos Tribunais.

A perícia ajudou a provar a exatidão dos registros em face dos contratos; os advogados provaram que a lei não impedia um contrato de tal natureza. O laudo, mostrando a verdade dos registros em face do contrato feito, produziu provas da regularidade, válida perante terceiros, de fé pública e indiscutível.

Grande auxiliar na área judicial, por conseguinte, é a perícia nos feitos contra a Fazenda Pública.

A prova da escrita é sempre maior que a alegação ou a forçada interpretação do fisco.

Para *ilidir* a prova da escrita é preciso que o fisco apresente prova mais vigorosa.

Muito grande é o número de casos em que o perito é convocado no caso de impugnação de dívidas fiscais, mas se faz necessário que os quesitos e sua tarefa sejam deveras bem orientados no sentido de comprovar a arbitrariedade, a má classificação do assunto, a ausência de prova contra o que consta da escrita.

Pode, inclusive, o laudo ser orientado no sentido de ir totalmente contra o levantamento realizado pelos agentes do fisco, para contestar, em sua totalidade, a notificação e as conclusões dos auditores do Tesouro Nacional ou do Estado.

Por exemplo:

> Quesito nº 1 – Na notificação..... do relatório dos agentes...., do qual ela resultou, consta que a empresa ...., autora, omitiu receitas no valor de $...... em decorrência de haver omitido a nota de compra de nº.... em seus lançamentos de entrada de mercadorias. Pode o senhor perito informar se ficou provada tal omissão de receita tributável?
>
> Resposta: A nota de compra...... não foi registrada, de fato, tempestivamente, na escrita da empresa....; dela consta a aquisição de .... a $..... do fornecedor...; é evidente, todavia, o erro de lançamento, mas não a omissão de receita, pois da escrita, às fls. ... do Diário nº...., na data de ....., consta o pagamento da duplicata nº.... ao fornecedor... relativa à nota fiscal nº... aludida; como a compra se processou em novembro de ..., do inventário da empresa.... contam .... artigos que são os da aquisição, pois outros não há adquiridos; como o aumento do inventário resulta em elemento tributável, pelo mesmo valor, como consta o pagamento da duplicata, *não há prova de fraude ou má-fé*, mas erro de lançamento, sem nenhum prejuízo para a tributação, já que o inventário recebeu a carga do mesmo valor.
>
> Tais fatos comprovam para este perito signatário que não está caracterizada a omissão de receita, nem prova de má-fé, nem fraude, nem prejuízo de tributação para a Fazenda Nacional.

Resposta desse jaez, sem dúvida, sob a apreciação da Justiça, contesta o enquadramento fiscal e oferece meios para que o contribuinte tenha êxito em sua impugnação.

> Os quesitos de uma perícia para impugnação de créditos fiscais devem ser orientados no sentido de contestar e buscar anular as conclusões que motivaram as notificações de lançamentos.

Considerando que os concursos para fiscais, em nosso País, admitem, a serviço de auditoria, elementos sem formação universitária contábil (em contradição com a própria lei que regulamenta a profissão), muitos dos autos de infração, como na prática já comprovamos, possuem graves defeitos decorrentes dessa falha do sistema.

As perícias, pois, onde é obrigatória a presença do contador, tendem a levar vantagens em favor dos autores das causas de impugnação de créditos.

Importante, todavia, é que os advogados tributaristas não só apelem para as perícias, mas também se façam assessorar de profissional competente.

Contestar a ação fiscal com a "prova da escrita" é *ilidir* a conclusão subjetiva, embora de autoridade, com elemento de prova de valor público contra terceiros.

Indenização por danos

É lícito a quem sofre danos, por ação de terceiros, reclamar indenização pertinente. Cabe, no caso, uma ação ordinária, apresentando os fatos e os fundamentos jurídicos do pedido. O réu, ou acusado, pode contestar e também apresentar suas razões.

Entre as provas aceitas em juízo, em tais ações está a perícia (art. 464 e seguintes do Código de Processo Civil).

O art. 927 do Código Civil Brasileiro é bem genérico ao estabelecer:

"Aquele que, por ato ilícito (artigos 186 e 187), causar dano a outrem, é obrigado a repará-lo."

Como os bens do responsável pelo dano respondem pela lesão, as indenizações são matérias constantes de ação judicial e de perícia contábil.

Cada caso tem que ser analisado de per si, posto que grande é a variedade de danos e, logicamente, de petições de reparação por indenização.

Qualquer bem pode sofrer dano; logo, a natureza das lesões é variadíssima. As demandas podem ocorrer por dívidas, por heranças, por morte, por deterioração de mercadorias etc.

Cada caso, pois, merece sua própria orientação, mas a metodologia será a da "prova do dano", dos "efeitos do dano", da "avaliação da indenização". Não se pode avaliar a indenização sem se avaliar o dano.

A avaliação do dano, quando atinge o patrimônio, o resultado, a segurança etc. de uma empresa, deve, em sua escrita, nos seus arquivos, fornecer meios para a determinação da lesão sofrida, traduzida monetariamente.

Existem danos cujo efeito é parcial; outros, cujo efeito é universal, ou seja, atinge toda uma estrutura patrimonial.

Uma entrega de mercadoria defeituosa causa danos parciais; o problema vai atingir determinado artigo, em determinada quantidade, em determinado tempo.

Os levantamentos periciais, todavia, embora se fixem em um lote certo de mercadorias, podem ampliar-se a efeitos colaterais.

Defeitos de mercadorias podem levar a abalo do crédito com clientes tradicionais, despesas vultosas de reparação, viagens, gastos para refazer conceitos, publicidade específica, perdas em transportes etc.

Embora o fato seja "determinado", os efeitos podem ser "amplos" no sentido de muito ser despendido para corrigir os erros mencionados.

> A natureza do dano deve orientar o perito sobre a metodologia do exame.
> Fatos específicos podem ter efeitos gerais e exigir exames amplos.

Existem perícias para atender a pedidos de indenização que requerem verificações abrangentes.

No caso de sucessão, muitos herdeiros podem ser atingidos por danos praticados pela gerência de uma empresa em que o sócio falecido foi prejudicado, reduzindo o valor patrimonial da empresa e o quinhão dos herdeiros.

Apurar a gestão ruinosa, a lesão causada ao valor patrimonial, é tarefa que pode demandar grandes esforços porque envolve apreciável número de variáveis.

Não se trata, no caso, de uma apuração singela de haveres, mas de "lesões sobre um capital" que resultou em desvalorização de valor de quota a ser partilhada.

As "causas dos danos" precisam ser conhecidas e evidenciadas no laudo.

A *causa principalis* é o "dano" e seus efeitos, ou, ainda, *causa quae nocet, inspicitur* (deve ser considerada a causa que prejudica).

> A causa do dano enseja a análise dos efeitos, e estes, a mensuração das
> indenizações, objetos básicos de um laudo pericial em tais questões.

Como pode haver uma causa, ou várias causas, pois cada caso tem sua característica, uma petição bem feita, com uma exposição definida dos problemas, muito ajuda o perito em sua perquirição.

Como várias vezes já nos referimos nesta obra, os peritos devem ter a seu favor quesitos logicamente ordenados que conduzem a conclusões igualmente lógicas e válidas em favor da causa.

A "prova dos efeitos do dano" enseja matéria de "prova da justiça da indenização requerida"; logo, esses são os objetivos.

> Torna-se necessário, analiticamente, conhecer todas as dimensões do dano a apurar.

Isso implica observar:

1. Qual o fato ou fatos que originaram o dano?
2. Qual a identificação qualitativa dos elementos?
3. Qual a "quantificação" dos elementos?
4. Quais os "efeitos" do fato?
5. Qual a identificação qualitativa dos efeitos?
6. Qual a "quantificação" dos elementos dos efeitos?
7. Quais as influências em relação ao tempo?
8. Quais as influências sobre os espaços da atividade?
9. Quais os efeitos colaterais nas mesmas condições?

Tais exames "dimensionam" o fenômeno do dano provocado e ensejam a avaliação da indenização a ser paga. Aplica-se a qualquer ocorrência essa metodologia de verificação. Naturalmente, com maior ou menor impacto, conforme o volume do dano. É uma orientação lógica para o método dos quesitos de exames. Em defluência, influi na lógica do laudo.

Inventários na sucessão hereditária

A perícia contábil aplica-se, também, nos levantamentos de haveres partilháveis, por efeito de morte de sócio ou de titular de firma individual. A partilha pode ocorrer com normalidade ou gerar litígios.

O levantamento da "situação" do *de cujus*, ou sócio falecido, envolve em qualquer caso levantamentos abrangentes de toda sua situação na empresa, ou seja, não se apura apenas o valor material, o de fundo de comércio, de suas quotas, mas também seus créditos, débitos, direitos especiais, contingências negativas e positivas de que era devedor ou credor por efeitos prospectivos.

Existem casos singelos e outros de extrema complexidade.

Muitos são os elementos a serem compulsados (registros, contas, documentos, contratos, demonstrações etc.).

De acordo com as leis brasileiras, as contestações dos inventários e mesmo as não contestações exigem do juiz, nos casos em que também a lei define, a nomeação de perito para a avaliação e determinação dos bens a serem partilhados.

O art. 630 do Código de Processo Civil é implícito na determinação do perito e do contador para as peças empresariais quando a herança abrange direitos ligados a empreendimentos. Isso oferece a extensão da seriedade que o legislador atribui ao processo da partilha entre herdeiros.

Conforme foi já referido nesta obra, os itens básicos dos levantamentos em empresas abrangem:

1. valor real de patrimônio líquido para apurar o valor real de quota;
2. valor de fundo de comércio sobre a quota, se redundarem redução de capital ou transferência de quota a remanescentes;
3. crédito em conta de retiradas;

Cap. 5 • Aplicações importantes da perícia contábil **161**

4. crédito em conta de lucros distribuídos;
5. crédito em conta de antecipação para aumento de capital;
6. crédito por suprimento de caixa;
7. crédito por empréstimo à sociedade;
8. crédito por venda de bem feito à sociedade (se houver);
9. lucros do exercício, até a data, não levados à conta de resultado ou do sócio;
10. ajustes monetários sobre as contas de crédito e juros nas bases do mercado de capitais (que a empresa paga para obter recursos ou aufere de suas aplicações financeiras, o que for maior);
11. outros direitos a crédito;
12. débitos por empréstimos da sociedade (se houver);
13. ajuste monetário e juros sobre débitos;
14. débitos por antecipações de lucros retirados;
15. débitos por pagamentos realizados pela sociedade em nome e por conta do *de cujus*;
16. retenções de Impostos de Fonte e Previdenciárias devidas pelo falecido e de responsabilidade de retenção por parte da empresa;
17. débitos por antecipação de retiradas *pro-labore*;
18. bens de propriedade do *de cujus* e cedidos em comodato à empresa;
19. bens de posse da empresa e cedidos ao falecido em regime de utilização ou comodato;
20. direitos extracontábeis, mas identificáveis e já de conhecimento dos herdeiros (valores que ficam pendentes de ajustes até que sejam remetidos para escrituração, mas já consubstanciados em bens, inclusive os da economia informal conhecidos e identificados e que necessitam de regularização); moedas estrangeiras também não registradas, mas de conhecimento dos herdeiros e dos demais sócios (por efeito de transações transitórias ou não);
21. seguros de vida realizados pela empresa em favor do sócio falecido;
22. pecúlios feitos pela empresa em favor de seu sócio;
23. lucros de participação societária em outra sociedade, ainda não creditados ou frutos de equivalência patrimonial ainda não apurados;
24. contingências positivas e negativas apuráveis etc.

Os quesitos periciais, conforme o caso, podem e devem incluir "análises" da situação da empresa a partir dos balanços, balancetes e levantamentos.

Em caso de dúvidas sobre a lisura dos dados, especialmente quando o *de cujus* não participava da administração ou dela estava afastado por doença, por longo período, os quesitos podem muito assemelhar-se aos de "apurações de regularidades" (para detectar fraudes e desvios, aplicados nos casos de falência ou desfalque).

Em tal hipótese, a análise deve abranger os períodos da época de atuação do falecido e o ocorrido após seu afastamento ou falecimento.

Isso pode envolver o estudo de:

1. confiabilidade da receita;
2. confiabilidade dos custos;
3. despesas suntuárias;

162 Perícia contábil • *Lopes de Sá*

4. favorecimentos à diretoria;
5. débitos fictícios contestáveis;
6. desvio de lucros etc.

Já analisamos caso semelhante, nesta obra, quando o objetivo era apurar a administração ruinosa para provocar falência e, por analogia, também se aplica nos casos de "mascaramentos patrimoniais", ou "ocultação de haveres", e até mesmo de redução do valor de quota por falseamento de situação.

No intuito de lesar os herdeiros, a sociedade pode não só ir se preparando para situações ficticiamente difíceis, como também dilapidar patrimônio.

Cada caso, portanto, analisa-se de acordo com sua própria circunstância.

Um estudo comparativo entre a vida da empresa ao tempo de participação ativa do falecido e após seu afastamento (por doença ou impedimentos) produz comparações úteis que se provam contábil e estatisticamente.

A lesão ao direito de herdeiros pode gerar pedido de indenização, como já vimos.

Embora o inventário e a partilha devam ser requeridos dentro de 30 dias a contar da abertura da sucessão, ultimando-se nos dois meses subsequentes (art. 611 do Código de Processo Civil), em verdade, a situação dos haveres pode ser deformada antes, pelos sócios remanescentes, se desejam fraudar os herdeiros, aproveitando-se, por exemplo, de atrasos de escrita contábil, de afastamento do sócio já enfermo etc.

As fraudes também podem operar-se com o conluio entre a sociedade e o administrador do espólio ou inventariante, em prejuízo de herdeiros, mas o perito deve eticamente, com o máximo zelo, defender a realidade e indicar todos os indícios e provas que tiver sobre irregularidades (mesmo porque, denunciada por qualquer parte interessada, pode comprometer o profissional e determinar nova perícia).

De qualquer forma, balanço e demonstrações contábeis devem ser levantados e analisados pelo perito.

O art. 621 do mesmo Código de Processo fala em "arguição de sonegação ao inventariante" de elementos e da omissão destes elementos "após a descrição dos bens" (o que pressupõe a ação do perito), denotando que o interesse é a máxima lisura e a máxima abrangência, elementos éticos e profissionais que o contador deve exercer com todo o vigor.

O inventariante é responsável por suas omissões (art. 622 do CPC/2015, que prevê até sua remoção), mas o laudo pericial, inclusive nesse caso, é sempre a peça-chave.

O art. 628 do Código de Processo Civil é muito claro em determinar que "aquele que se julgar prejudicado" poderá demandar no que tange a sua admissão no inventário (no que tange a preterir-se o interessado).

Também isso pode gerar motivo de produção de prova e matéria pericial de exame.

No processo de "avaliação dos haveres" do espólio, outro elemento importantíssimo entra em cogitação do perito: a teoria do valor em contabilidade (veja sobre isso em nosso livro *Teoria da contabilidade superior*. Belo Horizonte: IPAT-UNA, 1994) e sua aplicação, que é a tecnologia da valorimetria (sobre a matéria existe não só regulamentação legal, mas muitas normas nacionais e internacionais a serem tomadas como apoio).

A avaliação e seu fator complicador – a "inflação" –, ou seja, o grande conflito entre o valor histórico (já em sérios questionamentos) e o valor presente, trazem para o perito uma séria responsabilidade.

Avaliar, contabilmente, é, na atualidade, uma das especialidades do contador que não encontra similar em outras profissões; a avaliação de um imóvel, feita por engenheiro, não se discute, é técnica, mas, para fins contábeis, há que se considerar o aspecto da "função patrimonial" do bem, em seu papel de "eficácia" no contexto empresarial e institucional (sobre as funções, ver nosso livro *Teoria do conhecimento contábil*. Belo Horizonte: IPAT-UNA, 1992).

Duas coisas, pois, são relevantes:

1. a verificação "qualitativa" dos haveres;
2. a determinação "quantitativa" (valor) dos haveres.

A apuração, pois, é tarefa altamente especializada, e envolve "aspectos: qualitativo e quantitativo", mas sob a ótica "patrimonial".

Tão importante quanto verificar a existência de haveres é saber determinar o valor dos haveres para os fins de inventário e partilha a herdeiros.

Quando a apuração é complexa (como é o caso já visto nesta obra sobre fundo de comércio), o perito deve sempre justificar a metodologia empregada para a determinação do valor.

O critério de avaliação deve ser justificado no laudo, os cálculos demonstrados e suas razões devem constituir anexo da perícia contábil.

Ressalvados os casos de "valores nominais" que dispensam justificativas (como o de títulos cambiais), os demais precisam de explicações, para que o laudo seja de boa qualidade.

Mesmo os valores "nominais" devem ter ressalvas quando sofrem a ação de ajustes monetários ou se sujeitam a acordos (como os *pacto adjectum* das notas promissórias).

Ocorrendo "vínculos" sobre os bens apurados (hipotecas, penhores etc.), estes devem ser denunciados, identificados e detalhados, bem como suas consequências (contingências).

O mesmo deve ocorrer quando, não havendo "nua propriedade", a empresa tem outras vantagens decorrentes de uso e de frutos de bens de terceiros que utiliza e que se traduzem em força de lucro.

Os exames patrimoniais, quando atingem empresas, e em seu devir as quotas, devem ser plenos. Tudo o que se refere ao direito patrimonial é objeto de tais laudos de apuração.

Quanto ao valor, é preciso considerar o da época da apuração, e este não é só um princípio legal (são os da data de abertura da sucessão, conforme preceitua o parágrafo único do art. 1.014 do Código de Processo Civil), mas um "Princípio do Inventário em Contabilidade".

O perito pode, e muito ajudará na qualidade de seu laudo, traduzir tal valor em "moeda constante" ou "unidade monetária aceita legalmente" ou "referência de preço aceita oficialmente" (já tivemos várias siglas para representar tais medidas – ORTN, OTN, BTN, UFIR, IPCA –, e nem podemos supor quais outras virão dentro dessa "criatividade de referência" que adorna a desordem dos preços no Brasil).

A referência ajuda a manter uma proximidade de atualização quando esta se fizer necessária no curso dos processos (que podem ser longos e que têm contra si a terrível ameaça de cortes de zeros, de mudança de padrão monetário, tudo isso já habitual no Brasil).

> O valor a atribuir-se aos bens, na apuração de haveres para inventários de sucessão hereditária, tem como base aquele do tempo da abertura da sucessão, de acordo com o que determinam os princípios legais e aqueles contábeis do inventário.

No laudo, o perito deve deixar expresso que está cumprindo os princípios referidos, ficando clara a data da atribuição do valor e, para facilitar, à parte, convertendo-se a avaliação em unidades de referência que permitam comparações no tempo.

Como, ao "espólio", podem concorrer "credores", requerendo que se grave o inventário, o perito deve ter em mente que sua avaliação se amplia não só aos interesses dos herdeiros, mas também dos credores.

Como o credor pode requerer ao juiz e este aprovar, se todos os herdeiros estiverem de acordo, que bens podem ser dados em pagamento (§ 4º do art. 642 do Código de Processo Civil), a responsabilidade do perito avaliador torna-se muito grande, pois pode prejudicar uma das partes (nos casos de sub ou de superavaliação).

Interesse é que o perito esteja inteirado de tudo o que envolve o inventário e a partilha (legitimidade, declarações, citações, impugnações, tributos, colações, concurso de credores, todas as particularidades do arrolamento etc.).

Quando muitas são as partes interessadas, maiores possibilidades existem de discordância e maior responsabilidade envolve o trabalho pericial do inventário.

Várias outras ações (à parte) podem derivar da partilha, como as de "sonegação de bens", como as relativas à "herança jacente" (no caso de depositário infiel) etc., todas requerendo, também, perícia. Nesses casos, é muito importante que o contador perito tome conhecimento dos laudos feitos na ocasião do inventário originário.

Embora o processo seja outro, as origens, naturalmente, são as mesmas.

Inquérito judicial para efeitos penais

Atos delituosos, notadamente as fraudes contra o patrimônio, são objetos de perícias contábeis (especialmente o que fere direito patrimonial, pois objeto do trabalho contábil é o que se relaciona com a riqueza individualizada).

Para formar prova, em processo de natureza penal, para apurar responsabilidades sobre danos a serem ressarcidos, realizam-se perícias.

Basicamente, tudo o que lesa a riqueza, partindo de ato criminoso, pode ser objeto de indagação por via contábil, por meio de perícia.

Muitíssimos são os casos no que concerne a falências fraudulentas, adulteração de mercadorias, falsidades ideológicas, estelionato, subtração de valores e títulos, receptação de mercadorias, emissão de cheques sem garantia de fundos etc.

Todos os casos capitulados no Código Penal, nas leis comerciais e civis, e que geram implicações criminais podem ser objeto de verificação pericial, se atinentes a lesões sobre o patrimônio.

A abertura de "processo-crime" pode exigir produção de prova que a perícia supre.

As verificações podem abranger: livros contábeis, documentos, levantamentos físicos, análises de demonstrações contábeis e de registros específicos.

Alguns são de extrema complexidade (como os falimentares) e podem comportar impugnações e até processos colaterais.

Nesse campo, a perícia está toda volvida à perseguição do dolo, da fraude, do crime.

O profissional precisa aplicar todo seu conhecimento sobre a descoberta de fraudes e sobre os indícios que levam a tal descoberta (hoje existe toda uma tecnologia aplicada a tal tarefa).

A etapa da elaboração dos quesitos é extremamente delicada, pois pode ser necessário que venham à tona: a cronologia dos fatos, o *modus operandi* e a tipicidade dos fatos. A cronologia dos atos e/ou dos fatos, no âmbito da perícia, é o estudo dos atos e fatos em uma ordem cronológica sequencial dos episódios. E consiste em uma tecnologia pericial contábil, cuja finalidade é a de certificar as datas e a ordem dos acontecimentos históricos, que tem o escopo de descrever e agrupar numa sequência lógica os atos e fatos patrimoniais. O *modus operandi* é o padrão de comportamento de uma pessoa, constitui um conjunto de ações elencadas, que desencadeia um modelo de agir. Nesse padrão de comportamento são revelados os elementos típicos que caracterizam essa pessoa. A esses elementos dá-se o nome de *modus operandi*, que são as características de um comportamento desenvolvido e reproduzido sistematicamente, que pode ser aperfeiçoado na medida em que se adquire mais experiência. O *modus operandi* pode ser visualizado na forma pela qual uma pessoa, física ou jurídica, alcança um objetivo premeditado.

O corpo de delito é o próprio ato ou fato criminoso, cuja inspeção é realizada por perito forense, a fim de determinar fatores como autoria, temporalidade, tipicidade da conduta, meios operantes, perfil do agente e extensão do delito.

Segundo Hoog:[11]

> "A tipicidade da conduta é a adequação ou não de um comportamento, ou seja, de uma conduta a uma regra legal, que permite averiguar se a maneira de agir está adequada ou não, ou seja, se a conduta é proibida ou permitida, ou ainda se este comportamento cria fato gerador de uma obrigação ou de um direito. Portanto, a tipicidade só existirá se houver conduta, e somente será possível avaliar a adequação ou não, se existir na legislação

---

[11] HOOG, Wilson A. Zappa. *Moderno dicionário contábil*. Da retaguarda à vanguarda. 10. ed. Curitiba: Juruá, 2017.

ou no uso e costume comercial, um padrão contemplativo de conduta. E cabe ao perito, aos advogados, juiz ou árbitro que são os intérpretes da tipicidade da conduta verificar se a justaposição do que acontece pertence ao tipo da regra legal, sendo indispensável que a conduta imputada, a "causa", tenha gerado um "efeito", e que entre a causa e o efeito exista um nexo causal. O exame da tipicidade de uma não conformidade legal depende da inspeção, em todos os atos e fatos vinculados a um negócio, mormente em livros, documentos, empenhos, pagamentos, recebimentos, contratos, acordos entre sócios ou acionistas, acordos entre fornecedores e fregueses, e as características de que a conduta habitual vem sendo praticada."

A perícia, na área penal, envolve uma séria responsabilidade e uma visão toda específica que requer astúcia e cautela redobrada para evitar a imputação de prova de culpa, sem fundamento inequívoco.

Existem diversos tipos de fraudes, como:

1. praticadas contra a execução das obrigações de fazer;
2. praticadas contra a execução de não fazer;
3. relativas ao penhor;
4. relativas à concorrência;
5. relativas à entrega de coisas;
6. relativas ao estelionato;
7. relativas ao furto;
8. relativas à marca de produtos;
9. relativas à qualidade de produtos;
10. relativas a tributos;
11. relativas à moeda;
12. relativas a produtos danificados ou imprestáveis;
13. relativas ao seguro;
14. relativas ao crédito ou direitos a receber;
15. relativas a direitos autorais etc.

Esse elenco que relaciona coisas gerais e específicas não esgota a classificação dos diversos crimes que são objeto de ações penais e para as quais são requeridas perícias.

As fraudes desse gênero possuem vários artifícios para encobri-las, alguns de rara inteligência e preciosismo técnico.

Pode-se utilizar de "falsificação de documento", de "adulteração de documento", de falsidade em registros contábeis, em avaliações, em demonstrações, em aspectos físicos de bens etc.

A "falsificação de documento" baseia-se em dar "aspecto de verdade" a um documento que jamais foi emitido; hoje, com os recursos reprográficos dos computadores, existem falsificações que podem ludibriar até técnicos, dada a sua perfeição.

A "adulteração de documento" consiste em utilizar um documento verdadeiro para imprimir-lhe modificações por rasuras (que podem ser sofisticadas, com elementos químicos), lavagens, raspagens etc.

A "falsidade nos registros" baseia-se em escriturar o que não aconteceu ou fazê-lo de forma inadequada para obter proveito. As fraudes em "avaliações" abrangem desde laudos forjados até vícios de escrita.

As fraudes em demonstrações consistem em evidenciar, como elementos do balanço, bens que não existem ou dívidas que não foram contraídas, ou classificações e grupamentos defeituosos etc.

As alterações de aspectos físicos de bens são feitas, por exemplo, substituindo peças novas por usadas, contrafacções de produtos etc.

Um campo vasto abriu-se, recentemente, com o "Código do Consumidor", em que se capitulam diversos crimes e ainda existem aqueles do "abuso do poder econômico".

Há casos em que a perícia vai comprovar os abusos, as adulterações, a propaganda enganosa etc. Há casos em que a queixa se formula e a perícia prova que o crime não existiu ou que havia "absoluta impossibilidade" de que viesse a ocorrer.

Quando a "materialidade" da fraude é provada por perícia, dificilmente o indiciado escapa das penalidades.

Nas perícias para produção de prova na área do crime, a orientação para detectar a fraude deve seguir a tecnologia contábil específica, que varia de acordo com cada caso ocorrido.

Como, em Medicina, a Patologia estuda os casos anômalos, a tecnologia contábil de descoberta da fraude tem uma especialidade também característica, uma autêntica "Patologia Contábil" (sobre o assunto, ver nossos livros *Auditoria de balanço*, da Editora Atlas, e *Fraudes em contabilidade*, da Editora Tecnoprint).

Liquidação de empresas

A liquidação é o procedimento para "transformar em dinheiro", ou "liquefazer" o Ativo, de modo a pagar-se o "Passivo" e o "Patrimônio Líquido", aquele a terceiros, este aos sócios.

O Código Civil e a Lei n. 6404/1976 regulam o procedimento de liquidação das sociedades.

Primeiro a sociedade dissolve-se e, depois, liquida-se, havendo sócios ou pessoa que deverá incumbir-se de executar a liquidação. Nesse estado, a sociedade deve aditar a sua denominação "Em liquidação".

É um aspecto peculiar da vida patrimonial e que é da sua extinção, com procedimentos específicos, inclusive os de avaliação.

Depois de pagar as dívidas, segue-se a "partilha do capital próprio" (capital social, reservas, lucros acumulados, provisões, fundos).

Na liquidação, quando evocados direitos em juízo, quer contra o liquidante, quer de herdeiros de sócio falecido contra os demais sócios ou a própria sociedade, quer por terceiros que se sentem prejudicados pela forma de liquidação, ocorre quase sempre, quase inevitavelmente, a necessidade da perícia.

A liquidação amigável, em geral, não requer verificações, mas os questionamentos, sim.

Os bens, para serem liquidados, precisam estar livres para tal fim; no caso de penhoras, hipotecas etc., as liquidações envolvem a operação direta com aquele que possui a garantia (ainda que seja para levantar a penhora e a hipoteca, antes de vender a terceiros).

O perito, incumbido de verificar liquidações, precisa, por conseguinte:

1. Analisar a conciliação dos saldos das contas ativas e passivas. Cada bem do Ativo, de per si, qualitativamente.
2. Conhecer da avaliação de todos os bens.
3. Conhecer da disponibilidade de todos os bens.
4. Conhecer da qualidade de realização dos bens.
5. Observar se a realização não foi ruinosa.
6. Observar favorecimento na liquidação (pessoas ligadas).
7. Conhecer as dívidas qualitativamente.
8. Conhecer a *causa debendi* e a legitimidade da dívida.
9. Analisar o comportamento operacional no período de liquidação (custos e receitas).
10. Observar o destino dado a cada realização.
11. Observar as despesas da liquidação.
12. Observar o destino dos resultados no período de liquidação etc.

O que se busca, como método, quase sempre, na análise da liquidação é observar se ela não foi incompetente, ruinosa, fraudulenta ou operada com danos para os proprietários de quotas e terceiros.

Conforme o caso, necessário se faz preparar Demonstrativos Especiais de Liquidação, a partir do Balanço Inicial de Liquidação (balanço que se extrai na data em que o estado de liquidação se inicia, com o administrador liquidante).

Os quadros podem ser dinâmicos, com demonstrações de como se operaram as liquidações de "cada elemento do Ativo".

Exemplificando:

DEMONSTRAÇÃO DA LIQUIDAÇÃO DE DUPLICATAS

Saldo do balanço inicial   .... $

Relação ou análise do saldo:

Nome do Cliente	Nº Dup.	Valor	Liquidada em	Valor
A.....	....	$	....	$
B.....	....	$	....	$
etc.				
Total de Valores Recebidos		$		
Em Protesto		$		
Sem Liquidez		$		
Total		$		

DEMONSTRAÇÃO DA LIQUIDAÇÃO DE ESTOQUES   Saldo do Balanço Inicial $

Quantidade	Especificação	Preço Unitário	Valor de Venda	Nota
....	....	$	$	Nº
....	....	$	$	Nº
Etc.				
Total de Valor Vendido		$		
Saldo do Balanço Inicial		$		
Lucro Bruto		$		

Os demonstrativos, como o exemplificado, são realizados para cada uma das contas, ou seja, analisando como cada elemento do ativo foi sendo liquidado ou transformado em dinheiro, identificando os bens, seus valores e o documento comprobatório da realização.

Tal trabalho pericial, apenas descritivo, é, entretanto, ponto de partida para outras verificações, inclusive de fraudes. São anexos que podem compor o laudo pericial.

As movimentações bancárias do período podem ser montadas para efeito de comprovarem todo o processo de "realização" e de "pagamento de obrigações" (que o liquidante tem que priorizar, só depois pagando aos sócios, a menos que também sejam credores da sociedade por empréstimos legitimamente comprovados).

Nas listagens de inventário de mercadorias, por exemplo, o perito precisa verificar se não foram praticadas fraudes.

Alterações de custos de mercadorias, omissão de estoques, documentos de depósitos de mercadorias em armazéns gerais, notas de transferências falsas etc., todos esses elementos podem mascarar inventários.

A listagem não tem que ser aceita como se estivesse certa e depois só conferida com a realização; é preciso que se façam testes sobre as realidades dos saldos apresentados.

O balanço inicial de liquidação precisa ser verificado quanto à confiabilidade de seus saldos.

O exame pericial de uma liquidação deve começar pela verificação da exatidão dos saldos das contas do balanço inicial de liquidação.

Por conseguinte:

Necessário se faz acompanhar a realização em numerário de cada saldo de conta do balanço inicial, mas depois de ser reconhecida a confiabilidade do saldo inicial da conta.

Cada caso, repetimos sempre, enseja um método de verificação que deve estar localizado mais em determinados fatos, de acordo com a finalidade para a qual a perícia é requerida.

Como a liquidação visa a fins específicos: pagar credores e partilhar o capital pelos sócios (o que restar), cada parte tem seus próprios interesses e estes podem ser evocados em direito, dando lugar à necessidade da perícia.

O método a ser adotado na perícia das liquidações depende do tipo de prova que se quer produzir e se o interesse é do credor ou dos sócios ou seus herdeiros.

O que se reivindica em juízo é o objeto a ser observado, ditando este o método a ser seguido nos quesitos e na produção do laudo.

A causa da liquidação também é fator de importância que não se pode desconhecer; a lei estabelece sob que condições ou causas as sociedades se liquidam. São eles:

1. expiração do prazo do contrato;
2. impossibilidade ou ineficiência em conseguir o objeto da sociedade;
3. consecução do fim específico, social;
4 falência;
5. por deliberação unânime dos sócios;
6. por morte de um dos sócios, salvo se o contrato dispuser em contrário;
7. por vontade de um dos sócios, quando for determinada a duração da sociedade.

Podem, ainda, ocorrer cassações de direito de funcionar (quando a sociedade depende de autorização) e determinações de interesse público que impedem a existência.

A jurisprudência tem, no caso, evoluído e dificilmente aceita o fechamento de uma sociedade empresarial quando há sócio ou sócios que desejam continuar com a sociedade, prevalecendo a ordem econômico-social sobre a jurídica. É o princípio da preservação da empresa, que molda o Código Civil de 2002.

A liquidação pode, também, ser *judicial*, e derivada de execução em processo especial ou falimentar. Sobre tal assunto já fizemos a devida análise.

O perito precisa, repetimos, analisar:

1. a situação inicial da liquidação (balanço);
2. a realização do Ativo;
3. a gestão liquidante;
4. a liquidação do Passivo de dívidas;
5. a situação final (balanço);
6. a partilha do capital próprio ou patrimônio líquido.

As liquidações amigáveis podem gerar perícias administrativas para julgarem a prestação de contas do liquidante, mas a perícia judicial tem outras conotações e rigores.

Lucros cessantes

As questões judiciais que envolvem a indenização por lucros que uma pessoa deixa de ter, em razão de impedimentos que outra lhe impôs, envolvem perícias de alta qualidade técnica; diversos aspectos desse assunto já foram enfocados em diversos parágrafos deste capítulo.

Os lucros cessantes podem ser gerados por ação do Poder Público (causa das desapropriações, conforme já visto), por ações de outras pessoas jurídicas, que são os fornecedores ou clientes, por ação de uma associada, por ação de um sócio majoritário etc.

Os lucros cessantes podem ser avaliados nos casos de rescisão de contratos de distribuição, de franquia, de representação de concessão, de locação etc.

O lucro cessante, por ser diferente dos danos e das perdas e do fundo de comércio, deve requerer a peça vestibular em que a perícia de valorimetria da indenização englobe os três simultaneamente.

O que se precisa provar, em trabalho pericial, é, basicamente, "o que se deixou de ganhar em determinado tempo em razão de um ou mais atos praticados por terceiros e que infringiram tais danos", afastando-se a miragem de lucros cessantes.

Essa meta, aferição justa do lucro cessante, todavia, é alcançada por diversos trabalhos de análise, sob as peculiaridades da *causa quae nocet* (a causa que prejudica); tudo deve partir dessa motivação.

O reconhecimento dos efeitos se mensura nos impactos sobre a lucratividade.

Os quesitos de uma perícia precisam *dimensionar* o dano que advém da *perda do lucro*, porque ele *parou de ocorrer*, em razão de fatos ou fatos que fizeram *cessar tal benefício* pelo *impedimento de atividade* praticado por terceiro ou terceiros.

Os quesitos precisam conduzir a um pleno conhecimento das dimensões do fenômeno dos lucros que cessaram de fluir em decorrência de dano praticado por terceiros, para produzirem tal prova.

Por conseguinte, é preciso que se elaborem *quesitos que possam questionar o* seguinte:

1. O QUE impediu a venda? (causa)
2. EM QUE ocorreu o impedimento? (qualidade do fato)
3. EM QUANTO se mensura o dano sofrido? (quantidade)
4. POR QUANTO TEMPO durou o dano? (temporalidade)
5. EM QUE LOCAL ou LINHA DE PRODUTO ocorreu? (espaço)
6. QUE OUTROS EFEITOS ocorreram? (colateralidade)

Em geral, *O QUE* impede a venda é:

a) não dispor da mercadoria para vender;
b   não dispor mais do ponto para vender;
c) não dispor de máquina ou equipamento para produzir;

d) não dispor de matéria para produzir;
e) não dispor de energia para produzir;
f) não dispor de transporte ou via de acesso para produção ou comercialização;
g) não dispor de dinheiro que ficou congelado ou bloqueado, impedindo o capital de produção;
h) ocorrência de gastos exagerados ou improdutivos cuja influência inviabilize lucros;
i) retenção indevida da mercadoria ou produto etc.

A paralisação das receitas não afeta somente o lucro operacional, mas deixa de cobrir, ou seja, de recuperar os custos e as despesas fixas; por esse motivo, a margem de contribuição, é uma métrica contábil, adequada à valorimetria do lucro cessante.

Pode ainda provocar o lucro cessante uma concorrência parasitária, uma gestão temerária, um ato fraudulento ou criminoso.

Comumente, *EM QUE* ou sobre o que o lucro cessante incide, determinando a qualidade ou caracterização do objeto, pode ser sobre:

a) quotas de capital ou ações;
b) lotes de mercadorias ou produtos;
c) desapropriações ou eliminação de ponto;
d) impedimento da atividade (fechamento de estabelecimento ou falta de reconhecimento);
e) cancelamento de direito (concessão, uso de patente ou de representação etc.);
f) confisco de mercadoria;
g) confisco de meio de produção;
h) execução indevida de penhor;
i) execução indevida de hipoteca;
j) corte de fornecimento de energia ou produto;
k) ato irregular que impediu uso de ponto etc.

A determinação do *QUANTO* depende de se conhecer sobre o que incidiu o fato e "o que poderia render em lucro", considerando o seu *Custo* e a *Probabilidade do preço de venda*, ou também os *Frutos* de um capital que por si mesmo são gerados (lucros de bens de rendimento).

Sabendo-se o *Lucro em Unidade* e *Quantas Unidades*, pode-se prever O *Valor do Lucro que se Deixou de Ter*.

Tal demonstração deve ser objeto de exposição de um laudo pericial. A questão de por *Quanto Tempo* os danos ocorreram depende de *Cada Caso*.

Existem perdas que são parciais, ou seja, sobre determinada mercadoria, em determinada época; existem perdas sobre diversos negócios que atingem *Vários Exercícios*.

Assim, por exemplo, uma mercadoria confiscada indevidamente impede que a venda se faça e que o lucro se produza *Por Determinado Período de Tempo*.

A apropriação indébita de uma quota impede o lucro sobre ela produzido pela empresa em determinado número de exercícios, mas envolve "toda uma atividade", não só um lote de mercadorias.

No que tange ao problema *Espacial*, o dano pode atingir um local determinado (ponto) ou uma linha de produtos determinada.

Efeitos *Colaterais* podem ocorrer, como a perda do lucro de um lote de mercadorias implicar a necessidade de um empréstimo bancário que gerou custos e que reduziu ainda mais o lucro. Deixou-se, no caso desse exemplo, de auferir um lucro sobre o capital que a mercadoria iria produzir.

Muitos, pois, são os fatores que *Impedem a Produção de Receita* e que também impedem a *Produção de Lucros*. Desde que o lucro cesse de ocorrer pela ação de terceiros, caracteriza-se o *Lucro Cessante*.

O perito precisa indagar sobre todas as ocorrências que gravaram o fato (já exemplificamos nesta obra o caso de desapropriações). É preciso estudar: causas, efeitos, qualidade, quantidade, tempo e espaço do fato ou dos fatos que geram o impedimento de obter lucros (e que pode, até, gerar uma duradoura ocorrência de perdas).

O laudo pericial deve quantificar ou determinar o valor do lucro cessante, evidenciando as causas e demonstrando com detalhes como ocorreu e em que ocorreu o dano sofrido.

Assim, por exemplo, ao determinar-se o "lucro cessante" por efeito da indevida suspensão de uma concessão de vendas, a um representante, é preciso demonstrar:

a) quanto o representante vendia quando a concessão foi cassada;
b) quanto vendeu nos últimos períodos ou desde que a concessão lhe foi outorgada;
c) qual a tendência demonstrada do aumento de vendas;
d) quanto ganhava em comissões sobre vendas;
e) quanto lucrava com a atividade;
f) qual a tendência dos lucros dos próximos períodos;
g) quais mercados foram abertos e que clientela ou freguesia se conquistou.

Tudo isso deve ser demonstrado e provado com relações de notas de vendas ou pedidos, registros em livros comerciais etc. Por exemplo:

Nº do Pedido	Cliente	Valor da Venda	Valor da Comissão	Data
1.234	A..... $	$	$	/ /
1.278	B..... $	$	$	/ /
. . .	....	$	$	/ /
TOTAIS		$	$	

Valor Total das Comissões no Período... a... $

Valor dos Custos dos Serviços $

Lucro no período $

Cálculos da Tendência do Lucro

EXERCÍCIOS	LUCRO
1	150
1	180
1	234
1	293

Percentuais de aumento do lucro

Ano 1	20
Ano 1	30
Ano 1	25

Média de crescimento: 25%

Lucro previsto para o próximo exercício: $

O perito, para obter tais resultados, deve orientar, como já dissemos, o advogado, ou, mesmo como assistente, entregar o texto dos quesitos que entende devam ser formulados para benefício de seu trabalho e da causa para a parte que é assistente. O exemplo defluiria de:

QUESITOS DO AUTOR

1. O autor... mantém escrita regular e ela atende aos requisitos legais? E a praxe contábil da separação entre custos e despesas fixas e variáveis?
2. O autor mantém arquivo compatível com o que registra?
3. Quais foram as vendas do autor no período.... a ... realizado para a empresa ré....?
4. Tais vendas produziram quais lucros ao autor? E qual foi a margem de contribuição dessas vendas?
5. Quais os lucros dos quatro últimos exercícios, provenientes das respectivas comissões?
6. Qual a tendência do lucro? Qual a média?
7. Em decorrência das respostas aos quesitos 3 a 6, qual o lucro cessante previsto do autor...?
8. Os balanços e contas de resultado estão registrados no Diário do autor? Confirmam as respostas aos quesitos 3 a 6?

O perito deve responder a tais quesitos apresentando os detalhes necessários ao pleno esclarecimento da questão.

Se os lucros cessantes, no exemplo, decorrem de um cancelamento irregular de contrato de representação, as perdas serão as decorrentes do período em que o contrato regularmente venceria, ou seja, o tempo que deveria gerar rendas e deixará de produzi-las.

No caso, o representante pode, se a representação for a maior que tem como atividade, demonstrar que a perda desta fará com que as instalações de seu escritório fiquem ociosas, o que provocará, ainda, em decorrência, como efeito colateral, tais ou quais perdas (que são subtrações de lucros). Ou seja, perdendo o melhor de sua atividade, estará superdimensionado.

O exemplo mostra, de forma geral, qual a condução a ser dada nos quesitos e como devem ser formuladas as respostas competentes no laudo pericial, mas cada caso merece uma atenção específica.

O réu, ao defender-se, pode contestar os dados do autor naquilo em que, por exemplo, tendo sido pedido, não resultou em "vendas" efetivas e pode justificar seu cancelamento provando a impossibilidade absoluta de fornecer, por exemplo. Nesse caso, o quesito do réu se basearia no seguinte:

QUESITOS DOS RÉUS

1. Os pedidos de n^{os} .... do autor .... resultaram em notas fiscais de vendas aos clientes mencionados?
2. Mesmo assim foi creditado ao autor ...... a comissão pelo pedido?
3. Quais os produtos que são objeto de representação pelo autor .... e de nossa produção?
4. Qual a quantidade desses produtos que conseguimos realizar nos dois últimos anos?
5. A produção do produto ... está em declínio ou paralisada?
6. Se paralisada, qual o motivo?
7. Os réus têm possibilidade de produzir tais mercadorias na atualidade, com os equipamentos de que dispõe?
8. Foram realizadas baixas no imobilizado de equipamentos relativos a tal produção? Qual o motivo?
9. Do contrato de representação feito com o autor ... consta que há obrigatoriedade de entrega de produtos se a empresa não puder fabricá-lo? Em que cláusula?
10. Do contrato consta alguma cláusula de indenização por danos de lucros cessantes em caso de não se realizar mais a produção do que é objeto de representação pelo autor?
11. O autor foi notificado da queda de produção e da possibilidade de paralisação em carta de ...., protocolada sob n^{o} ..., e recebida pelo sr. ....? Tal carta foi registrada no cartório de títulos e documentos? Quando? Sob que n^{o} ...?

Em suma, os réus também podem, em seus quesitos, formar provas que enfraqueçam o pedido de indenização por "lucros cessantes", mas ao perito compete *responder aos quesitos de ambas as partes*.

Em ambas as partes haverá matéria comprovável, de interesse da ação, diante do exemplo apresentado.

Não é o caso de *contradição de laudo*, mas de elementos que provam diferentemente e que, se bem utilizados pelos advogados, podem dar ou não sucesso à petição da indenização.

O cálculo dos lucros cessantes muito se assemelha ao do fundo de comércio, embora sejam coisas distintas, ou seja, uma forma recomendável será a de:

1. computar o último lucro obtido em condições normais;
2. computar os lucros dos períodos passados;
3. calcular a taxa média de crescimento do lucro ou sua tendência pela "média móvel" em período maior;
4. multiplicar o lucro do último ano pela taxa média de crescimento e dividir por cem, obtendo-se o valor de aumento do ano seguinte;

5. somar o produto suprarreferido ao lucro do último ano, obtendo o lucro do 1º ano seguinte;
6. adotar tal critério por um período de três ou mais anos;
7. somar tais resultados que serão o lucro cessante.

Em verdade, o número de anos a computar-se é o do tempo em que se ficou sem lucrar.

Exemplificando:

Anos	Lucros	Taxas de Crescimento
1	200	–
2	300	50
3	420	40
4	588	40
5	882	50

Média da taxa de Crescimento: 45%

Lucro do último ano: 882

$882 \times 45 = 39690 : 100 = 396{,}9$

$882 + 396{,}9 = 1.278{,}9$ Lucro que se espera do 1º ano.

Se os lucros cessantes forem os do futuro, os cálculos poderão operar-se nessa base.

Se os lucros reclamados forem os passados, os cálculos serão baseados na realidade dos balanços, mas será necessário um exame para ver se, realmente, o espelhado é o verdadeiro.

Com relação aos resultados "passados", entendem, ainda, alguns autores que se deve calcular a remuneração do capital, fora os lucros, ou seja, sobre o valor de quota incidiriam 12% ao ano mais os lucros de balanço; entendemos, todavia, que tal tese deixa de observar a realidade da vida empresarial, que não é a de "obter juros".

A questão, todavia, pode, pelo perito, ser considerada de acordo com seu critério, devidamente justificado.

Como também os lucros cessantes, como já foi visto, não se referem apenas a "quotas" de capital e o exemplo nisso se situa, é preciso considerar "qual o lucro que se reclama" e "sobre o quê".

Os cálculos do lucro cessante dependem da natureza da formação dos lucros e daquela do impedimento, variando, por conseguinte, para cada caso.

No caso de desapropriação, de quotas e ações, de corte de concessões e similares, o "lucro empresarial" ou "lucro da atividade" são básicos e podem-se calcular como sugerimos. Todavia, em casos específicos, como os da não entrega de mercadorias, entrega dolosa de mercadoria, arresto de mercadorias ou de máquinas etc., os cálculos devem concentrar-se em "cada objeto".

Em determinadas opiniões, conceitos e escolha de critérios, o perito poderá necessitar dos conhecimentos teóricos, da doutrina do Rédito (sobre a matéria de resultados, ver o capítulo "Teoria do Rédito" em minha obra *Teoria da contabilidade*, editora Atlas).

Essencialmente, de forma genérica, no caso de "lucros cessantes", deve-se admitir como "lucro" o aumento real que o capital de uma empresa tem, por efeito da movimentação patrimonial.

Por "aumento real" ou "efetivo" entende-se o acréscimo concreto de substância patrimonial, ou seja, o crescimento real de "utilidade funcional da riqueza", ou seja, o Lucro Líquido.

Subentende-se, pois, que, quando se fala de "lucro", se está a referir a "lucro líquido operacional".

Como o cálculo contábil para a apuração de "lucros cessantes" baseia-se em "probabilidades" ou "tendências de resultados" esperados e que foram tolhidos ou cerceados por circunstâncias diversas, é preciso cuidado especial quando não existe uma taxa constante de crescimento, pois, nesse caso, o critério deve ser mais rigoroso, especialmente quando no período se denunciam perdas.

Havendo instabilidade na produção do lucro, a média não é um critério recomendável, especialmente se existem perdas no período e se o resultado se submeteu a efeitos inflacionários, de caráter fortuito ou de natureza extraordinária.

Os cálculos de probabilidades devem envolver todas as ocorrências possíveis, e, quando realizados para servirem de base a projeções de resultados, é preciso que se considere todo um conjunto de períodos, este tomado como amostra, e, também, as variações pertinentes, para mais e para menos, sugerindo, pois, para uma ideia de precisão maior, o tratamento algébrico (que considera números positivos e negativos).

Não sugiro, pois, a "média" como parâmetro ideal, mas a "soma algébrica" de um denominado "espaço amostral" (conjunto de dados que representa as ocorrências possíveis).

A "média" produz um número que, em uma série de números desiguais, não é nenhum deles, promovendo, pois, uma questionável aferição como medida na avaliação da tendência evolutiva dos valores patrimoniais em relação a um conjunto de exercícios em que existem variações para menos e para mais ou de desníveis acentuados.

O critério para medir o crescimento real deve ser o de determinar em um conjunto de anos (tomado como espaço amostral) os lucros maiores e menores em relação ao período inicial e somá-los algebricamente, e então apurar, do total obtido, o que este representa em relação ao ano-base (inicial).

Ou seja, ver o que sobra entre "maiores" e "menores" e cotejar com o valor do lucro do ano de início de um conjunto de períodos, para medir qual a "elasticidade do lucro".

Os financistas que analisam os dados contábeis para investimentos em Bolsas de Valores preferem o critério que denominam "Valor Atual Líquido", que está fundamentado exatamente nas somas algébricas como fatores comparativos.

O "poder em lucrar" deve ser medido por indicadores capazes de traduzir os efeitos ocorridos em todo um ciclo ou conjunto de anos, porque resultados isolados são impotentes para uma análise comparativa. Ou seja, não é possível estabelecer um índice real de crescimento provável de um lucro (rédito) sem que se considere todo o período analisado como um conjunto (espaço amostral) e sem que se tome como paradigma ou ponto de referência o "valor inicial".

A probabilidade de ocorrência do lucro depende, pois, do exame do comportamento desse valor no tempo, em face de um agregado de resultados (formado pelos períodos que são componentes sujeitos a avaliação).

Tais prospecções necessitam, portanto, ser projetadas a partir de constatações que possam assegurar uma *capacidade efetiva e constante* de causar resultados positivos (o que sugere mais o critério algébrico que o de médias nos casos de variações em regime de incerteza, ou seja, ora lucro, ora perda).

Quando a pessoa jurídica não apresenta um equilíbrio durável na promoção de resultados, pode até haver uma "aparência de eficácia" em certos períodos, mas, na realidade, em face do "conjunto", só pode projetar uma "expectativa falaz" se não ocorrer uma constância crescente.

Em períodos de inflação, é ainda necessário que se realize a atualização dos momentos que se seguem ao ano-base, para que possa existir um cálculo praticado com justiça.

Se não for ajustado o valor do ano-base, em cada ano que se segue, a comparação deixa de ter realidade para efeito de cálculo de crescimento de lucro. Assim, por exemplo:

Data	% mês	Variação	Ajustado	Lucro Bruto Havido	Diferença
dez./99	0,43	91.166,12			
dez./00	0,33	304,82	92.675,51	38.536,33	– 54.139,18
dez./01	0,6	602,15	100.960,64	93.562,82	– 7.397,82
dez./02	0,59	627,55	106.992,37	113.547,17	+ 6.554,80

No caso hipotetizado, o ano-base de 1999, produzindo um lucro de $ 91.166,12, foi ajustado e, em 2000, representaria $ 92.675,51 para efeito comparativo com o lucro de balanço da empresa; e, como este foi de $ 38.536,33, houve um decréscimo e não um crescimento.

Somente em 2002 a empresa apresenta um acréscimo, pois o lucro do ano-base ajustado ficou em $ 106.992,37 e o de balanço foi de $ 113.547,17.

Considerando, pois, o período em uma soma algébrica, observa-se que não houve crescimento da empresa e, portanto, não há como se falar em lucros cessantes em relação ao período, impossibilitando projetar, para períodos futuros de três ou mais anos, uma taxa de lucros esperados.

Contudo, existem critérios que tomam a evolução do lucro, considerando ano a ano, e depois estabelecem a média dos anos para formar base de previsão (que não sugiro como algo que traduza com realidade um crescimento).

Ocorrem casos, também, que na prática já observei, de realizar ajustes em bases de dólares, em vez de tomar como fator de correção as variações de preços do mercado nacional; entendo tal opção inadequada e contestável porque os índices de variação do poder de aquisição nem sempre podem tomar como parametria uma dita "moeda forte", pois as cotações dela variam de acordo com políticas cambiais e outras circunstâncias.

A base regular para a apuração dos lucros cessantes é a escrituração contábil regular. E, sem embargos, a escrituração, que é um procedimento obrigatório para os empresários e as sociedades simples e empresarial, alternativamente, em situações especiais em que não exista uma escrituração contábil regular, admite, por analogia, uma avaliação do lucro cessante utilizando-se a presunção legal do lucro contida no RIR/1999.

O lucro cessante não se confunde com a receita cessante, pois esta diz respeito ao cancelamento das vendas, já o lucro cessante está vinculado à rentabilidade econômica.

É possível a existência do lucro cessante, mesmo quando existe prejuízo, uma vez que parte da renda receita está direcionada ao pagamento de custos e despesas fixas, de tal maneira que estes continuem existindo, mesmo após a existência de um dano que gerou o lucro cessante. Os custos e despesas fixas possuem um comportamento diverso dos custos e despesas variáveis, que se findam quando da extinção da receita. Com esse viés técnico contábil, hodiernamente, na precificação do lucro cessante, o lucro líquido da operação, ou seja, exclusivamente vinculado ao negócio, devem ser somados os custos e despesas fixas. Quando falamos em lucro da operação, naturalmente desprezamos as atividades atípicas ao objeto social, tais como ganho ou perda na alienação de ativos e também as perdas involuntárias, tais como as ocorridas por meio de acidentes, terremotos, enchentes e outros elementos que fogem da gestão empresarial.

Em síntese, o conceito de margem de contribuição é deveras importante para a determinação do lucro cessante. Segue demonstrativo do lucro cessante elaborado com lastro na métrica contábil, margem de contribuição:

ITEM	FATOS	VALOR R$
A	Receita anual	10.000,00
B	(-) Tributos e contribuições sociais	1.950,00
C	Receita líquida	8.050,00
D	Custos variáveis	3.800,00
E	Custos fixos	1.200,00
F	Despesas variáveis	2.750,00
G	Despesas fixas	1.250,00
H	Ganhos na alienação de ativos imobilizados	500,00
I	Prejuízo líquido do exercício	−450,00
J	Lucro cessante = (I + E + G − H)	1.500,00
K	Lucro cessante diário = J/360	4,17

Medidas cautelares de tutela

Em juízo, os procedimentos cautelares podem ser instaurados antes ou no curso do processo principal, do qual sempre depende.

Diante de um direito ameaçado e do receio de lesão de direito, pode-se propor uma ação que vise uma tutela provisória, ou uma tutela de urgência, ou, ainda, uma tutela de evidência, conforme a situação concreta, nos termos dos arts. 294 a 311 do CPC/2015. Aconselhamos que, na hipótese de pedido de uma tutela, deve a inicial ser lastreada em um parecer pericial contábil, que aponte detalhadamente os danos e os lucros cessantes, e que, naturalmente, elaborado por perito especialista, deve estar fundamentado em documentos hábeis probantes e na doutrina especializada.

Como deve produzir provas, a perícia pode ser requerida para tal fim.

Muitas são as medidas e muitas são as perícias em matérias sobre: alimentos provisionais, arrolamentos de bens, busca e apreensão, caução real ou fidejussória, homologação de penhor legal, protesto e apreensão de títulos, sequestro, tutelas etc.

O Código, com relação à "prova antecipada", em tais ações, estabelece em seu art. 381, I: "haja fundado receio de que venha a tornar-se impossível ou muito difícil a verificação de certos fatos na pendência da ação".

Nessa situação é admissível o exame pericial.

No art. 381, volta o Código de Processo Civil a referir-se à perícia, estabelecendo que ela é utilizada como prova, na forma dos arts. 464 a 480 (que tratam da prova pericial).

No que tange aos procedimentos cautelares específicos de tutelas, admitem-se todos os meios legais de prova, portanto, presente a perícia contábil (art. 369 do CPC/2015). Nesse tipo de ação, a função pericial depende do que cada uma trata.

Assim, por exemplo, na de *alimentos provisionais* o que se observa é a necessidade da requerente e nas possibilidades do alimentante; se o alimentante é um empresário, é preciso conhecer o que extrai de recursos de sua empresa que lhe possibilitam atribuir uma pensão tal ou qual.

Nesse caso, o perito deve observar:

1. as retiradas *pro-labore*;
2. os privilégios adicionais (automóvel, casa, contas de cartões de crédito etc.);
3. os lucros que são creditados ou pagos;
4. a participação no capital e os acréscimos por reservas e lucros acumulados anexados;
5. os indícios de remunerações adicionais.

Além do mais, é preciso que o perito examine os atos relativos ao empresário em períodos "anteriores" ao da ação.

Isso porque pode haver simulação ou desvio de recursos na prevenção contra um exame pericial de ação de alimentos provisionais.

O exemplo que voltamos a apresentar dá apenas a ideia de que *cada caso de ação cautelar merece seu próprio cuidado.*

O importante é que o perito trace a metodologia de seu trabalho consoante os objetivos que se desejam alcançar.

> Nas medidas cautelares, a metodologia da perícia contábil
> deve seguir o interesse de verificar qual o direito ameaçado ou
> qual o receio de lesão a direito que tem o postulante.

Como a perícia vai oferecer a prova, sua responsabilidade é deveras expressiva.

Cada medida possui objetivos definidos, mas é sempre a proteção de um direito que se visa, sentindo-se que o direito está em risco ou "poderá estar em risco".

Quando esse direito é "patrimonial", quando está ligado a empresa, instituição, condomínio etc., a perícia contábil tem um relevo todo especial.

Em direito, existem muitos casos de processos cautelares como "tutores" de uma "ação principal".

Entre os cautelares "específicos", dois atingem muito de perto maior especialização no exame, requerendo a participação do contador, ou seja: o "exibitório de livros e documentos" e o de "produção antecipada de provas" (em que a pericial é uma delas).

A exibição de livros e documentos já era ativamente utilizada na Roma antiga; três fases a caracterizavam:

1. a preparatória (*actio ad exhibendun*);
2. a exibição (*actio in factum*); e
3. o interdito (*tabulis exhibendis*).

No direito brasileiro, absorvida a raiz romana, dois são os grandes ângulos da observação dos "exibitórios":

1. como incidente da fase de "coleta de provas" do processo de cognição (arts. 396 e seguintes do Código de Processo Civil);
2. produção antecipada de provas (art. 381 do CPC/2015).

Como "cautelar", a exibição é "preparatória"; extraem-se os livros de sua proteção sigilosa e se exige que sejam periciados.

A lei chega a admitir a exibição até por inteiro de balanços e arquivos de documentos (inc. II do art. 536 do Código de Processo Civil).

Como a exibição não é "retenção", os livros devem ser devolvidos, deles extraindo-se o que interessar à lide, cumprindo-se a exibição pela apresentação.

Extraem-se as cópias do que for entendido necessário; a lei admite tais cópias como válidas, desde que nos termos estabelecidos por ela (art. 421 do Código de Processo Civil).

A exibição, pois, requer a participação do contador, inclusive para o melhor aproveitamento dos elementos úteis ao processo.

Nos outros processos especiais, como o de "produção antecipada de provas", a perícia tem um destaque relevante.

Como o juiz vai reconhecer a eficácia do que a perícia produzir como prova, esta é de rara significação. Embora tais provas não sejam "declarações de verdades" indiscutíveis, nem decidam sobre lides, são caminhos de alta valia.

Como a ação cautelar de produção antecipada de provas é tutelar da ação principal, a perícia, bem feita, elaborada com os requintes de segurança necessários, produz efeitos de alta significação.

> Sendo o processo cautelar de natureza tutelar, em relação ao processo principal, o perito contábil, ao constituir prova, deve esmerar-se para que não só sua eficácia seja reconhecida, mas também se constitua a perícia em instrumento auxiliar de decisão na ação principal.

Nesses processos, o perito precisa apoiar-se em justificativas fartas às respostas de seus quesitos, bem como complementar com anexos de boa qualidade.

A *metodologia é da* **"qualidade da Prova"**, o que exige do contador um trabalho, em tais processos, que justifique a sua natureza, ou seja, de "tutelar a ação principal".

Não basta, pois, suprir os quesitos com respostas formais (segundo entendo, consoante o procedimento ético em face da natureza da ação).

Exemplificando:

> Quesito nº ... – O Patrimônio Líquido da empresa está espelhado no balanço de.. da empresa ... pelo valor real?
>
> Resposta: No balanço de..., o valor do Patrimônio Líquido é apenas o contábil, resultante de valores históricos, custo de aquisição e seus ajustes, depreciação, amortização, exaustão e ajustes a preços justos.

Em tese, essa resposta seria satisfatória, pois informa positivamente o que se pediu. Todavia, em se tratando de produção de prova, será conveniente justificar a opinião da seguinte forma:

> Resposta:..
>
> "Como o patrimônio líquido é resultante da diferença de valores entre o Ativo e as Dívidas, se os valores do ativo não forem reais, também a diferença não será. E nem sempre são apresentadas as conciliações dos saldos das contas ativas e passivas.
>
> Os ajustes de avaliação, a justo valor, são imagens fantasiosas do valor, resultantes de perdas imaginárias ou ganhos do poder de compra que não correspondem à realidade de avaliação.
>
> Patrimônio Líquido Real exige Ativo Líquido Real e Dívidas ao Valor Real de Pagamento.
>
> Ativo Líquido Real é o valor pelo qual o Ativo pode ser realizado, deduzido dos riscos que sobre ele pesam.
>
> Os ajustes de ativo, valor de mercado, são medidas falsas, pois o mercado é manipulável, não se pode ajustar pelo mesmo valor de mercado, elementos de formação de preços diferentes.
>
> Não existe inflação, mas "inflações", ou seja, cada componente de Ativo tem a sua, além das variações efetivas de preços que cada mercado suporta (que não é efeito de inflação, mas de outros fatores).
>
> O Ativo em questão, pois, para que traduzisse a realidade necessitaria de ajustar-se etc."

Aí está um exemplo de "justificativa de opinião".

O perito produz a prova, no caso, de que tecnicamente o valor de patrimônio líquido não é aceitável, que era de tanto e que precisa ser ajustado.

Obviamente, tais argumentos, como já vimos, *não são apreciados pelo juiz*, pois não está em objeto a "decisão" ou "julgamento" de verdade ou não, mas sem dúvida já se *instrumenta o que será anexado como prova para julgamento*.

Se o objeto do que se quer provar é que o Patrimônio Líquido não é o real, o exame preliminar muito ajuda.

O art. 381 do Código de Processo Civil é implícito, como já vimos quando se refere a "exame pericial", como fonte de prova.

O art. 382 do CPC/2015 muito orienta:

> "Art. 382. Na petição, o requerente apresentará as razões que justificam a necessidade de antecipação da prova e mencionará com precisão os fatos sobre os quais a prova há de recair. § 1º O juiz determinará, de ofício ou a requerimento da parte, a citação de interessados na produção da prova ou no fato a ser provado, salvo se inexistente caráter contencioso. § 2º O juiz não se pronunciará sobre a ocorrência ou a inocorrência do fato, nem sobre as respectivas consequências jurídicas. § 3º Os interessados poderão requerer a produção de qualquer prova no mesmo procedimento, desde que relacionada ao mesmo fato, salvo se a sua produção conjunta acarretar excessiva demora. § 4º Neste procedimento, não se admitirá defesa ou recurso, salvo contra decisão que indeferir totalmente a produção da prova pleiteada pelo requerente originário."

O exame pericial deve *atingir o objetivo a ser provado*.

No processo cautelar de produção antecipada de provas, o perito precisa ser preciso em destacar não só os fatos, mas também a justificativa deles.

Quando o requerente, pois, pedir em cartório as certidões sobre as perícias, conseguirá um instrumento farto de argumentos que o contador pode antecipar para a promoção da lide principal.

Tudo isso se ajusta à metodologia geral à qual já nos referimos, ou seja, de que nos processos cautelares a preocupação é a natureza da ação, como forma de tutelar uma causa que se seguirá ou que já esteja em curso.

A função é *auxiliar e subsidiária*, e assim deve também ser a perícia. O trabalho do contador deve, eticamente, seguir a intenção da lei.

Como o processo cautelar é bastante preferido na produção de provas pelas vantagens que apresenta, a tendência é de que muitas sejam as perícias nesse sentido.

O exame antecipado, pericial, é comum e preferido,
razão que justifica o empenho contábil.

O exame, para fins cautelares, todavia, tem de ater-se à matéria ou tema de segurança que se busca.

Embora a perícia, nos exames para fins de medidas cautelares, deva ser minuciosa e bem justificada, não pode distanciar-se da matéria específica da segurança que se requer para tutelar a ação principal, devendo ater-se ao tema da questão.

No exemplo que apresentamos, o perito justifica sua opinião sobre a avaliação do patrimônio, criticando o sistema deficiente de correção monetária, evidenciando "onde se situa o embuste", onde se posiciona a "suposição" que se apresenta como se fosse uma verdade e que é imposta por uma lei que foge à verdade dos valores.

Tal justificativa "não foge ao tema", embora seja bem explicativa.

Ordinárias (ações judiciais)

Há um sem-número de ações ordinárias de caráter tipicamente litigioso que motivam dúvidas. Há uma gama muito grande de postulações nesse sentido admitindo a quase totalidade da participação pericial.

Havendo legitimidade, interesse, pode-se propor uma ação, pois "toda pessoa que se encontre no exercício de seus direitos tem capacidade para estar em juízo" (art. 70 do Código de Processo Civil).

Nas ações ordinárias podem ser objeto de exames: documentos, registros contábeis, extratos de contas, balanços, haveres, em suma, todo o universo de elementos contábeis que tenha condições de oferecer prova sobre fatos.

Enumerar todas as ações ordinárias, todos os casos, seria impossível, mas diversos deles já foram e serão objeto de parágrafos especiais deste capítulo.

Possessória (ações)

O Livro III, em seu Título I, do Código Civil Brasileiro de 2002, trata da Posse e o antigo Código de 1916, em seu art. 523, tratava da Proteção Possessória, ou seja, da garantia a quem foi esbulhado ou subtraído da posse de algo.

Após um ano do evento, a ação passa a ser "ordinária", mas ao autor garante-se seu direito; nesses casos, pode ocorrer, também, a apuração de "perdas e danos" pela coisa subtraída.

As perícias geralmente decorrem de tais reclamações, que podem ser contestadas e também exigir provas periciais.

A "manutenção" e a "reintegração da posse" não excluem o prejuízo durante o tempo da posse indevida, daí a necessidade de apuração pericial quando em jogo estiverem danos como: lucros perdidos, aluguéis não recebidos, gastos em decorrência da não produção da renda etc.

Cada caso, naturalmente, enseja quesitos próprios. O art. 555 do Código de Processo Civil evidencia os casos de "cumulação" com o pedido sucessório, nos quais se incluem os danos e as perdas. Podem ser exemplos de quesitos:

QUESITOS DO AUTOR

Quesito nº 1   O imóvel da Rua.... nº.... bairro.... na cidade de.... é de propriedade do Sr. ....?

Quesito nº 2   Tal imóvel é comercial?

Quesito nº 3   Poderia ser ocupado pelos negócios do Sr. ....?

Quesito nº 4   A loja do Sr. ..... está em imóvel locado ou próprio?

Quesito nº 5   Quanto o Sr. .... paga de aluguel?

Quesito nº 6   Há quanto tempo o réu.... ocupa o imóvel identificado no quesito nº 1?

Quesito nº 7   Qual o prejuízo que teve durante o período referido no item nº 6?

Quesito nº 8   Considerado o volume de vendas do Sr. ... autor, quanto poderia lucrar comprando mercadorias e vendendo-as com dinheiro despendido no pagamento de aluguel?

Quesito nº 9   Considerando o que pagou e o que deixou de ganhar, qual o prejuízo sofrido?

Quesito nº 10   O autor, Sr. ..., tem escrita regular, cumprindo as formalidades intrínseca e extrínseca?

Tal exemplo mostra que a matéria a examinar seria:

1. a subconta de aluguéis, na escrita;
2. a conta de resultados e o percentual do lucro sobre o capital;
3. a legalidade dos livros comerciais;
4. os documentos de propriedade do imóvel.

Com base nesses elementos, o perito responderia aos quesitos, ressalvada a questão do "tempo de apropriação indébita" e de que seria necessário produzir prova.

As questões possessórias envolvem muitos outros aspectos; naturalmente, de acordo com cada caso, haverá a orientação dos quesitos e do trabalho pericial.

As ações possessórias se capitulam nos "procedimentos especiais", assim definidos pelo Código de Processo Civil, na mesma classe de jurisdição contenciosa das ações de consignação de pagamento, de depósito, de prestação de contas etc.

Prestação de contas

Quando alguém tem o direito de exigir que outrem lhe preste contas (art. 550 do CPC/2015), tem o direito assegurado de recebê-las sob a forma adequada, sendo demonstrados o saldo inicial, os investimentos, as despesas, as receitas e o saldo final. Nas sociedades não anônimas e não classificadas como de grande porte, a prestação de contas do administrador ocorre pela exibição do balanço patrimonial, do balanço de resultado econômico e do inventário, nos termos do art. 1.020 do CC/2002. Nas sociedades anônimas as contas são formadas pelos relatórios, demonstrações financeiras, constantes do art. 176 da Lei n. 6.404/1976, a seguir reproduzido, *in verbis*:

"Art. 176. Ao fim de cada exercício social, a diretoria fará elaborar, com base na escrituração mercantil da companhia, as seguintes demonstrações financeiras, que deverão exprimir com clareza a situação do patrimônio da companhia e as mutações ocorridas no exercício:

I – balanço patrimonial;

II – demonstração dos lucros ou prejuízos acumulados;

III – demonstração do resultado do exercício;

IV – demonstração dos fluxos de caixa; e

V – se companhia aberta, demonstração do valor adicionado.

§ 1º As demonstrações de cada exercício serão publicadas com a indicação dos valores correspondentes das demonstrações do exercício anterior.

§ 2º Nas demonstrações, as contas semelhantes poderão ser agrupadas; os pequenos saldos poderão ser agregados, desde que indicada a sua natureza e que não ultrapassem 0,1 (um décimo) do valor do respectivo grupo de contas; mas é vedada a utilização de designações genéricas, como 'diversas contas' ou 'contas-correntes'.

§ 3º As demonstrações financeiras registrarão a destinação dos lucros segundo a proposta dos órgãos da administração, no pressuposto de sua aprovação pela assembleia geral.

§ 4º As demonstrações serão complementadas por notas explicativas e outros quadros analíticos ou demonstrações contábeis necessárias para esclarecimento da situação patrimonial e dos resultados do exercício.

§ 5º As notas explicativas devem:

I – apresentar informações sobre a base de preparação das demonstrações financeiras e das práticas contábeis específicas selecionadas e aplicadas para negócios e eventos significativos;

II – divulgar as informações exigidas pelas práticas contábeis adotadas no Brasil que não estejam apresentadas em nenhuma outra parte das demonstrações financeiras;

III – fornecer informações adicionais não indicadas nas próprias demonstrações financeiras e consideradas necessárias para uma apresentação adequada; e

IV – indicar:

a) os principais critérios de avaliação dos elementos patrimoniais, especialmente estoques, dos cálculos de depreciação, amortização e exaustão, de constituição de provisões para encargos ou riscos, e dos ajustes para atender a perdas prováveis na realização de elementos do ativo;

b) os investimentos em outras sociedades, quando relevantes (art. 247, parágrafo único);

c) o aumento de valor de elementos do ativo resultante de novas avaliações (art. 182, § 3º);

d) os ônus reais constituídos sobre elementos do ativo, as garantias prestadas a terceiros e outras responsabilidades eventuais ou contingentes;

e) a taxa de juros, as datas de vencimento e as garantias das obrigações a longo prazo;

f) o número, espécies e classes das ações do capital social;

g) as opções de compra de ações outorgadas e exercidas no exercício;

h) os ajustes de exercícios anteriores (art. 186, § 1º); e

i) os eventos subsequentes à data de encerramento do exercício que tenham, ou possam vir a ter, efeito relevante sobre a situação financeira e os resultados futuros da companhia.

§ 6º A companhia fechada com patrimônio líquido, na data do balanço, inferior a R$ 2.000.000,00 (dois milhões de reais) não será obrigada à elaboração e publicação da demonstração dos fluxos de caixa

§ 7º A Comissão de Valores Mobiliários poderá, a seu critério, disciplinar de forma diversa o registro de que trata o § 3º deste artigo."

Nesse ato é que a "produção de provas", diante da exibição ou apresentação das contas, se faz necessária, sendo feita, quase sempre, por um perito-contador.

O réu tem de apresentar a prestação de contas em forma adequada e os documentos respectivos. Nesses casos, muitos são os problemas que podem ocorrer.

Contas de sociedades empresariais e simples, de atividades sem fins econômicos, de condomínios etc. são questionáveis pelos interessados.

Exemplos diversos poderiam ser citados, pois o pedido de prestação de contas já pode estar baseado em fatos do conhecimento do autor e que ele precisa comprovar. Citado o réu, ele tem 15 dias para apresentar as contas, vide § 5º do art. 550 do CPC/2015. Pode, todavia, contestar a ação.

Também herdeiros podem pedir prestações de contas, e estas podem até já estar previstas em certos casos, como o do fideicomisso. Podem ser pedidos:

1. relação de bens;
2. verificação de contas;
3. verificação de balanços;
4. verificação de apuração de lucros;
5. levantamento de estoques;
6. análise de contas bancárias e emissão de cheques;
7. análise da validade de documentos de despesas;
8. análise da confiabilidade da receita;
9. análise de contas de retiradas de lucros;
10. análise de contas de transferências de numerário etc.

Podem, também, requerer-se a avaliação dos bens, além de comparações de situações e que estas sejam calculadas com os ajustes monetários devidos.

Existem muitas formas de prestar contas, algumas mais singelas e outras mais complexas; em geral, são complexas as que exigem exames em escritas de empresas. São penosas as prestações de contas quando se referem a períodos muito longos e distantes.

No uso do dinheiro de terceiros pode ocorrer muita apropriação indébita por parte de administradores desonestos; pode, também, haver "desperdício" por parte de administradores incompetentes. Tanto a fraude como o desperdício provocam danos.

Nas perícias de verificação de prestação de contas é necessário que se verifiquem a exatidão e a eficácia no uso do dinheiro ou patrimônio.

Não é só o roubado ou o fraudado que reduz o patrimônio, mas também o que se estragou, desperdiçou ou, por incúria, se permitiu que perdesse a utilidade.

O dano tem muitos aspectos.

Como a "prestação de contas", contabilmente, pressupõe a demonstração de valores geridos por conta de terceiros, aos quais se deve satisfação, a redução do valor patrimonial por má gestão, por má-fé, é dano à riqueza.

Quem presta contas, pressupõe-se, teve em mãos o que não lhe pertencia ou pertencia em conjunto (logo, não totalmente).

É preciso demonstrar o que se recebeu ou geriu, qual a posição na recepção, qual a posição na entrega. Se houver despesas, é necessário comprovar a legitimidade e a necessidade delas.

Conheço condomínios, por exemplo, em que os síndicos apresentam contas com documentação idônea ou de razoável aceitação, mas que não conseguem justificar os gastos desnecessários ou suntuários. A questão não está só em "comprovar-se" o que se pagou, mas também *se o gasto se justifica.*

Cheque ao "portador" (que são vedados), sem comprovante de pagamento, é "desvio de dinheiro"; notas de despesas sem identificação completa e fiscal do beneficiário é irregularidade; dinheiro arrecadado em festas e que não entrou na contabilidade de um clube é apropriação indébita ou furto à comunidade.

Uma prestação de contas até pode ter aprovação de assembleia, mas pode estar cheia de vícios. Muitas são as irregularidades que se cometem com o dinheiro público, sob várias formas.

O perito, pois, em um processo de prestação de contas, deve sempre partir do princípio de que não basta a "demonstração", e necessário se faz uma documentação sadia e justificativa de tudo o que ela espelha.

Nem sempre os saldos tidos como "exatos" nas contas bancárias representam uma "regularidade" na prestação de contas (exemplificamos o caso dos cheques ao portador, sem comprovantes de seu destino).

Onde são necessárias notas fiscais não bastam simples notinhas não identificadas ou recibos sem detalhamentos fiscais.

Um condomínio, por exemplo, não pode pagar mão de obra de empregado não registrado sob a alegação de que foi emergência. É preciso que exista "regularidade", "legitimidade", "legalidade", "adequação". O perito deve estar atento às prestações de contas onde existem déficits.

Deve, também, estar atento às prestações de contas onde ordens internas de autorização de pagamento são assinadas por pessoas não autorizadas, omitindo o administrador seu visto.

Muitas dessas irregularidades ocorrem onde há incompetência e desonestidade.

Tanto receitas como despesas igualmente merecem atenção, pois em ambos os elementos há possibilidade de fraude. O mesmo ocorre com bens patrimoniais que podem ser danificados, roubados, vendidos, cedidos sem controle etc.

É comum ocorrer problemas em prestações de contas
onde não existem bons controles internos.

Não é, pois, demasiado ao perito, quando ocorrerem exames em empresas, onde se buscam elementos para apurar contas, verificar seus controles internos (sempre que possível).

Há casos em que tal é o volume de documentos e registros que a exibição de livros e documentos para as verificações só pode ser feita na empresa.

> Para a orientação do método de exame que o perito vai adotar é preciso observar qual é a natureza das relações que estão envolvidas no caso.

Existem várias modalidades de gestão e vários interesses em jogo, e estes ditam a forma de exame. Conforme a natureza, o volume, as relações entre as partes, surgem as facilidades ou dificuldades no exame.

As prestações de contas vão desde aquelas de um simples caixa manual, até a complexidade imensa de registros informatizados de uma sociedade.

Existem contas de condomínios de oito pessoas e de 800 pessoas. O perito, de acordo com a dimensão do trabalho, aplicar-se-á mais ou menos na profundidade dos exames.

Ações rescisórias em contratos de distribuição, agência e representação, entre outros atípicos

Casos complexos e delicados podem ocorrer no campo da ação rescisória, prevista pelo art. 966 e seguintes do Código de Processo Civil, porque envolve a autoridade do juiz e só em casos raros, na necessidade de determinadas provas, pode-se apelar para a perícia.

Mais comuns são as rescisórias de "contratos", pois estas, sim, demandam exames que podem possuir ângulos de diversas naturezas. A rescisão contratual pode ser injusta, pode ser imposta (casos com poder público), pode derivar de pressões etc.

Quando ela provoca danos, perdas e lucros cessantes (e quase sempre os provoca), grande é a utilidade da perícia na apuração destes.

O vínculo de dependência econômica entre os representantes, distribuidores, agentes e seus contratantes é presumível e pode ser relevante. Quanto maior for o grau de concentração dessas vendas, maior será a dependência econômica.

Em relação aos contratos de "representação comercial", está pacificado o entendimento de que, em decorrência dos negócios e parcerias, o representante desenvolveu o importante e valioso ativo intangível, fundo de comércio cujo principal item de sua composição é a carteira de fregueses. A rescisão do contato de representação implica uma transferência involuntária da carteira de freguês. O cálculo dessa indenização funda-se na responsabilidade pós-contratual que confere à parte prejudicada o direito à indenização, pois, durante muitos anos, o representante divulgou os produtos, a marca e desenvolveu o mercado formando a carteira de fregueses. Além da indenização pela transferência da carteira de freguês, e relevante, a indenização, aos moldes da letra "j", art. 27, combinado com art. 40 da Lei n. 4.886/1965, ou seja, 1/12 do montante da comissão paga no período compreendido pela representação, valor corrigido, até a data da proposição da ação. E o valor do pré-aviso, 1/3 da comissão relativa a 3 meses, aos moldes do art. 34 da Lei n. 4.886/1965, com correção monetária.

Em relação aos contratos de "distribuição comercial", no seu sentido geral, envolvem a revenda ou distribuição de serviços ou bens. Admite-se que um contrato de distribuição é o meio pelo qual a concedente, fabricante industrial, transfere os riscos do seu negócio, e o ônus de investimentos em capital monetário, para a distribuidora, que de boa-fé confia no parceiro, acreditando que terá retorno, recuperação, do seu investimento, além da geração de lucros, que é a remuneração do seu investimento.

A indenização por rescisão de contrato, de representação, distribuição de concessão e agência, tem lastro na lei aquiliana, a qual representa as obrigações assumidas de boa-fé de forma implícita, que vão além das constantes no contrato, e que implica reparar o dano causado por ato ilícito do tipo, abuso de poder ou de direito. Essa responsabilidade tem subsídio na lei aquiliana, uma Lei Romana de 286 a.C. Essa forma de responsabilidade civil enquadra-se na chamada teoria objetiva da responsabilidade civil, ou seja, responsabilidade sem culpa.

Compõem a base de uma indenização justa nos contratos de distribuição e de agência:

1. o fundo de comércio (carteira de freguês) que é transferido de forma involuntária;
2. os lucros cessantes e os danos pela perda da chance de continuar com o negócio;
3. a remuneração até então devida, inclusive sobre os negócios pendentes;
4. um aviso prévio compatível com o vulto do investimento, de, no mínimo, 90 dias;
5. o valor relativo às rescisões de contratos de trabalho, de locação comercial e de contratos de publicidade;
6. os prejuízos na hipótese da falta de recuperabilidade dos investimentos, em que não transcorreu o prazo compatível com a natureza e o vulto do investimento exigido do agente ou do distribuidor. Vide art. 720 do CC/2002.

Há uma larga faixa de hipóteses que poderiam ser formuladas para exemplificar a questão do rompimento contratual, mas basta citar aquela que, por exemplo, deriva de "investimentos já feitos pelo autor para produzir o contratado" e com o rompimento ocorrer perda e impossibilidade de utilização do que se investiu em outro tipo de produção.

O art. 720 do CC/2002, nos casos de contrato de agência ou de distribuição, indica a necessidade de perícia contábil especializada em retorno e remuneração de capital investido, para se evitar interpretações polissêmicas ou ambíguas, pois o aviso prévio de 90 dias é aplicável se, e somente se, for transcorrido prazo compatível com a natureza e o vulto do investimento exigido. Portanto, a vida útil restante do bem em que ocorreu o investimento é o prazo compatível para o aviso prévio. E não se confunde retorno do capital pela via da depreciação e/ou amortização, que representa o fundo de reintegração de ativos, com a remuneração do capital, que é o "lucro".

As lacunas e os silêncios eloquentes em relação ao "prazo compatível com o investimento" devem ser avaliados pela perícia, pois a perda do capital investido e exigido do agente é deveras relevante. Uma coisa é a remuneração do investimento, lucro, e outra totalmente distinta é a recuperação do investimento, amortização, exaustão e depreciação. De tal forma, que as lacunas e os silêncios eloquentes contidos nos arts. 710 a 721 do CC/2002 são supridos pela doutrina pericial contábil especializada, jurisprudência e opiniões de pareceristas que são os peritos no assunto, pois lacunas existem nas normas positivadas e não na ciência da contabilidade.

As perdas sobre investimentos ociosos são graves.

Há ainda o caso comum de rescisão de contratos atípicos (art. 425 do CC/2002), de contratos de locação, de contratos de concessão comercial entre produtores e distribuidores de veículos automotores de via terrestre; em suma, toda uma gama de casos, sempre requerendo a perícia como meio de prova.

O que se objetiva, na quase totalidade dos casos, são as perdas sobre a rescisão. Nos casos de não renovação do contrato, o que se discute também é o dano pela perda da oportunidade.

A teoria da perda de oportunidade lastreia-se no fato de que, o dano pela perda da oportunidade, logo, a impossibilidade da utilização econômica dos frutos da continuidade dos negócios, existe com a paralisação dos negócios, motivo pelo qual, perdem-se patrimônio, rendas e lucros, pois é presumível e verossímil que quem deu causa à não continuidade dos negócios deve indenizar. Pelo viés da ciência da Contabilidade, a indenização pela perda da oportunidade tem amparo no princípio contábil da "continuidade".

Isso envolve cálculos e verificações no sentido de se apurar qual o dano efetivamente suportado. Um sem-número de casos tem ocorrido na área pública.

Existem governos que, de forma arbitrária, desejando desmanchar o que o antecessor fez, rompem contratos de serviços e de fornecimentos para, depois, com grande prejuízo do erário público, perderem as causas na Justiça, sujeitando-se a pesadas indenizações.

As perícias são veículos de rara importância em tais causas. Demonstram as perdas através de cálculos específicos e partindo dos dados da escrita contábil. Conforme o caso, deve-se realizar a demonstração.

Assim, por exemplo, ao se paralisar uma obra é preciso:

1. apurar os custos já nela investidos;
2. calcular os gastos de paralisação de máquinas;
3. computar os gastos de dispensa de pessoal;
4. apurar a perda de materiais;
5. levantar os custos financeiros relativos ao investido e que se acha sem produção;
6. obter a quota de rateio dos gastos indiretos sobre a obra;
7. apurar gastos administrativos incidentes sobre a paralisação;
   etc.

Uma obra parada, todavia, não possui apenas os gastos referidos, mas também aqueles de "manutenção da paralisação" para que se evitem danos naturais sobre o já edificado. Também estes, como os de conservação dos equipamentos paralisados, precisam ser computados na indenização.

Outras despesas vão continuar a ocorrer, como as de energia, as de alojamento da vigilância etc. Uma paralisação tem implicações "diretas" e "indiretas".

O capital ali bloqueado deixa, ainda, de ser produtivo em outro empreendimento, e isso também é objeto de cálculo.

Nem sempre a paralisação deixa de causar estorvos pelo que traz de incertezas, de responsabilidades. Existem elementos imateriais, incalculáveis com exatidão. É como se fosse um fundo de comércio "ao contrário".

Pode a paralisação, ainda, gerar impontualidades de pagamentos e até provocar situações gravosas de falências e/ou concordatas, conforme o tamanho da empresa.

Tudo isso, comprovando pericialmente, é objeto de apreciação pelo judiciário. Em outras situações, o caso não é de obras, mas de pontos comerciais, de armazéns, de fábricas etc. Cada rescisão, por conseguinte, precisa ter sua devida consideração.

O método certamente variará em cada circunstância, mas a meta básica é sempre apurar o dano. Os critérios de apuração se assemelham, em alguns casos, ao de lucros cessantes (visto anteriormente).

O perito, seja qual for o caso, deve demonstrar, apresentar razões de cálculos e explicar o método seguido. Pode expor tudo isso na resposta aos quesitos e/ou nos anexos da peça pericial.

Trabalhistas (ações)

Um dos campos de grande atuação dos peritos é na Justiça do Trabalho, verificando nas escritas das células sociais, relativa as reclamações que são postuladas. Elas giram em torno de registros do empregado, de salários, de direitos inerentes às relações de trabalho. Não são, em geral, perícias complexas.

Os quesitos quase sempre giram em torno de matéria semelhante. Algumas vezes, ocorrem situações mais complexas, de grandes empresas, de grupos de empregados, com participação de entidades de classe etc. Os quesitos, em geral, são, por exemplo:

QUESITOS DO RECLAMADO

Quesito nº 1 – Em que período o reclamante prestou serviços à empresa....?

Quesito nº 2 – Os recibos de comissão, nesse período, assinados pelo reclamante referiam-se a pessoa jurídica do mesmo?

Quesito nº 3 – Em que páginas do Diário estão registrados tais fatos?

Quesito nº 4 – Qual foi o lançamento? Queira o Sr. perito reproduzi-lo.

Quesito nº 5 – Queira o senhor perito reproduzir um quadro de comissões desse período. Tal quadro era de conhecimento do reclamante? Ele o visou?

Quesito nº 6 – Tal quadro coincide com os registros de Diário? Tal quadro é o que se acha às fls. ... dos autos?

Quesito nº 7 – O reclamado pagou o valor que consta do quadro ao reclamante?

Quesito nº 8 – Houve alteração no percentual de comissões pagas ao reclamante? Quando? Ou nunca houve?

Quesito nº 9 – A comissão paga é a que consta do contrato de comissões com o reclamante, apenso aos autos fl....?

Tal exemplo mostra um litígio entre um comissionado e uma empresa, ele agindo inicialmente como se fosse pessoa jurídica singular e depois reclamando direitos de trabalho como se fosse empregado.

Na Justiça do trabalho, a tendência é pender para a parte mais fraca, no caso, o empregado, embora existam juízes que entendam que muitas reclamações se fazem sem a competente base.

O perito precisa, pois, de cautela, sem pender para qualquer parte (esta a verdadeira posição de um perito-contador), mas, na maioria dos casos tem quesitos singelos, de relativa facilidade de resposta, como os exemplificados.

A complexidade que envolve a Lei do Trabalho e a Previdenciária no Brasil, os grandes descontroles do Poder Público dificultam algumas vezes a tarefa, mas quase sempre nessa área ela é simples.

No exemplo que oferecemos, a empresa defende-se da acusação e contra as reivindicações de um vendedor; por isso, os quesitos são da reclamada (no caso, ré).

O advogado, ao formular os quesitos, tenta provar que o vendedor agiu de má-fé, apresentou-se como firma, assinou contrato como firma, aceitou os cálculos das comissões, deu recibo como firma e que a empresa tudo pagou, como contratou.

No caso o Diário, prova a favor da empresa. Os quesitos, já vimos, devem ter "orientação lógica" para chegar-se a uma conclusão também lógica.

ASPECTOS CONSUETUDINÁRIOS APLICADOS ÀS PERÍCIAS CONTÁBEIS

6

A práxis consuetudinária da perícia contábil

Hodiernamente, a práxis consuetudinária da perícia contábil encontra-se espargida na literatura.

A matéria de Perícia Contábil, por sua relevância, passou a exigir que sobre ela se estabelecessem, oficialmente, procedimentos a serem seguidos, específicos sobre a questão.

O Conselho Federal de Contabilidade, órgão máximo da fiscalização do exercício profissional do Contador, no Brasil, cumprindo sua função normativa, passou a cuidar da matéria relativa à Perícia Contábil.

As normas da perícia emitidas pelo CFC, que se acham em vigor, devem servir de guia aos que exercem a nobre função pericial. Segundo o que estabelece o Conselho Federal de Contabilidade, as normas são de cumprimento obrigatório e o desrespeito a elas constitui lesão à Ética Profissional, sujeito à abertura de processo, a julgamento pelos Tribunais de Ética, contra as desobediências ocorridas.

A maior parte dos conceitos, definições, procedimentos e aspectos das resoluções do CFC está de acordo com os também contidos nesta nova edição de *Perícia contábil*, e, igualmente, e em parte pertinente, em outro livro, também de minha autoria, intitulado *Ética profissional* (3. ed. São Paulo: Atlas, 2000).

Os comentários que se seguem relacionam-se apenas a alguns pontos que elegemos para dissertação, contendo algumas observações de caráter reflexivo, em benefício dos temas já desenvolvidos neste livro.

Normas profissionais de perito contábil e da perícia.

Registro profissional e perícia

Tal como a lei já determina (Decreto-lei n. 9.295/1946), a NBC P 2 – Normas Profissionais do Perito Contábil – estabelece que: 1) é o Contador aquele que se acha capacitado a realizar a perícia e 2) ele precisa habilitar-se pelo registro competente no Conselho Regional de Contabilidade da região onde a profissão se exercer, órgão esse 3) perante o qual necessita também manter-se em dia com as obrigações pertinentes.

Ser Contador, estar registrado e em dia com suas obrigações perante o Conselho Regional de Contabilidade são os requisitos que capacitam legalmente o profissional, consoante as normas e a lei.

Essa questão, mesmo de hialina clareza, tem suscitado problemas e questionamentos, em razão de profissionais de outras áreas (economistas, administradores, engenheiros etc.), assim como técnicos em Contabilidade, assumirem, até por determinação de juízes, a responsabilidade pela perícia.

Embora o Código de Processo Civil estabeleça que a escolha do perito deva recair em um especialista de nível universitário, devidamente inscrito no órgão competente e no cadastro mantido pelo Tribunal ao qual o juiz que o nomeou esteja vinculado (art. 156 e seus parágrafos do Código de Processo Civil), e não obstante a Constituição (art. 5º, XIII) determine que a lei fixará sempre os limites de atuação de cada especialidade, tais preceitos nem sempre têm sido os respeitados.

Legalmente, entretanto, é inválida e anulável a perícia executada por elemento não Contador, quando relativa a objeto de ordem de natureza patrimonial, de empresas ou de instituições, ligado a registros ou fatos contábeis.

Entendo, particularmente, que, se a prova que se busca, se a opinião que se requer relaciona-se a um tipo de conhecimento, é este que deve caracterizar a natureza do trabalho e deve estar de acordo com este a capacitação legal do executor da tarefa.

Se em uma perícia, por exemplo, 90% de suas matérias relacionam-se à Contabilidade e apenas 10% à Engenharia, o responsável pela opinião deve ser um Contador; nesse caso, os 10% restantes seriam delegados a um engenheiro de sua escolha e confiança, que faria um laudo suplementar pertinente que passaria a fazer parte integrante do trabalho geral. Sem embargos ao fato de que juiz poderá nomear peritos ou equipe multidisciplinar, quando a prova versar sobre

Cap. 6 • Aspectos consuetudinários aplicados às perícias contábeis **197**

mais de um ramo do conhecimento humano, nos termos do art. 475 do CPC/2015: "Tratando-se de perícia complexa que abranja mais de uma área de conhecimento especializado, o juiz poderá nomear mais de um perito, e a parte, indicar mais de um assistente técnico".

Se o caso fosse o oposto, entendo que seria inoportuno e inadequado que um Contador se responsabilizasse pelo laudo integral; participaria apenas de forma suplementar, igualmente oferecendo o laudo pertinente, que se anexaria como parte do trabalho pericial.

Competência legal e capacidade cultural específica são fatores que devem estar unidos para convalidar um laudo pericial.

O registro nem sempre é prova de competência e a competência nem sempre é prova de registro, razão que exige a associação desses elementos para que exista qualidade em uma opinião.

> O registro profissional, portanto, é suficiente para outorgar ao Contador o direito de periciar, mas não o é para abranger a totalidade de uma "tarefa pericial", se esta envolve, expressivamente, tarefas de competência de outros ramos.

A Constituição brasileira concede a liberdade de trabalho, mas também restringe o exercício deste ao que a lei estabelece, ou seja, cada profissão tem determinados direitos garantidos para seu exercício, assim como as restrições pertinentes.

O registro como Contador outorga direitos de exercer as funções estabelecidas na lei que regulamenta essa profissão e, embora aquela esteja desajustada, em face do progresso (pois tem mais de meio século), em verdade, é ela que serve de parâmetro; logo, não está autorizado um perito a opinar sobre matéria fora do que para ele estabelece-se expressamente como competência legal.

Competência profissional e opinião

É princípio ético, em matéria profissional, a responsabilidade perante o conhecimento, ou seja, *só deve aceitar a incumbência de fazer algo quem tem capacidade e consciência de que pode exercer a tarefa de modo eficaz.*

Isso vale para qualquer tipo de trabalho, mas, quando se relaciona a uma opinião, maior dose deve-se exigir de quem a oferece.

> A perícia, por natureza, é um trabalho de investigação que tem como fundamento a emissão de uma "opinião" por especialista com capacidade de esclarecer dúvida suscitada sobre uma matéria específica.

Ao se desejar conhecer algo sobre alguma coisa, chama-se quem dela entende (esse é o princípio), ou seja, um "perito" ou elemento conhecedor, capacitado a opinar após examinar a questão (ver o conceito de Perícia no Capítulo 1 deste livro).

Em tese, a opinião técnica deve ser objetiva e não subjetiva, ou seja, egressa de razões formadas, em face da coleta de informações e observações, mas sob o prisma dos conhecimentos técnico, tecnológico e científico.

Não se requer apenas o pensamento de alguém, mas especialmente o que alguém competente deve pensar sobre alguma coisa, em determinada circunstância. Ou, ainda, não se busca simplesmente o que alguém possa entender, mas o que todos devem consagradamente entender sobre alguma coisa que deve ser a realidade ou o verdadeiro entendimento fundamentado em cultura científica e tecnológica.

Essa é a razão pela qual se exige não só um conhecimento apurado, mas também a atualização deste, pela via de um programa de educação continuada.

Conhecimentos empíricos, em matéria pericial contábil, não são os adequados, pois, pelo caráter subjetivo que possuem, colocam em risco a opinião, requerendo-se, para ser deveras um especialista, muito mais em matéria de cultura, ou seja, aquela apoiada em doutrinas, teorias e práticas racionais de aplicação.

A opinião verdadeira requer suporte de igual natureza, e este só pode ser encontrado em matéria científica, pois é esta que tem condições de oferecer opiniões objetivas.

Deve-se ainda considerar que, quanto maior for a responsabilidade de um parecer, tanto maior deve ser o valor cultural de quem o oferece.

O muito que se exige, portanto, de um perito, sugere-se encontrar neste uma cultura compatível, e essa é a razão pela qual, com propriedade e oportunidade, se exigem competências, como o aperfeiçoamento constante por meio da educação continuada, além de especialidades, como é o caso previsto no parágrafo único do art. 606 do CPC/2015.

Capacidade executiva e terceirização de tarefas

Diante da dúvida sobre a execução de uma tarefa, o profissional deve preferir a recusa desta, conforme sugere a norma, e assim também o consagram os preceitos éticos.

Isso, todavia, não se amplia até o ponto em que, existindo algumas particularidades na tarefa que não sejam da capacidade do Contador, deva este recusá-la.

Em ocorrendo, por exemplo, em meio a diversos quesitos, um que se relacione a problema de qualidade de um produto, deverá o perito valer-se, nesse particular, do socorro de outro profissional, que suplementará o trabalho com outro parecer e poderá ser um químico, um biólogo, um farmacêutico, um engenheiro, ou seja, o que tiver capacidade para emitir a opinião.

Assim, por exemplo, se na perícia está incluída a determinação, a valor presente, da qualidade da construção de um prédio, e se isso é apenas um quesito entre muitos outros, o que o

Contador deve fazer é assessorar-se por um engenheiro e a este requerer seu laudo específico, quando não for nomeado o perito engenheiro pelo juiz.

> O importante é que o perito-contador só venha a opinar integralmente sobre o que também integralmente conhecer, em decorrência de sua especialidade.

A terceirização de tarefas, quando executivas e relativas a outras especialidades, não exclui, entretanto, a responsabilidade de quem assina o laudo, ou seja, a do perito designado.

As delegações de opiniões e tarefas, pois, que se fazem para produzir um laudo e que integram o complexo desse laudo precisam dar, ao perito-contador responsável, visões de entendimento e de segurança que sejam competentes para eliminar as incertezas ou riscos que possam comprometer o trabalho.

A práxis não exclui possibilidades de serviços auxiliares, exames laboratoriais, e nem especialistas, e, de maneira competente, sugere que sejam até requeridas quando necessárias ao esclarecimento da tarefa ligada ao assunto contábil.

Impedimentos na função pericial

As normas contábeis brasileiras de perícia em questão estabelecem diversos itens sobre os impedimentos, ou seja, as situações em que o perito não deve aceitar a tarefa e os apresenta em analogia com o direito processual.

Haverá impedimento sempre que o profissional for parte direta ou indiretamente interessada no processo, pois admite-se que poderá emitir opinião sobre seu próprio comportamento, ou, então, quando estiverem envolvidas pessoas de seu interesse imediato. Impedimentos semelhantes são os que se levantam contra as testemunhas (art. 405 do Código de Processo Penal), e, por se relacionarem à emissão de opiniões que podem ser utilizadas como provas, são tratados em regime de uma bem próxima afinidade; no âmbito dos processos civis, as razões de impedimento e suspeição de um juiz são igualmente aplicadas aos peritos.

A proteção à "qualidade da prova" é um zelo que parte do princípio de má-fé, ou seja, de que, havendo interesse próprio em jogo, a tendência seja a de não ocorrer uma imparcialidade (embora a lei estabeleça penalidades para as informações e opiniões infiéis).

O que se deseja preservar é a absoluta isenção na opinião, inclusive a liberdade de realizar-se um trabalho que evite questionamentos sobre a parcialidade que aquele possa vir a conter.

Na prática, todavia, nem sempre um Contador, por mais ético que deseje ser, deixará de acompanhar o trabalho de um perito, colega seu, em causa da qual ele, esposa, consanguíneo ou amigo sejam partes.

Um profissional, se parte de um processo, mesmo não assinando um laudo, tenderá a realizar, todavia, o acompanhamento do trabalho pericial e dificilmente deixará de defender seu interesse, observando como a tarefa se executa.

Tal acompanhamento, dependendo da capacidade dos profissionais, poderá chegar a ter até influência relevante, por meio de opiniões, sugestões e subsídios.

A virtude só se perturba pelo interesse quando este não é virtuoso. Não se pode pressu[ ]o vício como parte inerente ao interesse quando este não se prova ser aético. Logo, o qu[ ]a em causa não é o fato de intervir, mas a natureza da intervenção processada.

A meu ver, um procedimento como o enfocado, por si só, não se assemelha a uma l[ ]o à virtude, pois o entendo como um legítimo direito de defesa, por mais aético que possa pa[ ]cer e por mais defendido que o seja pela lei (o caso assemelha-se, em meu entendimento, mais como uma das muitas falsidades consagradas e sob as quais trato na 3ª edição de meu livro *Ética Profissional*, da editora Atlas, no capítulo sobre a Ética da Mentira).

Aquele que deixa de usar seu conhecimento, em defesa de seu próprio interesse, pode ser aparentemente ético, pode cumprir o que a lei determina, mas será sempre, essencialmente, um relapso e poderá, por isso, suportar prejuízos.

O risco de alguém ser parcial em sua opinião não o excluir de lesar os que, podendo, não defendem seus legítimos interesses.

Não entendo por "bem", do ponto de vista dos entes, o que prejudica alguém. Só entendo por virtude o que seja um "bem". Como a ética defende a virtude no comportamento em relação a terceiros, é axiomático que aético só pode ser o que prejudica, e nisso se insere o impedimento ao uso de um conhecimento em favor de causa própria; assim, entendo porque, repito, por "bem" aceito o que não me prejudica nem prejudica terceiros.

O erro não está em emitir-se uma opinião, mas em fazê-la falsamente. Mesmo sem ser em causa própria, será sempre aética uma opinião que falte com a verdade.

Entendo, entretanto, que aquilo que se deseja salvar, no caso da norma do Conselho Federal de Contabilidade, é a possibilidade de haver uma distorção tendenciosa, ou seja, de parcialidade, seguindo o que também a lei estabelece analogicamente, e isso é louvável; no entanto, também entendo, como ponto de vista pessoal, que nesse caso não deixa de existir um obstáculo prejudicial ao livre direito de defesa dos interesses do profissional.

Tal é a dúvida que essa questão desperta, quanto a seu caráter absoluto, que até a lei permite a possibilidade de um Juiz, se necessário, ouvir quem está impedido e dar ao depoimento o julgamento que merecer, segundo seu entendimento.

Se o impedido pode deixar de o ser, porque o valor da verdade é mais forte, o impedimento é algo sempre relativo diante da justiça, que por imperativo deve lastrear-se naquela.

Como a norma e a lei são para serem seguidas, minha discordância quanto à eficácia da norma enfocada é apenas um entendimento de caráter subjetivo e uma forma de discordar sinceramente sobre o que se tem aceitado, que entendo como a consagração de um princípio de questionável efeito.

Estrutura de pessoal e material para a execução da perícia

Outro aspecto igualmente interessante para se analisar, do ponto de vista prático, é o da matéria relativa ao impedimento do perito, em razão da falta de estrutura para cumprir tempestivamente um serviço.

Tarefas muito grandes demandam muitas pessoas; a figura do "perito", como pessoa singular, como o exclusivo executor, é, pois, uma ficção, especialmente quando se trata de vultoso

Cap. 6 • Aspectos consuetudinários aplicados às perícias contábeis **201**

trabalho. Dificilmente, na vida profissional, executam-se tarefas diretamente, mesmo as mais simples.

Não incumbe a um perito-contador, responsável por uma opinião, a obrigação de executar pessoalmente todas as tarefas necessárias que conduzem a determinado parecer, porque elas seriam impossíveis de serem realizadas quando se tratasse de serviços de grande volume.

Constituindo uma "estrutura" de pessoal e de equipamentos, pode lidar com quantidade apreciável de dados, planejando, comandando, controlando e coordenando tarefas para que desse complexo possa emergir sua opinião.

A maioria expressiva dos profissionais possui auxiliares e os famosos contadores procuram associações, formando até mesmo um grupo complexo, o que representa a referida "estrutura de recursos humanos e materiais".

Muito dificilmente, na vida profissional, recusa-se um trabalho por falta de estrutura, a menos que não se queira ou não se tenha capacidade para constituí-la.

Pode ocorrer, todavia, que advenha a não aceitação, em casos nos quais exista a incompatibilidade entre a quantidade de tarefa e o tempo determinado para a execução, entre a qualidade da tarefa e a possibilidade de arregimentar especialistas.

A recusa, nos casos enfocados, é o que a norma estabelece, com propriedade e em defesa da qualidade dos serviços, como proteção aos preceitos éticos.

Não são raras as vezes, entretanto, em que, para possibilitar a realização de trabalhos, organiza-se uma estrutura transitória e especial para cumprir uma perícia específica e depois se dissolve o organizado, por ser eventual (tipos de consórcios).

Recursos humanos e profissionais, em todas as profissões no mundo moderno, vivem em associação de interesses, e estes se fazem ao sabor dos fatores básicos de custo e qualidade. É comum, no mercado, procurar-se um contador, em decorrência de referências feitas sobre a capacidade que ele tem em bem atender.

Não é lógico que se entregue uma grande tarefa a quem não possua recursos para cumpri-la em um prazo determinado e que nem tenha capacidade de organizar-se para a execução.

Entretanto, pode ocorrer que um juiz se equivoque quanto ao prazo oferecido para a apresentação do laudo, quer por falta de conhecimento da matéria contábil, quer porque não dialogou com o perito que escolheu, ou em função de outros interesses. Na prática, todavia, tais enganos não são frequentes e, quando ocorrem, podem ser corrigidos.

Se sucederem, pode o perito usar do direito de pedir "dilatação de prazo", que lhe será concedida, prevista que está em lei (art. 476 do Código de Processo Civil).

A práxis pericial, todavia, e no sentido de que o perito em casos de impossibilidade de execução, por faltarem recursos e tempo suficiente, deve recusar o labor e justificar.

Procedimentos éticos quanto aos honorários da perícia

As práxis periciais relativas aos honorários do perito podem ser as mesmas exigíveis para qualquer outro tipo de tarefa de um contador, no que tange a seus aspectos essenciais.

O preço de um serviço deve guardar a proporcionalidade, a razoabilidade, a qualidade dele exigível, a quantidade de tempo que vai requerer, a responsabilidade, o risco que envolve e o benefício que dele vai decorrer. Custo, responsabilidade, qualidade do conhecimento, riscos, efeitos ou benefícios defluentes são alguns dos elementos mais importantes na formação do valor dos honorários.

Conhecidos os elementos referidos, após um minucioso levantamento, a ética exige que um orçamento se faça e que este seja demonstrado com clareza.

Existem tarefas que exigem apenas trabalhos menos qualificados e outras que requerem altíssimas especializações, algumas até de limitada oferta de mão de obra para cumpri-las. Seria injusto fixar-se um padrão de remuneração, pois prejudicaria tanto o profissional quanto a parte que requer a opinião.

Um orçamento deve aproximar-se ao máximo da realidade, pois, embora possam ser requeridos reajustes futuros, é melhor evitá-los, a menos que quesitos ou exigências complementares sejam feitos e venham a ampliar os custos.

De tudo o que, entretanto, não me parece muito fácil, no particular dos honorários, é a equivalência ou mesmo a proximidade entre as remunerações dos assistentes e a do perito do juiz.

Assim, no que tange ao que se deva pagar ao perito-contador do juiz, ocorre que nem todos os magistrados conseguem avaliar preços de serviços contábeis, porque se trata de matéria que, em geral, escapa-lhes ao conhecimento; alguns até discordam das propostas feitas pelos profissionais e, nesse caso, o que deflui é sempre a tendência de menor remuneração.

Por outro lado, assistentes, em geral, quando as causas muito interessam a poderosos litigantes, tendem a escolher profissionais muito qualificados (o que não implica afirmar que os do juiz não o sejam), e sua remuneração é muito maior que aquela que um magistrado venha a entender como razoável para efeitos processuais.

O ideal é que exista um acordo respeitoso quanto à dignidade da remuneração, mas nem sempre isso é factível. Não foram poucos os casos que presenciei de menor remuneração para o perito do juiz e maior para os assistentes, e vice-versa.

Honorários dependem de conveniência entre as partes, do recurso que possuem e das circunstâncias que cercam cada caso, e quando seis são as partes envolvidas não é tão fácil a homogeneidade.

Sem que seja oficial, mas consensual, em muitos casos de perícias repetitivas e de baixa complexidade, tem-se convencionado que a um assistente remunere-se com um valor equivalente a 60 a 80% daquele que se estabeleceu para o perito do juiz, observadas sempre as peculiaridades de cada caso. Nesses casos, de perícias repetitivas, o perito assistente também não formula quesitos, não indica e não faz diligências prévias, nem compõe ou seleciona os documentos probantes que devem ser juntados aos autos, apenas emite opinião sobre o laudo do perito do juiz.

Sigilo profissional

O dever de sigilo profissional só existe quando é ostensiva a restrição à difusão de fatos. Quando há um pedido direto da parte interessada em preservar segredo, quando se procura defender a ocultação de algo que não convém nem pode ser de conhecimento geral e indiscriminado, pode-se dizer que ocorre algo que está sob sigilo.

> Só a parte interessada, ou a ostensiva declaração de impedimento, pois, é competente para caracterizar algo sobre o qual se deva manter segredo.

O mesmo ocorre em juízo com os processos colocados sob sigilo, que, na realidade, não são todos.

> Deixa de haver o sigilo em tudo aquilo em que o acesso é público e livre, pois, nesse caso, não há como impedir que a informação seja obtida nem se deve crer que se tem ocultado o que está ao alcance de todos conhecer. Não se pode quebrar um sigilo do que por natureza não é sigiloso.

Quase tudo o que transita em órgãos públicos (nos quais o Judiciário se insere) pode ser objeto de requerimento de partes interessadas na informação (art. 5º, XXXIII, da Constituição Federal), e apenas fatos deveras particulares e que ainda estão reservados para uma futura estratégia de defesa ou ataque poderiam justificar um sigilo.

Além do mais, as perícias que se inserem em processos judiciais sujeitam-se, no que for pertinente a cada caso, ao que determina o art. 5º, LX, da Constituição brasileira, que estabelece expressamente que não pode haver impedimento à publicidade de atos processuais, exceto em casos de interesse público ou ostensivamente declarado de natureza sigilosa.

A questão de quebra de sigilo em matéria pericial, portanto, não me parece ser de hialina clareza, no que tange a ela mesma, como ato processual, sendo mais um assunto questionável quanto às definições intrínsecas do sigilo, em face da ética.

Considerando que somente a natureza do processo e a parte interessada em uma perícia podem determinar o que é ou não sigiloso e que o caso da matéria, em juízo, foge ao sigilo, em seu sentido restrito, fica a dúvida se a norma do Conselho Federal de Contabilidade seria ou não inócua.

Por índole, o sigilo é algo que deve ser mantido e sempre o defendi até acima da lei, como o faço em meu livro *Ética Profissional*, e entendo que comentários ou informações a terceiros sobre trabalhos periciais não são recomendáveis.

Não posso, todavia, deixar de reconhecer, também, que: 1) só se guarda segredo sobre o que é solicitado; 2) nada é sigiloso se é de alcance livre de todos; 3) não se pode quebrar sigilo do que não é por natureza sigiloso; 4) nada é aético se não é lesivo ao interesse de terceiros.

Existem laudos que, muito ao contrário, as partes até se interessam, ao máximo, em difundir publicamente porque lhes favorecem.

Fica, pois, levantada uma questão sobre até que ponto a quebra de sigilo dos laudos periciais ocorreria e quando deveras obrigaria ao profissional. Vejo tal matéria, portanto, como questionável, quando enfocada no aspecto genérico.

Entendo o sigilo como algo de rara importância, mas não o confundo com a discrição. É possível ser discreto sem guardar sigilo e, ao guardar sigilo, não se necessitar de discrição.

Admito que, perante os laudos, os peritos devem, em sentido geral, guardar discrição, mas não quebrarão nunca o sigilo se revelarem algo de que todos poderiam saber se requeressem o acesso aos dados, embora não pareça recomendável a um contador revelar o que sabe por força de seu trabalho, a menos que beneficie seu cliente.

Sigilo, entretanto, só existe como resultado de algo confiado com a recomendação de não ser revelado, devendo ser guardado com rigor.

Tudo milita em favor da não propagação de resultados de trabalhos profissionais, especialmente os do contador, que lida profusamente com segredos.

Se a prática pericial exige o sigilo, todavia, melhor será que ela não seja transgredida, porque é prudente e judiciosa.

Nem por isso creio, entretanto, que a norma possa ser uma base, nesse particular, para justamente punir quem não mantém o sigilo sobre o que por natureza não é sigiloso, sob o argumento de que esteja a romper sigilo.

A opinião, em essência, não se qualifica como sigilosa, e se o fosse, os auditores seriam transgressores habituais, o que não ocorre. Um laudo pericial é uma opinião que muitas vezes serve de subsídio em um complexo de fatos e nem todos, isoladamente, possuem condições de prejudicar, se difundidos.

A quebra de um princípio ético só ocorre quando a conduta lesa o interesse de terceiros. A difusão de uma opinião, todavia, só pode lesar se for comprovado que causou prejuízo a quem de boa-fé a aceitou ou dela utilizou-se para prejudicar alguém.

O subjetivo e o objetivo sobre o trabalho dos peritos

Os textos dos laudos devem ser objetivos. Isso significa que deles devem estar excluídas matérias pessoais, especialmente no que se refere ao trabalho dos colegas peritos (quer do juiz, quer do assistente).

Elogios, críticas, acusações, ironias, mesmo veladas, não só devem ser evitadas como desvalorizam, eticamente, um laudo.

Uma perícia não deve transformar-se em um campo de batalha entre os contadores, mesmo quando existem discordâncias entre eles.

O respeito profissional é um princípio fundamental em matéria de ética.

É possível contestar sem ofender e é possível apoiar sem bajular.

Concordo plenamente com a prática pericial em relação à crítica pessoal, mas discordo no que se refere ao elogio, pois não confundo este ato com o da bajulação.

> Elogiar é reconhecer dignamente uma qualidade existente e manifestar seu valor. Bajular é indignamente ressaltar uma qualidade ausente, por meio de uma mentira que tenta qualificar como bom o que não possui tal atributo.

O elogiar, pois, não é quebra de ética e se inclui entre as virtudes, inclusive suplementando os efeitos da solidariedade.

Um gênio da literatura mundial e também hábil crítico social, Shakespeare (1564-1616), escreveu, em seu *Conto de inverno*, Ato I: "Os elogios são a nossa recompensa", e nosso colega contador, Machado de Assis (1839-1908), lecionou em um de seus brilhantes artigos editados em 1892, *A semana*: "não sou homem que recuse elogios. Amo-os; eles fazem bem à alma e até ao corpo".

No entender desses famosos escritores, o elogio é algo "bom", e o bom é um "valor moral", aquilo que traz felicidade (como deixaram expresso os autores citados), defensável, portanto, eticamente, com o mesmo vigor.

Entendo que o elogio no trabalho é algo cabível, enobrece, distingue, embora também admita que nessa matéria, especialmente no campo técnico, como o de um laudo pericial, deva ser utilizado com discrição.

Perícias, entretanto, devem ater-se a fatos, conhecimentos, ideias, e não àquelas pessoas que as fazem e que nelas externaram suas opiniões.

O reconhecimento de "valores humanos", em discretas referências, todavia, não é uma quebra de ética nem desvaloriza um laudo, podendo, sob certas circunstâncias especiais, ser prova de elegância e finura de trato e estilo.

O perito precisa estar atento, entretanto, para que suas referências, seus atos, não indiquem tendências subjetivas nem expressem qualquer forma de beneficiar direta ou indiretamente qualquer das partes interessadas nos resultados da opinião.

FRAUDES EM CONTABILIDADE 7

Fraude e perícia contábil

Muito são os casos, em perícia contábil, em que se faz necessário examinar com o objetivo de detectar fraudes. O conhecimento de fraude, pois, pelo perito, é condição essencial de cultura.

Existem processos na justiça, assim como muitos são os inquéritos administrativos que requerem o exame já direcionado para encontrar a fraude (nesta obra já exemplificamos alguns casos).

Fraudes contra sócios, contra herdeiros, contra o fisco, contra credores etc. são praticadas e os peritos são chamados para identificá-las.

Uma falência pode ser preparada, a partir de simulações, desviando o Ativo e aumentando o Passivo, com o intuito de prejudicar credores, herdeiros etc. Essa é a razão de tratarmos do assunto neste capítulo, mesmo que de forma sucinta (mais detalhes podem ser encontrados em nossa obra especializada: Corrupção, fraude e contabilidade, Antônio Lopes de Sá e Wilson Alberto Zappa Hoog. 6. ed. Curitiba: Juruá, 2017.)

Fraude e erro contábil

É preciso fazer distinção entre fraude e erro, em Contabilidade. Fraude é uma ação premeditada para lesar alguém. Erro é uma ação involuntária, sem o intuito de causar dano.

A fraude pode ser um "agregado" de premeditações, ação dolosa, visando-se tirar proveito de alguma forma. Os erros são, por exemplo, somas feitas sem computar parcelas, crédito em dobro, inversão de números, esquecimento de realizar transporte de números, classificação indevida de documento etc.

As fraudes se operam com desvios de dinheiro, recebimento de créditos sem dar baixa, despesas fictícias, desvios de mercadorias, adulteração de documentos, falsificação de documentos etc. A ocorrência de fraude, pois possui natureza diferente da do erro.

Embora o erro e a fraude possam incidir sobre os mesmos fatos e documentos (balanços, balancetes, fichas de estoque etc.), possuem características diferentes.

A fraude é um erro proposital.

O fraudador é um tipo específico e nem sempre comete a fraude sozinho, mas com a ajuda de terceiros.

Quanto mais imperfeito é o controle de uma empresa, mais vulnerável ela se torna a erros e fraudes.

Autoridade e fraude

A prática tem comprovado que as fraudes quase sempre são praticadas por quem tem autoridade, ou seja, por quem decide ou comanda.

Quando, então, com autoridade, alguém *acumula funções*, tem em suas mãos grandes canais de fraudes; por exemplo, quem compra também paga; quem recebe duplicatas também tem o controle da tesouraria etc.

Possuir autoridade, acumular autoridades são facilidades que permitem a prática da fraude.

O acúmulo de cargos e funções, com autoridade, facilita a prática da fraude.

Em matéria pericial, sendo o objetivo apurar administração ruinosa, por exemplo, não se pode dispensar o exame de controles internos.

Portanto, um quesito que pode ser formulado, no caso referido, é: "Na empresa... existe acumulação de funções?"; outro quesito: "Onde se processam as acumulações?". A seguir, nos quesitos, pode-se solicitar aos peritos a verificação das funções e cargos acumulados: "Queira o senhor perito examinar o movimento de.... e de.... no sentido de observar se ocorreram fraudes em decorrência da acumulação de poderes".

As perguntas podem ser mais objetivas à medida que o autor da ação já tenha indícios.

Conluio na fraude

Conforme observamos, a fraude não se opera apenas singelamente, quando ela demanda volumes maiores; o fraudador sempre se utiliza de terceiros ou entra em conluio com eles.

Dificilmente uma grande fraude deixa de envolver várias pessoas, quase sempre de serviços correlatos.

Para ganhar mais comissões sobre compras de fornecedores que são subornados, um chefe do setor pode estabelecer conluio com o chefe da fábrica para aumentar os "Pedidos de Compras".

Quando há conluio, a fraude tende a perdurar, caso não existam controles adequados de revisão (auditorial). Cada tipo de fraude pode comportar um caso de conluio.

Facilita o exercício da fraude o fato de nela se envolverem funções correlatas.

O conluio de pessoas envolvidas na fraude facilita a prática e dificulta a localização. O fato de uma pessoa efetuar compras, recebê-las, conferi-las e efetuar seu pagamento constitui um caminho fácil para fraudes.

Capital circulante e fraude

O maior índice de fraudes ocorre nos elementos do capital circulante da empresa, ou seja, dinheiro, estoques e créditos a receber.

Geralmente, a fraude de caixa fica dificultada quando a empresa só paga por cheques nominativos aos beneficiários e deposita tudo o que recebe, integralmente. Dificulta, mas não impede a fraude.

É preciso rigor, de modo que:

Autorização e realização de pagamento não devem ser feitas pela mesma pessoa.

Quando, por conseguinte, o perito constata que as coisas na empresa não funcionam como aqui se adverte, tem já *Indícios de Possibilidades de Fraudes*.

Na verificação de haveres, podem estar simulados saldos de caixa. Muitas vezes, um saldo muito alto não significa que exista numerário; ao contrário, pode não ter nada que o represente fisicamente, ou, então, cheques falsos, vales, ou nem existir coisa alguma.

Para cobrir saldos de caixa, o fraudador pode emitir um cheque pré-datado de terceiro (falso) ou mesmo alegar que o numerário foi entregue a funcionário para ocorrer o pagamento. A maioria das fraudes passa pelo caixa da empresa.

Entradas "a menor" e saídas "a maior" são algumas das fraudes comuns que mascaram saldos de caixas.

As "saídas fictícias de caixa", traduzidas por pagamentos que não correspondem à realidade, podem ser muitas, mas entre elas encontram-se:

a) funcionários "fantasmas" ou não existentes em folha de pagamento da empresa;

b) compras com "notas frias" (existe a nota, mas a mercadoria não entrou);

c) compras com "notas calçadas", ou seja, com preço falso de compra, a maior que o realmente pago;

d) notas de serviços pagas sem a correspondente prestação do serviço e liquidada por um valor simbólico com o emitente;

e) duplo lançamento em caixa de um mesmo pagamento;

f) notas fiscais adulteradas para maior valor;

g) comissões pagas sobre vendas não realizadas;

h) descontos oferecidos ao cliente, mas só ficticiamente, ou seja, o cliente pagou pelo valor real, mas atribuiu-se um desconto que, de fato, não existiu;

i) notas de vendas adulteradas, considerando valor a menor que o efetivamente recebido;

j) notas de vendas "calçadas", ou seja, ao cliente se deu o valor que ele pagou (1ª via) e na segunda via se colocou um valor a menor, para dar menor entrada no caixa;

k) guias de recolhimento de tributos falsificadas (documento não autêntico);

l) juros pagos a fornecedores, bem como correção monetária, simulando pagamento atrasado, mas que foi feito em dia;

m) pagamento de multa contratual inexistente;

n) pagamento de reparos e conservação obtidos por notas de favor de oficinas mecânicas;

o) pagamento de combustíveis feito com notas de favor de postos de gasolina;

p) registros de saída de caixa com simples comprovante interno;

q) registros de saída de caixa mediante notas de "adiantamentos por conta de pagamentos", sem, todavia, comprovação dos referidos pagamentos;

r) saques de sócios por conta de lucros, quando os lucros não estão apurados ou não existem;

s) aquisição de títulos de participação em sociedades já em quebra, por valor notoriamente superior à realidade (registra-se pelo valor nominal e paga-se pelo real, com enorme deságio);

t) aquisição de bens por valores fictícios, registrados por valor maior e pagos por valor menor;

u) venda de bens por valor muito maior, mas registrados por valor mais baixo;

v) compra de material usado como se fosse novo, pagando-se, teoricamente, um valor maior e recebendo bens por valor muito inferior;

w) omissão de receitas extraordinárias;

x) simulação de pagamento de indenizações;

y) baixa de bens do ativo, vendidos como sucata, mas em verdade negociados pelo valor real;

z) simulação de alcances de caixa, com queixas simuladas.

Muito grande é o número de fraudes que se praticam e que passam pelo caixa. A forma como se realizam varia de acordo com a criatividade do fraudador.

Assim, por exemplo, algumas ocorrem de forma grosseira e de maneira altamente sofisticada. Detectar tais anomalias não é difícil a um bom profissional.

No que tange a fraudes nos estoques, também, não menos variadas se apresentam:

a) subavaliações traduzidas por alterações, quer em quantidades, quer em valores;
b) sub e superfaturamentos;
c) adulteração de qualidade;
d) consideração como estoque válido, mas, na realidade, de bens obsoletos;
e) consideração de bens usados como se novos fossem;
f) controle de entrada de estoques adulterados;
g) controle de saída de estoques adulterados;
h) substituição de materiais e mercadorias;
i) falsificação de notas de transferência;
j) cálculos adulterados na computação de entradas;
k) cálculos adulterados na computação de saídas;
l) notas de entrada por quantidades inferiores às reais (valor certo e quantidade errada);
m) notas de entrada por valores certos ou reais, mas por quantidades erradas;
n) notas de saída por valores certos e quantidades erradas;
o) notas de saída por quantidades certas e valores errados;
p) subtração de mercadorias com adulteração de saldos;
q) alteração de quantidades;
r) vendas de mercadorias com o preço muito inferior ao real para beneficiar pessoa ligada;
s) compras de mercadorias por valor notoriamente superior ao de mercado;
t) baixas de mercadorias como obsoletas quando, na realidade, estavam sem nenhum defeito de qualidade;
u) aplicação falsa de materiais etc.

As fraudes em estoques são deveras variadas e criativas e podem operar-se como fraudes de empregados ou do proprietário.

Não são menores os casos de fraudes em duplicatas a receber. Entre elas destacam-se, principalmente:

a) recebimento da duplicata sem a baixa (não se dá a entrada do numerário e o título continua como se fosse a receber);
b) emissão de duplicata sem venda real;
c) emissão de duplicata por valor notoriamente inferior ao da venda;
d) emissão de duplicata por valor notoriamente superior ao da venda;
e) novação de duplicata sem a realidade da operação;
f) endosso falso;
g) manutenção de duplicatas vencidas e não pagas há muito tempo, o que pode indicar um paralogismo, e indício de evasão de tributos pela manutenção de caixa dois;

h) duplicata vencida há muito tempo e considerada como a receber, o que pode indicar um ativo fictício, assim como a duplicata a pagar vencida há muito tempo, que pode ser um indício de passivo fictício etc.

As fraudes nas duplicatas a receber são semelhantes às que se podem realizar em "créditos diversos", ou seja, naqueles não oriundos de vendas. Muitas manipulações podem ser realizadas para mascarar a situação de caixas, créditos e estoques. É a conhecida "contabilidade criativa".

As fraudes mais frequentes e fáceis de serem realizadas
são as que se operam no ativo circulante.

Por essa razão, também, para o perito, a matéria de exame de fraudes que mais interessa é a que se refere ao Ativo Circulante, embora não seja ele a única fonte de tais anomalias (também no ativo fixo é comum a realização de fraudes, notadamente em casos pré-falimentares).

Ativo permanente e fraude

As imobilizações técnicas e aquelas de rendimento também são fonte de fraudes. Muitos interesses podem existir em "reduzir" ou "aumentar" os valores dessa parte do capital, quer por efeitos qualitativos ou quantitativos.

Entres as fraudes mais comuns, na "área das imobilizações técnicas ou de produção", estão:

a) aquisição fictícia de bens;
b) produção de bens pela própria empresa e com os investimentos registrados como "despesas" do exercício, sem débito às contas do imobilizado;
c) venda ruinosa de bens para produzir recursos, com o prejuízo de credores;
d) depreciações exageradas;
e) reparações não realizadas;
f) reformas registradas como "despesas";
g) trocas de bens, com recebimento de elementos de menor qualidade e dinheiro sem entrada no caixa;
h) venda de parte de um conjunto de bens de produção, sem registro e sem baixa;
i) venda ruinosa de imóveis a pessoas ligadas;
j) demolição de prédios sem baixa no valor patrimonial;
k) destruição de bem em acidente sem a respectiva baixa;
l) bens obsoletos que constam como se fossem de plena utilidade etc.

Embora menos frequentes, as fraudes podem ocorrer no "Permanente"; nas perícias dedicadas aos casos de recuperação judicial e de falência, deve o profissional preocupar-se seriamente com o Ativo Permanente.

Também causam preocupações as relações "intersocietárias" (Imobilizações de Renda), em que um sem-número de fraudes ocorre com frequência.

Em geral, é realmente comum, entre empresas do mesmo grupo, operarem-se subavaliações, superavaliações, movimentos falsos de créditos, vendas, débitos, compras etc. Uma empresa, de um grupo, pode ser utilizada pela controladora para uma série de fraudes a terceiros.

As fraudes não são apenas de empregados, mas também de empresários. Os grupos têm-se prestado a uma série de maquinações contábeis. No exame da fraude, pois, do Ativo Permanente, tanto as imobilizações técnicas quanto as demais devem ser examinadas com o máximo cuidado.

Embora a preferência, no caso de fraudes de funcionários, seja a da fraude por meio do Ativo Circulante, as fraudes de empresários contra terceiros podem, conforme o caso, ter preferência pelo Ativo Permanente.

As fraudes no Ativo Permanente podem ser preferidas pelos empresários nos casos de lesão a terceiros, notadamente em falência.

Ao perito, conforme o caso, tanto interessam as fraudes de empregados como as praticadas pelos empresários na lesão ao direito de terceiros.

Passivo de dívidas e fraudes

Pode haver interesse tanto em "aumentar" as dívidas expressas em balanço como em diminuí-las, conforme o caso. O empresário que necessita de crédito pode praticar a fraude de "esconder" ou "mascarar" dívidas. O empresário que está preparando a empresa para a falência pode ter interesse em criar dívidas fictícias.

Geralmente as dívidas que se escondem são substituídas por "longo prazo" (quando são a curto prazo), ou não são registradas.

As dívidas que se "inventam" são resultantes de contratos fictícios, notas frias de fornecedores, notas promissórias, empréstimos de sócios etc.

O mascaramento de dívidas vem sempre acompanhado de mascaramento de valores nas despesas ou em ativos inexistentes.

O passivo de obrigações é fraudado quase sempre em casos de concordatas e falências, mas também quando se deseja prejudicar partilha de herdeiros.

Para fraudar os registros, fraudam-se, também, os títulos de crédito, criando-se "fantasmas credores".

Na quase totalidade dos casos, falsificam-se, pois, cambiais, mas também utilizam-se "créditos de sócios", e de "associados", em "suprimentos fantasmas".

Em geral, as fraudes de Passivo são especificamente volvidas ao prejuízo de credores. No caso, credores não são só fornecedores, bancos e financiadores, mas também sócios e associados.

As obrigações, como fonte, representando o "capital de terceiros", têm prioridade no resgate, quando das liquidações, concordatas, falência, daí havendo o interesse em "criá-las", para que se promova "desvio de dinheiro"; ou seja, busca-se com a fraude "reduzir a capacidade de recebimento" dos demais credores.

O profissional facilmente pode identificar esse tipo de fraude, pesquisando a "origem" das dívidas e qual a "aplicação" que se deu a tais recursos. Além disso, deve promover o exame das formalidades e da materialidade do título que representa a dívida.

Assim, por exemplo, sendo o título da dívida uma promissória, deve procurar identificar o "beneficiário", bem como as ligações que este tem com a empresa, observando, ainda, se o título possui as formalidades legais exigidas.

Ou seja, a verificação deve abranger os aspectos formais e essenciais; interessa, ainda, o registro do título em Diário, para conhecer "porque foi constituído"; isso se encontra sabendo-se qual a conta que é contrapartida na dívida (quando se fez o crédito – a que se debitou).

A investigação deve aprofundar-se até que o perito forme sua convicção sobre a dívida.

Patrimônio líquido e fraudes

Também no patrimônio líquido podem ocorrer fraudes. Em geral, embora não frequentemente, defluem de falsas constituições de capital, ou melhor, de suas integralizações.

Alguns capitais se formam apenas "nominalmente", ou seja, por exemplo, no contrato social consta que a integralização poderá se dar com "mercadorias", "títulos de crédito", ou outros bens – fato absolutamente legal.

Pode ocorrer, por exemplo, a integralização com "notas promissórias" a receber, de pessoas não existentes ou empresas "associadas" (que nunca liquidam o título); tal prática, contabilmente, faz integralizado um capital, mas sem corresponder à entrada efetiva de bens no patrimônio da empresa, representando uma falsa forma de constituição de capital.

Essa é uma das razões pelas quais os Planos Oficiais de Contas, na Comunidade Europeia, exigem que as associadas ou empresas ligadas tenham "Contas Próprias" e evidentes.

Reservas falsas também podem ocorrer, quer por reavaliações fantasiosas, quer por inserção falsa de valores no Ativo; também pode ocorrer o caso de "reservas ocultas" derivadas tanto de subavaliações do Ativo como de superavaliações do Passivo.

Estas, embora não evidentes, não deixam de ser contribuições à falsidade dos balanços.

Podem, ainda, alterar o valor de patrimônio líquido falsas produções de lucros (quer constem como acumulados, quer tenham sido incorporados ao capital).

Tal fraude, por onerosa (resulta em pagamento de tributos), nem sempre é preferida, mas pode ocorrer para "compensar perdas" e, nesse caso, não tem ônus.

Em hipóteses mais raras, mas não de todo inviáveis, estão as decorrentes de alterações processadas nas correções monetárias.

Fraudes nos custos

Os custos são fontes de fraudes, quer para alterar os lucros, quer para evitar cargas tributárias (também alterando os lucros). Também se alteram custos para mascarar "preços".

As fraudes, cometidas pelos empresários, quase sempre visam a interesses, pois, em pagar menos imposto de renda, iludir credores (por redução de custos), iludir controles de preços governamentais (por majoração de valores dos custos) etc.

As fraudes nos valores dos custos são processadas nos valores dos componentes.

Para fraudar o valor do custo, frauda-se o valor dos seus componentes, ou seja, matérias, mão de obra, gastos indiretos (energia, transportes, conservação, manutenção etc.).

As fraudes em matérias (matérias-primas, matérias auxiliares, matérias de consumo, ingredientes) processam-se de várias maneiras, como:

a) aquisição mediante notas frias (existe a nota, mas não entra o material);
b) aquisição mediante "nota calçada" (o valor da nota é diferente daquele que é pago ao fornecedor);
c) baixa de matérias sem que sejam empregadas produção;
d) consideração de matérias como deterioradas ou não eficazes para a produção (sem que isso tenha ocorrido);
e) incidência de altos fretes no transporte (sem que tenham ocorrido pelo valor que é considerado);
f) consideração de beneficiamentos sobre matérias sem que tais não tenham ocorrido e que nem sejam necessários;
g) consideração de comissões sobre compras que não foram pagas nem são devidas;
h) inclusão de armazenagens ou ensilamentos que não foram feitos etc.

A constatação e a investigação da fraude nos custos demandam não só a análise documental, mas também, algumas vezes, a observação do "processo de produção". Isso porque é por meio do exame direto que se consegue concluir sobre as falsidades.

Comum, também, é a inserção no custo dos produtos de valores de "pesquisa" e *royalties*; a pesquisa se dá, ao se inserir no custo uma parcela de amortização do diferimento do que foi gasto para obter-se uma fórmula vitoriosa (por exemplo); *royalty* é o que se paga para utilizar o que terceiros concederam como uso.

Muitos custos são elevados a partir de amortizações falsas e de *royalties* fantasiosos.

Também, como custos indiretos, incluem-se algumas vezes gastos realizados em "formas e modelos", ou seja, coloca-se como "custo" o que na realidade tem sua utilidade perdurada e que deveria ser imobilização.

Não são poucos os casos de fraude de tais características.

Fraude usual é a de imputar-se como custo valores aplicados em bens duráveis que se deveriam debitar às imobilizações.

216 Perícia contábil • *Lopes de Sá*

Também ocorrem, como fraudes nos custos, embora em casos não muito comuns, amortizações indevidas de valores de patentes de invenção.

As fraudes, nos custos, pois, não são apenas as que passam pelo "caixa", mas também as que se realizam por meio de "ajustes de valores".

Se a empresa não mantém uma escrita de custos, dificulta a ação pericial, mas não impossibilita, de todo, a ação investigadora do perito.

Fraudes nas despesas

As despesas possuem um campo vasto para a prática da fraude, pois abrangem as administrativas, comerciais, financeiras, tributárias e extraordinárias. Podem, geralmente, resultar de "pagamentos", mas também de ajustes.

Em geral, nos casos empresariais, podem, até, estar documentadas. Devem, por isso, merecer análise não só "documentais", formais, mas, especialmente, de suas justificativas.

Nesta obra, já analisamos casos de fraudes "corretamente documentadas".

Conforme o "interesse", pratica-se a fraude; se o interesse é lesar sócios, herdeiros, credores, pode-se simular uma "má situação", produtora de perdas, quando, na realidade, o dinheiro escoa para a mão dos fraudadores. Para tanto, é preciso *Aumentar Despesas*.

O aumento tanto pode ser suprido por documentos especiais falsificados, como pode defluir de "aproveitamento indevido da situação".

Podem-se simular grandes contratos de publicidade, gerando até dívidas para sustentá-los (conhecemos caso real nesse sentido), bem como empregar pessoal da família ou ligado com altíssimos salários e privilégios; a "fabricação" de uma situação ruinosa é ardilosamente preparada pelos fraudadores e o perito, para identificá-la, precisa ter em mente que o propósito é "produzir uma aparência ruinosa".

Entre os muitos casos de fraudes em despesas podem, por exemplo, ocorrer:

a) aquisição de notas frias de bens ou serviços (existe só a nota, mas nada foi suprido);
b) pagamento de salários a pessoas inexistentes, mas com plena cobertura de registros falsos de pessoal;
c) contratos de publicidade, organização, pesquisa de mercado etc. sem a produção dos serviços;
d) gastos com reparações de veículos com notas de serviços frias (existe a nota, mas o serviço não foi prestado);
e) simulação de gastos de recepção ou relações públicas (existem as notas de despesas, mas sem que tivessem correspondido a reais gastos operados);
f) consideração de gastos pessoais de sócios dirigentes como se fossem da empresa;
g) uso da empresa para cobrir gastos de dirigentes (em veículos, viagens, ligações telefônicas etc.);
h) registros, em dobro, de gastos (lançamento da mesma nota em datas diferentes);
i) pagamentos de comissões sem a ocorrência do fato, ou seja, sem que tenha havido interveniência real de vendedor etc.

Em geral, quase a maior parte das fraudes de caixa aplicam-se às fraudes nas despesas. As intenções dos fraudadores são sempre as mesmas, ou seja, defender ilicitamente o interesse próprio, sempre com a lesão do direito de terceiros.

As fraudes nas despesas em sua quase totalidade são as mesmas que se processam no caixa, porque se baseiam em interesse de extravio de dinheiro.

Também na área das despesas financeiras se promovem simulações, notadamente com a manobra de títulos e o uso faccioso de descontos e simulações de perdas.

As manobras de títulos como ações de outras empresas promovem-se por meio de aquisições por valores maiores, mas resultando em pagamentos menores; assim, por exemplo, adquirem-se $ 100.00 de ações de uma companhia, cujo valor nominal da ação é $ 500.000, mas eles são registrados por $ 500.00; o deságio, no caso, não registrado, de $ 400.000 representa a fraude praticada.

O oposto também se pratica, ou seja, vendas a maior são registradas a menor, tudo dependendo do interesse que a fraude representa em cada caso.

A fraude pode ser preparada antecipadamente, fazendo-se provisões para perdas sobre títulos que na realidade não se justificam. Muitos são também os casos de descontos fictícios, ou seja, não oferecidos, mas registrados.

Vícios documentais

As fraudes a que nos referimos podem ser feitas com o vício nos documentos. Tais vícios praticam-se por *Falsidade* ou por *Adulteração*. A falsidade é a existência simbólica, ou seja, há documento, mas não há transação.

É o caso, por exemplo, da nota fria; existe a nota, mas não existe a compra.

A adulteração consiste em "alterar-se" um documento verdadeiro, de transação verdadeira; assim, acrescenta um número em nota fiscal para aumentar o valor ou modificar um número, por exemplo, 1 para 7 (cuja alteração pode ser fácil), ou 3 para 8, ou 5 para 6, ou, em certos casos, acrescentando zeros.

Outros vícios documentais podem ocorrer em seus aspectos formais, por exemplo, obtendo-se aceite em duplicata ainda não preenchida, obtendo-se nota promissória em branco (só assinada, mas sem data de vencimento e sem valor) etc.

Outras falsidades se praticam, também, com vícios nas assinaturas; para comprovar assinaturas falsas são necessários exames periciais grafotécnicos (exame da grafia) e que o perito pode encomendar.

Falsidade de documento é a existência deste sem a ocorrência do fato.
Adulteração de documento é a alteração deste em fato existente.

Os vícios documentais ocorrem, pois, por falsidade ou por adulteração, mas tais eventos podem ser realizados de diversas formas.

O exame do documento, por conseguinte, não deve se limitar a observar que ele existe; é preciso saber se ele tem capacidade para dar suporte ao registro contábil.

O fato de um registro possuir documento não significa que está correto; embora o registro possa, até, contabilmente estar certo, o documento que o originou pode ser falso ou adulterado.

Não basta que o documento exista, é necessário que seja competente.

A competência de um documento está em sua *Autenticidade*, quer como documento em si, quer perante a realidade dos fatos.

Vícios de registros

O documento pode ser autêntico, mas o registro pode ser viciado; existem várias formas de cometer fraudes por meio de registros, mas as principais são:

a) registro duplo: consiste em lançar-se duas vezes o mesmo documento em datas diferentes;

b) omissão de registro: consiste em excluir de um documento um de seus elementos;

c) classificação errônea: consiste em utilizar contas indevidas para o fato. Por exemplo, registrar-se despesa como imobilização ou imobilização como despesa;

d) adulteração: consiste em registrar coisa diferente que a constante do documento;

e) raspagem: consiste em utilizar-se de instrumentos para modificar lançamentos já feitos;

f) entrelinhas: consiste em utilizar-se de espaço indevido nos livros, inserindo registro entre as linhas;

g) exclusão: consiste em eliminar dados de registros já feitos;

h) transporte: consiste em realizar o transporte de importâncias com inversão de números, aumento de zeros, adulteração de números etc.

No caso dos registros por computação eletrônica, o uso de códigos facilita, ainda mais, a prática dos vícios de registros.

Também muito facilitada fica a fraude, nos registros por computação, em que não existem documentos (caso dos Caixas Eletrônicos).

A informatização, se, por um lado, trouxe facilidade, por outro, também ampliou, consideravelmente, a facilidade da fraude.

Os peritos em exames de escritas que sejam feitas por computadores, em certos casos, precisam montar programas para trabalhar os dados que se acham nos arquivos (em fitas, discos ou disquetes).

Tais montagens devem ser feitas ou com auxílio do pessoal da empresa (se houver compreensão e seriedade) ou por técnicos em análises de sistemas e que o perito escolherá para seu auxiliar.

Se os vícios de registros estão em arquivos de fitas ou discos, é nestes que se deve buscá-los, e isso exige conhecimento de informática.

Essa é a razão pela qual os peritos da atualidade necessitam dos conhecimentos de tal especialidade, pois cada vez mais os processos de registros estão sendo realizados por computação eletrônica de dados.

Vícios de demonstrações contábeis

Como o perito precisa lidar com demonstrações contábeis (Balanço e Apuração de Resultados, basicamente), deve acautelar-se quanto aos vícios que podem ser cometidos em tais peças. São, geralmente, de classificações de grupos.

Assim, por exemplo, colocam-se no Ativo Circulante Duplicatas a Receber que já se acham vencidas há muito tempo e que deveriam estar no Realizável a Longo Prazo. Tal fato leva a quocientes falsos de liquidez.

Também é falsidade demonstrativa o fato de se classificarem como estoques, no circulante, os valores de mercadorias e materiais que são obsoletos ou que não podem ser utilizados em razão de defeitos. Essa prática adultera o quociente de liquidez.

A própria Lei das Sociedades por Ações (Lei n. 6.404/1976) já ajuda a falsidade, para fins de análise, por meio de seus erros grosseiros de doutrina contábil.

O perito, ao estudar a situação das empresas, por análise de balanços e demonstrações, deve acautelar-se de modo a produzir seus próprios demonstrativos, pois tanto a lei quanto a empresa podem estar colaborando para obtenção de falsas medições da riqueza.

As demonstrações, tal como as exige a lei e a própria Comissão de Valores Mobiliários (CVM), não são peças úteis para um estudo científico da situação da empresa e conduzem a conclusões falsas.

O critério de valorimetria, já comentado, é, em nossa legislação, absolutamente errado, levando à apresentação de medições falsas do patrimônio.

Isso porque se adota uma correção monetária em base de "poder de compra da moeda", que é um instrumento fantasioso de avaliação, fora da realidade.

A falsidade de dados, pois, pode ser por erro, por fraude, ou imposta pelas leis e normas.

O fraudador, inclusive, pode aproveitar-se de tais elementos a seu favor para simular situações de dificuldades quando, na realidade, elas não existem. O perito precisa, por conseguinte, estar atento a tais particularidades.

Como o Brasil não adota um Plano Oficial de Contas, tal como ocorre na Comunidade Econômica Europeia, o excesso de liberdade também provoca a facilidade para a maquiagem das demonstrações.

Defeitos de individuação

Os erros de individuação decorrem da troca de dados não intencional, mas as fraudes, não há dúvida, criam as falsas situações. Individuação é *Particularização*, ou seja, descrever algo em todas as suas particularidades de modo que seu todo seja inconfundível.

Um fato contábil se individua atribuindo-se a ele todas as particularidades que o caracterizam de modo a torná-lo inconfundível com qualquer outro.

Assim, por exemplo, uma compra precisa, para ser individuada, referir-se à época, ao fornecedor, à nota fiscal por seu número e série, à qualidade da mercadoria recebida, ao valor e, em certos casos, à justificativa ou finalidade da aquisição, quando esta não for inequívoca ou depender de esclarecimentos.

Os problemas na individuação ocorrem quando, propositadamente, com o interesse de confundir, se omitem dados importantes à identificação.

Também, quando se alteram os dados, ocorre a fraude; muitas vezes alteram-se dados com intenção de modificar situações.

O perito precisa estar atento à adequação do que examina, ou seja, se os dados dos documentos estão de acordo com os dados dos registros (porque, por falhas de individuação, podem não estar).

As modificações das particularidades podem levar a alterações de registros e a mudança de demonstrações.

As mudanças de demonstrações levam, como foi visto, a alterações nas análises, modificando juízos sobre a situação da empresa.

Os documentos podem até não ser tangidos, mas, se o registro se alterou quanto à individuação, modificam-se os efeitos para fins analíticos.

Essa é a razão pela qual, já em 1850, nosso Código Comercial exigia dos registros contábeis individuação e clareza.

Ainda que semelhantes, com rara semelhança não existem fatos contábeis idênticos, pois sempre algum elemento variará.

O perito, atento a tal detalhe, evitará problemas de imprecisão em suas conclusões.

Defeitos de clareza

A clareza difere da individuação. Como vimos, individuar é particularizar, mas "clareza" exige que o registrado esteja ao alcance de quem o consulta, ou seja, precisa ser compreendido sem dificuldades.

Clareza é "evidência", aquilo que é "inteligível" e provém do sentido figurado que no latim se deu, ou seja, como Cícero empregou tal termo nas Catilinárias, como *clarus*, para significar algo que é manifesto, evidente (Catilinárias, 1, 6).

Um dos recursos, pois, da fraude é fazer o oposto, ou seja, "confundir", tornar "obscuro". Muitos defeitos, pois, advêm da falta de clareza, e ela pode estar em títulos de contas, em históricos, em demonstrações etc.

Obstrui-se a clareza adotando-se termos de interpretação duvidosa, utilizando-se expressões que são inventadas ou criadas para suprir uma situação de dúvida, em suma, prejudicando o fácil entendimento.

Escondem-se, muitas vezes, manobras de registros, por meio de títulos de contas que produzem duplo sentido ou que não conseguem ser entendidos.

Confunde-se, imaginando situações que não existem na essência.

Voltamos a insistir que a falta de um Plano Oficial de Contas, no Brasil, em muito ajuda a prejudicar a clareza, permitindo o arbítrio das intitulações.

Defeitos de codificação

Como fraude, a troca de códigos é usual. O uso de códigos é comum nos regimes de computação eletrônica e mesmo em algumas escritas ainda mecanizadas (sistema em franco desuso em face das facilidades dos regimes eletrônicos).

Se, de um lado, existe a facilidade de digitação, evitando-se a perda de tempo em escrever nomes; por outro lado, torna-se muito mais fácil a fraude (as estatísticas provaram que, após a difusão dos sistemas computadorizados, a fraude cresceu consideravelmente).

O perito deve estar atento, na identificação correta do Código que representa, ao fato que é objeto de seu exame e para o qual foi requerida sua opinião.

Códigos "semelhantes" devem ser preocupações, como os que possuem os mesmos números, como 345 e 435 ou 543.

Uma simples mudança de ordem em tais números implica fatos graves. Podem ser, até, convenientes exames de códigos de números semelhantes para que se sanem as dúvidas sobre inversões.

Quando ocorrem as dificuldades de entradas de registros em computadores, sem a produção de documentos, como é o caso já exemplificado dos Caixas Eletrônicos, na dúvida, o perito deve apelar para a "prova emprestada" ou pergunta direta ao titular da conta.

Em geral, as empresas possuem um "Registro de Códigos", ou, se não possuírem, pode pedir o perito que sejam listados, pois, muitas vezes, orienta-se observando as semelhanças numéricas e as probabilidades dos equívocos ou fraudes; ao observar, também, saldos de contas de códigos semelhantes ou que possuem os mesmos números, pode identificar o que pesquisava.

Ao perito é deveras importante que, em ocorrendo dúvidas, busque prover-se de elementos que possam verificar os códigos e os câmbios que se processaram.

INSTITUTO DA PROVA CONTÁBIL NO CÓDIGO CIVIL BRASILEIRO

8

Perícia como prova

A perícia é considerada instrumento de prova para efeitos judiciais. O Código Civil brasileiro volta a confirmar a qualidade referida em seu art. 212:

> "Salvo o negócio a que se impõe forma especial, o fato jurídico pode ser provado mediante:
> I – confissão;
> II – documento;
> III – testemunha;
> IV – presunção;
> V – perícia."

A perícia, todavia, deve observar, para suas conclusões, as restrições feitas pelo referido Código, quanto à força que devem ter os elementos que conduzem à opinião técnica, ou, ainda, aquela que alimenta a conclusão do profissional. Ou seja, é preciso considerar o que estabelecem os artigos seguintes ao 212.

A perícia, pois, é prova, mas deve alimentar-se de "evidências" essenciais, efetivas, inequívocas e formalmente sustentáveis.

Não é lógico nem aceitável, portanto, admitir que tal peça "contábil" não esteja em perfeita consonância com todos os dispositivos legais, condições técnicas contábeis e resguardada por uma ética rigorosa. Quando cabível, o que representa 99% das hipóteses, todo o laudo deve ser fundamentado em documentos e na doutrina.

Os parágrafos que seguem comentam alguns aspectos do Código Civil de 2002 que modificaram alguns dispositivos do anterior; o perito precisa respeitá-los.

Prova e elementos contábeis

Os elementos contábeis são os que se encontram nos documentos, registros e demonstrações, sem prejuízo da existência de eventuais contingências ativas ou passivas não reconhecidas nos registros contabilísticos.

Contingências Ativas – em nossa literatura[1] apresentamos o seguinte conceito: fenômeno patrimonial de lucro ou de aumento patrimonial que poderá vir a ocorrer no futuro, em razão de um fator incerto, mas já esperado. Potencialidade de fenômeno patrimonial que, ao suceder, beneficiará o patrimônio. Incerteza de produção de resultado favorável para a azienda, mas com probabilidade de vir a ocorrer no futuro e que pode ser calculada e até registrada.

Contingências Passivas – em nossa literatura[2] apresentamos o seguinte conceito: ocorrência patrimonial de perda ou redução de recursos e que poderá vir a ocorrer no futuro em razão de um fator de risco, mas esperado. Potencialidade de fenômeno patrimonial que, ao suceder, prejudicará o patrimônio de uma perda. Incerteza de produção de resultado desfavorável para a azienda, mas com probabilidade de vir a ocorrer no futuro e que pode ser calculada e até registrada. Segundo normas estabelecidas por entidades de classe nacionais (NBC T 11 do Conselho Federal de Contabilidade) e internacionais, o auditor deve dialogar com os advogados da empresa sobre tais contingências passivas, de modo a ter noção do poder do risco e para que assim possa melhor ilustrar sua opinião ou até mesmo inserir observações em seu parecer.

O Código Civil enfatiza, como prestações de contas, para as sociedades simples e demais: o "Inventário", o "Balanço Patrimonial" e o que denomina "Balanço de Resultados Econômicos" ou "Conta de Lucros e Perdas" (assim está no texto do art. 1.020, para as simples, e do art. 1.065, para as limitadas).

O Código de 2002 tem a felicidade de eliminar a defeituosa expressão *Demonstrações financeiras* e substituir pelos adequados, deveras contábeis.

Acerta ainda, e muito, em exigir que os resultados sejam demonstrados em débito e crédito, o que é uma expressa recusa ao modelo que não é contábil e que era o consagrado pela Lei n. 6.404/1976 (que também se ampliava a todas as sociedades).

Subsidiariamente, além do registrado na escrita oficial, pode ser levantada matéria auxiliar, como recurso suplementar de indagação, visando encontrar ou reforçar uma prova, mas é preciso cautela quanto ao que se refere à questão, especialmente no que tange à "qualidade da informação".

---

[1] SÁ, Antônio Lopes de; SÁ, Ana Maria Lopes de. *Dicionário de contabilidade*. 10. ed. São Paulo: Atlas, 2005. p. 100.

[2] SÁ e SÁ. Op. cit.

> O profissional da Contabilidade que se preocupa com a ética, todavia, só aceita como comprovado o que deveras é inequívoco. Suposições, alternativas, hipóteses, indícios, sinalizações não são elementos suficientes para a comprovação de fatos derivados de transformações patrimoniais; no máximo, são subsídios para que se encontre a realidade.

Nem tudo pode servir como prova em matéria contábil; não obstante a referência de presunção do art. 212, esta é uma concepção que, embora possa ter amparo em lei, não merece irrestrito apoio, profissionalmente, no campo da perícia contábil, como método de trabalho.

Nem tudo o que é legal é moral, especialmente considerando-se como são votadas as leis (a menos que se admita como moral o matar – e a lei o permite nos casos de pena de morte, de guerras; o alimentar o vício, e as leis o permitem, autorizando a venda livre de cigarros, de bebidas nocivas à saúde; o onerar esforços de natureza cultural que beneficiam as coletividades, e as leis tributam o direito de autor e o salário dos professores etc.).

A presunção é algo que, contabilmente, em meu modo de entender, não merece ser acolhido como realidade, embora seja texto de lei, na formação de prova, sua eventual aceitação (o que particularmente considero inadmissível contabilmente, pela imaterialidade e subjetividade de que se reveste).

> A tolerância sem limites para com a "presunção" é o alimento do arbítrio, da oportunidade da prevalência do subjetivo sobre o objetivo, no que tange à comprovação de natureza patrimonial.

Imaginar, supor, com base em probabilidade de acontecimentos, é aético em matéria de formação de prova contábil, embora tal condição esteja expressamente manifestada em lei.

Assim, por exemplo, não basta supor, com base em informação de um chefe de escritório, que uma nota fiscal é duvidosa quanto à legitimidade; é necessário que uma indagação de maior profundidade venha a sustentar tal informação.

Supor com base em informação requer análise da idoneidade do informante, das circunstâncias do fato, da qualidade documental, de provas emprestadas que se venham a requerer.

Em nossa vida profissional testemunhamos muitas denúncias feitas por empregados que representavam evidente falsidade, com o objetivo de vingança ou de animosidade contra empregadores e vice-versa.

Não basta supor que um lucro teria acontecido se tal ou qual mercadoria tivesse sido comprada e admitir tal fato como uma realidade, sem que se esgotem todos os meios de comprovação de que tal lucro seria factível.

Mesmo que esteja atendido o disposto no art. 213, ou seja, aquele que dá eficácia à confissão de quem é capaz de direito (diante das evidências de um mundo atual em que a moral está notoriamente em decadência), o perito não deve, sem se aprofundar na pesquisa, aceitar como verdade o que apenas lhe é relatado.

A aceitação de confissão, sem indagação aprofundada, poderia, no caso, representar uma conivência com o erro ou uma omissão.

A perícia contábil não pode deixar margens para dúvidas e o profissional nunca deve emitir um parecer antes que esgote todos os recursos de indagação, diante das dúvidas que se levantam em quesitos, nem nos trabalhos deles defluentes.

O próprio art. 214 deixa margem para um julgamento de validade desse conceito quando estabelece que:

"A confissão é irrevogável, mas pode ser anulada se decorreu de erro de fato ou de coação."

Discordo, pois, como princípio, de que "quaisquer meios sirvam" para considerar, como prova, algo que não possui evidência documental ou que, possuindo-a, tenha contestação quanto à qualidade.

Confissões, em matéria contábil, podem ser indícios, bases para pesquisas, mas nunca provas inequívocas. Até porque, o labor do perito-contador versa sobre matéria fática e não de direito.

Se um Contador vai produzir prova contra ou a favor de alguém, é preciso que, como ato de consciência ética, assuma a imensa responsabilidade de uma opinião, pois sua assertiva pode causar lesões, se inexata ou equívoca.

Em relação à prova, são deveras importantes as seguintes considerações:

1. Todos os elementos que participam no processo têm o dever de colaborar para o descobrimento da verdade. E, sendo o perito o auxiliar do juiz, ele tem o dever ético de buscar uma justiça adequada.
2. Ninguém é obrigado a produzir prova contra si mesmo, portanto, inadequadas são as tentativas do perito, no sentido de que um dos litigantes apresenta à perícia provas que venham a incriminá-los.
3. O perito, como auxiliar do juiz, tem o dever profissional de assegurar a paridade de armas, portanto, o tratamento dado aos assistentes técnicos deve ser equitativo, sem prejuízo da máxima de que o perito deve manter-se equidistante dos interesses dos litigantes.
4. Ao perito cabe a obrigação de examinar as provas que instruíram a demanda, uma vez que ao requerente cabe o ônus de provar as alegações constantes de seu pedido e ao requerido, o ônus de demonstrar os atos ou fatos impeditivos ou extintivos do direito do autor.
5. O princípio da não surpresa impõe ao perito o dever de trazer aos autos, antes da conclusão de seu laudo, eventuais documentos recebidos dos assistentes técnicos

para que essas informações sejam do conhecimento do condutor judicial, além de assegurar às partes o contraditório. O princípio da não surpresa está implícito no CPC/2015.

6. Os livros e documentos contábeis podem provar tanto a favor como contra a pessoa que a produziu. Dessa forma, o perito deve considerar em seu labor, a amplitude da prova, ou seja, exercer o seu juízo de ponderação em relação àquilo que é favorável ou desfavorável aos litigantes.

Tais fatos referidos, entretanto, não devem ser confundidos com aqueles que se relacionam a cálculos de probabilidades, fundamentados em elementos técnicos e científicos, ou seja, quando há racional sustentação doutrinária para a admissão de um fato.

Em tais situações encontram-se as determinações de valores imateriais por natureza, como os do aviamento, por exemplo.

Em perícia contábil, nesse assunto, não se está a supor, mas a prever, com fundamentos em elementos racionais e aceitáveis do ponto de vista técnico.

Entretanto, mesmo nesses casos, compete ao perito ressalvar que as conclusões a que chegou estribam-se em tais ou quais elementos de natureza técnica e que se trata de uma "probabilidade de acontecimento".

Assim, por exemplo, a projeção de um lucro futuro, como base para cálculo de fundo de comércio, precisa tanto de rigor que possa eliminar tudo o que possa ser arbítrio, como de justificativa convincente e comprovada.

Escritura pública e prova

O Código Civil impõe requisitos para que a escritura pública seja aceita como prova plena. O perito precisa indagar se estão satisfeitas as exigências do art. 215 (que são diversas).

Não basta, pois, apenas admitir como inequívoca a expedição de um documento lavrado em cartório; é necessário observar se contém o exigível legalmente, como:

1. data e local da realização;
2. identificação completa das partes, inclusive de representantes ou de intervenientes e testemunhas;
3. declaração expressa do regime de casamento das partes;
4. manifestação clara de vontade e de transação, quer das partes, quer dos intervenientes;
5. referência de que as exigências legais e fiscais foram cumpridas;
6. declaração de que o documento foi lido na presença de todas as partes e que estas declaram ter ouvido a leitura;
7. assinatura de encerramento do documento firmada pelo tabelião ou seu substituto legal;
8. redação em idioma nacional;
9. tradução e comparecimento de tradutor público como intérprete, se algum dos comparecentes não souber o idioma ou declarar não sabê-lo;

10. providência evidente do tabelião quando não puder identificar uma das partes expressa por assinaturas de testemunhas que declarem ser realmente a pessoa desconhecida a que alega ser.

Para que um documento, pois, mesmo lavrado em cartório, possa merecer fé para um perito contábil, necessita que atenda a todas essas exigências descritas, estabelecidas pelo Código Civil (observando o profissional se elas foram cumpridas).

Ausência de documentos originais e certidões

Em condições normais, todo fenômeno patrimonial deve ter comprovação confiável, direta ou indireta, de sua existência.

> Um patrimônio não se move por suposições, nem se altera por si mesmo, mas sempre sob a ação de agentes.

A escrita contábil, portanto, deve inspirar-se em fatos concretos, comprovados. Se não existem documentos originais para a comprovação, deve-se apelar para o que pode substituí-los, mas tais substitutos dependem de atender a certas exigências formais.

> A falta de um documento original ou de comprovação de determinados atos supre-se com certidões da existência deles, dimanadas estas de quem de fato possui legitimidade para emiti-las, de acordo com as formalidades e prescrições da lei.

O art. 216 do Código Civil brasileiro estabelece:

> "Farão a mesma prova que os originais as certidões textuais de qualquer peça judicial, do protocolo das audiências, ou de outro qualquer livro a cargo do escrivão, sendo extraídas por ele, ou sob a sua vigilância, e por ele subscritas, assim como os traslados de autos, quando por outro escrivão consertados."

E complementam os arts. 217 e 218:

> "Art. 217. Terão a mesma força probante os traslados e as certidões, extraídos por tabelião ou oficial de registro, de instrumentos ou documentos lançados em suas notas."

> "Art. 218. Os traslados e as certidões considerar-se-ão instrumentos públicos, se os originais se houverem produzido em juízo como prova de algum ato."

É tarefa do perito contábil (no caso de substituição de comprovantes originais) examinar se estão satisfeitas as exigências estabelecidas nos arts. 216 a 218 do Código Civil.

Cap. 8 • Instituto da prova contábil no Código Civil brasileiro **229**

Do ponto de vista técnico, pois, não basta a exibição de certidões; é necessário que elas estejam emitidas em conformidade com os requisitos que a lei estabelece, para que sejam consideradas como provas.

Não existindo o documento original, não satisfazendo as cópias ou reproduções às exigências legais, mas comprovando o perito que o fato realmente existiu, ele deve ressalvar, em seu laudo, tais ocorrências, para que seja fiel ao princípio consagrado em contabilidade da "essência sobre a forma" (ver a esse respeito o livro de minha autoria *Princípios fundamentais de contabilidade*, da Editora Atlas).

Documentos e declarações

O art. 219 do Código Civil (no anterior, de 1916, o art. 131) não alterou a situação da prova escrita decorrente de acordos entre partes, ou seja, de que "declarações constantes de documentos assinados presumem-se verdadeiras em relação aos signatários".

O "presumir", todavia, embora admissível em texto de lei, para o perito não passa de "uma conjectura a ser verificada", especialmente em face de casos relevantes; como peças podem ser elaboradas com intuitos viciosos, em algumas (especialmente as de maior importância) são diversas as cautelas requeridas, observadas as peculiaridades de cada caso, exigindo esforços específicos e complementares para um convencimento de validade documental.

Para efeito de aceitação como prova, portanto, a metodologia contábil é diferente daquela da lei, ou seja, evita-se admitir o "óbvio" como princípio, ainda que a lei ampare a aceitação como base.

Se o espelhado em documento se referir a algo que atinge o patrimônio, quer como agente, quer como ensejo de ação, é preciso cautela em sua aceitação em face dos efeitos que dele podem decorrer.

Documentos podem ser produzidos ao sabor de fraudes e leis podem ser feitas para servir a casuísmos (as leis fiscais de nossa nação possuem exemplos exuberantes de tal fato).

Textos legais fabricam-se ao sabor de decisões de parlamentos que nem sempre possuem a noção necessária de responsabilidade social e essencial das coisas (muitas leis terminaram por não ser aceitas pelos costumes e outras são contestadas pelos próprios tribunais); a matéria contábil, todavia, é positiva e não tende a aceitar a "presunção" como princípio, mesmo diante de aparência de legalidade.

> Só a realidade deve satisfazer ao perito-contador e esta deve fundamentar-se em um exame guiado pela racionalidade, estribado na doutrina científica e em procedimentos técnicos.

Diante de situações relevantes, decisivas, é preciso aprofundar exames sobre a qualidade documental, mesmo aquela que contém assinaturas reconhecidas em cartório e até testemunhas.

O próprio art. 219 evoca, em seu parágrafo único, a probabilidade de questionar a "probabilidade" (que é presunção):

"Não tendo relação direta, porém, com as disposições principais ou com a legitimidade das partes, as declarações enunciativas não eximem os interessados em sua veracidade do ônus de prová-las."

A metodologia contábil discrepa daquela do direito exatamente nisso, ou seja, nada é prova até que realmente possa ser aceito como realidade em face do que ocorre com o patrimônio das pessoas ou células sociais.

Não se trata, tal acepção, de uma alternativa, em Contabilidade, mas de um princípio, um fundamento.

> Um fato pode ter forma jurídica e não ter realidade contábil e ter realidade contábil e não ter forma jurídica de expressão.

Assim, por exemplo, o valor de um negócio só tem forma na escrita contábil quando transacionado, embora exista na realidade (um "balanço negocial" só por coincidência é igual ao "balanço patrimonial" feito na forma da lei).

Mercadorias também podem ter cobertura jurídica, acobertada por notas legítimas, mas nada valerem para registro em conta de estoques caso não tenham sido recebidas, em razão de se acharem extraviadas ou roubadas.

Nem tudo o que acontece na movimentação da riqueza produz prova documental, mas tudo o que é registrável contabilmente necessita de comprovante.

Assim, por exemplo, se um estoque de mercadorias é destruído por uma enchente, tal fato não gera documento, mas é preciso produzir um laudo, conseguir fotos, declarações de autoridades próprias, informações pela imprensa etc. que evidenciem que o fato deveras se verificou.

A ausência documental, pois, precisa de substância evidente para que possa ser preenchida, ou seja, nesse caso, a essência verificável precisa revestir-se de uma forma idônea, competente para ser tomada como evidência.

Também, é preciso sempre ter em conta que as declarações de vontade, as que podem resultar em fatores agentes na transformação do patrimônio, por meio de decisões, necessitam não só estar justificadas, mas também assinadas pelas pessoas que realmente possuem poder para dar substância à matéria que é objeto do documento.

Instrumentos particulares e provas perante terceiros

Se um documento é relevante para que se avalie uma situação, se precisa ter validade perante terceiros, não basta que esteja assinado pelas partes nem que esteja testemunhado. Tal comprovante não deixa de ser uma prova contábil, mas o efeito é limitado.

Alguns papéis, para que tenham plena capacidade, precisam "adquirir" fé pública para que possam valer plenamente (relativos à compra de imóveis, contratos comerciais, cartas de intenção, contratos de arrendamento etc.).

Precisam, pois, para ter fé universal, de registro público, e assim o determina o art. 221 (art. 135 do Código Civil anterior).

Cap. 8 • Instituto da prova contábil no Código Civil brasileiro **231**

Como só o referido valor perante terceiros legitima determinadas transações, tal condição pode ser relevante para determinados casos que geraram matéria de perícia contábil.

Como no parágrafo único do art. 226, a prova da escrita não é absoluta; para todos os fins perante terceiros, outras provas são necessárias, como as dos registros dos documentos em Cartórios e Juntas de Comércio, sem embargos ao fato de que os livros e as fichas dos empresários e das sociedades provam contra as pessoas a que pertencem, e, em seu favor, quando escriturados sem vício extrínseco ou intrínseco.

Contudo, para efeitos de comprovação da própria ocorrência patrimonial, nem sempre é relevante tal ocorrência, e a legislação fiscal não tem respeitado tal orientação (assim, por exemplo, considera efetiva a operação imobiliária com um simples registro no Diário).

É útil que o perito ressalve tal conflito quando estiver sob seu julgamento uma questão que possa envolver interesses ligados a essa contradição.

O que o contador visa é conhecer se os fatos registrados estão comprovados, e, mesmo que não haja registro público, a validade pode ser aceita, com a ressalva pertinente.

Não deve ser desconsiderado um lançamento contábil, porque o documento não tem registro público e o que se visa é a realidade de uma variação patrimonial (princípio da essência sobre a forma), e outras evidências são encontradas de forma ostensiva.

A aquisição à vista de um terreno pode não estar juridicamente perfeita, mas não invalida, por exemplo, a variação patrimonial ocorrida com a redução da disponibilidade de numerário nem o ato de comprar.

Pode ser que alguém venha a inquirir ao perito se um registro de tal natureza foi ou não feito em cartório, de forma regular, mas isso não implica necessariamente afirmativa do contador sobre uma falsidade de escrita ou documental se tal expediente não tiver sido cumprido.

Uma coisa é a essência dos fatos e outra é a forma que os convalida.

Se a compra de um imóvel, portanto, não possuir a documentação de cartório, não deixará, por esse efeito, de ter sido efetivada a aquisição, simplesmente porque apenas existe uma promessa ou um recibo (como foi dito, a própria legislação fiscal considera feita a operação mesmo sem as formalidades).

Telegramas, cópias e fotografias de documentos

As cópias possuem valor relativo de prova e podem ser contestadas, mas, se assinadas pelos emitentes, conferidas por tabeliões e aceitas pelas partes em litígio, são válidas. Assim estabelecem os arts. 222 a 225 do Código Civil.

Um e-mail constitui documento probante hábil, desde que provada a sua autenticidade, pois demonstra as manifestações expressas de vontade entre as partes, que o discutem, ou elemento cabal da existência de um contrato, de uma fraude em uma licitação entre outras, o e-mail é sem dúvida um instrumento de prova.

As reproduções mecânicas, eletrônicas, filmes, gravações, fotos são meios de comprovação se sobre elas não recaírem contestação e se pertinentes ao que se requer como prova.

Se contraposições, todavia, ocorrerem, é preciso que os instrumentos sejam examinados com maior acuidade.

O perito deve antecipar-se a contestações, procurando conhecer sobre a legitimidade e a qualidade de tais elementos.

Filmes, fotos, gravações podem estar sujeitos a montagens que adulterem a verdade, debilitando ou até anulando a realidade.

O contador deve usar de cautela quando lidar com tais elementos e, na impossibilidade de eliminar dúvidas, deverá ressalvar que tomou as provas "como se fossem verdadeiras", já que "de nenhuma oposição tomou conhecimento" ou foi-lhe feita "qualquer advertência específica".

Quando ocorrerem exames que envolvam tais instrumentos como prova, é sempre um critério de prudência a ressalva.

O perito-contador não é um especialista em afirmar sobre a autenticidade técnica das reproduções referidas.

Pode, no máximo, se lhe for requerido, terceirizar a tarefa e solicitar a um *expert* um laudo para que este seja considerado em seu trabalho (disso fazendo referência e anexando cópia do parecer requerido a outrem).

Nesse caso, afirmará: "Fundamentado no laudo do especialista Fulano de Tal, titulado nisto ou naquilo, admito como verdadeiras as provas tais e quais sobre o que consegui chegar a essa ou àquela conclusão" (sempre é útil anexar um resumido currículo do especialista ao qual se apelou, para reforçar a qualidade do terceiro selecionado e a da decorrente opinião obtida).

A ausência de documentos efetivos e formais coloca sempre em risco a opinião.

Embora o Código Civil admita os elementos aludidos, não aceita cópias de títulos de crédito como substitutos de originais.

A força probante da escrita contábil

O art. 226 do Código Civil é bastante expressivo e claro sobre o valor de prova da escrita contábil. Requer, entretanto, "subsídios" que possam convalidar tal condição. Reforça a possibilidade de ser a escrituração ilidida ou contestada.

Não atribui valor absoluto e incontestável ao registro contábil por si só, pelo que se depreende do texto do aludido artigo:

> "Art. 226. Os livros e fichas dos empresários e sociedades provam contra as pessoas a que pertencem, e, em seu favor, quando escriturados sem vício extrínseco ou intrínseco, forem confirmados por outros subsídios."

Não existe total inovação nesse particular em relação ao que antes havia, mas abrem-se precedentes sobre a questão ao se deixar omissa a identificação ostensiva do que podem ser os "outros subsídios" (conceito impreciso), consideradas a seriedade e a importância de uma escrita contábil e as grandes responsabilidades que ela envolve.

O artigo ainda nos parece aquém da realidade, quando deixa à margem o que hoje é quase universalmente praticado, ou seja, a escrita por processo eletrônico (a proliferação dos microcomputadores e a acessibilidade a eles os vulgarizaram como uso).

A lei, de fato, está aquém da realidade nesse particular, com sensível prejuízo para uma situação real em que grande número de registros se faz sem assinaturas e sem documentos (paga-se hoje uma conta em banco com uma simples ordem expedida via Internet, como se saca dinheiro em caixas sem emissão de cheques).

No que tange, pois, ao instituto da prova, o novo Código Civil ficou ainda insuficiente em matéria contábil, como o é na redação do art. 226, em que se abre espaço para o incomensurável, em que tudo deveria ser realidade quantificável.

A mim pareceu liberal, quanto à questão probante, o que se estabeleceu no art. 970 e associou-se ao § 2º do art. 1.179 no Capítulo IV – Da escrituração, que legisla:

> "A lei assegurará tratamento favorecido, diferenciado e simplificado ao empresário rural e ao pequeno empresário, quanto à inscrição e aos efeitos daí decorrentes."

> "É dispensado das exigências desse artigo (1.179) o pequeno empresário a que se refere o artigo 970."

Isso porque o art. 1.179 trata exatamente da manutenção da escrita contábil.

Se o pequeno empresário é dispensado de escrita e se a escrita é prova em direito, como se comportaria o "pequeno" diante de casos judiciais em que a perícia fosse o elemento essencial e nos casos em que a participação deste é a relevante?

Apenas documentos, declarações, testemunhas poderão alimentar uma perícia contábil em assuntos relativos a pequenos empresários? E o que são pequenos empresários, qual o critério para classificá-los?

Embora a lei deixe a faculdade em manter o registro contábil, ela não o veda; a vocação será a da não adoção de tal procedimento pelos pequenos.

O art. 966 considera empresário

> "(...) quem exerce profissionalmente atividade econômica organizada para a produção ou a circulação de bens ou de serviços".

O Código não define o que seja empresa, apesar de que, por força da Lei n. 6.404/1976, art. 2º, é possível concluir que empresa é objeto social. Contudo, o CC/2002 define quanto ao empresário, estabelecendo que é aquele que tem como exercício o que é elemento de empresa (parágrafo único do art. 966), assim, é possível imaginar o imenso universo que foi alcançado pela expressão *pequeno empresário*.

Considerações sobre as exigências da escrita contábil

O Código Civil obriga a existência do livro Diário, além de outros livros que a lei possa exigir, mas permite que se substitua o Diário por "fichas", facultando, ainda, a existência de outros livros.

O perito, em sua tarefa, quando esta se referir à escrituração contábil, precisa observar o que para a lei se tornou base, fundamento, exigindo:

1. livro Diário ou o de Balanço Patrimonial e Resultados (quando as fichas substituírem o Diário, na forma do art. 1.180);
2. registro do livro Diário na Junta Comercial ou das fichas, quando utilizadas, tudo previamente (art. 1.181);
3. Livro de Inventário (quando for o caso) e seu registro na Junta Comercial (art. 1.065);
4. existência de um sistema de escrituração contábil que seja uniformemente alicerçado em documentação competente (art. 1.179);
5. levantamento obrigatório de balanço patrimonial e conta de lucros e perdas registrados, ambos, no Diário (art. 1.179);
6. escrituração sem vícios manifestados por linhas em branco, rasuras, emendas, registros em margens seguindo-se a ordem cronológica, em idioma e moeda nacional (art. 1.183);
7. avaliações realizadas na forma do art. 1.187;
8. balanço e apuração de lucros e perdas que exprimam com fidelidade e clareza a situação real da empresa (art. 1.188);
9. conservação e proteção de toda a escrituração, correspondência e demais papéis concernentes à atividade, por todo o prazo necessário e em consonância com os preceitos de prescrição e decadência (art. 1.194).

A ênfase em face dos registros continua sendo dada ao Livro-Diário, que, embora possa ser substituído por um livro de Balancetes Diários e Balanços (art. 1.185), é ainda o tradicionalmente consagrado (embora, para efeitos periciais, seja da maior importância o livro Razão, que sequer é mencionado no Capítulo IV – Da escrituração).

Estabelece, pois, o art. 1.180:

> "Além dos demais livros exigidos por lei, é indispensável o Diário, que pode ser substituído por fichas no caso de escrituração mecanizada ou eletrônica.
>
> Parágrafo único. A adoção de fichas não dispensa o uso de livro apropriado para o lançamento do balanço patrimonial e do resultado econômico."

Complementa a questão o art. 1.185:

> "O empresário ou sociedade empresária que adotar o sistema de fichas de lançamentos poderá substituir o livro Diário pelo livro Balancetes Diários e Balanços, observadas as mesmas formalidades extrínsecas exigidas para aquele."

Pode ocorrer um risco no caso da substituição do Diário prevista pelo art. 1.185, ou seja, se o registro, seguindo a letra da lei, for apenas o de balancetes diários e balanços, haverá espaço para simulação.

Em tal caso poderá ocorrer a manipulação dos dados nas fichas, cuidando-se apenas que o saldo final das contas (que são as que figuram no balanço) esteja certo.

Se o credor for A e se trocado for por B, é óbvio que isso não alteraria o saldo final da conta Fornecedores, por exemplo, e que constaria do balanço ou de um balancete, mas agasalharia uma falsidade nas contas de A e B.

Um perito teria dificuldades (embora não a impossibilidade) diante do caso e só o exame de documentação original e o da reconciliação de contas poderiam resultar em opinião sobre a qualidade do saldo.

O art. 1.181, que aparentemente sugere resolver a questão, parece-me ser uma precaução que não consegue evitar totalmente a fraude, tal como a referida no exemplo.

A autenticação prévia dos livros de pouco vale, na essência, se o conteúdo da escrita não apresentar harmonia entre a documentação e os registros e entre estes e suas demonstrações pertinentes.

O próprio fisco, os tribunais, de há muito têm reconhecido como válido o registro *a posteriori* de livros e até a própria escrituração, quando o escriturado está alicerçado em documentos hábeis.

Não vejo impedimento nem rompimento de ética no fato de o perito assumir a mesma postura, ou seja, a obediência a um princípio da essência sobre a forma (acolhido em Direito e em Contabilidade).

O Código Civil não se ampliou a toda a matéria contábil que poderia ter alcançado, diante dos modernos procedimentos da informática e da telemática, consagrados na prática, mas apresentou sensíveis melhoras quanto à técnica de prestação de contas (em face do que de defeituoso existe na Lei das Sociedades por Ações, esta, neste particular, cópia de um modelo que se tem comprovado decadente e acobertador de fraudes).

Diante dos trabalhos em computadores, o que hoje se faz são inserções de dados em tais máquinas, sendo esses elementos processados, ensejando arquivos e reproduções em listagens e outros meios (discos e disquetes).

A proliferação de microcomputadores, de programas para eles, executando-se análises e demonstrações preciosas, leituras magnéticas cada vez mais sofisticadas, produzindo situações contábeis de rara valia, com quantidade, qualidade e rapidez, marginalizou os sistemas de "fichas" que o novo Código Civil tanto enfatiza.

O empresário não só utiliza as referidas práticas, como também o Poder Público, impostas que foram pelo mundo moderno à área contábil, fato que o atual Código não considerou com a amplitude e propriedade que poderia ter alcançado.

Não podemos, ainda, supor as inovações que estão por surgir (algumas já até conquistadas, mas não comercializadas) no campo da eletrônica; entendemos as dificuldades das leis em acompanhar tais tecnologias, mas não podemos deixar de reconhecer que ao Código de 2002 faltou maior alcance em matéria pertinente à escrita contábil.

Apresenta, ainda, o referido Código, desconhecendo a legislação profissional, os usos e costumes, a curiosa figura de "técnico em Ciências Contábeis" (art. 1.184, § 2º), denominação esta deveras desconhecida, inclusive pelos órgãos oficiais incumbidos de fiscalizar o exercício da profissão contábil (visto que neles sempre existiram técnicos em Contabilidade e Contadores).

Prepostos e validade documental

Sob certos aspectos, é de fato importante analisar a legitimidade de atos praticados nas empresas, ou seja, se quem autoriza um pagamento, uma compra, é deveras competente para fazê-lo.

O "preposto", nas organizações, recebe uma delegação de autoridade, mas também de responsabilidade, e esta precisa estar de fato evidente e formalizada.

Mesmo nas sociedades simples e limitadas, o Código de 2002 deixa evidente a necessidade da caracterização dos que podem decidir, sejam titulares, sejam prepostos.

Destaca, ainda, o novo Código, em seu art. 1.169:

> "O preposto não pode, sem autorização escrita, fazer-se substituir no desempenho da preposição, sob pena de responder pessoalmente pelos atos do substituto e pelas obrigações por ele contraídas."

O valor de um documento, pois, para o perito, quando o objetivo é a fixação de responsabilidades, depende de quem autorizou o ato.

Se o "preposto" legítimo delegou a função, sem que fosse autorizado expressamente a fazê-lo, assume a responsabilidade, mas também fixa a daquele que de forma inadequada usou de um poder que não se achava formalizado (para fins periciais, obviamente, tais fatos devem ser ressalvados).

É importante, no caso, observar, também, na atribuição de deveres, como as consignações de valores, documentos, meios de trabalho são feitas, pois, se não ocorre o protesto do preposto, é cabível a presunção de "entrega perfeita", de acordo com o que estabelece o art. 1.171:

> "Considera-se perfeita a entrega de papéis, bens ou valores ao preposto, encarregado pelo preponente, se os recebeu sem protesto, salvo nos casos em que haja prazo para reclamação."

Nesse caso, por exemplo, o encarregado da escrita, o contabilista, como "preposto" (art. 1.177), assume uma responsabilidade ampla se no futuro for alegado que os documentos foram-lhe entregues e que não decorreu nenhum protesto pela consignação.

Para desincumbir-se de um dolo ou erro, pode o empresário, pois, desejar transferir o ônus a seu preposto e o perito deve estar atento a tal fato, visto que pode este estar revestido de má-fé e até tentar esconder uma simulação.

O limite de responsabilidade de um preposto é matéria que sob certas circunstâncias pode ser objeto de indagação pelo perito. A atribuição da responsabilidade, pois, é algo que deve ser verificado muito bem quando estiver em pauta a sua fixação.

Alegar que se transferiu um documento, simplesmente, sem prova de que a entrega se realizou, é factível diante do art. 1.171 se o preposto não se acautelar em manter protocolo do que recebe e um perito, se a questão tal evento evocar, necessita aprofundar sua investigação.

A perícia, no caso, precisa bem conhecer inclusive sobre o processo de como as "entregas" se realizam (se isso, naturalmente, for objeto de opinião).

Adaptações dos regimes societários

Como o novo Código foi aprovado em 10 de janeiro de 2002, mas só teve seu pleno vigor fixado para o dia 10 de janeiro de 2003, ficou estabelecido pelo art. 2.031, que posteriormente alterou-se, oferecendo prorrogação para adaptações até 11 de janeiro de 2007.

Em caso de perícia que se refira a tal período, é preciso que o perito, no que for pertinente, observe tais transformações.

Todavia, é importante observar que as modificações de atos constitutivos das sociedades entraram imediatamente em vigor, quando realizados, inclusive no que tange a transformação, incorporação, cisão ou fusão (art. 2.033).

DOUTRINA E LAUDOS EM PERÍCIA CONTÁBIL 9

Necessidade e relevância do estudo teórico

O conhecimento da teoria contábil, para o perito, não só é de grande valia no desempenho da tarefa, mas também é um fator que muito pode valorizar um laudo, no que tange à sustentação de opiniões.

Frequentemente, o profissional precisa argumentar, descreve e justificar suas respostas, assim como necessita até, em algumas delas, apelar para conhecimentos qualificados e que só a doutrina tem base para sustentar.

A falta do conhecimento teórico pode comprometer o trabalho do perito, especialmente quando emprega conceitos errados ou produz conclusões que não correspondem ao que cientificamente representa a verdade (só a ciência persegue tal objetivo).

Não foram poucos os laudos que contestei em pareceres, em razão de erros de peritos do Juízo e até de assistentes de partes, em face de defeitos conceituais e do método científico aplicado pela perícia.

Sendo o trabalho pericial privativo de contador e este um bacharel em nível superior científico, é deveras comprometedora a falta de cultura doutrinária.

Com a formação universitária, exigível tornou-se um aprimoramento qualificado, compatível com a dignidade do título que é conquistado.

A teorização sempre foi um progresso da razão humana, ou seja, em geral, partiu da observação prática, terminando por chegar à criação de estruturas teóricas.

Todos os conhecimentos humanos dimanaram de observações, de raciocínios pertinazes e de uma organização de tudo isso, criando uma linguagem própria – a do conceito.

Os axiomas e os conceitos formaram os enunciados ou os teoremas, e estes, as teorias; o conjunto de teorias criou a ciência. Essa foi uma marcha natural da evolução do pensamento do homem, e a Contabilidade, igualmente, seguiu esse mesmo caminho.

Com a teoria alargaram-se os horizontes, ampliaram-se os recursos de entendimentos sobre fatos e o conhecimento humano progrediu.

> Da mesma forma que os advogados utilizam as doutrinas do Direito para sustentar seus argumentos, deve o perito contábil empregar as teorias de sua disciplina para apoiar a emissão de pontos de vista.

Assim, por exemplo, nos casos em que a produção de prova requer a explicação de fatos que conduzem à determinação de valores (como a avaliação de quotas patrimoniais), é sempre necessário realizar justificativas sobre os critérios utilizados.

Diversas vezes, tive em mãos laudos em que o perito evidenciou desconhecer a extensão da doutrina do aviamento (fundo de comércio), por exemplo, deixando de considerar fatos importantes, especialmente os ligados ao campo do risco e ao do conceito de prosperidade (não é apenas o lucro esperado, mas, também, a continuidade assegurada dos resultados positivos que importa).

> A importância do saber teórico está na capacidade que este oferece para a compreensão da essência das coisas, por meio de critérios racionais, pois representa a própria estrutura do corpo da ciência.

Não são raras as ocasiões em que, para sustentar a resposta a um quesito, se faz preciso apelar para conceitos, axiomas, princípios e teoremas, os quais, sem dúvida, requerem grande apoio teórico, especialmente quando o objetivo é justificar os pontos de vista expendidos nas opiniões que envolvem razões e entendimentos sobre fatos patrimoniais.

Assim, por exemplo, argumentar sobre "teoria do valor contábil", "teoria do lucro", "teoria da liquidez", "teoria da estabilidade", "teoria do risco" etc., sob a óptica doutrinária contábil, muitas vezes se faz necessário para complementar ou sustentar opiniões emitidas em respostas aos quesitos.

Se o perito é inquirido, por exemplo, sobre a capacidade de liquidação de uma empresa, não basta ao perito informar que existe ou não um poder de solvência; necessária se torna a justificativa pertinente, bem como a argumentação teórica sólida sobre o que foi respondido (inclusive com citações de autores clássicos e de reconhecida competência).

Se um quesito indaga, por exemplo, se um capital foi ou não suficiente para a exploração de determinado negócio e se os dirigentes se omitiram em realizar aportes ou buscar recursos próprios, a resposta deverá alicerçar-se em argumentos que só a ciência contábil tem condições de oferecer.

Se a dúvida a esclarecer é sobre, por exemplo, "preço de mercado de um imobilizado", é preciso que o perito argumente sobre o que é pertinente na teoria do valor sob a óptica contábil, fazendo ver que nem sempre é o que o mercado dita, mas o que deveras vale funcionalmente um componente patrimonial, bem como os aspectos das vendas totais de ativo ou de parte deste, em face do que isso influi sobre a formação de preços.

O mesmo ocorreria se a indagação de opinião versasse sobre uma indenização em base de lucros cessantes, ou seja, a argumentação deveria ser buscada na teoria do rédito e também na do risco.

Uma opinião técnica sem o embasamento científico é apenas subjetiva e pode ter falhas, que podem ser facilmente contestáveis.

O estudo da teoria é tão relevante para um perito contábil, como o é o conhecimento tecnológico.

É muito importante o "saber fazer", mas ainda mais importante é o "saber por que se faz alguma coisa", e essa é uma das diferenças importantes entre os conhecimentos tecnológicos e científicos.

O estudo da teoria contábil e o nível superior

No curso superior de Contabilidade (aquele que permite a habilitação para a perícia), a inclusão da cadeira de "Teoria da Contabilidade" foi algo recente, em face de nossa história.

Ela, todavia, é reclamada desde os primeiros Congressos Brasileiros de Contabilidade, ocorridos na década de 1930.

Justificou a adequação de tal pretensão o fato de ser a Contabilidade uma ciência, sustentando-se esta, pois, como matéria teórica.

As teorias científicas são estruturas do conhecimento, dimanadas da observação e reflexão sobre os fenômenos (como ponto de partida), alinhavadas de proposições lógicas, estas construídas de conceitos, representando tudo isso um curso do pensamento em direção à verdade.

O profissional das áreas que possuem seus conhecimentos estribados em matéria científica, como é o caso da contábil, precisa de uma forte base de educação doutrinária, especialmente quando o trabalho prestado é, como a perícia, algo que pode decidir sobre o destino de terceiros.

Na formação teórica, um agregado de culturas é requerido, entre os quais se destacam como bases:

1. História Geral e das Doutrinas da Contabilidade.
2. Epistemologia Contábil.
3. Teoria dos Fenômenos Patrimoniais.
4. Axiomas e Teoremas Fundamentais em Contabilidade.
5. Teoria Geral do Conhecimento Contábil.

A razão lógica dessa sequência está na necessidade de formar a cultura direcionada para a "razão de ser dos acontecimentos", estribada em uma "lógica científica", buscando, sem dúvida, a utilidade do conhecimento em "bases epistemológicas".

Algumas universidades pecam, em suas metodologias disciplinares, por não "ensinarem a pensar", o que a "filosofia da ciência" ensina, e com isso limitam, em muito, o valor do ensino.

Teoria é um complexo de esforços de raciocínios, dimanados da observação metódica das ocorrências dos fatos que elas têm por objeto estudar, mas visando sempre a generalidade ou aplicação universal e perene das verdades.

No campo científico, a matéria teórica deve preocupar-se com as relações essenciais que promovem os fenômenos e também com as que ensejam o julgamento de tais relacionamentos, buscando conhecer as causas agentes, estas que muitas vezes são as mais relevantes em muitas das opiniões requeridas a um perito.

A ciência é um estudo de relações.

Mesmo assim, não basta, todavia, a um perito limitar-se ao que aprendeu sobre a "Teoria" em sua faculdade. É necessário que se aplique a uma continuidade de estudos, especialmente de boa leitura, de participação em eventos culturais e de cursos de pós-graduação.

As doutrinas e suas aplicações prosseguem em ritmo de grande evolução. Exemplos são as produções que se tem editado relativas ao "Neopatrimonialismo" (mais adiante relacionadas por autores, títulos, edições e datas), que é a mais moderna de todas as correntes científicas da Contabilidade.

História da cultura contábil

Pode parecer a princípio que o estudo do passado é algo inútil e sem aplicação nas técnicas periciais. Os que veem na História apenas um conjunto de narrações, datas e nomes certamente não possuem alcance para entender que o importante, na área das ciências, não é o fato apenas, mas a ideia, a verdade encontrada, como foi perseguida, como se desenvolveu.

Conhecer como o pensamento contábil progrediu no tempo é imprescindível, especialmente para que o profissional venha a aproveitar-se das conquistas que alicerçaram as estruturas do saber.

Muitos erros e dificuldades encontradas no presente derivam do desconhecimento da experiência e dos pensamentos já desenvolvidos no passado e que a História das Doutrinas recolhe e apresenta.

> O conhecimento teórico deve iniciar-se por aquele que explica
> a evolução das ideias que formaram uma disciplina.

O mérito dessa introdução está principalmente em permitir uma visualização do "progresso da razão humana no campo da Contabilidade", que é, originariamente, apenas uma intuição para guardar a memória do sucedido com as utilidades, mas, depois, desenvolvida como um estudo lógico dos acontecimentos ocorridos com a riqueza das empresas e instituições.

É importante destacar que grande parte de nossa história é a "História da Conta", mas, também, que o progresso da cultura levou a entender que tal recurso foi apenas o da necessidade de memorizar por evidências registradas, de uma informação sobre acontecimentos e não o do estudo do próprio fenômeno.

Um elenco de matérias importantes para a formação de uma consciência sobre a evolução da Contabilidade pode ser descrito nos seguintes itens:

1. O período Intuitivo-Primitivo ou da Pré-história da Contabilidade.
2. O período Racional Mnemônico – Suméria, Egito, Antiguidade Clássica.
3. O período Lógico-Racional – As partidas dobradas e seu nascimento.
4. O período da Literatura Contábil – Literatura Islâmica e Europeia.
5. O período Pré-científico a partir dos fins do século XVI.
6. O período Científico no Positivismo – França e Itália.
7. História das Doutrinas Contábeis e sua essência científica: Comtismo Científico, Materialismo Substancial, Personalismo, Controlismo, Neocomtismo, Neocontrolismo, Reditualismo, Aziendalismo, Patrimonialismo e Neopatrimonialismo.
8. O período Filosófico, o Normativo e o futuro do conhecimento contábil.

Há, pois, importância em estudar não só a evolução dos processos de escrituração, mas, especialmente, a estruturação das doutrinas científicas, aprofundando-se no conhecimento das obras clássicas.

Em tais indagações, o contador deve buscar a essência da evolução, ou seja, o entendimento a respeito dos acréscimos operados intelectualmente.

> Quando o perito sabe situar-se dentro do conhecimento que tem como
> objeto de trabalho, pode, então, não só aferir a importância do que faz, mas,
> também, alcançar de forma ampla a profundidade dos recursos de que
> dispõe, melhorando a qualidade de seu desempenho profissional.

Muitos são os estudos do passado que não ficaram superados e até foram, de forma benéfica, ampliados.

Teoria dos fenômenos patrimoniais

A perícia contábil é um exame que gera opinião sobre fenômenos relativos à riqueza patrimonial das empresas e das instituições.

Logo, entender sobre a doutrina dos fatos aludidos é questão substancial.

> Sem identificar com precisão as relações lógicas que se encontram na formação das ocorrências da movimentação e transformação da riqueza, é difícil emitir opiniões de qualidade.

O perito precisa conhecer, com segurança, as razões pelas quais os fatos de fato ocorrem e a função deles. Esta é na prática a que enseja a produção de matéria que serve de prova, necessitando, pois, de uma consistente análise dos atos e dos fatos patrimoniais.

Em várias situações, o profissional é mais que um simples relator de eventos, devendo explicar o que estes representam na essência, para que o julgamento sobre as questões possa ser justo.

É imprescindível que o perito, filosoficamente, entenda a razão dos conceitos que emprega em relação à riqueza das células sociais.

O entendimento deve ser o de uma visão holística, quer do conteúdo, quer dos continentes que encasulam o patrimônio e que são os agentes transformadores deste (gestores, executores, mercados, sociedade, natureza etc.).

Por isso, a formação cultural deve ser abrangente, de forma a alcançar:

1. Natureza e estrutura do objeto de estudos da Contabilidade.
2. O fenômeno patrimonial e suas relações lógicas: essenciais, dimensionais e ambientais.
3. O método científico em Contabilidade.
4. A autonomia científica da Contabilidade.
5. A lógica do conceito em Contabilidade.
6. A experimentação no campo da Contabilidade.
7. A análise de fenômenos e contribuição para a eficácia das células sociais.
8. A eficácia aziendal e a eficácia social.

Uma percepção filosófica sobre o objeto de estudos (que é o fenômeno patrimonial sob uma óptica holística) e o encaminhamento de tudo sob o prisma da eficácia, como satisfação da necessidade aziendal, é o caminho adequado para o entendimento pleno de nossas matérias.

Muitas vezes, na prática, são requeridas a um perito opiniões sobre a eficácia ou não do desempenho patrimonial, exigindo do profissional da Contabilidade que a explicação dos fatos se faça à luz de um vigor científico, o qual só a teoria tem condições de oferecer.

Teorias fundamentais em Contabilidade

Os fundamentos da Contabilidade, como ciência, encontram-se em diversas estruturas teóricas; tal estudo visa à compreensão dos complexos de axiomas e teoremas em torno dos fenômenos patrimoniais de maior relevância, assim como das relações básicas que existem na vida da riqueza.

No curso de nossa história, a relevância do mundo exterior ao aziendal, o mundo interno da célula social em si, o resultado, o giro, o equilíbrio, o risco, a produtividade, a sobrevivência formaram núcleos de observações que tiveram como resultado grandes conquistas que enriqueceram nosso saber.

Conhecer, pois, o ponto nevrálgico da vida patrimonial, dentro da atividade da célula social, por meio de teorias, é da mais alta relevância e requer o estudo de pelo menos o seguinte:

1. Teoria das Aziendas ou Células Sociais.
2. Teoria do Valor Patrimonial Aziendal.
3. Teoria do Rédito.
4. Teoria da Dinâmica Circulatória dos Valores Patrimoniais.
5. Teoria do Equilíbrio Patrimonial.
6. Teoria da Vitalidade Patrimonial.
7. Teoria da Liquidez.
8. Teoria do Risco e da Incerteza.
9. Teoria da Produtividade Patrimonial.
10. Teoria da Elasticidade ou Dimensão Adequada.
11. Teoria da Socialidade da Azienda.

É importante preservar uma rigorosa ordem de raciocínios que permita entender que as doutrinas prestam-se a todos os casos, a todos os patrimônios, em todas as partes do mundo, pois esse é o escopo de uma "Teoria Científica".

Grande parte das matérias referidas encontra-se em minha obra *Teoria da contabilidade*, edição Atlas.

Teoria geral do conhecimento contábil

Muitas são as teorias dedicadas a fenômenos patrimoniais particulares. De rara importância, todavia, é conhecer a "teoria matriz", que é a origem da qual todas as demais derivam.

Há uma ordem dos raciocínios que constrói um corpo fundamental de axiomas e teoremas competentes para a formação de uma "Teoria Geral".

A Contabilidade ressentiu-se, por um longo tempo, da ausência de tal recurso intelectual, embora não faltassem ensaios de natureza pré-epistemológica que buscassem grandes explicações de generalidade, como o fizeram, por exemplo, com brilhantismo, dentre outros, o francês J. Dumarchey, em sua obra ampliada *Théorie positive de la comptabilité* (2ª edição, impressora Monloup-Robert, Lyon, 1933, mas cuja primeira edição é de 1914), o português Jaime Lopes Amorim, em sua obra *Lições de contabilidade geral* (edição Empresa Industrial Gráfica do Porto, Porto, 1929), o brasileiro Francisco D'Áuria, em sua obra *Primeiros princípios de contabilidade pura* (edição Universidade de São Paulo, São Paulo, 1949), o estadunidense Spencer A. Tucker, em sua obra *Successful managerial control by ratio analysis* (edição McGraw-Hill, New York, 1961), o italiano Vincenzo Masi, em sua obra *Teoria y metodología de la contabilidad* (edição EJES, Madri, 1962), e o francês Henri Roy, em sua obra *Analyse financière et méthode normative* (volume I, edição Dunod, Paris, 1971).

Dentro da óptica de meu estudo e das pesquisas que desenvolvi ao longo de meus mais de 50 anos de magistério, consegui construir um corpo de doutrina que me permitiu uma visão holística de nosso saber, com todo o formalismo científico mais avançado e cuja primeira apresentação realizei na Europa, na Universidade de Sevilha, em 1987.

A nova visão de um Patrimonialismo, a do Neopatrimonialismo, expressa em uma já extensa bibliografia a realidade imposta pela abertura dos mercados; os progressos da informática, da telemática, da formação de novas ciências, da mudança dos comportamentos sociais forçaram novas visões doutrinárias e obrigaram à consolidação do conhecimento para a formação de um corpo de doutrina adequado à nova realidade.

A quarta parte, pois, sugerida para a formação de um sólido acervo cultural de um perito, compreende os seguintes itens:

1. Bases de uma Teoria Geral do Conhecimento Contábil.
2. O Neopatrimonialismo.
3. Teoria das Funções Sistemáticas do patrimônio das Células Sociais como – Teoria geral e ciência da contabilidade – A formação de um corpo de Doutrina Moderna.
4. A lógica das relações essenciais.
5. A lógica das relações dimensionais.
6. A lógica das relações ambientais.
7. A lógica da organização sistemática das funções patrimoniais.
8. A lógica das teorias derivadas da teoria geral.

Todas essas matérias são encontradas em minhas obras *Teoria geral do conhecimento contábil* (edição UNA – Belo Horizonte), *Teoria da contabilidade* (edição Atlas – São Paulo), *Fundamentos da Contabilidade Geral* (5. ed., Juruá Editora – Curitiba, 2017) e nos escritos dos intelectuais do Neopatrimonialismo Contábil (relacionados na Bibliografia, ao final deste livro).

Teoremas fundamentais em Contabilidade

Estudadas as doutrinas, as teorias tradicionais, a teoria geral do conhecimento, conclui-se um curso de conhecimento sobre a Teoria da Contabilidade com um estudo mais detalhado sobre os axiomas e teoremas, os quais envolvem a análise de fenômenos da mais alta relevância.

A velocidade do capital e as necessidades do capital próprio em suas razões inversas, a prosperidade perfeita como decorrência de uma eficácia constante, os limites da capacidade do capital, o grave problema da morte dos ativos em face da obsolescência, a constância e a oscilação nos capitais circulantes etc. são alguns dos enunciados científicos que devem ser estudados.

Conquistados tais conhecimentos (ver sobre eles na nossa obra *Teoria da contabilidade*, edição Atlas), o profissional passa a entender que os "casos particulares" podem ser resolvidos a partir de tais bases.

Tarefa concomitante na formação cultural é, também, associar o que se estuda sobre a ciência à prática pericial, no que tange a:

1. Significação dos Teoremas em razão dos Modelos em Contabilidade.
2. Teoremas e leis.
3. Teorema da Rotação dos Meios Patrimoniais.
4. Teorema da Prosperidade Perfeita.
5. Teorema do Limite Funcional dos Meios Patrimoniais e Teorias Matriciais.
6. Teorema do Declínio da Intensidade Funcional dos Meios Patrimoniais.
7. Teorema da Elasticidade Patrimonial e da Obsolescência Crescente.
8. Teorema da Expressão Quantitativa Relativa dos Meios Patrimoniais.
9. Teorema da Inadequação entre Massa e Função Patrimonial.
10. Teorema do Resíduo Patrimonial Ineficaz etc.

Teorias dos sistemas de funções patrimoniais

No Brasil, há mais de meio século, sugerido foi por Francisco D'Áuria o estudo dos sistemas de fenômenos contábeis, curiosamente quase na mesma época em que esse luminar editou valiosa obra sobre perícia contábil.

Embora a teorização do emérito professor tivesse sido no sentido de uma contabilidade pura, de uma visão universal sistemática, sem a abordagem de cada sistema patrimonial de per si, do ponto de vista das funções da riqueza, ela foi um marco inicial.

Na prática, encontramos a riqueza suprindo a muitas necessidades, tais como as de pagamento, lucro, proteção ao risco, produtividade etc., de forma autônoma, mas tudo ao mesmo tempo.

Uma empresa pode ter capacidade de pagar e não lucrar; pode lucrar e não ter capacidade de pagar etc.

As diversas funções ou utilidades da riqueza, pois, são verdadeiramente autônomas e se exercem movidas por agentes ambientais externos a ela (dirigentes, pessoal executivo, mercados, sociedade, ecologia, Estado etc.).

O Neopatrimonialismo contábil ergueu uma doutrina de sistemas de funções que facilita a análise e que encontra ampla aplicação na perícia. Conhecer, pois, a nova metodologia, aquela sugerida pela moderna corrente científica do Neopatrimonialismo, é uma valorização cultural.

Existem, como já foram referidas, teorias específicas, uma para cada sistema, e cada uma delas com seus teoremas pertinentes, ou seja:

1. Teoria da Liquidez.
2. Teoria da Resultabilidade.
3. Teoria da Estabilidade.
4. Teoria da Economicidade.
5. Teoria da Produtividade.
6. Teoria da Invulnerabilidade.
7. Teoria da Elasticidade.
8. Teoria da Socialidade.

A já vasta literatura do Neopatrimonialismo, com seus muitos autores, supre a cultura necessária nesse particular.

Teoria da prosperidade

Há cerca de 2.500 anos, o contador e filósofo Confúcio lecionou que a prosperidade é o caminho correto a ser seguido pelas administrações das empresas e instituições.

Segundo a doutrina do neopatrimonialismo, tal fenômeno da riqueza ocorre quando a eficácia é constante e quando sobre a ocorrência desta também sempre se dilata a massa patrimonial.

O estudo da questão é deveras importante e deve ser entendido mesmo como a finalidade mestra da ciência contábil.

Apresento, no final deste livro, bibliografia neopatrimonialista. Nova doutrina da Contabilidade contemporânea.

ARBITRAGEM, MEDIAÇÃO, CONCILIAÇÃO E NEGOCIAÇÃO

Arbitragem

A Lei n. 9.307/1996 é a que regula a arbitragem no Brasil. E, pela sua importância, a Portaria n. 60/2011 do CFC criou, no âmbito do sistema CFC, CRCs, um grupo de estudo sobre mediação e arbitragem, para divulgar essa forma alternativa, moderna e adequada para a solução de conflitos.

Admite-se a arbitragem como uma forma adequada de solução de conflitos quando a demanda envolve direitos patrimoniais disponíveis.

A arbitragem é um importante segmento de mercado para os profissionais de Contabilidade, seja no âmbito das relações internacionais, seja na solução de conflitos internos. E, pela sua importância, torna-se necessário que sejam comentados os aspectos fundamentais para a sua difusão, a fim de viabilizar mais essa importante atividade para os contadores.

A arbitragem possibilita uma solução rápida às demandas, sendo de natureza sigilosa, entre outras notáveis vantagens em relação ao Poder Judiciário, que é formal, com muitos recursos e instâncias que o tornam lento, com processos que se arrastam por anos, algumas vezes até por décadas.

A arbitragem é um pacto de livre vontade, firmado entre duas ou mais pessoas capazes, para a solução de suas eventuais polêmicas, sendo imprescindível, no estatuto social das sociedades anônimas de capital aberto, para a sua validade entre os acionistas e a companhia. É necessária uma convenção sobre ela, a qual poderá ser revestida na forma de uma cláusula compromissória contida no estatuto social.

As principais vantagens são:

1. A celeridade, ou seja, a rapidez na solução, uma vez que a arbitragem poderá solucionar a questão em um prazo fixado pelos demandantes.
2. Sigilo, pois nada do que for discutido poderá ser divulgado, uma vez que os litigantes, o perito e os árbitros deverão guardar sigilo, diferentemente do processo judicial, que é público, exceto os que tramitam sob segredo de justiça.
3. A especialidade, pois o julgador pode ser um especialista na matéria e não em direito, como para as situações de reembolso de ações pela via do fluxo de caixa descontado, ou outra métrica contábil.
4. A livre escolha dos árbitros e das regras da arbitragem gera uma sinergia, contribuindo para uma ação coordenada da lógica e dinâmica do mundo dos negócios.

Mediação

A mediação é uma técnica em que um terceiro, neutro e imparcial, o mediador, auxilia as partes no entendimento de seus reais interesses e na solução do conflito.

No âmbito da Justiça Estatal, a mediação e a conciliação tornaram-se a regra, por força dos §§ 2º e 3º do art. 2º do CPC/2015.

Pode ser objeto de mediação o conflito que verse sobre direitos disponíveis ou sobre direitos indisponíveis que admitam transação. E a mediação, por força do art. 2º da Lei n. 13.140/2015, será orientada pelos seguintes princípios:

"I – imparcialidade do mediador;

II – isonomia entre as partes;

III – oralidade;

IV – informalidade;

V – autonomia da vontade das partes;

VI – busca do consenso;

VII – confidencialidade;

VIII – boa-fé.

§ 1º Na hipótese de existir previsão contratual de cláusula de mediação, as partes deverão comparecer à primeira reunião de mediação.

§ 2º Ninguém será obrigado a permanecer em procedimento de mediação."

A conciliação, além de ser uma alternativa muito praticada, deve ser tentada na própria arbitragem, ante o § 4º do art. 21 da referida Lei n. 9.307/1996, segundo o qual: "Competirá ao árbitro ou ao Tribunal Arbitral, no início do procedimento, tentar a Conciliação das partes, aplicando-se, no que couber, o art. 28, desta Lei".

Conciliação

A conciliação é uma técnica para a solução de polêmicas em que os litigantes, por intermédio de um conciliador, resolvem a polêmica por si mesmos, mediante um acordo, podendo ser assistidos por peritos em Contabilidade.

Também no âmbito da Justiça Estatal, por força do inc. V do art. 139 do CPC/2015, está prevista a conciliação com o seguinte teor: "O Juiz dirigirá o processo conforme as disposições deste Código, incumbindo-lhe: (...) V – promover, a qualquer tempo, a autocomposição, preferencialmente com auxílio de conciliadores e mediadores judiciais; (...)".

Negociação

Na negociação não há interferência de terceiro ou da figura de um negociador neutro, uma vez que são as próprias pessoas em conflito que buscam, por elas mesmas, a solução de um litígio pela via da autocomposição.

Comentários à Lei n. 9.307/1996

A opção pela arbitragem aplica-se sempre que a demanda envolva bens patrimoniais disponíveis. Como exemplo de demandas, citamos:

1. Acordos de acionistas;
2. Apuração de haveres;
3. Indenizações relativas a perdas, danos e lucros cessantes;
4. Contratos de aluguel residencial ou comercial;
5. Contratos tipificados ou não;
6. Prestações de contas nos variados tipos;
7. Operações de fomento comercial – *factoring*;
8. Contratos que envolvam a administração pública, entre outros.

A opção pela arbitragem normalmente decorre de uma cláusula compromissória.

A Lei de Arbitragem permite que os ligantes escolham entre: o julgamento realizado de acordo com as leis brasileiras, ou as leis estrangeiras, ou por regras específicas de uma Câmara Arbitral, ou escolhidas pelas demandantes, mas também permite que, a critério das partes, os árbitros possam julgar por equidade, ou seja, livremente podem pactuar aquilo que consideram justo, sem a necessidade de amarras legislativas.

A escolha do árbitro ou árbitros é livre pelos litigantes, podendo ser árbitro qualquer pessoa capaz e que tenha a confiança das partes. Ainda sobre a liberdade de se escolher o árbitro, o Desembargador Cláudio Vianna de Lima,[1] em seu livro: *Curso de introdução à arbitragem*, fez o seguinte comentário ao art. 13, ora em apreciação: "O árbitro não deve ser necessariamente, formado em Direito, podendo até, com vantagem, ser um técnico proeminente em área não jurídica, precisamente da natureza do conflito de interesses a resolver".

---

[1] LIMA, Cláudio Vianna de. *Curso de introdução à arbitragem*. Rio de Janeiro: Lumen Juris, 1999.

O árbitro é juiz de fato e de direito e a sentença que proferir não fica sujeita a recurso ou homologação pelo Poder Judiciário. E os árbitros, quando no exercício de suas funções ou em razão delas, ficam equiparados aos funcionários públicos, para os efeitos da legislação penal.

A figura do árbitro especialista é uma forte realidade atual; e não existem recursos para instâncias superiores, o que deixa mais célebre a arbitragem em relação à justiça estatal.

O árbitro ou o Tribunal Arbitral pode determinar a realização de perícias contábeis, ouvida de testemunha técnica, implantação de um júri técnico contábil, uma junta de peritos contadores, ou a sustentação oral de teses contábeis por parte dos peritos assistentes antes da nomeação de perito, ou outras provas que julgar necessárias, mediante requerimentos das partes ou de ofício. Se o árbitro possuir conhecimento científico de Contabilidade, este pode dispensar a perícia contábil. É condição *sine qua non* que uma investigação pericial contábil prestigie a aplicação de um método científico na apuração da verdade real.

A sentença arbitral produz, entre as partes e seus sucessores, os mesmos efeitos da sentença proferida pelos órgãos do Poder Judiciário, e, sendo condenatória, constitui título executivo.

Arbitragem como um segmento especial de mercado para contadores

Todos os contadores podem laborar como árbitros especialistas em questão que envolve contabilidade, portanto, as questões vinculadas ao patrimônio.

Todos têm direito a uma defesa e ao contraditório técnico, inclusive em relação às questões patrimoniais vinculadas à Contabilidade, que podem e devem ser exercidas: por meio das conclusões de uma junta de peritos, de testemunhas técnicas, perícia contábil, e ainda, se for o caso, para a plenitude da ampla defesa, a utilização de um júri técnico.

No âmbito da arbitragem, como este é um meio adequado para se realizar a justiça, um árbitro julgador tem compromisso com a ampla defesa, e não com uma defesa restrita, inclusive a obrigação de possibilitar o uso de todos os meios legais de prova, bem como a paridade de armas entre as partes.

A perícia no âmbito da arbitragem

A perícia no âmbito da arbitragem constitui um conjunto de procedimentos técnico-científicos destinados a levar ao conhecimento do árbitro o resultado de um exame, vistoria ou avaliação para subsidiar a solução do litígio ou constatação de um fato, mediante a elaboração de laudo e/ou parecer pericial, em conformidade com um método científico pertinente à área da Contabilidade, tal como o método indutivo axiomático. É condição *sine qua non* que uma investigação pericial arbitral prestigie a aplicação do método científico na apuração da verdade real.

O direito dos litigantes a participar da instalação da perícia e do exame ou inspeção pericial é componente inafastável do princípio do devido processo legal, do contraditório e do direito de defesa.

O laudo pericial e os pareceres dos assistentes, preferencialmente devem ser por escrito, mas nada obsta a sustentação oral das conclusões em sessão arbitral, sendo permitido às partes requerer esclarecimento ao perito sobre pontos tidos como obscuros.

Os peritos poderão se pronunciar, isoladamente ou em conjunto, sobre atos ou fatos alegados.

Sendo determinada a apresentação de pareceres dos assistentes dos litigantes antes do labor do perito nomeado, a perícia arbitral, perito nomeado pelo árbitro, fica restrita aos pontos conflitantes que eventualmente venham a existir entre os pareceres dos peritos assistentes indicados pelas partes.

Geralmente, a perícia atende aos quesitos formulados pelas partes e pelo árbitro. O perito não produz prova, e sim valida ou não as provas produzidas pelos litigantes.

A prova no âmbito de outros elementos vinculados ao labor dos contadores

Existem outras atividades probantes contábeis que devem ser consideradas na aplicação do direito constitucional, da ampla defesa e do contraditório, são elas:

1. A atividade vinculada aos conhecimentos científicos que é conhecida como testemunha técnica, o *expert-witness*. Ela se distingue da testemunha tradicional, que relata os fatos que viu, pois a testemunha técnica dá o seu testemunho única e exclusivamente vinculado à tecnologia e à ciência, por exemplo, revelar aos leigos, árbitro(s) e litigantes a distinção entre balanço de determinação e fluxo de caixa descontado, e a aplicação de métricas contábeis adequadas para aferir lucro cessante e/ou a situação econômico-financeira.

2. A possibilidade da sustentação oral diante de um júri técnico, relativo aos fatos arguidos na inicial ou na contestação, em especial nos elementos probantes constantes de pareceres contábeis que instruíram a demanda. O júri técnico deve ser formado por especialistas no assunto, que podem solicitar esclarecimentos fazendo inquisições em relação aos procedimentos técnicos e científicos. O júri técnico decide a pertinência ou não do elemento probatório, por intermédio do voto, logo, esse júri deve ser sempre em número ímpar, podendo os litigantes participar da escolha do júri, inclusive impugnando eventuais participações por motivo de suspeição ou impedimento das pessoas que compõem o corpo de jurados.

3. A composição de uma junta de peritos contadores. A junta de peritos distingue-se do júri técnico, pois aquela não se limita a ouvir uma sustentação oral, visto que cada um dos peritos que a compõem, deve em seus laboratórios de perícia realizar, pela via da testabilidade, todos os exames necessários para que sejam apresentados os diagnósticos que venham a confirmar ou rejeitar os elementos ditos como prova contábil nos autos.

4. A possibilidade do perito de labutar nos procedimentos de *discovery*. A figura do *discovery* está mais presente nos países vinculados à *common law*, pois aos países vinculados à *civil law* existe uma resistência a esse tipo de prova, em decorrência do sigilo industrial, comercial e tributário. Esse labor consiste na busca de uma prova dos documentos e registros contábeis pertencentes à parte adversária.

PERÍCIA E O CÓDIGO DE PROCESSO CIVIL

11

O CPC/2015 trata da aplicação das normas processuais fundamentais. A reprodução parcial do Código de Processo Civil de 2015, que se segue, permite a visualização dos principais artigos vinculados à perícia contábil:

> "Art. 95. Cada parte adiantará a remuneração do assistente técnico que houver indicado, sendo a do perito adiantada pela parte que houver requerido a perícia ou rateada quando a perícia for determinada de ofício ou requerida por ambas as partes.
>
> § 1º O juiz poderá determinar que a parte responsável pelo pagamento dos honorários do perito deposite em juízo o valor correspondente.
>
> § 2º A quantia recolhida em depósito bancário à ordem do juízo será corrigida monetariamente e paga de acordo com o art. 465, § 4º.
>
> § 3º Quando o pagamento da perícia for de responsabilidade de beneficiário de gratuidade da justiça, ela poderá ser:
>
> I – custeada com recursos alocados no orçamento do ente público e realizada por servidor do Poder Judiciário ou por órgão público conveniado;
>
> II – paga com recursos alocados no orçamento da União, do Estado ou do Distrito Federal, no caso de ser realizada por particular, hipótese em que o valor será fixado

conforme tabela do tribunal respectivo ou, em caso de sua omissão, do Conselho Nacional de Justiça.

§ 4º Na hipótese do § 3º, o juiz, após o trânsito em julgado da decisão final, oficiará a Fazenda Pública para que promova, contra quem tiver sido condenado ao pagamento das despesas processuais, a execução dos valores gastos com a perícia particular ou com a utilização de servidor público ou da estrutura de órgão público, observando-se, caso o responsável pelo pagamento das despesas seja beneficiário de gratuidade da justiça, o disposto no art. 98, § 2º.

§ 5º Para fins de aplicação do § 3º, é vedada a utilização de recursos do fundo de custeio da Defensoria Pública.

(...)

Seção II – Dos Impedimentos e da Suspeição

Art. 144. Há impedimento do juiz, sendo-lhe vedado exercer suas funções no processo:

I – em que interveio como mandatário da parte, oficiou como perito, funcionou como membro do Ministério Público ou prestou depoimento como testemunha;

II – de que conheceu em outro grau de jurisdição, tendo proferido decisão;

III – quando nele estiver postulando, como defensor público, advogado ou membro do Ministério Público, seu cônjuge ou companheiro, ou qualquer parente, consanguíneo ou afim, em linha reta ou colateral, até o terceiro grau, inclusive;

IV – quando for parte no processo ele próprio, seu cônjuge ou companheiro, ou parente, consanguíneo ou afim, em linha reta ou colateral, até o terceiro grau, inclusive;

V – quando for sócio ou membro de direção ou de administração de pessoa jurídica parte no processo;

VI – quando for herdeiro presuntivo, donatário ou empregador de qualquer das partes;

VII – em que figure como parte instituição de ensino com a qual tenha relação de emprego ou decorrente de contrato de prestação de serviços;

VIII – em que figure como parte cliente do escritório de advocacia de seu cônjuge, companheiro ou parente, consanguíneo ou afim, em linha reta ou colateral, até o terceiro grau, inclusive, mesmo que patrocinado por advogado de outro escritório;

IX – quando promover ação contra a parte ou seu advogado.

§ 1º Na hipótese do inciso III, o impedimento só se verifica quando o defensor público, o advogado ou o membro do Ministério Público já integrava o processo antes do início da atividade judicante do juiz.

§ 2º É vedada a criação de fato superveniente a fim de caracterizar impedimento do juiz.

§ 3º O impedimento previsto no inciso III também se verifica no caso de mandato conferido a membro de escritório de advocacia que tenha em seus quadros advogado que individualmente ostente a condição nele prevista, mesmo que não intervenha diretamente no processo.

Art. 145. Há suspeição do juiz:

I – amigo íntimo ou inimigo de qualquer das partes ou de seus advogados;

II – que receber presentes de pessoas que tiverem interesse na causa antes ou depois de iniciado o processo, que aconselhar alguma das partes acerca do objeto da causa ou que subministrar meios para atender às despesas do litígio;

III – quando qualquer das partes for sua credora ou devedora, de seu cônjuge ou companheiro ou de parentes destes, em linha reta até o terceiro grau, inclusive;

IV – interessado no julgamento do processo em favor de qualquer das partes.

§ 1º Poderá o juiz declarar-se suspeito por motivo de foro íntimo, sem necessidade de declarar suas razões.

§ 2º Será ilegítima a alegação de suspeição quando:

I – houver sido provocada por quem a alega;

II – a parte que a alega houver praticado ato que signifique manifesta aceitação do arguido.

Art. 146. No prazo de 15 (quinze) dias, a contar do conhecimento do fato, a parte alegará o impedimento ou a suspeição, em petição específica dirigida ao juiz do processo, na qual indicará o fundamento da recusa, podendo instruí-la com documentos em que se fundar a alegação e com rol de testemunhas.

§ 1º Se reconhecer o impedimento ou a suspeição ao receber a petição, o juiz ordenará imediatamente a remessa dos autos a seu substituto legal, caso contrário, determinará a autuação em apartado da petição e, no prazo de 15 (quinze) dias, apresentará suas razões, acompanhadas de documentos e de rol de testemunhas, se houver, ordenando a remessa do incidente ao tribunal.

§ 2º Distribuído o incidente, o relator deverá declarar os seus efeitos, sendo que, se o incidente for recebido:

I – sem efeito suspensivo, o processo voltará a correr;

II – com efeito suspensivo, o processo permanecerá suspenso até o julgamento do incidente.

§ 3º Enquanto não for declarado o efeito em que é recebido o incidente ou quando este for recebido com efeito suspensivo, a tutela de urgência será requerida ao substituto legal.

§ 4º Verificando que a alegação de impedimento ou de suspeição é improcedente, o tribunal rejeitá-la-á.

§ 5º Acolhida a alegação, tratando-se de impedimento ou de manifesta suspeição, o tribunal condenará o juiz nas custas e remeterá os autos ao seu substituto legal, podendo o juiz recorrer da decisão.

§ 6º Reconhecido o impedimento ou a suspeição, o tribunal fixará o momento a partir do qual o juiz não poderia ter atuado.

§ 7º O tribunal decretará a nulidade dos atos do juiz, se praticados quando já presente o motivo de impedimento ou de suspeição.

Art. 147. Quando 2 (dois) ou mais juízes forem parentes, consanguíneos ou afins, em linha reta ou colateral, até o terceiro grau, inclusive, o primeiro que conhecer do processo impede que o outro nele atue, caso em que o segundo se escusará, remetendo os autos ao seu substituto legal.

Art. 148. Aplicam-se os motivos de impedimento e de suspeição:

I – ao membro do Ministério Público;

II – aos auxiliares da justiça;

III – aos demais sujeitos imparciais do processo.

§ 1º A parte interessada deverá arguir o impedimento ou a suspeição, em petição fundamentada e devidamente instruída, na primeira oportunidade em que lhe couber falar nos autos.

§ 2º O juiz mandará processar o incidente em separado e sem suspensão do processo, ouvindo o arguido no prazo de 15 (quinze) dias e facultando a produção de prova, quando necessária.

§ 3º Nos tribunais, a arguição a que se refere o § 1º será disciplinada pelo regimento interno.

§ 4º O disposto nos §§ 1º e 2º não se aplica à arguição de impedimento ou de suspeição de testemunha.

CAPÍTULO III – DOS AUXILIARES DA JUSTIÇA

Art. 149. São auxiliares da Justiça, além de outros cujas atribuições sejam determinadas pelas normas de organização judiciária, o escrivão, o chefe de secretaria, o oficial de justiça, o perito, o depositário, o administrador, o intérprete, o tradutor, o mediador, o conciliador judicial, o partidor, o distribuidor, o contabilista e o regulador de avarias.

(...)

Seção II – Do Perito

Art. 156. O juiz será assistido por perito quando a prova do fato depender de conhecimento técnico ou científico.

§ 1º Os peritos serão nomeados entre os profissionais legalmente habilitados e os órgãos técnicos ou científicos devidamente inscritos em cadastro mantido pelo tribunal ao qual o juiz está vinculado.

§ 2º Para formação do cadastro, os tribunais devem realizar consulta pública, por meio de divulgação na rede mundial de computadores ou em jornais de grande circulação, além de consulta direta a universidades, a conselhos de classe, ao Ministério Público, à Defensoria Pública e à Ordem dos Advogados do Brasil, para a indicação de profissionais ou de órgãos técnicos interessados.

§ 3º Os tribunais realizarão avaliações e reavaliações periódicas para manutenção do cadastro, considerando a formação profissional, a atualização do conhecimento e a experiência dos peritos interessados.

§ 4º Para verificação de eventual impedimento ou motivo de suspeição, nos termos dos arts. 148 e 467, o órgão técnico ou científico nomeado para realização da perícia informará ao juiz os nomes e os dados de qualificação dos profissionais que participarão da atividade.

§ 5º Na localidade onde não houver inscrito no cadastro disponibilizado pelo tribunal, a nomeação do perito é de livre escolha pelo juiz e deverá recair sobre profissional ou órgão técnico ou científico comprovadamente detentor do conhecimento necessário à realização da perícia.

Art. 157. O perito tem o dever de cumprir o ofício no prazo que lhe designar o juiz, empregando toda sua diligência, podendo escusar-se do encargo alegando motivo legítimo.

§ 1º A escusa será apresentada no prazo de 15 (quinze) dias, contado da intimação, da suspeição ou do impedimento supervenientes, sob pena de renúncia ao direito a alegá-la.

§ 2º Será organizada lista de peritos na vara ou na secretaria, com disponibilização dos documentos exigidos para habilitação à consulta de interessados, para que a nomeação seja distribuída de modo equitativo, observadas a capacidade técnica e a área de conhecimento.

Art. 158. O perito que, por dolo ou culpa, prestar informações inverídicas responderá pelos prejuízos que causar à parte e ficará inabilitado para atuar em outras perícias no prazo de 2 (dois) a 5 (cinco) anos, independentemente das demais sanções previstas em lei, devendo o juiz comunicar o fato ao respectivo órgão de classe para adoção das medidas que entender cabíveis.

(...)

Seção X – Da Prova Pericial

Art. 464. A prova pericial consiste em exame, vistoria ou avaliação.

§ 1º O juiz indeferirá a perícia quando:

I – a prova do fato não depender de conhecimento especial de técnico;

II – for desnecessária em vista de outras provas produzidas;

III – a verificação for impraticável.

§ 2º De ofício ou a requerimento das partes, o juiz poderá, em substituição à perícia, determinar a produção de prova técnica simplificada, quando o ponto controvertido for de menor complexidade.

§ 3º A prova técnica simplificada consistirá apenas na inquirição de especialista, pelo juiz, sobre ponto controvertido da causa que demande especial conhecimento científico ou técnico.

§ 4º Durante a arguição, o especialista, que deverá ter formação acadêmica específica na área objeto de seu depoimento, poderá valer-se de qualquer recurso tecnológico de transmissão de sons e imagens com o fim de esclarecer os pontos controvertidos da causa.

Art. 465. O juiz nomeará perito especializado no objeto da perícia e fixará de imediato o prazo para a entrega do laudo.

§ 1º Incumbe às partes, dentro de 15 (quinze) dias contados da intimação do despacho de nomeação do perito:

I – arguir o impedimento ou a suspeição do perito, se for o caso;

II – indicar assistente técnico;

III – apresentar quesitos.

§ 2º Ciente da nomeação, o perito apresentará em 5 (cinco) dias:

I – proposta de honorários;

II – currículo, com comprovação de especialização;

III – contatos profissionais, em especial o endereço eletrônico, para onde serão dirigidas as intimações pessoais.

§ 3º As partes serão intimadas da proposta de honorários para, querendo, manifestar-se no prazo comum de 5 (cinco) dias, após o que o juiz arbitrará o valor, intimando-se as partes para os fins do art. 95.

§ 4º O juiz poderá autorizar o pagamento de até cinquenta por cento dos honorários arbitrados a favor do perito no início dos trabalhos, devendo o remanescente ser pago apenas ao final, depois de entregue o laudo e prestados todos os esclarecimentos necessários.

§ 5º Quando a perícia for inconclusiva ou deficiente, o juiz poderá reduzir a remuneração inicialmente arbitrada para o trabalho.

§ 6º Quando tiver de realizar-se por carta, poder-se-á proceder à nomeação de perito e à indicação de assistentes técnicos no juízo ao qual se requisitar a perícia.

Art. 466. O perito cumprirá escrupulosamente o encargo que lhe foi cometido, independentemente de termo de compromisso.

§ 1º Os assistentes técnicos são de confiança da parte e não estão sujeitos a impedimento ou suspeição.

§ 2º O perito deve assegurar aos assistentes das partes o acesso e o acompanhamento das diligências e dos exames que realizar, com prévia comunicação, comprovada nos autos, com antecedência mínima de 5 (cinco) dias.

Art. 467. O perito pode escusar-se ou ser recusado por impedimento ou suspeição.

Parágrafo único. O juiz, ao aceitar a escusa ou ao julgar procedente a impugnação, nomeará novo perito.

Art. 468. O perito pode ser substituído quando:

I – faltar-lhe conhecimento técnico ou científico;

II – sem motivo legítimo, deixar de cumprir o encargo no prazo que lhe foi assinado.

§ 1º No caso previsto no inciso II, o juiz comunicará a ocorrência à corporação profissional respectiva, podendo, ainda, impor multa ao perito, fixada tendo em vista o valor da causa e o possível prejuízo decorrente do atraso no processo.

§ 2º O perito substituído restituirá, no prazo de 15 (quinze) dias, os valores recebidos pelo trabalho não realizado, sob pena de ficar impedido de atuar como perito judicial pelo prazo de 5 (cinco) anos.

§ 3º Não ocorrendo a restituição voluntária de que trata o § 2º, a parte que tiver realizado o adiantamento dos honorários poderá promover execução contra o perito, na forma dos arts. 513 e seguintes deste Código, com fundamento na decisão que determinar a devolução do numerário.

Art. 469. As partes poderão apresentar quesitos suplementares durante a diligência, que poderão ser respondidos pelo perito previamente ou na audiência de instrução e julgamento.

Parágrafo único. O escrivão dará à parte contrária ciência da juntada dos quesitos aos autos.

Art. 470. Incumbe ao juiz:

I – indeferir quesitos impertinentes;

II – formular os quesitos que entender necessários ao esclarecimento da causa.

Art. 471. As partes podem, de comum acordo, escolher o perito, indicando-o mediante requerimento, desde que:

I – sejam plenamente capazes;

II – a causa possa ser resolvida por autocomposição.

§ 1º As partes, ao escolher o perito, já devem indicar os respectivos assistentes técnicos para acompanhar a realização da perícia, que se realizará em data e local previamente anunciados.

§ 2º O perito e os assistentes técnicos devem entregar, respectivamente, laudo e pareceres em prazo fixado pelo juiz.

§ 3º A perícia consensual substitui, para todos os efeitos, a que seria realizada por perito nomeado pelo juiz.

Art. 472. O juiz poderá dispensar prova pericial quando as partes, na inicial e na contestação, apresentarem, sobre as questões de fato, pareceres técnicos ou documentos elucidativos que considerar suficientes.

Art. 473. O laudo pericial deverá conter:

I – a exposição do objeto da perícia;

II – a análise técnica ou científica realizada pelo perito;

III – a indicação do método utilizado, esclarecendo-o e demonstrando ser predominantemente aceito pelos especialistas da área do conhecimento da qual se originou;

IV – resposta conclusiva a todos os quesitos apresentados pelo juiz, pelas partes e pelo órgão do Ministério Público.

§ 1º No laudo, o perito deve apresentar sua fundamentação em linguagem simples e com coerência lógica, indicando como alcançou suas conclusões.

§ 2º É vedado ao perito ultrapassar os limites de sua designação, bem como emitir opiniões pessoais que excedam o exame técnico ou científico do objeto da perícia.

§ 3º Para o desempenho de sua função, o perito e os assistentes técnicos podem valer-se de todos os meios necessários, ouvindo testemunhas, obtendo informações, solicitando documentos que estejam em poder da parte, de terceiros ou em repartições públicas, bem como instruir o laudo com planilhas, mapas, plantas, desenhos, fotografias ou outros elementos necessários ao esclarecimento do objeto da perícia.

Art. 474. As partes terão ciência da data e do local designados pelo juiz ou indicados pelo perito para ter início a produção da prova.

Art. 475. Tratando-se de perícia complexa que abranja mais de uma área de conhecimento especializado, o juiz poderá nomear mais de um perito, e a parte, indicar mais de um assistente técnico.

Art. 476. Se o perito, por motivo justificado, não puder apresentar o laudo dentro do prazo, o juiz poderá conceder-lhe, por uma vez, prorrogação pela metade do prazo originalmente fixado.

Art. 477. O perito protocolará o laudo em juízo, no prazo fixado pelo juiz, pelo menos 20 (vinte) dias antes da audiência de instrução e julgamento.

§ 1º As partes serão intimadas para, querendo, manifestar-se sobre o laudo do perito do juízo no prazo comum de 15 (quinze) dias, podendo o assistente técnico de cada uma das partes, em igual prazo, apresentar seu respectivo parecer.

§ 2º O perito do juízo tem o dever de, no prazo de 15 (quinze) dias, esclarecer ponto:

I – sobre o qual exista divergência ou dúvida de qualquer das partes, do juiz ou do órgão do Ministério Público;

II – divergente apresentado no parecer do assistente técnico da parte.

§ 3º Se ainda houver necessidade de esclarecimentos, a parte requererá ao juiz que mande intimar o perito ou o assistente técnico a comparecer à audiência de instrução e julgamento, formulando, desde logo, as perguntas, sob forma de quesitos.

§ 4º O perito ou o assistente técnico será intimado por meio eletrônico, com pelo menos 10 (dez) dias de antecedência da audiência.

Art. 478. Quando o exame tiver por objeto a autenticidade ou a falsidade de documento ou for de natureza médico-legal, o perito será escolhido, de preferência, entre os técnicos dos estabelecimentos oficiais especializados, a cujos diretores o juiz autorizará a remessa dos autos, bem como do material sujeito a exame.

§ 1º Nas hipóteses de gratuidade de justiça, os órgãos e as repartições oficiais deverão cumprir a determinação judicial com preferência, no prazo estabelecido.

§ 2º A prorrogação do prazo referido no § 1º pode ser requerida motivadamente.

§ 3º Quando o exame tiver por objeto a autenticidade da letra e da firma, o perito poderá requisitar, para efeito de comparação, documentos existentes em repartições públicas e, na falta destes, poderá requerer ao juiz que a pessoa a quem se atribuir a autoria do documento lance em folha de papel, por cópia ou sob ditado, dizeres diferentes, para fins de comparação.

Art. 479. O juiz apreciará a prova pericial de acordo com o disposto no art. 371, indicando na sentença os motivos que o levaram a considerar ou a deixar de considerar as conclusões do laudo, levando em conta o método utilizado pelo perito.

Art. 480. O juiz determinará, de ofício ou a requerimento da parte, a realização de nova perícia quando a matéria não estiver suficientemente esclarecida.

§ 1º A segunda perícia tem por objeto os mesmos fatos sobre os quais recaiu a primeira e destina-se a corrigir eventual omissão ou inexatidão dos resultados a que esta conduziu.

§ 2º A segunda perícia rege-se pelas disposições estabelecidas para a primeira.

§ 3° A segunda perícia não substitui a primeira, cabendo ao juiz apreciar o valor de uma e de outra.

Seção XI – Da Inspeção Judicial

Art. 481. O juiz, de ofício ou a requerimento da parte, pode, em qualquer fase do processo, inspecionar pessoas ou coisas, a fim de se esclarecer sobre fato que interesse à decisão da causa.

Art. 482. Ao realizar a inspeção, o juiz poderá ser assistido por um ou mais peritos.

Art. 483. O juiz irá ao local onde se encontre a pessoa ou a coisa quando:

I – julgar necessário para a melhor verificação ou interpretação dos fatos que deva observar;

II – a coisa não puder ser apresentada em juízo sem consideráveis despesas ou graves dificuldades;

III – determinar a reconstituição dos fatos.

Parágrafo único. As partes têm sempre direito a assistir à inspeção, prestando esclarecimentos e fazendo observações que considerem de interesse para a causa.

Art. 484. Concluída a diligência, o juiz mandará lavrar auto circunstanciado, mencionando nele tudo quanto for útil ao julgamento da causa.

Parágrafo único. O auto poderá ser instruído com desenho, gráfico ou fotografia.

(...)

CAPÍTULO XI – DA AUDIÊNCIA DE INSTRUÇÃO E JULGAMENTO

Art. 360. O juiz exerce o poder de polícia, incumbindo-lhe:

I – manter a ordem e o decoro na audiência;

II – ordenar que se retirem da sala de audiência os que se comportarem inconvenientemente;

III – requisitar, quando necessário, força policial;

IV – tratar com urbanidade as partes, os advogados, os membros do Ministério Público e da Defensoria Pública e qualquer pessoa que participe do processo;

V – registrar em ata, com exatidão, todos os requerimentos apresentados em audiência.

Art. 361. As provas orais serão produzidas em audiência, ouvindo-se nesta ordem, preferencialmente:

I – o perito e os assistentes técnicos, que responderão aos quesitos de esclarecimentos requeridos no prazo e na forma do art. 477, caso não respondidos anteriormente por escrito;

II – o autor e, em seguida, o réu, que prestarão depoimentos pessoais;

III – as testemunhas arroladas pelo autor e pelo réu, que serão inquiridas.

Parágrafo único. Enquanto depuserem o perito, os assistentes técnicos, as partes e as testemunhas, não poderão os advogados e o Ministério Público intervir ou apartear, sem licença do juiz.

(...)

Art. 368. A audiência será pública, ressalvadas as exceções legais.

(...)

Art. 445. O juiz exerce o poder de polícia, competindo-lhe:

I – manter a ordem e o decoro na audiência;

II – ordenar que se retirem da sala da audiência os que se comportarem inconvenientemente;

III – requisitar, quando necessário, a força policial.

Art. 446. Compete ao juiz em especial:

I – dirigir os trabalhos da audiência;

II – proceder direta e pessoalmente à colheita das provas;

III – exortar os advogados e o órgão do Ministério Público a que discutam a causa com elevação e urbanidade.

Parágrafo único. Enquanto depuserem as partes, o perito, os assistentes técnicos e as testemunhas, os advogados não podem intervir ou apartear, sem licença do juiz."

LAUDO PERICIAL CONTÁBIL 12

O laudo pericial contábil é a peça escrita, na qual os peritos contábeis expõem, de forma circunstanciada, as observações e estudos que foram feitos e registram as conclusões fundamentadas da perícia. O laudo pericial contábil judicial é uma sólida pronúncia científica, sob a forma de diagnóstico para auxiliar o convencimento do julgador, em relação à sentença que será proferida pelo magistrado ou pelo árbitro.

Cabe ao perito a obrigação inalienável de fundamentar e justificar as respostas desse laudo, assim como a conclusão, sob pena de nulidade do seu labor. A fundamentação ocorre com base nos documentos e informações que instruíram a ação na literatura contábil. Para fins de clareza, em relação à terminologia, deve o perito preferencialmente fazer uso da doutrina, para explicar o sentido e o alcance de cada uma das categorias utilizadas em seu laudo. Portanto, expressões vinculadas ao contabiliquês[1] devem ser evitadas.

---

[1] **CONTABILIQUÊS** – é um jargão coloquial, usado para designar o uso excessivo de linguagem contábil e da tecnologia contábil. Logo, possui uma conotação pejorativa, pelo seu constante uso, pelos sofistas. Desse modo, o Contabiliquês demonstra um floreio excessivo da língua por ser pouco conhecido pelos operadores do direito e demais utentes da contabilidade. As frases em contabiliquês, quiçá, podem ser de difícil compreensão, até mesmo para os operadores da Contabilidade, e não passam de um artifício de linguagem para embutir na crença da população a imagem de um conhecimento

O fato de que toda a fundamentação ocorre com base nos documentos e informações que instruíram a ação está baseado no princípio da não surpresa, que deu origem ao CPC/2015.

Seguem modelos de laudos:

---

profundo sobre coisas complexas. No âmbito da filosofia contábil, são caracterizadas como alegações genéricas e imprecisas típicas dos sofistas.

1º CASO PRÁTICO DE PERÍCIA

LAUDO PERICIAL

AÇÃO DECLARATÓRIA

Processo nº 2494.038088-4

5ª VARA DA FAZENDA PÚBLICA ESTADUAL DE BELO HORIZONTE

Meritíssimo Juiz de Direito Doutor Júlio Henrique Prado Bueno

Promotora de Justiça Dra. Selma Maria Ribeiro Araújo

Escrivã Bel. Maria Lúcia O. Gomes Machado

AUTOR: SINDIFER – Sindicato da Indústria do Ferro de MG

Réu: Estado de Minas Gerais

Objeto da Perícia: *Análise contábil dos custos e composição de preços, identificando pelo aspecto contábil, o fluxo dos materiais e serviços para o atendimento eficaz do objetivo social das entidades industriais representadas pelo seu sindicato patronal.*

Advogados:

Autor: Dr. Djalma de Souza Vilela	OAB/MG 4.517
Réu: Dr. Maurício Behning Andrade	OAB/MG 41.457

Perito do Juízo:

Professor Marco Antônio Amaral Pires	CRC/MG 41.632

Assistente técnico:

Autor: Dr. Felício de Oliveira	CRC/SP-T-MG 36.072

Réu: Louvou-se no perito do juízo

Orientação observada pelo signatário deste quando na função como no perito do Juízo:

O entendimento do signatário é que a principal função dos técnicos auxiliares, em particular o perito do juízo, é proporcionar ao Meritíssimo Juiz todos os elementos elucidativos das controvérsias suscitadas nos autos, principalmente das que são tidas por pontos cruciais ou essenciais, sem o conhecimento das quais o douto juiz não poderá se pronunciar conveniente e adequadamente.

A legislação aqui citada, bem como as normas do CFC eram as que vigiam na época da elaboração deste laudo.

Dentro deste espírito, apresentam-se as respostas aos quesitos, sempre procurando se isentar do entendimento da aplicabilidade das normas legais, por se tratar de mérito especificamente do juízo, o que enseja se abstrair das indagações concernentes à interpretação das leis.

CORPO DA PERÍCIA – PROCEDIMENTO APLICADO:

Preliminares

Logo após a retirada dos autos do cartório, procedeu-se estudo detalhado para a fixação de um plano de trabalho, denominado "Procedimentos Tecnológicos de Pesquisa", para a busca dos informes e dados que permitiram a elucidação da controvérsia do ponto de vista contábil.

Dada a condição de substituta processual da autora, em razão de representar os interesses de empresas que desenvolvem a mesma atividade industrial, procedeu-se a escolha de três unidades fabris visando à pesquisa e estudo detalhado do objeto da perícia nestes três exemplos.

Método científico

O procedimento de desenvolver a pesquisa em três unidades parte de uma busca de amostragem do universo a ser trabalhado, consoante ao método científico denominado "indutivo – axiomático".[2] Procurou-se identificar no rol das 41 substituídas aquelas que apresentassem melhor condição de pesquisa e que permitissem uma apuração eficaz dos sistemas de custos. Identificando o mesmo procedimento nas pesquisas de campo efetuadas, o geral poderia ser aceito em razão da indução ofertada pela característica do método adotado. O axiomático está ligado a prova eficaz que se requereu neste trabalho, relativo à busca dos elementos indispensáveis para a clareza do raciocínio tecnológico no item denominado "Bases Metodológicas para o Desenvolvimento do Trabalho", utilizadas para atingir o objetivo do trabalho pericial. Assim materializou-se a condição em três unidades abaixo identificadas:

– Siderúrgica Alterosa Ltda., CGC/MF nº 23.117.229/0001-06, sediada em Pará de Minas – MG, na Rua Pequi, nº 189;

– SIDERPA – Siderúrgica Paulino Ltda., CGC nº 20.177.101/0001-40, estabelecida em Sete Lagoas – MG, na Rodovia BR 040 – km 476;

– Siderúrgica Valinhos S.A., CGC nº 20.144.085/0001-99, estabelecida em Divinópolis – MG, na Rodovia MG 050 – km 119.

---

[2] Método Indutivo Axiomático – este método toma por diretriz o paradigma de um axioma, ou seja, uma verdade reconhecida, sem afastar a semântica. É um brocardo que gera teorias e teoremas, e compreende os seguintes passos ou ações: observar o fenômeno; analisá-lo, estudando as suas relações lógicas essenciais de necessidade, finalidade, meios patrimoniais, função ou utilização; mensurá-lo adequadamente para conhecer a sua dimensão realista em relação à causa, efeito, tempo, espaço, qualidade e quantidade; conhecer as circunstâncias que geraram o fenômeno, em relação ao mundo social e todo o seu complexo de atos econômicos, políticos, jurídicos, ecológicos, tecnológicos e científicos; buscar a relação constante de todos esses elementos por uma comparação racional, e, por fim, compará-lo com os estados da eficácia. O conceito deste método resulta de uma paráfrase da posição do Prof. Dr. Antônio Lopes de Sá, em *Teoria da contabilidade*. 3. ed. São Paulo: Atlas, 2002. p. 83-85.

Cap. 12 • Laudo pericial contábil **269**

Procedeu-se à remessa de solicitação de separação de documentos através dos Termos de Diligência em Anexo A, alterados, dois dias após, pelos Termos de Diligência definitivos em Anexo B.

Realizaram-se visitas nos dias 18 e 20 de outubro para o contato direto com os responsáveis pelos setores da contabilidade e corpo diretivo das unidades, visando esclarecimentos complementares dos documentos requeridos e conhecimento *in loco* dos mecanismos e procedimentos contábeis dos registros objetos da análise pericial. Recepcionaram-se os documentos das entidades na 1ª dezena do mês de novembro de 1995 e foram conferidos com os informes e dados coletados nas visitas promovidas, dispondo-os em caixa arquivo à disposição na secretaria, para comprovação do relato que segue no tópico intitulado "Procedimentos Contábeis de Apuração dos Custos Industriais".

Enviou também para o advogado do autor solicitação da apresentação das consultas que são objeto específico de questionamento nos quesitos formulados pelo mesmo – Anexo C. Foram apresentados um número muito pequeno de consultas e que ensejou a pesquisa junto à Diretoria de Legislação Tributária de Minas Gerais da Secretaria da Fazenda Estadual, pelo assistente técnico dos autores, de todas as consultas que permitissem a fundamentação ao trabalho. O planilhamento, separação, catalogação e separação por grupos de materiais e serviços foram feitos em planilha eletrônica – Excel – e possibilitou os mapas do Anexo D. As consultas foram arquivadas na caixa referendada.

Os quesitos formulados pelo autor contêm expressões e termos utilizados no âmbito fiscal que mesclam disposições e análise de cunho de engenharia. Como o objeto da análise transcende a determinação imposta nas normas legais questionadas, adotaram-se na terminologia deste trabalho termos alheios a qualquer vinculação jurídica que venha a reproduzir algum entendimento ou interpretação das leis. Assim, optou-se por definir as entradas de materiais e serviços em caráter genérico, subdividindo-os em materiais que são controlados contabilmente e aqueles apropriados diretamente ao resultado por não dispor de controle de estoque. Os serviços são apropriados diretamente ao resultado.

Bases para o Desenvolvimento do Trabalho

A demanda entre as partes fixa-se no procedimento de interpretação das leis que interferem diretamente no processo contábil de qualquer entidade.

No trabalho tecnológico desta perícia procedeu-se isentar de toda e qualquer interpretação jurídica, desenvolvendo uma exposição do fluxo industrial a partir da Teoria Geral do Conhecimento Contábil do eminente professor doutor Antônio Lopes de Sá.

Necessário, em razão da conduta especificamente contábil que se adotou neste trabalho, apresentar as bases científicas do procedimento, fundamentando as conclusões emanadas. Sem se adentrar ao conteúdo jurídico da questão, embora, em razão da identificação constante entre o contábil e o fiscal, possa transmitir visão oposta à realidade fiscal.

Os fenômenos patrimoniais observados foram estudados pelo Método Científico denominado "fenomenológico". Este procedimento isola os fenômenos por "campos" de ocorrências, eliminando as suas influências nos campos objetos de interpretação que exija a aplicação do mundo jurídico. Assim, o presente trabalho buscou evidenciar a contabilidade de custo sob a ótica específica da análise da corrente dominante das Ciências Contábeis que é a Escola Patrimonialista.

Esta corrente, atualizada pela teoria citada acima, apresenta o fenômeno patrimonial a ser estudado através de relações lógicas, divididas em essenciais, dimensionais e ambientais.

As relações lógicas essenciais são a estrutura básica da conduta contábil deste trabalho. É a análise do fenômeno patrimonial estudando:

Necessidade –	(gênese do objeto a ser estudado) – que é a satisfação do cliente de obter o ferro-gusa nas condições ideais para sua utilização;
Finalidade –	é o estabelecimento dos procedimentos de elaboração, armazenamento, transporte, comercialização, administração, enfim, todas as ações racionalizadas do intelecto na produção dos sistemas para a materialização do objeto social;
Meio –	materialização do patrimônio para a concretização dos objetivos da azienda (entidade) através da aquisição/disposição de materiais e serviços de forma eficaz;
Função –	utilização plena e eficaz de todos os meios colocados à disposição da azienda para o cumprimento das necessidades; e
Eficácia –	satisfação plena do cliente pelo uso racional e eficaz dos meios patrimoniais colocados à disposição.

No objeto da perícia não se objetiva determinar se a finalidade aziendal está sendo cumprida com eficácia. Necessita o trabalho de identificar quais os meios patrimoniais à disposição da azienda para tal concretização. Novamente, isenta-se o trabalho de estudar se os mecanismos contábeis estão registrando eficazmente o processo industrial e permitindo uma perfeita visão do desempenho da planta industrial. Restringe-se a análise para a fenomenologia das entradas de materiais e serviços para atingir objetivo aziendal – ferro-gusa.

As relações lógicas dimensionais são facilmente identificáveis no tópico que se segue denominado "Procedimentos Contábeis de Apuração dos Custos Industriais" a saber:

Causa –	representa a razão porque o fato ocorreu, ou seja, a percepção ideal das faltas dos meios para atingir a finalidade aziendal. Por exemplo, é o ato da aquisição dos materiais e serviços e sua contabilização da forma que consolidou – à vista ou a prazo;
Efeito –	o que provocou na estrutura patrimonial em face da causa. No exemplo anterior a aplicação da conta estoques em face da aquisição dos materiais ou da despesa operacional proveniente do serviço utilizado;
Qualidade –	é a informação complementar para distinguir o fenômeno dos demais. No caso exemplificado é a identificação de qual material fora adquirido, em quais condições, fornecedor, documentos que demonstram a transação etc.;
Quantidade –	medida de forma monetária e pelo sistema de mensuração relativo ao material adquirido/serviço – m^2, kg, litros, m^3, kW etc.;
Tempo –	identificação do momento da ocorrência da transação evidenciada;
Espaço –	delimitação do lugar que se operou, no caso, sempre observado no espaço físico da entidade.

O último grupo, ambientais, é subdividido em endógenos e exógenos, sendo o primeiro a relação do patrimônio com o corpo diretivo, funcionários da entidade e pessoas a serviço da

Cap. 12 • Laudo pericial contábil **271**

mesma, e o segundo os aspectos externos que se comunicam com a entidade por meio dos sistemas legais, sociais, econômicos, políticos, científicos etc. Estas relações não serão observadas neste trabalho, pois promovem a interpretação de cada sistema no ambiente interno da azienda. Cabe, portanto, a isenção no tocante a relação azienda-ambiente externo, estudando as relações lógicas essenciais e dimensionais.

Procedimentos Contábeis de Apuração dos Custos Industriais

Constatou-se que as três entidades siderúrgicas desenvolvem sistemas de custos semelhantes do ponto de vista contábil. Não se adentrou na metodologia fiscal e seus registros respectivos pelo motivo citado no tópico anterior.

Analisaram-se os registros dos materiais adquiridos, excluindo aqueles que entram no processo produtivo direto e são denominados matérias-primas e embalagens.

O registro de alguns materiais difere nas unidades pesquisadas em razão da maior ou menor necessidade de informações sobre a posição de estoques. Entretanto, o procedimento não altera a essência da informação contábil que se almeja neste estudo de custos.

Apresentam como valor de custo àquele destacado como tal na nota fiscal, procedendo, nos casos de controle contábil, ao seu registro na conta denominada almoxarifado. Estes materiais possuem controle físico que permite a sua alocação como despesa no momento de sua requisição pelo setor que utilizará no atendimento à finalidade aziendal.

Estes materiais, ou aqueles que são lançados diretamente ao resultado, compõem pelo seu valor de aquisição o custo final de comercialização. O mesmo ocorre com os serviços que são agregados nas contas específicas de despesas operacionais ou formadoras do custo direto. É o caso da energia elétrica, telecomunicações e água utilizadas no processo produtivo direto.

Consoante a Escola Patrimonialista e baseado na Teoria Geral do Conhecimento Contábil descrita sinteticamente, no tópico anterior, observou-se os fenômenos patrimoniais da entrada de todos os materiais e serviços, identificando sua alocação na estrutura patrimonial quando requer o controle contábil de sua utilização ou seu registro ao resultado nas despesas diretas ou operacionais. Estas entradas têm o significado já explicado nas relações lógicas essenciais de meios patrimoniais. A necessidade patrimonial, traduzida pela finalidade estruturada pelo corpo administrativo, é o fornecimento ao cliente de ferro-gusa.

A utilização dos meios patrimoniais na estrutura empresarial é realizada independentemente dos ditames que norteiam a cobrança dos tributos diretos. Os meios patrimoniais, interagidos com o ambiente interno – funcionários, pessoas a serviço da azienda, direção etc., promovem através da função de cada meio patrimonial à disposição a materialização do objetivo aziendal que é a satisfação da necessidade geral apontada no parágrafo anterior.

Assim, independente da utilização dos meios patrimoniais na materialização do objetivo aziendal, os mesmos concorrem para a eficácia ou não do produto comercializado.

A estrutura denominada Demonstrativo de Resultados da forma determinada pela Lei nº 6.404/1976 disciplina as demonstrações das sociedades anônimas e apresenta divisão para visualização dos custos incorridos pela azienda, na condição de ligados diretamente à produção do objetivo social – meio patrimonial geral – e aqueles denominados operacionais, ou seja, aqueles custos que a entidade despende para a eficaz execução de seu objetivo.

Apurou-se que nesta formação de custos o produto final possui a agregação de todos os valores despendidos, o diferencial relativo aos tributos diretos (IPI, ICMS) e aqueles que não são apurados pela diferença (COFINS e PIS).

Abaixo demonstra o fluxo dos meios patrimoniais de sua entrada até a saída, quando então promove a materialização da necessidade aziendal – ferro-gusa –, de forma a visualizar seus dois caminhos identificados nos sistemas de custos pesquisados:

Materiais utilizados nos:
Fornos, veículos, máquinas, laboratórios, escritórios e serviços de telefonia, energia e água

Pelo controle contábil do material:

Pelo lançamento ao resultado do material ou serviço adquirido:

Diante desta exposição que faz parte do corpo da perícia, submete ao MM. Juiz as indagações concernentes a aplicação dos ditames legais apontados pelos litigantes, esperando ter podido apresentar a visão eminentemente contábil do cumprimento da finalidade aziendal das empresas substituídas pelo seu sindicato, passa-se a responder os requisitos formulados.

QUESITOS DO ESTADO – Fl. 107

1 – Qual a utilização dada por cada adquirente aos materiais cujos créditos são pretendidos?

Cap. 12 • Laudo pericial contábil **273**

Resposta: Consoante o procedimento tecnológico apresentado na metodologia aplicada, tem-se que os materiais e serviços cujos créditos são pretendidos são utilizados no cumprimento da gênese da necessidade das adquirentes, ou seja, ferro-gusa.

A utilização dada pelas entidades contábeis, para melhor visualização, foi subdividida em locais de absorção conforme petição da autora às fls. 03 a 08, como segue:

– Produtos utilizados nos fornos

– Produtos utilizados nos veículos e máquinas

– Produtos utilizados nos laboratórios

– Produtos utilizados na fábrica e escritórios

– Produtos consumidos no escritório

A utilização específica e sua identificação no processo industrial de cada material e serviço não é competência do *expert* em Contabilidade. Extrapola os parâmetros do objeto da perícia, eminentemente contábil, partindo para o campo da engenharia metalúrgica.

QUESITOS DA AUTORA – Fls. 110/111

1 – A relação de produtos – Relação I – corresponde a produtos efetivamente utilizados nos fornos das empresas siderúrgicas, para produção de ferro-gusa?

Resposta: A expressão *efetivamente utilizados* necessita de habilitação em engenharia metalúrgica para sua correta identificação sob a ótica da agregação física.

A exposição apresentada em procedimentos aplicados apresenta a identificação que os produtos relacionados no item 01 da inicial – fls. 03 a 07 são utilizados para a satisfação da necessidade patrimonial inicial que é o ferro-gusa. Gentileza se reportar à mesma.

2 – Estes produtos entram nas empresas, mediante notas fiscais, ou outros documentos, com a discriminação do montante do ICMS cobrado na operação de que resultou a sua entrada?

Resposta: Sim. Conforme documentos manuseados nas visitas realizadas e apresentados exemplificadamente na caixa arquivo que se encontra na secretaria.

Os documentos são notas fiscais de materiais:

Possuem discriminação do montante do ICMS cobrado referente à operação que resultou a sua entrada na azienda.

3 – O R. tem vacilado quanto à orientação sobre o crédito do ICMS pertinente a estes produtos, ora admitindo-o na sua totalidade, ora admitindo-o parcialmente, ora proibindo o dito crédito? Mencionar por amostragem a situação de alguns destes produtos.

Resposta: Identificou-se um número muito pequeno de consultas elaboradas pelas indústrias siderúrgicas. O quadro elaborado sob o título de "Materiais utilizados nos fornos" detalhou as consultas de empresas com similaridade de uso dos materiais questionados nas consultas. Pode-se observar que se encontram hachurados 5 grupos de consulta, sendo as respostas ora afirmativas, ora negativas.

Queira por gentileza se reportar ao quadro referendado para visualização da amostragem requerida.

---

4 – A Relação II, de produtos utilizados nos veículos e máquinas, a Relação III, de produtos utilizados nos laboratórios e a Relação V – de produtos consumidos nos escritórios correspondem a produtos efetivamente utilizados pelas empresas representadas pelo A.?

Resposta: A expressão *efetivamente utilizados* necessita de habilitação em engenharia metalúrgica para sua correta identificação sob a ótica da agregação física.

A exposição apresentada em Metodologia Aplicada apresenta a identificação que os produtos relacionados no item 01 da inicial – fl. 07 são utilizados para a satisfação da gênese da necessidade patrimonial que é o ferro-gusa. Gentileza se reportar à mesma.

---

5 – Estes produtos, Relação I, III e V, são de uso normal na atividade das ditas empresas, indispensáveis, necessários, convenientes ou úteis ao exercício da atividade quer produtiva, quer de transporte próprio, quer na comercialização dos produtos das referidas empresas ou em seus serviços administrativos?

Resposta: O arguido utiliza expressões vinculadas com os ditames legais infraconstitucionais.

A utilização destas expressões pode provocar conclusões do trabalho apresentado em Metodologia Aplicada mesclando as normas legais. Conforme exposto na mesma, a perícia isentou as relações exógenas das relações lógicas do ambiente aziendal para poder apresentar ao MM. Juiz o aspecto contábil sob sua ótica pura, sem vinculações e comprometimento com nenhum raciocínio jurídico-legal, uma vez que as expressões do quesito provocam uma interpretação das leis.

Sob este aspecto, torna prejudicado o arguido sob o entendimento puramente contábil e pede-se reportar à Metodologia Aplicada para maior fundamentação. A aplicação das leis provoca alterações nos procedimentos de interpretação contábil devido aquelas serem hierarquicamente superiores aos princípios contábeis que norteiam a contabilidade pura. Prova desta adaptação contábil está no fato de existirem nas empresas visitadas os setores de contabilidade fiscal – para atendimento das disposições legais – e a contabilidade comercial e gerencial.

---

6 – Tais produtos (Relação II, III, V) entram na empresa acobertados por documentos que consignam o ICMS pertinentes às operações de que resultou a sua entrada?

Cap. 12 • Laudo pericial contábil **275**

Resposta: Sim. Conforme documentos manuseados nas visitas realizadas e apresentados exemplificadamente na caixa arquivo que se encontra na secretaria.

Os documentos são notas fiscais de materiais.

Possuem discriminação do montante do ICMS cobrado referente à operação que resultou a sua entrada na azienda.

---

7 – Também quanto a estes produtos tem o R. se mostrado vacilante quanto ao direito das empresas de creditarem pelo montante dos referidos ICMS? Exemplificar sob a forma de amostragem.

Resposta: As informações mais detalhadas podem ser visualizadas nos quadros em Anexo D, sob os títulos de "Materiais utilizados nos veículos e máquinas", "Combustível utilizado em equipamentos, veículos e máquinas" e "Materiais utilizados nos laboratórios". Para os produtos consumidos nos escritórios não se obteve nenhuma consulta quanto ao direito de crédito.

Para os quadros intitulados "Materiais utilizados nos veículos e máquinas" identificou-se pelas respostas da Diretoria de Legislação Tributária de M.G. a sua aplicação nos meios patrimoniais. Não se vinculou sua agregação consoante termos legais. Por essa razão, inúmeros materiais estão registrados e possuem dupla resposta. No entanto, somente os hachurados, em um total de 10 materiais, apresentam, por similaridade do objetivo social da consulente, respostas ora negativas, ora positivas. Pede-se reportar às mesmas para o exemplo requerido.

---

8 – A Relação IV de serviços utilizados na fábrica e escritório – refere-se a serviços efetivamente prestados às ditas empresas?

Resposta: Sim, no que concerne a identificação do benefício do serviço de energia elétrica e telecomunicações consoante a nota fiscal de serviço.

---

9 – Estes serviços são de uso normal na atividade das empresas, podendo ser reputados como indispensáveis, necessários, convenientes ou úteis ao desempenho da atividade das empresas referidas?

Resposta: O arguido utiliza expressões vinculadas com os ditames legais infraconstitucionais. A utilização destas expressões pode provocar conclusões do trabalho apresentado em Metodologia Aplicada mesclando as normas legais. Conforme exposto na mesma, a perícia isentou as relações exógenas das relações lógicas do ambiente aziendal para poder apresentar ao MM. Juiz o aspecto contábil sob sua ótica pura, sem vinculações e comprometimento com nenhum raciocínio jurídico-legal, uma vez que as expressões do quesito provocam uma interpretação das leis.

Sob este aspecto, torna prejudicado o arguido sob o entendimento puramente contábil e pede-se reportar à Metodologia Aplicada para maior fundamentação. A aplicação das leis provoca alterações nos procedimentos de interpretação contábil devido aquelas serem hierarquicamente superiores aos princípios contábeis que norteiam a contabilidade pura. Prova desta adaptação contábil está no fato de existirem nas empresas visitadas os setores de contabilidade fiscal – para atendimento das disposições legais – e a contabilidade comercial e gerencial.

10 – O R. tem se oposto, parcial ou totalmente, ao creditamento do ICMS – Relação IV pelas empresas, estipulando percentual de admissão do crédito das notas fiscais representativas dos ditos serviços?

Resposta: Sim. Queira por gentileza observar o quadro em Anexo D sob o título "Serviços na fábrica e escritórios" e verificar que o Estado somente tem permitido o crédito de energia elétrica e água canalizada quando consumida na área de produção. Para os serviços de telecomunicações – telefone e telex – amplia a base, permitindo que as áreas de comercializações sejam incluídas na base de cálculo.

Em todas as respostas do Estado, o assessor tributário solicita que a consulente apresente na repartição fazendária de sua jurisdição trabalho técnico detalhando o percentual aplicável consoante as explicações emanadas das respostas dos mesmos.

11 – O critério do Estado para negar ou reduzir o creditamento do ICMS – decorre de alguma distinção quanto aos produtos e serviços entrados, diferentes do simples fato de se tratar "do montante cobrado nas (operações) anteriores pelo mesmo ou outro Estado? Qual a distinção feita pelo Estado?"

Resposta: Sim.

A distinção assume procedimentos legais. O Estado promove a elaboração de disposições legais infraconstitucionais para distinguir a possibilidade ou não do creditamento do ICMS. Desta feita, a postulação da autora deve-se submeter a estes ditames caso o julgamento do mérito seja favorável ao réu. Na situação adversa, sujeitar-se-á a aplicação tão somente da Carta Magna, sem as distinções a seguir apresentadas.

Consoante disposição constitucional de 1988, o Estado (no sentido genérico) editaria leis necessárias à aplicação do sistema tributário – art. 34, § 3º ADCT da Constituição de 1988. Permitiu-se que a legislação anterior ficasse mantida, desde que não incompatível com a legislação elaborada para o fim específico da aplicação constitucional – § 5º do mesmo artigo. Os Estados e o Distrito Federal no tocante ao ICMS (art. 155, I, *b*) firmaram convênio para regular provisoriamente a matéria (§ 8º do artigo).

O convênio celebrado para fixação de normas do ICMS foi o ICM 66/88. Neste convênio – Anexo E – estabeleceu distinção nos artigos 28 e seguintes.

Cap. 12 • Laudo pericial contábil **277**

O Estado de Minas Gerais promulgou a Lei nº 9.758/89 e seguintes, alterando a Lei nº 6.763/75 disciplinando o conveniado – Anexo F –, conforme artigos 28 a 32.

Visando melhor regulamentação, promulgou os Decretos nᵒˢ 29.273 e 29.253 de março de 1989, adaptando o Decreto nº 24.224 de 1984, bem como muitos outros posteriormente, para disciplinar o estabelecimento no âmbito da esfera administrativa. Em Anexo G cópia do RICMS/91, seção II – do pagamento do Imposto – atualizado até 01-06-95 mediante Decreto nº 36.883, de 19-05-95. As distinções emanadas destes diplomas seguem a Instrução Normativa da SLT nº 01/86 que distinguem explicitamente a condição de conceder ou não o aproveitamento do crédito de ICMS. No Anexo H tem-se a íntegra da Instrução Normativa 01/86.

---

12 – O fato de não creditar o ICMS de alguns produtos ou serviços, ou creditá-lo parcialmente, implica contabilmente: a) na acumulação do ICMS, pagando a empresa ICMS sobre o próprio ICMS, já recolhido? b) na exclusão da compensação determinada pela lei sobre o montante do ICMS cobrado nas operações anteriores?

Resposta: a) Sim. Conforme demonstrado no terceiro tópico de Metodologia Aplicada, a empresa, ao apropriar ao resultado o valor total das notas fiscais de materiais e serviços que não aproveita o ICMS, produz a acumulação do ICMS pela inclusão do mesmo como componente de seu custo final.

b) Sim. Não materializada a compensação de todos os créditos das entradas de serviços e materiais, os valores de ICMS não são registrados em conta específica para sua apuração do saldo a receber ou a crédito para o período seguinte. No entanto, ressalva-se a condição das normas citadas no quesito anterior promover determinadas distinções que estão sendo objeto de questionamento judicial e que este *expert* na área de Ciências Contábeis não tem competência para interpretar e analisar.

QUESITO COMPLEMENTAR DO AUTOR

As compras e os pagamentos dos produtos e serviços constantes das relações I a V, são obrigatoriamente escriturados como fatos contábeis, isto é, como "operações de comércio" ou dispêndios, por força do Código Comercial, art. 12, ou de outra norma contábil?

Resposta: Sim. O disposto no artigo 12 do Código Comercial datado de 1850 devidamente adaptado para a realidade atual é cumprido pelas empresas visitadas consoante diligências efetuadas, estando seus diários revestidos das formalidades intrínsecas e extrínsecas que disciplinam as normas contábeis. O material colhido por amostragem e anexado em caixa arquivo na secretaria serve como prova destas alegações. O texto do artigo citado tem o mesmo entendimento do princípio da entidade estabelecido através da Resolução nº 750 de 1993, abaixo transcrito:

"Art. 4º O Princípio da ENTIDADE reconhece o Patrimônio como objetivo da Contabilidade e afirma a autonomia patrimonial, necessidade da diferenciação de um Patrimônio particular no universo dos Patrimônios existentes, independentemente de pertencer a uma pessoa, um conjunto de pessoas, uma sociedade ou instituição de qualquer natureza ou finalidade, com ou sem fins lucrativos. Por consequência, nesta acepção, o patrimônio não se confunde com aqueles dos seus sócios ou proprietários, no caso de sociedade ou instituição."

Belo Horizonte, 30 de novembro de 1995.

MARCO ANTÔNIO AMARAL PIRES Perito Oficial * Contador * C.R.C./MG 41.632/0-7
Av. Ressaca, 118, sala 07 * Tel/fax 464-4303 Coração Eucarístico * Belo Horizonte
ENDOSSO O LAUDO COM AS RESSALVAS APRESENTADAS EM TRABALHO
APARTADO QUE SE JUNTA EM SEQUÊNCIA A ESTE LAUDO

FELÍCIO DE OLIVEIRA Assistente Técnico do Autor * Contador * C.R.C./SP "T" – MG 36.072

2º CASO PRÁTICO DE PERÍCIA

O exemplo que se segue evidencia uma perícia feita para apurar a posição de obrigações a receber e a pagar entre as partes litigantes.

O autor promovia cobrança de seus direitos dados já em sentença e o réu discutia ainda os valores. A perícia veio para apurar as dúvidas que ocorriam.

O laudo está assinado em conjunto pelos peritos, sendo, pois, uniforme a opinião quanto às conclusões.

LAUDO PERICIAL AÇÃO ORDINÁRIA DE COBRANÇA

Processo nº 2494-014261-5

17ª VARA CÍVEL DA COMARCA DE BELO HORIZONTE

Meritíssimo Juiz de Direito Doutor José Otávio de Brito Capanema

Promotor de Justiça Dr. Leonardo Horta Maciel

Escrivão Bel. Geraldo Woltaire Guimarães

Autor: DULLIO SPADANO

Réu: AMICO – ASSISTÊNCIA MÉDICA A INDÚSTRIA E COMÉRCIO LTDA.

Objeto da Perícia: Apuração e determinação de valores relativos ao passivo obrigacional das duas empresas, Minasclínica – Assistência Médica, Hospitalar, Cirúrgica e Administrativa Ltda. e Casa de Saúde São Judas Tadeu S.A., à época da transação societária entre as partes litigantes ocorrida em 03-07-80.

Advogados:

Autor: Ricardo Giorni Abijaude	OAB/MG 25.902
Réu: Cirilo de Paula Freitas	OAB/MG 25.331

Perito do Juízo:

Professor Marco Antônio Amaral Pires	CRC/MG 41.632

Assistentes técnicos:

Autor: Prof. Antônio Lopes de Sá	CRC/MG 1.086
Réu: Washington Maia Fernandes	CRC/MG 23.540

Orientação observada pelo signatário deste quando na função como perito do Juízo:

Perícia contábil • *Lopes de Sá*

O entendimento signatário é que a principal função dos técnicos auxiliares, em particular o perito do juízo, é proporcionar ao Meritíssimo Juiz todos os elementos elucidativos das controvérsias suscitadas nos autos, principalmente das que são tidas por pontos cruciais ou essenciais, sem o conhecimento das quais o douto juiz não poderá se pronunciar conveniente e adequadamente.

Dentro deste espírito, apresentam-se as respostas aos quesitos, sempre procurando se isentar do entendimento da aplicabilidade das normas legais, por se tratar de mérito especificamente do juízo, o que enseja se abstrair das indagações concernentes à interpretação das leis.

CORPO DA PERÍCIA – PROCEDIMENTOS APLICADOS:

1. Identificado ao tempo da proposta de honorários o extenso trabalho a ser desenvolvido, e em razão do lapso de tempo já existente entre a data da transação societária e o presente trabalho, solicitou-se da ré (fl. 164) que apresentasse as cópias dos laudos elaborados no processo 2483.047279-1 da 10ª Vara Cível desta comarca, com o objetivo de obter informação, documentos e relatório que pudessem auxiliar os trabalhos desta perícia. Constatou-se que não foram trasladados às fls. 896/899. Estão apresentados em Anexo C.

2. Iniciados os trabalhos periciais em 13-10-94 (fl. 609), solicitou-se através de Termo de Diligência a ré, diversos documentos contábeis para a análise dos mesmos, dado a impossibilidade técnica de se orientar pela escrita contábil, que fora considerada incapaz de refletir adequadamente a realidade contábil pelos auditores convocados à época para este fim. Tais solicitações estão apresentadas às fls. 615/619. A empresa ré, primeiramente, requereu uma dilação do prazo para entrega alegando dificuldade de localização (fls. 612). Posteriormente, encaminhando cópia de correspondência interna pelo patrono da ré (fl. 627) identificou-se a impossibilidade de obter documentos contábeis para o trabalho pericial.

3. Foi solicitado também, através de Termo de Diligência às partes, fls. 620 e 621, os Anexos I a VII contidos no item II das Declarações do Contrato de Compra e Venda para as devidas exclusões expressamente apontadas naquele capítulo, conforme pode-se visualizar às fls. 10 e 11.

4. No entanto, somente a ré, através de correspondência em Anexo A, respondeu o requerido, alegando que os Anexos I e II estão na posse do autor. Não informou o destino dos demais.

5. A solicitação desses Anexos e a apresentação dos mesmos é condição indispensável para a apuração da verdade contábil que representa o passivo exigível das empresas negociadas, em razão de que aqueles informes podem apresentar valores que foram objeto de aceitação pelas partes e devidamente excluídas da ressalva apontada na cláusula terceira do contrato de fl. 13. Essa cláusula é identificada na Ciência da Contabilidade como "Passivo Oculto". A não apresentação destes documentos prejudica o trabalho técnico elaborado neste laudo, e impossibilita a quantificação exata do passivo exigível enquadrável na cláusula apontada.

6. De comum acordo com os assistentes técnicos, procedeu-se a solicitação de diversos ofícios, a partir das cópias de documentos juntados pela 2ª perícia do processo da 10ª Vara Cível, doravante denominada simplesmente 2ª perícia, trasladados a estes autos às fls. 271 a 564, conforme petição protocolada às fls. 626 em 14-02-95.

7. Os ofícios às empresas e órgãos públicos foram encaminhados conforme fls. 633/641 em 03-03-95. Esclarece que os referidos credores das empresas envolvidas na transação representavam mais de 60% da estimativa do passivo exigível e que totalizavam cerca de 9 (nove) entidades.

Cap. 12 • Laudo pericial contábil **281**

8. Transcorrido mais de cem dias até o despacho de fl. 719, e não obtendo de 5 (cinco) credores as informações necessárias ao desfecho do trabalho, além de considerar prejudicadas 3 (três) das 4 (quatro) respostas encaminhadas, tendo em vista nada informarem, optou-se por desenvolver a apuração do exigível das empresas negociadas pela última alternativa que se dispunha, ou seja, através dos documentos trabalhados pela 2ª perícia, utilizados por esse *expert* para o encaminhamento dos pedidos de contraprova, e dos relatórios daquele *expert* que evidenciaram a movimentação financeira e a confirmação de pagamento e desembolsos mediante anotações dos números dos cheques e bancos sacados, dados de registros de operações de câmbio e outros comprovantes idôneos e caracterizadores do pagamento de exigibilidade, além de correspondência de diversas entidades em datas pretéritas. Tais informações não se basearam na escrita contábil, mas nos movimentos financeiros e documentos até então disponíveis na época da 2ª perícia.

9. Preliminarmente torna necessário transcrever as preliminares apresentadas pela 2ª perícia, informações que permitiram desenvolver o presente trabalho:

(fl. 260)...

"Antes de responder ao quesito cabe tecer as seguintes considerações:

– Tendo sido levantadas dúvidas, no processo, quanto à própria origem do PASSIVO, principalmente pelo fato de os registros contábeis terem sido realizados posteriormente pela AUTORA, este Perito visando resguardar o seu trabalho, seguiu a seguinte rotina:

1º – Verificou os documentos que deram origem aos eventos contábeis;

2º – Analisou-os quanto à sua formalização e princípios legais, verificando, ainda, e principalmente, data de emissão, os emitentes, as garantias, responsabilidades etc.;

3º – Verificou o cheque ou o Boletim de Caixa em que foi realizado o pagamento, confrontando-o posteriormente com o recibo e/ou quitação;

4º – Listou todos os pagamentos realizados em cada rubrica específica;

5º – Quando necessário (caso das rescisões) confrontou o cheque com o recibo e desmembrou o que era pertinente até 06/80.

Os dados contábeis, bem como a perícia anterior serviram apenas como indício e parâmetro, uma vez que a metodologia acima, muito embora trabalhosa e desgastante, era a única capaz de dar o devido respaldo ao trabalho executado.

Esta perícia foi iniciada em 12 de fevereiro de 1985 e concluída em 17 de abril, num trabalho de 5 (cinco) horas diárias."

10. Em resposta a quesitos suplementares dos réus, às fls. 896 a 899 do processo que tramitou na 10ª Vara Cível, já apontando no 1º parágrafo desta série, o 2º perito oficial atestou, sob sua fé do grau e pública, que confrontou documento por documento para a elaboração de seus relatórios – Respostas dos quesitos nº 01 e 04 do Anexo C.

11. Desta feita, passou-se a quantificar o passivo exigível das empresas negociadas, agrupando, para efeito de análise, acompanhamento e registro contábil por tipo de obrigação, e promovendo só devidos deflacionamentos do montante dispendido mediante aplicação dos seguintes referenciais:

– Verbas tributárias federal, estadual e municipal, adotou-se os índices de correção monetária vigentes à época, ou seja, ORTN;

– Verbas devidas do FGTS e confirmadas pela única resposta completa do ofício encaminhado (fls. 645 a 703), através da tabela de FGTS divulgada pela Caixa Econômica Federal;

– Verbas trabalhistas diversas pelo números-índices da tabela da Justiça Trabalhista; e,

– Credores diversos pela tabela da Corregedoria da Justiça de Minas Gerais, que adotava, à época, o mesmo indexador que as verbas tributárias, ou seja, a ORTN.

12. Para cada quadro específico foi apontada a referência quanto a origem da obrigação e o índice de ajuste adotado.

13. Após o detalhamento das verbas apontou-se uma totalização do passivo exigível em 3 de julho de 1980 das duas empresas que, desde já, em razão do exposto no 5º parágrafo, submete ao MM. Juiz dado que o valor apurado é passível de exclusão dos valores relacionados nos Anexos solicitados conforme descrito no 3º e 4º parágrafos desta série.

14. Contrato de compra junto a SIEMENS.

Foi expedido ofício para a filial brasileira conforme descrito no parágrafo 6º. No entanto, a resposta deste credor fora negativa no sentido de fornecer algum subsídio dado o lapso de tempo (fl. 705).

O trabalho elaborado pela 2ª perícia, referente a esta dívida, às fls. 270 e 271, não permite uma identificação das datas do 1º e 2º embarques da compra efetuada. Esta impossibilidade prejudica totalmente o cálculo financeiro dos valores dos juros cobrados para cada embarque, bem como a fixação de valores negociados em cada expedição. Em razão destes empecilhos, não se pode calcular o valor dos juros incorridos conforme contrato à fl. 710.

A auditoria da Ernest & Winney Auditores Independentes, cuja correspondência se apresenta em Anexo B, efetuou uma revisão do resumo dos passivos conhecidos das empresas negociadas conforme Anexo 1 ao citado relatório, e constatou-se, através da elaboração do resumo mediante documentos e informações disponíveis nas empresas, que o saldo da Minasclínica Ltda., polo devedor do contrato de fls. 706 a 717, em 30-06-80 era de Cr$ 13.401.201,00.

Considerando que existem documentos que comprovam a dívida – contrato citado acima – que a 2ª perícia constatou desembolsos através de registros de contratos de câmbio, e que a Auditoria pode confirmar e atestar a existência do passivo com base em documentos e informações, tomou-se o valor descrito pela mesma em seu documento em Anexo B como o saldo ajustado desta obrigação em 03-07-80.

Quesitos formulados pelo autor – fl. 159

1 – O "excesso de passivo" ou "passivo oculto" que, através da presente perícia, pretende a Ré apurar para valer-se do instituto da compensação, trata-se da apuração da responsabilidade assumida pelos Autores conforme o disposto na Cláusula Décima do Contrato de Compra e Vendas de Ações e Quotas?

Resposta: Sim, desde que observada a disposição expressa na cláusula terceira do mesmo contrato às fls. 15 e 13, respectivamente as cláusulas citadas, além das exclusões relativas às ressalvas apontadas no curso das Declarações, item II, às fls. 10 e 11 destes autos, pertencem ao contrato supra-aludido.

Cap. 12 • Laudo pericial contábil **283**

2 – Foi realizada a Auditoria prevista na Cláusula Sexta do Contrato ora em discussão?

Resposta: Sim. A empresa de auditoria apontada na cláusula sexta do contrato, à fl. 14 Ernest & Winney Auditores Independentes, precedeu uma revisão no resumo dos passivos das empresas transacionadas para o estabelecimento das obrigações exigíveis das aludidas empresas. Apresenta em Anexo B cópia da correspondência da empresa de auditoria à AMICO, informando sua posição técnica diante dos registros contábeis.

3 – Em caso afirmativo, a que conclusão chegaram os Srs. Auditores Independentes?

Resposta: Constataram que os livros e registros das empresas estavam incompletos e não se encontravam com os lançamentos em dia. As empresas não tinham completado os lançamentos contábeis para o ano de 1979. Documentos para transações não lançadas não foram arquivados de forma organizada; muitos documentos não puderam ser localizados e outros incompletos. Além disso, nenhuma provisão para imposto foi feita. O passivo referente a impostos não foi tempestivamente pago e os juros, multas e correção monetária aplicáveis não foram provisionados.

Diante do identificado acima, não expressaram uma opinião sobre os resumos dos passivos, dado que esses resumos não estavam apresentando fidedignamente as obrigações das empresas negociadas. (2º e 3º parágrafos da correspondência do Anexo B.)

4 – Na impossibilidade (ou negativa) dos Auditores, expressamente indicados na Cláusula Sexta do Contrato, apurarem o passivo negociado, qual providência entendem os Srs. Peritos deveria ter sido tomada pela Ré naquela oportunidade?

Resposta: Trata-se de tomada de decisão administrativa que deveria nortear-se pela impossibilidade de quantificação a partir dos dados contábeis. A alternativa prevista em negócios jurídicos é a apuração do passivo exigível da empresa através de informações e documentos dos credores até então constantes como tal para a fixação das obrigações, levantamento minucioso do ativo permanente e operacional, estabelecimento do *goodwill* através de procedimentos complexos e específicos para os setor que as empresas operavam, para, de posse do valor dos bens e direitos incluindo o *goodwill* e deduzindo as origens exigíveis, fixar o passivo negociável.

5 – De quais elementos dependem necessariamente os Srs. Peritos para fazerem a verificação do Passivo Negocial na Compra e Venda efetuada pelas partes litigantes?

Resposta: Além dos elementos, documentos e relatórios apensados a estes autos, trazidos pela trasladação do processo que tramita na 10ª Vara Cível sob nº 2483.047279-1, pelas informações prestadas pelo FGTS às fls. 645 a 703, indispensável é a apresentação dos Anexos apontados no Contrato de Compra e Venda na parte denominada "Declaração", item II, às fls. 10/11 destes autos. Até o término da perícia nenhuma das partes apresentou os Anexos elencados. Ressalva-se apenas que a AMICO, em resposta ao Termo de Diligência – Anexo A –, informou que os Anexos I e II estão em poder dos autores. No entanto, analisando o contrato à fl. 10 identifica-se que estes Anexos podem não trazer em seu conteúdo nenhuma exclusão monetária, dados que fazem referência à participação das empresas negociadas em outras companhias ou negócios – Anexo I (letra *b* do item II) – e que não autorizam a formação de quaisquer ônus sobre qualquer dos bens das duas entidades – Anexos II (letra *c* do item II).

Quesitos suplementares do autor – fl. 602

1 – O Passivo que a Ré (Amico) levantou deveria ter sido submetido à Auditoria? Que disseram os auditores? O que significa negativa de Opinião em terminologia de Auditoria?

Resposta: Sim. O passivo que a AMICO levantou foi submetido a Auditoria conforme consta no parágrafo da correspondência da mesma à autora em Anexo B.

Em razão das irregularidades detectadas nos livros e registros das duas empresas relatadas no 2º parágrafo do citado Anexo retro e transcrito no quesito três da série anterior, os resumos apresentados não representam fidedignamente os passivos das empresas transacionadas (3º parágrafo do Anexo A).

Negativa de opinião em terminologia de Auditoria significa que as informações não refletem adequadamente os registros contábeis, e estes, por sua vez, não estão revestidos de idoneidade e não representam a realidade contábil da entidade, fazendo com que os auditores que promoveram o trabalho não possam endossar e confirmar o trabalho realizado pelo responsável técnico por aquela escrita.

2 – Em contabilidade, científica e tecnologica, é admissível venda de capital próprio ou social real, sem que se determine o ATIVO e sem que se considere o mesmo como indispensável? Por quê?

Resposta: Não. Conforme recente legislação específica do programa de desestatização, instituída pela Lei nº 8.031 de 12-04-90, o próprio Governo Federal tem reconhecido que as empresas devem ser avaliadas pelos seus bens corpóreos e incorpóreos, incluindo o denominado Fundo de Comércio. Em razão deste entendimento, os editais para a licitação para venda das empresas estatais, consideram, através do método denominado "Fluxo de Caixa Descontado", o valor presente do fluxo de resultados da empresa, que deve conter as perspectivas de rentabilidade e de geração futura de resultados e prazo e custo da implantação de idêntico

Cap. 12 • Laudo pericial contábil **285**

empreendimento econômico, dentre outros. Estes elementos somente são possíveis se existirem ATIVO – Bens e Direitos – na entidade contábil.

3 – PASSIVO e ATIVO devem ter valores atualizados na mesma época da transação para que o Patrimônio Líquido ou Capital Próprio seja o real?

Resposta: Sim, conforme estudo promovido pelos professores da Fundação Instituto de Pesquisas Contábeis, Atuariais e Financeiras da USP e trabalhos da consultoria IOB no ano de 1993, toda vez que houver fusão (união de duas ou mais empresas), incorporação (absorção de uma empresa em outra) ou cisão (divisão de uma empresa em duas ou mais) de empresas, deve-se fazer com que os Ativos sejam escriturados pelo valor negociado. Entendeu-se que o valor negociado é aquele que o mercado absorveria em condições de continuidade da entidade contábil (art. 5º da Resolução n. 750/1993 do Conselho Federal de Contabilidade). A aplicação para o PASSIVO é mera condição de semelhança do procedimento, dado o espírito emanado no disposto de procurar refletir adequadamente o patrimônio (no sentido amplo) da entidade contábil, adequando os princípios de registro pelo valor original (art. 7º da Resolução n. 750/1993) e atualização monetária (art. 8º).

Quesitos formulados pela ré – fls. 160/161

1 – Em que data a Autora tomou posse das duas empresas citadas na inicial (Casa de Saúde São Judas Tadeu S.A. e Minasclínica Ltda.)?

Resposta: A autora tomou posse das duas empresas citadas na inicial – Casa de Saúde São Judas Tadeu S.A. e Minasclínica Ltda. – na data seguinte do acordo celebrado em 02 de julho de 1980, dado não ter sido identificado nos trabalhos dos peritos que anteriormente trabalharam no processo da 10ª Vara Cível, nenhum documento em termo de posse. O assistente técnico da AMICO e o 1º perito oficial, assim também entenderam (fl. 194). O assistente técnico dos autores acordou com a posição (fl. 246). O 2º perito oficial, em determinação proferida pelo Egrégio Tribunal trabalhou com a data de 03-07-80 (fl. 260).

Assim, a AMICO tomou posse em 03 de julho de 1980.

2 – Qual o valor real e efetivo e passivo das empresas MINASCLÍNICAS – ASSISTÊNCIA MÉDICA, HOSPITALAR, CIRÚRGICA E ADMINISTRATIVA LTDA. e CASA DE SAÚDE SÃO JUDAS TADEU S.A., na época da alienação das cotas e ações representativas do controle societário das empresas?

Resposta: Tomando como base os procedimentos descritos em Metodologia Aplicada e que produziram os Anexos D e E e baseando-se nos documentos dos credores das empresas citadas e relatórios da 2ª perícia, quando comprovou efetivamente a movimentação financeira por cheques, documentos fiscais ou cambiais, o valor real e efetivo dos passivos que foram passíveis de identificar estão apresentados discriminadamente nos Anexos D e E, totalizados no Anexo F e que somam Cr$ 114.257.393,26 a valores de 03 de julho de 1980.

3 – Qual a diferença, em moeda da época, entre o limite de Cr$ 30.000.000,00 (trinta milhões de cruzeiros) mencionado na cláusula terceira do instrumento de compra e venda das quotas e ações e o valor do passivo real encontrado?

Resposta: Prejudicada tal assertiva em razão do exposto na resposta ao quesito 5 do rol dos autores. É indispensável a apresentação dos Anexos III a VI relacionados no item Declarações do Contrato às fls. 10 e 11 para suas exclusões ao passivo real encontrado, e, a partir do saldo, confrontar com o limite apontado no *caput* do quesito.

4 – Confirmem, por favor, os Srs. "vistories", inequivocamente, se o valor da diferença apurada resulta de dívidas contraídas no período em que as empresas foram administradas pelos autores, ou oriundas de tal administração?

Resposta: Prejudicada a resposta. Vide quesito anterior.

5 – Pede-se aos Senhores Peritos que confirmem se os seguintes débitos existentes na data mencionada no quesito primeiro liquidados pela ré, e que tiveram sua origem na administração dos autores.

Resposta: Os procedimentos de apuração dos débitos existentes estão descritos em Metodologia Aplicada nos parágrafos 8º a 13. Gentileza se reportar para as fundamentações. Os valores estão ajustados para 03-07-80. Os quadros para a apuração estão informados antes do valor.

5.1 Empréstimo em marcos alemães à "Siemens" alemã, corrigidos cambialmente, incluindo-se juros.

Resposta: Somente relativo a Minasclínicas

14º parágrafo da Metodologia Aplicada   Cr$ 13.401.201,00

5.2 Finame, corrigido monetariamente, incluindo juros.

Resposta: Somente relativo a Minasclínica pelo valor da contratação

Quadro D-XV   Cr$ 405.200,00

5.3 Banco Bradesco de Investimentos.

Resposta: Somente relativo a Minasclínicas

Quadro D-XIV   Cr$ 4.187.400,00

5.4 Banco Real de Investimentos.

Resposta: Somente relativo a Minasclínicas

Quadro D-XVII   Cr$ 2.395.836,00

5.5 Banco Maisonave S.A.

Resposta: Somente relativo a Minasclínicas

Quadro D-XVI   Cr$ 904.790,00

5.6 Milton Pimentel Bittencourt.

Resposta: Somente relativo a Minasclínicas

Quadro D-XVIII   Cr$ 1.877.869,70

5.7 Banco Mercantil do Brasil.

Resposta: Somente relativo a Casa de Saúde São Judas Tadeu

Quadro E-V   Cr$ 436.044,05

5.8 Minas Investimento S.A. Crédito e Financiamento. Todos os débitos de letras 5.3 a 5.8 devem incluir juros e correção.

Resposta: Somente relativo a Casa de Saúde São Judas Tadeu

	Quadro E-V	Cr$ 2.281.707,87

6 – Idem.

Resposta: Os procedimentos de apuração dos débitos existentes estão descritos em Metodologia Aplicada nos parágrafos 8º a 13. Gentileza se reportar para as fundamentações. Os valores estão ajustados para 3-7-80. Os quadros para a apuração estão informados antes do valor.

6.1 Imposto de Renda Retido na Fonte.

Resposta:	Minasclínica	Quadro D-IV	Cr$ 12.032.171,12
	São Judas	Quadro E-III	Cr$ 2.284.664,55
		TOTAL	Cr$ 14.316.835,67

6.2 INPS.

Resposta:	Minasclínica	Quadro D-I	Cr$ 12.976.869,39
	São Judas	Quadro E-I	Cr$ 3.116.505,48
		TOTAL	Cr$ 16.093.374,87

6.3 FGTS.

Resposta:	Minasclínica	Quadro D-II	Cr$ 15.911.798,09
	São Judas	Quadro E-II	Cr$ 3.302.779,25
		TOTAL	Cr$ 19.214.577,34

6.4 ISS.

Resposta: Minasclínica   Quadro D-III   Cr$ 14.327.935,27

São Judas   Quadro E-IV   Cr$ 2.214.257,52

TOTAL   Cr$ 16.542.192,79

6.5 Imposto de Renda a pagar.

Resposta: Somente relativo a Minasclínica

Quadro D-V   Cr$ 2.057.645,43

6.6 Saldos devedores a bancos comerciais.

Resposta: Já foram apresentados nos itens 5.2 a 5.8 do quesito anterior.

6.7 Contas a pagar.

Resposta: Minasclínica   Quadros D-X, XI e XII   Cr$ 5.883.770,91

São Judas   Quadro E-IX   Cr$ 507.849,83

TOTAL   Cr$ 6.391.620,74

6.8 Honorários Médicos.

Resposta: Somente relativo a Minasclínica

Quadro D-XIII   Cr$ 6.803.728,30

6.9 Salários até a data da aquisição.

Resposta: Minasclínica   Quadros D-VII e VIII   Cr$ 4.999.945,33

São Judas   Quadro E-VI   Cr$ 1.145.398,72

Total   Cr$ 6.145.344,05

6.10 Provisão referente a férias e 13º salário.

Resposta: Minasclínica   Quadros D-VI e IX   Cr$ 642.827,28

São Judas   Quadro E-VIII   Cr$ 159.198,18

TOTAL   Cr$ 802.025,46

6.11 Outros passivos diversos, especialmente de natureza fiscal e trabalhista. OBS.: Favor levantar juros, correção monetária e multa.

Resposta: Nada mais foi possível apurar.

7 – Queiram os Srs. peritos prestar, por favor, outros esclarecimentos que julgarem importantes para esclarecimento do Doutor Juiz.

Resposta: Os esclarecimentos considerados oportunos estão imbutidos nas respostas aos quesitos que ultrapassam, em uma primeira vista, o requerido pela pergunta, mas, dado o solicitado neste, passam a integrar fruto dos esclarecimentos complementares pleiteados.

Belo Horizonte, 1º de agosto de 1995.

MARCO ANTONIO AMARAL PIRES Perito Oficial – C.R.C. 41.632/MG

PROFESSOR ANTÔNIO LOPES DE SÁ Assistente Técnico do autor – C.R.C. 1.086/MG

WASHINGTON MAIA FERNANDES Assistente Técnico do réu – C.R.C. 23.540/MG

3º CASO PRÁTICO DE PERÍCIA

AÇÃO MONITÓRIA

Processo nº 2405.818.556-2

34ª VARA CÍVEL DA COMARCA DE BELO HORIZONTE

Meritíssima Juíza de Direito Doutora Mônica Libânio Rocha Bretas

Escrivã Bel. Maria Goretti Linhares de Souza Gomes

Autor: LUIZ ANTÔNIO RODRIGUES

Réu: JOSÉ RONALDO RODRIGUES

Objeto da Perícia: *Apuração da taxa de juros cobrada pelo autor.*

Certificação dos pagamentos efetuados pelo réu a partir da análise dos registros contábeis das empresas de propriedades dos litigantes "LAR IMÓVEIS LTDA." e "JUTAMIG COMÉRCIO E REPRESENTAÇÕES LTDA."

Advogados:

Autor: Dr. Bruno Freitas Campos	OAB-MG 76.841
Réu: Dr. José Mauro Catta Preta Leal	OAB-MG 27.603

Perito do Juízo:

Professor Marco Antônio Amaral Pires	CRC-MG 41.632/0-7

Assistente técnico:

Autor: Sr. Dalvio Camargos Loureiro	CRC-MG 11.396
Réu: Sr. Luiz Fernando Barreto Perez – economista	CORECON 6.353-3

Orientação observada pelo signatário deste quando na função como perito do juízo

O entendimento do signatário é que a principal função dos técnicos auxiliares, em particular o perito do juízo, é proporcionar ao Meritíssimo Juiz todos os elementos elucidativos das controvérsias suscitadas nos autos, principalmente das que são tidas por pontos cruciais ou essenciais, sem o conhecimento das quais o douto juiz não poderá se pronunciar conveniente e adequadamente.

Dentro desse espírito, apresentam-se as respostas aos quesitos, sempre procurando se isentar do entendimento da aplicabilidade das normas legais, por se tratar de mérito

292 Perícia contábil • *Lopes de Sá*

especificamente do juízo, o que enseja se abstrair das indagações concernentes à interpretação das leis.

A legislação aqui citada, bem como as normas do CFC, eram as que vigiam na época da elaboração deste laudo.

CORPO DA PERÍCIA – PROCEDIMENTOS APLICADOS:

1 Preliminares:

1.1 Manifestação do Autor/Embargado:

O autor ajuizou a presente ação monitória alegando que os cheques emitidos pelo réu, respectivamente em 1º-6-1995 e 4-8-1995, nos valores de R$ 146.932,00 e R$ 6.500,00, serviriam para pagamento de dívidas do réu, mas que, em virtude de ser irmão do réu e a pedido do mesmo, os cheques não foram apresentados para compensação.

De acordo com a narrativa do autor, o réu não pagou sua dívida.

O autor informou que a dívida atualizada *"até o momento"* era de R$ 340.229,44. Juntou planilha (fls.12), com o valor atualizado indicado em 29-7-2005.

Juntou cópia dos cheques objeto da presente ação às fls. 15/16.

A impugnação à contestação foi juntada às fls. 92/103, com a contra-argumentação do réu de que o gado adquirido conforme notas fiscais juntadas às fls. 84/90 foi *"efetivamente pago"*, assim como *"custas com o gado"*. Sobre o pagamento realizado pelo réu de R$ 100.000,00 à LAR IMÓVEIS, o autor alega que *"trata-se de pessoa jurídica totalmente estranha à lida, com quem o réu mantinha relação, distintas das mantidas com o autor"*.

Concluiu sua impugnação afirmando que o réu não comprovou a quitação dos títulos objetos da ação, declarando imprestáveis os documentos de fls. 55/56.

1.2 Manifestação do Réu/Embargante:

O réu iniciou sua contestação apresentando uma *"sinopse"* dos fatos, a partir da sua narrativa.

Relatou que, por ser irmão do autor, sempre que necessitava, recorria ao mesmo para obter empréstimos de dinheiro que acontecia com considerável frequência. Informou que sua empresa JUTAMIG Comércio e Representações Ltda. estava sempre em dificuldade financeira.

Alegou a cobrança pelo irmão de juros remuneratórios de 5% ao mês, acrescido da *"variação do real frente ao dólar"*.

Apresentou às fls. 26 quadro indicativo dos empréstimos tomados no curso de 1994, que totalizaram R$ 76.174,23. Alegou que tais valores foram exigidos pelo autor à JUTAMIG, em 1º-5-1995, no montante de R$ 127.590,00, conforme quadro indicativo também de fls. 26. Continuando a sua narrativa, o réu informou que foi acrescido mais R$ 3.600,00 a título de *"variação cambial"*, sendo que o débito passou a ser R$ 131.190,00.

A dívida, no relato do réu, chegou ao montante de R$ 146.932,00 com posição para 1º-6-1995, com a emissão do cheque 142847 juntado na inicial (fls. 15).

Narrou que em 26-6-1995 a JUTAMIG emitiu o cheque nº 828571 no valor de R$ 100.000,00, repassado à LAR IMÓVEIS. Este cheque não foi compensado por insuficiência de fundos.

Cap. 12 • Laudo pericial contábil **293**

O réu relatou que emitiu (leia-se JUTAMIG) novo cheque de R$ 100.000,00, de número 828573, *"visado e nominal (à ordem) à Lar Imóveis Ltda."*. Este cheque foi compensado, conforme extrato bancário juntado às fls. 83.

Entende o réu que pelo pagamento dos R$ 100.000,00, consoante cheque 828573, sua dívida ficou reduzida à R$ 46.932,00. Por força de novo empréstimo de R$ 6.500,00 em 4-8-1995, entregou em garantia o cheque 112645 cobrado na inicial (fls. 14).

O réu/embargante alegou que a dívida no montante de R$ 53.432,00 foi quitada em outubro/98, pelos "gados" constantes das notas fiscais de fls. 84/90.

Alegou prescrição dos cheques cobrados na inicial.

Alegou a cobrança de juros extorsivos.

Alegou inépcia da inicial por ausência de prova da existência da relação negocial que motivou a emissão dos cheques objeto da ação monitória.

Entende o réu, que caso seja deferido o pedido do autor, que a correção do valor nominal dos cheques incida a partir do ajuizamento da ação monitória.

Juntou diversos documentos, conforme fls. 44/90, entre eles os extratos da conta da JUTAMIG de junho de 1995 (fls. 82/83) indicando a compensação do cheque nº 828573 no valor de R$ 100.000,00 e as notas fiscais do gado "adquirido" pelo autor.

A prova pericial foi requerida pelo réu às fls. 137 com o objetivo de apurar as taxas de juros cobradas pelo autor, bem como os pagamentos a ele efetuados pelo réu. O autor requisitou a prova testemunhal (fls. 178).

Foi deferida a prova pericial no despacho interlocutório de fls. 140/141.

2 Limites do Trabalho Pericial Contábil:

2.1 Resumo dos Fatos Narrados pelas Partes:

1. O autor alegou que o réu tem dívida não quitada, apresentando os cheques juntados na inicial (fls. 14/15), emitidos em 1º-7-1995 e 4-8-1995 nos valores de R$ 146.932,00 e R$ 6.500,00, que atualizados totalizaram em 29-7-2005 o montante de R$ 340.229,44 (fls. 12).

2. O réu contra-argumenta que em 27-6-1995 pagou R$ 100.000,00 ao autor, consoante cheque nº 828573 da JUTAMIG nominal à LAR IMÓVEIS e que o restante do débito de R$ 46.932,00 acrescido de novo empréstimo de R$ 6.500,00 (4-8-1995), totalizando R$ 53.432,00, foi liquidado mediante negociação dos gados consoante notas fiscais de fls. 84/90.

2.2 Perícia Contábil:

A perícia contábil antecede a prova pericial grafotécnica deferida às fls. 195, já que os fatos não são concorrentes. Pelo contrário, a prova grafotécnica, requerida pelo réu, tem o condão de identificar a veracidade dos dados ali contidos e comprovar suas alegações quanto à liquidação de sua dívida com a negociação dos gados.

Assim, o trabalho pericial se limita a apurar os fatos contábeis e patrimoniais relativos à movimentação financeira junto à LAR Imóveis e JUTAMIG dos R$ 100.000,00 noticiados pelo réu e que estariam vinculados às operações das partes enquanto pessoas físicas, bem como os encargos incidentes sobre o valor original.

2.3 Princípio Contábil da Entidade:

A questão dos autos envolve relação financeira realizada entre as pessoas físicas dos autores e movimentação bancária de suas respectivas empresas. Ou seja, LAR IMÓVEIS LTDA. do autor e JUTAMIG COMÉRCIO E REPRESENTAÇÕES LTDA. do réu.

Inicialmente transcreve abaixo o Princípio Contábil da Entidade, nos termos da Resolução do Conselho Federal de Contabilidade nº 750 de 29-12-1993, na qual orienta sobre a autonomia patrimonial com *"a necessidade da diferenciação de um Patrimônio particular no universo dos Patrimônios existentes"*, tendo em vista que *"o patrimônio não se confunde com aqueles dos seus sócios ou proprietários, no caso de sociedade ou instituição"*.

PRINCÍPIO DA ENTIDADE

Art. 4º O Princípio da ENTIDADE reconhece o Patrimônio como objetivo da Contabilidade e afirma a autonomia patrimonial, a necessidade da diferenciação de um Patrimônio particular no universo dos Patrimônios existentes, independentemente de pertencer a uma pessoa, um conjunto de pessoas, uma sociedade ou instituição de qualquer natureza ou finalidade, com ou sem fins lucrativos. Por consequência, nesta acepção, o patrimônio não se confunde com aqueles dos seus sócios ou proprietários, no caso de sociedade ou instituição.

Parágrafo único. O PATRIMÔNIO pertence à ENTIDADE, mas a recíproca não é verdadeira. A soma ou agregação contábil de patrimônios autônomos não resulta em nova ENTIDADE, mas numa unidade de natureza econômica contábil.

A partir dos fatos narrados pelas partes, tornou-se necessário examinar os patrimônios das pessoas jurídicas dos litigantes para averiguar a existência de fenômenos patrimoniais que se traduzissem na fundamentação da alegação de uma das partes.

Consoante Termo de Diligência endereçado aos litigantes, que incluíam suas respectivas empresas citadas nestes autos, solicitaram-se os livros contábeis (Razão Auxiliar e Livro Diário) de 1994/1995, extratos bancários, comprovantes de pagamentos da negociação dos gados (notas fiscais de fls. 84/90), além de outros documentos imprescindíveis para a elucidação dos fatos.

O autor disponibilizou os livros contábeis da LAR IMÓVEIS de 1995 (Diário e Razão Auxiliar), registrados junto ao Cartório de Registro Civil das Pessoas Jurídicas, sob número de ordem 69084 em 17-1-1997 (**Anexo 3**), além de "livro-caixa" com controle administrativo das "entradas" e "saídas" de recursos da conta "caixa", no período de 17-4-1995 até 29-6-1995 (**Anexo 4**).

O réu consoante correspondência datada de 9-5-2007 (**Anexo 5**), informou que *"com relação aos livros solicitados da JUTAMIG (...), não mais possuía os anos solicitados"*. Não apresentou mais nenhum documento para elaboração do trabalho.

Desta forma, o trabalho pericial envolveu análise, exame, certificação e estudo adequado da contabilidade da LAR IMÓVEIS LTDA., bem como suas demonstrações financeiras e os referidos registros dos fenômenos patrimoniais que afetaram seu patrimônio.

Desta forma, este laudo pericial foi elaborado com base na verdade formal estabelecida pelos documentos entregue pelo autor.

2.4 Fenômeno Patrimonial:

O professor Antônio Lopes de Sá, em seu livro intitulado *Dicionário da contabilidade*, 9. ed. 1995, p. 214, Editora Atlas, apresenta o seguinte conceito para fenômeno patrimonial:

"O mesmo que *Fato Contábil*. Tudo aquilo que acontece no patrimônio. Acontecimento verificado no patrimonial.

O fenômeno patrimonial é, a nosso ver, o objetivo da Contabilidade.

A Contabilidade pode ser definida, portanto, como a ciência que estuda os fenômenos patrimoniais sob o aspecto da finalidade aziendal."

No mesmo livro conceitua "Fato Contábil", como *"tudo aquilo que acontece com o patrimônio de uma empresa ou de uma entidade"*.

Segundo o Professor Lopes Sá, em seu livro *Teoria da contabilidade superior*, UNA, 1994, após exemplificar alguns fenômenos patrimoniais, relata que são *"todos e quaisquer acontecimentos que de forma direta ou indireta, efetiva ou potencial, venham a tanger o patrimônio ou riqueza aziendal"*, e acrescenta o ilustre professor, que *"quando acontece um fato patrimonial, relações de* 'diversas naturezas' *influem para que isto ocorra; são* 'relações lógicas' *que explicam tal acontecimento"*.

Constituindo com uma das bases da doutrina neopatrimonialista do emérito professor, as "relações lógicas" que influem no estudo do fenômeno patrimonial são:

I – essenciais (as de intimidade que formam a "natureza" básica do acontecimento);

II – dimensionais (as quem produzem elementos para a compreensão do fenômeno através da medida e da organização de razões de mensuração e grandeza);

III – ambientais (as externas ao patrimônio que influem na produção do fenômeno).

I – As "Relações Lógicas Essenciais" apresentam as seguintes etapas de cada fenômeno patrimonial:

1. Necessidade (origem mental do patrimônio) (n).
2. Finalidade (racionalização da necessidade) (Fi).
3. Meio (materialização do patrimônio) (Pm).
4. Função (uso do patrimônio) (f).
5. Eficácia (anulação da necessidade através do patrimônio) (Ea).

Logo: $n \to Fi \Rightarrow (Pm \to f) \wedge f \to (Pn = 0) \Leftrightarrow Ea \quad Ea \Leftrightarrow (Pn = 0)$

Ou seja, a necessidade aziendal (n) implicou o surgimento da Finalidade Pertinente (Fi). Esta permitiu que o meio se materializasse (Pm). Com o exercício de utilidade do meio, praticou-se a sua função (*f*) social, e, então, anulou-se a necessidade, implicando a Eficácia, o que equivale à finalidade ideal na azienda.

II – As "Relações Lógicas Dimensionais" explica o fenômeno patrimonial através do estudo da HEXADIMENSIONALIDADE. Isto é, o fenômeno mensurado em:

I – Causa (origem).

II – Efeito (aplicação).

III – Qualidade (objetivo).

IV – Quantidade (valor monetário).

V – Tempo (quando ocorreu o fato contábil).

VI – Espaço (onde ocorreu o fato contábil).

III – As "Relações Lógicas Ambientais" são:

1. Endógenas (dentro da azienda/entidade)
    a)   Administrativas
    b)   Psíquicas e Físicas do Pessoal
2. Exógenas (fora da azienda/entidade)
    c)   Sociais
    d)   Econômicas
    e)   Políticas
    f)   Legais
    g)   Tecnológicas e Científicas
    h)   Ecológicas etc.

O foco do trabalho está nas relações lógicas essenciais e dimensionais, já que os fatos contábeis a serem examinados necessitam de sua interpretação contábil para certificar se os fenômenos patrimoniais objeto da perícia provocaram alteração em qual patrimônio aziendal e sua efetiva motivação.

A partir destas premissas científicas, procedeu-se a análise dos registros contábeis/financeiros da empresa LAR IMÓVEIS LTDA., objetivando um melhor entendimento da essência do fenômeno patrimonial identificado a partir do exame do Livro Diário/Razão Auxiliar, bem como do Livro-caixa da referida entidade, para que fosse extraída a efetiva motivação do crédito de R$ 100.000,00 ocorrido na referida empresa por conta da entrega deste numerário pela JUTAMIG e os valores repassados ao autor pela sua empresa, em período próximo ao crédito do valor em exame.

2.5 Registros Contábeis/Financeiros – LAR IMÓVEIS:

Analisando a contabilização dos fenômenos patrimoniais da empresa do autor LAR IMÓVEIS, consoante livros contábeis (Diário e Razão Auxiliar) disponibilizados a este Perito, identificou-se que os lançamentos contábeis foram todos realizados com data *do último dia do mês*, conforme se observa cópia dos registros, por amostragem, em **Anexo 3**.

Tendo por base o Princípio da Oportunidade, nos termos da Resolução do Conselho Federal de Contabilidade nº 750 de 29-12-1993, abaixo transcrito, a contabilização de todos os fenômenos patrimoniais deve ter, por excelência, a observância da tempestividade e a integridade do registro.

O PRINCÍPIO DA OPORTUNIDADE

Art. 6º O Princípio da OPORTUNIDADE refere-se, simultaneamente, à tempestividade e à integridade do registro do patrimônio e das mutações, determinando que seja feito de imediato e com a extensão correta, independentemente das causas que as originaram.

Parágrafo único. Como resultado da observância do Princípio da OPORTUNIDADE:

I – desde que tecnicamente estimável, o registro das variações patrimoniais deve ser feito mesmo na hipótese de somente existir razoável certeza de sua ocorrência;

II – o registro compreende os elementos quantitativos e qualitativos, contemplando os aspectos físicos e monetários;

Cap. 12 • Laudo pericial contábil **297**

III – o registro deve ensejar o reconhecimento universal das variações ocorridas no patrimônio da ENTIDADE, em um período de tempo determinado, base necessária para gerar informações úteis ao processo decisório da gestão.

Quanto à tempestividade do registro nada tem a acrescentar além do fato de estarem todos os lançamentos com data do último dia de cada mês, tendo em vista que a empresa opera por registro simplificado em sua escrita contábil, como faculta a legislação fiscal. Porém, quanto à integridade do registro, este Perito procurou identificar na contabilização dos fenômenos patrimoniais da LAR IMÓVEIS a motivação gerada com o recebimento do valor de R$ 100.000,00 da JUTAMIG.

Conforme já exposto, a contabilidade da LAR IMÓVEIS **não apresenta os registros de forma segregada**. No livro Diário/Razão Auxiliar, identificou um registro único de "depósitos efetuados", no montante de R$ 439.661,55 (**Anexo 3**). Inexiste qualquer informação detalhada destes depósitos.

Entretanto, a empresa dispõe de controle analítico dos depósitos realizados em sua conta. Considerando os dados do Livro-caixa, identificou-se um montante de R$ 439.623,82 conforme quadro dos valores depositados em **Anexo 2**.

Ainda com base no livro-caixa da LAR IMÓVEIS, consta informado no controle diário um depósito no dia 26-6-1995 no valor de R$ 100.000,00, inexistindo também qualquer identificação deste depósito. No dia 27-6-1995 existe o registro no livro-caixa de novo depósito de R$ 100.000,00 com um lançamento de *cheque devolvido* também no montante de R$ 100.000,00. Gentileza observar a cópia dos controles gerenciais em **Anexo 4**.

O autor não apresentou o extrato da conta-corrente junto ao Banco Nacional requisitado por este Perito consoante Termo de Diligência, que permitiria a assertiva quanto ao depósito do cheque nº 828573, de R$ 100.000,00 emitido pela JUTAMIG em 27-6-1995. Entretanto, a partir da cópia do cheque nº 828573 juntada pelo réu às fls. 183, identificou-se que o referido cheque encontra-se nominal à LAR IMÓVEIS LTDA., e foi depositado junto ao Banco Nacional, conta 228460, agência 384 – Gutierrez.

Portanto, com base na verdade formal disponibilizada pelo autor, bem como os documentos juntados aos autos, pôde afirmar que o cheque nº 828573, de R$ 100.000,00, emitido pela empresa JUTAMIG COMÉRCIO E REPRESENTAÇÕES LTDA. em 27-6-1995, foi depositado e devidamente compensado na conta-corrente da empresa LAR IMÓVEIS LTDA.

Ainda com base no controle do Livro-caixa, identificou-se a emissão da LAR IMÓVEIS de dois cheques emitidos para o autor Luiz Antônio. O primeiro cheque sob nº 3498 em 26-6-1995 no valor de R$ 6.000,00 e em 28-6-1995 um outro cheque no valor de R$ 94.000,00, sob nº 3528 (**Anexo 4**).

A partir deste controle gerencial, onde indica a movimentação financeira de R$ 100.000,00 na empresa LAR IMÓVEIS, este Perito procurou identificar nos registros contábeis da referida empresa a motivação deste "pagamento" por parte da JUTAMIG, mas não logrou êxito. Ou seja, não identificou nenhuma situação patrimonial que ensejasse o pagamento e/ou adiantamento da referida quantia:

1. Não identificou NENHUMA "obrigação" (empréstimos etc.) assumida pela LAR IMÓVEIS com a JUTAMIG anterior ao fato patrimonial ou posterior.

2. Não identificou NENHUM "direito" (serviços etc.) da LAR IMÓVEIS com a JUTA-MIG anterior ao fato patrimonial.

Da mesma forma, procurou-se examinar a motivação patrimonial da empresa LAR IMÓVEIS para o "pagamento" ao autor Luiz Antônio Rodrigues. Não se apurou nenhum registro contábil a qualquer título, seja como repasse por lucros gerados pela empresa, retirada *pro--labore* ou qualquer espécie de rendimento. Não identificou nenhuma situação patrimonial que ensejasse o pagamento e/ou adiantamento da referida quantia:

1. Não identificou NENHUMA "obrigação" assumida pela LAR IMÓVEIS com o seu sócio Luiz Antônio Rodrigues anterior ao fato patrimonial.
2. Não identificou NENHUM "direito" da LAR IMÓVEIS, com o seu sócio Luiz Antônio Rodrigues em razão da liberação do recurso.

Apresenta a seguir as respostas aos quesitos formulados pelas partes.

Quesitos do autor – fls. 145/146

1. Pede-se ao Sr. Perito esclarecer se a emissão do cheque em debate ocorreu em respeito à Lei dos cheques?

Resposta: O arguido se refere à interpretação quanto às disposições jurídicas sobre a cobrança de títulos de crédito. Não é matéria de competência contábil. Submete à douta juíza para sua apreciação e consideração.

2. Favor informar se houve o citado pagamento do Réu, através de cheque, como alega, à empresa "Lar Imóveis Ltda.", com identificação da conta que o amparou, apresentando cópia do Livro Razão Analítico ou do Livro Diário que registrou o lançamento contábil.

Resposta: A resposta a este quesito é afirmativa, tendo como fundamento os termos relatados em metodologia aplicada que fica fazendo parte integrante deste quesito, especificamente item "**2.5 – Registros Contábeis – LAR IMÓVEIS**".

O réu juntou às fls. 183 cópia do cheque nº 828573 do Banco Bandeirantes S.A., emitido em 27-6-1995, nominal à "LAR IMÓVEIS LTDA.", no valor de R$ 100.000,00 (cem mil reais). O referido cheque tem como emitente a empresa "JUTAMIG COMÉRCIO REPRESENTAÇÕES LTDA.".

Pode-se observar na cópia do referido cheque que o mesmo **NÃO** foi endossado pela empresa LAR IMÓVEIS, sendo o mesmo depositado e compensado na conta-corrente nº 228460 junto à agência Gutierrez, código 384.

A contabilidade da LAR IMÓVEIS **não apresenta os registros contábeis de forma segregada**. O registro no Livro Diário/Razão Analítico está de forma globalizada mensalmente, conforme se observa, por amostragem, as cópias em **Anexo 3**. No dia 30-6-1995, tem um lançamento contábil com histórico "depósitos efetuados" no montante de R$ 439.661,55, sendo debitada a conta bancos (Banco Nacional) – conta contábil nº 111.02.001.8-8 – a crédito da conta caixa – conta contábil nº 111.01.001.1-5.

Conforme Livro-caixa da LAR IMÓVEIS, especificamente nos dias 26 e 27 de junho de 1995, constam dois depósitos no valor de R$ 100.000,00 cada um deles, com um controle de cheque devolvido em 27-6-1995 de R$ 100.000,00, conforme cópia em **Anexo 4**.

2.1 Ao que dizia a respeito este pagamento, caso tenha ocorrido?

Resposta: Conforme análise dos registros contábeis da LAR IMÓVEIS, não se apurou a motivação deste "pagamento" de R$ 100.000,00 pela JUTAMIG. Ou seja, não identificou nenhuma das situações patrimoniais abaixo que ensejasse o pagamento e/ou adiantamento da referida quantia:

1. Não identificou NENHUMA "obrigação" (empréstimos etc.) assumida pela LAR IMÓVEIS com a JUTAMIG anterior ao fato patrimonial ou posterior.

2. Não identificou NENHUM "direito" (serviços etc.) da LAR IMÓVEIS, com a JUTAMIG anterior ao fato patrimonial.

Assim, procurou estudar esta movimentação financeira na LAR IMÓVEIS, tendo como base científica a doutrina do Professor Lopes Sá, relativo a essência do fato contábil, transcrito em metodologia aplicada item "**2.4 – Fenômeno Patrimonial**", especificamente as relações lógicas essenciais e dimensionais.

Conforme já relatado em metodologia aplicada, um fenômeno patrimonial é estudado a partir das "relações essenciais" e deve apresentar uma decorrência natural que o justifique.

Na movimentação financeira da LAR IMÓVEIS com o recebimento da quantia de R$ 100.000,00, em 27-6-1995, não identificou a "necessidade patrimonial" nem a "Finalidade" do referido pagamento pela JUTAMIG. Entende-se por necessidade patrimonial as obrigações registradas nas contas patrimoniais, por exemplo. Quanto à finalidade, persegue-se o aumento dos valores no ativo (direito) da empresa. Consequentemente não há o que se falar da existência dos elementos ensejadores do fenômeno patrimonial entre as empresas, pelo relatado nos itens 1 e 2 acima.

Já o estudo do fenômeno patrimonial a partir das relações dimensionais deve apresentar os seis aspectos básicos que o mensure. Ou seja, é a hexadimensionalidade do fato explicado a partir da "causa", "efeito", "qualidade", "quantidade", "tempo" e "espaço".

Estudando o recebimento pela LAR IMÓVEIS da quantia de R$ 100.000,00, identificou somente três aspectos básicos: a "*quantidade*" que foi efetivamente o valor recebido; o "*tempo*", ou seja, a data do recebimento que foi identificado no Livro-caixa ter sido em 27-6-1995; e o "*espaço*", ou seja, empresa LAR IMÓVEIS. Os outros três aspectos básicos (causa, efeito e qualidade) não foram identificados no fato contábil a partir do estudo da contabilidade da referida entidade.

Segundo o Professor Lopes Sá (*Teoria da contabilidade superior*, Una, 1994, fls. 59), "*a 'escrituração' precisa ser 'tecnologia' e não só 'técnica' ou 'prática', pois precisa atender*

300 Perícia contábil • *Lopes de Sá*

às necessidades do 'estudo do fenômeno'; como 'informação' ela é um 'instrumento' a serviço de uma ação inteligente de maior qualidade e que depende de estudos de hierarquia superior".

Assim, não há na contabilidade da LAR IMÓVEIS os três aspectos restantes que formariam a relação dimensional completa do fato contábil que se refere ao pagamento pela JUTAMIG de R$ 100.000,00, na forma arguida.

2.2 Este pagamento, acaso tenha ocorrido, se deu para a citada empresa ou para o Autor?

Resposta: Com base nos documentos analisados disponibilizados pelo autor, pode-se dizer que o valor de R$ 100.000,00, depositado em conta-corrente da LAR IMÓVEIS, foi entregue ao autor LUIZ ANTÔNIO RODRIGUES, consoante cheques de R$ 6.000,00 emitido em 26-6-1995 e R$ 94.000,00, emitido em 28-6-1995, conforme controle do livro-caixa em **Anexo 4**, tendo em vista a apuração realizada nos registros contábeis da empresa, conforme indicado em metodologia aplicada, últimos parágrafos do item 2.4. Transcreve-se abaixo para melhor visualização:

Da mesma forma, procurou-se examinar a motivação patrimonial da empresa LAR IMÓVEIS para o "pagamento" ao autor Luiz Antônio Rodrigues. Não se apurou nenhum registro contábil a qualquer título, seja como repasse por lucros gerados pela empresa, retirada *pro-labore* ou qualquer espécie de rendimento. Não identificou nenhuma situação patrimonial que ensejasse o pagamento e/ou adiantamento da referida quantia:

a) Não identificou NENHUMA "obrigação" assumida pela LAR IMÓVEIS com o seu sócio Luiz Antônio Rodrigues anterior ao fato patrimonial;

b) Não identificou NENHUM "direito" da LAR IMÓVEIS, com o seu sócio Luiz Antônio Rodrigues em razão da liberação do recurso.

Para a fundamentação científica da resposta dada, pede-se para se reportar ao quesito anterior.

3. Favor informar se o valor que se acresceu ao cheque no ajuizamento da presente ação diz respeito a correção monetária, e se foram acrescidos juros ao cheque no ajuizamento da ação. Caso positivo, favor expor de forma minuciosa os valores dos mesmos.

Resposta: Requisitou ao autor a memória de cálculo do valor cobrado na inicial, conforme Termo de Diligência de 24-4-2007. Não logrou êxito. Foi informado pelo assistente técnico do autor que foi aplicada a correção monetária pelos índices da Corregedoria de Justiça de Minas Gerais. Apresenta abaixo memória de cálculo da correção até 1º-8-2005 com apuração de R$ 339.957,09.

Mês/ano	Índice	Vr. Original	Vr. Corrigido
Jul./95	2,21794164	146.932,00	325.886,60
Ago./95	2,16469026	6.500,00	14.070,49
		TOTAL	339.957,09

O valor cobrado na inicial foi de R$ 340.229,44. Ou seja, uma diferença de R$ 272,35, equivalente a 0,08%, não podendo ser plenamente explicada. Desta forma, conclui-se que o autor está cobrando os valores históricos acrescido de correção monetária. Com a conferência do cálculo utilizando a tabela da Corregedoria de Justiça de Minas Gerais, o valor com correção é o evidenciado na tabela acima.

Quesitos do réu – fls. 149/152

1. Queira o Ilmo. Perito Oficial informar se o autor declinou, na inicial, a causa da suposta dívida?

Resposta: O arguido se refere à interpretação quanto às disposições jurídicas sobre a cobrança de títulos de crédito. Não é matéria de competência contábil. Submete à douta juíza para sua apreciação e consideração.

2. Queira o Ilmo. Perito Oficial informar a razão que levou o autor a ajuizar a presente ação em 2005, se, conforme confessa na exordial (cf. fl. 03), o relacionamento entre os irmãos começou a se desgastar desde 1999, em virtude da compra de um apartamento pelo réu.

Resposta: O arguido neste quesito está fora do objeto do trabalho pericial, conforme relatado no tópico "objeto da perícia", 1ª página do laudo pericial, por se tratar de questão diversa da contábil, tornando a resposta prejudicada.

3. Queira o Ilmo. Perito Oficial informar se a empresa do Sr. Luiz Antônio (LAR IMÓVEIS) recebeu R$ 100.000,00 da empresa do Sr. José Ronaldo (JUNTAMIG).

Resposta: Sim, na acepção ampla da palavra "receber". Conforme relatado em metodologia aplicada que fica fazendo parte integrante deste quesito, bem como a resposta ao quesito segundo da série anterior, foi identificado no trabalho pericial, a partir dos documentos disponibilizados pelo autor, que o cheque nº 828573 emitido pela JUTAMIG em 27-6-1995, no valor de R$ 100.000,00, foi depositado e compensado na conta da LAR IMÓVEIS.

4. Queira o Ilmo. Perito Oficial informar, analisando a contabilidade da empresa Lar Imóveis, qual a descrição contábil pelo recebimento de R$ 100.000,00, em 27-6-1995, através do cheque visado de nº 0828573 do Banco Bandeirantes.

Resposta: Não foi apurada a necessidade patrimonial nem a finalidade na contabilidade da empresa LAR IMÓVEIS do recebimento de R$ 100.000,00 pelos motivos indicados no item 2.4 de metodologia aplicada, abaixo transcrito.

A partir deste controle gerencial, onde indica a movimentação financeira de R$ 100.000,00 na empresa LAR IMÓVEIS, este Perito procurou identificar nos registros contábeis da referida empresa a motivação deste "pagamento" por parte da JUTAMIG, mas não logrou êxito. Ou seja, não identificou nenhuma situação patrimonial que ensejasse o pagamento e/ou adiantamento da referida quantia:

a) Não identificou NENHUMA "obrigação" (empréstimos etc.) assumida pela LAR IMÓVEIS com a JUTAMIG anterior ao fato patrimonial ou posterior.

b) Não identificou NENHUM "direito" (serviços etc.) da LAR IMÓVEIS com a JUTAMIG anterior ao fato patrimonial.

5. Pode o Ilmo. Perito Oficial informar qual o teor da declaração formalizada pelo Sr. Ademar, em 20-8-1996? Analisando os documentos constantes dos autos, pode o Sr. perito informar se em algum momento o Sr. Ademar (irmão das partes) contesta o teor da declaração prestada à fl. 81?

Resposta: O arguido neste quesito está fora do objeto do trabalho pericial, conforme relatado no tópico "objeto da perícia", 1ª página do laudo pericial, por se tratar de questão diversa da contábil, tornando a resposta prejudicada.

6. Pode o Ilmo. Perito Oficial informar se no contrato de venda de gado, à fl. 104, o Sr. José Ronaldo dá plena, geral e raza quitação da transação realizada com seu irmão Luiz Antônio? Analisando os extratos de conta(s) bancária(s) do Sr. José Ronaldo à época, pode o Sr. Perito informar se existe algum depósito de valor igual ou semelhante à transação de compra e venda de gado efetuada entre os irmãos? Em contrapartida, pode o Sr. Perito informar qual o documento (cheque/DOC/Ted/recibo) que comprova o efetivo pagamento dos R$ 38.053,00 ao Sr. José Ronaldo? Quando foi feita a entrega definitiva do gado ao Sr. Luiz Antônio?

Resposta: Quanto ao arguido no *caput* do quesito, a resposta é afirmativa. Ou seja, no referido documento de fls. 104, intitulado "contrato de compra de gado", apresenta no corpo do texto a informação de que o *"vendedor da plena, geral e raza quitação"*.

Analisando os extratos de conta(s) bancária(s) do Sr. José Ronaldo à época, pode o Sr. Perito informar se existe algum depósito de valor igual ou semelhante a transação de compra e venda de gado efetuada entre os irmãos? Em contrapartida, pode o Sr. Perito informar qual o documento (cheque/DOC/Ted/recibo) que comprova o efetivo pagamento dos R$ 38.053,00 ao Sr. José Ronaldo? Quando foi feita a entrega definitiva do gado ao Sr. Luiz Antônio?

Para responder especificamente às questões suscitadas quanto ao pagamento do montante R$ 38.053,00, solicitou-se ao autor, consoante Termo de Diligência, comprovante do pagamento da negociação dos gados consoante notas fiscais de fls. 84/90. Não logrou êxito. Ou seja, não foi apresentado nenhum documento. Desta forma, tornaram-se prejudicadas as respostas por falta de elementos não disponibilizados pelo autor. Submete à douta juíza para sua apreciação quanto à prova que o autor deveria ter efetivado para demonstrar que procedeu ao pagamento da comercialização do gado arguido no quesito.

Quando foi feita a entrega definitiva do gado ao Sr. Luiz Antônio?

Apenas se limitando quanto às datas de saída das notas fiscais, sem afirmar que se referiam ao Sr. Luiz Antônio, tem-se o dia 9-10-1998 para as notas fiscais de fls. 84/86; 10-10-1998 para as notas fiscais de fls. 87/88; e 11-10-1998 para as notas fiscais de fls. 89/90.

7. Considerando uma taxa de juros de 5% a.m., pode o Ilmo. Perito Oficial informar qual seria o montante devido em 1º-5-1995, a partir dos seguintes valores:		
2-6-1994	R$ 34.034,00	
9-6-1994	R$ 8.039,00	
27-6-1994	R$ 26.491,00	
2-7-1994	R$ 3.774,00	
5-7-1994	R$ 3.836,23	
O valor apurado pelo Ilmo. Perito Oficial é igual ou próximo ao valor de R$ 127.590,00?		

Resposta: O montante apurado por este Perito, considerando a taxa de juros de 5% ao mês, de forma exponencial por calendário comercial (mês de 30 dias), totalizou R$ 127.465,21, conforme cálculo em **Anexo 1**. Desta forma, pode-se afirmar que foi apurado um valor próximo de R$ 127.590,00 com uma diferença de R$ 124,79 (diferença de 0,01%).

304 Perícia contábil • Lopes de Sá

7.1 Considerando uma taxa de juros de 5% a.m., pode o Ilmo. Perito Oficial informar qual seria o montante devido em 1º-6-1995, a partir dos seguintes valores:			
	2-6-1994	R$ 34.034,00	
	9-6-1994	R$ 8.039,00	
	27-6-1994	R$ 26.491,00	
	2-7-1994	R$ 3.774,00	
	5-7-1994	R$ 3.836,23	
O valor apurado pelo Ilmo. Perito Oficial é igual ou próximo ao valor de R$ 146.932,00? E acrescido de uma multa de 10%?			

Resposta: O montante apurado por este Perito, considerando a taxa de juros de 5% ao mês, de forma exponencial por calendário comercial (mês de 30 dias), totalizou R$ 147.222,32, conforme cálculo em **Anexo 1**. Desta forma, pode-se afirmar que foi apurado um valor próximo de R$ 146.932,00 com uma diferença de R$ 290,32 (diferença de 0,2%).

8. Considerando uma taxa de juros de 3% a.m., fruto de uma renegociação entre as partes para liquidação da pendência, pode o Ilmo. Perito Oficial informar qual seria o montante devido em 9-10-1998 (data da entrega do gado), a partir dos seguintes valores:			
	2-6-1994	R$ 34.034,00	
	9-6-1994	R$ 8.039,00	
	27-6-1994	R$ 26.491,00	
	2-7-1994	R$ 3.774,00	
	5-7-1994	R$ 3.836,23	
	4-8-1995	R$ 6.500,00	
	26-6-1995	R$ 100.000,00	
O valor apurado pelo Ilmo. Perito Oficial é igual ou próximo ao valor de R$ 53.432,00?			

Resposta: O montante apurado por este Perito, considerando a taxa de juros de 3% por período de 30 dias, de forma exponencial por calendário civil (ano de 365 dias), totalizou R$ 54.337,78, conforme cálculo em **Anexo 1**. Desta forma, pode-se afirmar que foi apurado um valor próximo de R$ 53.432,00 com uma diferença de R$ 405,78 (diferença de 0,75%).

9. Considerando a larga experiência do Ilmo. Perito, poderia informar se seria uma prática normal e usual para um credor que cobra 5% a.m., cansado de esperar pelo recebimento do seu crédito, pagar pela aquisição de gado de propriedade de seu devedor inadimplente?

Cap. 12 • Laudo pericial contábil **305**

Resposta: O arguido neste quesito está fora do objeto do trabalho pericial, conforme relatado no tópico "objeto da perícia", 1ª página do laudo pericial, por se tratar de questão diversa da contábil, tornando a resposta prejudicada.

10. Queira o Ilmo. Perito Oficial informar, se possível, o motivo da demora de dez anos para propositura da ação Monitoria? Alguém que cobra uma taxa composta de 5% esperaria tanto tempo para reaver seu suposto crédito?

Resposta: O arguido neste quesito está fora do objeto do trabalho pericial, conforme relatado no tópico "objeto da perícia", 1ª página do laudo pericial, por se tratar de questão diversa da contábil, tornando a resposta prejudicada.

11. Pode o Ilmo. Perito Oficial informar se seria matematicamente aceitável considerar que a dívida originária de empréstimos realizados em 2-6-1994, 9-6-1994, 27-6-1994, 2-7-1994, 5-7-1994 e 4-8-1995, mediante aplicação da taxa de juros composta de 3% a.m., estaria quitada através dos pagamentos de R$ 100.000,00 (27-6-1995) e R$ 38.053,00 (9-10-1998)? Em caso de resposta negativa, favor informar o saldo remanescente?

Resposta: O montante apurado, nos termos expressamente requeridos no quesito, a título de saldo remanescente, foi de R$ 16.284,78, com posição para 9-10-1998, utilizando-se a taxa de juros de 3% por período de 30 dias, de forma exponencial por calendário civil (ano de 365 dias), conforme se observa o cálculo em **Anexo 1**. Procedimento de atualização segue o mesmo critério adotado pelo autor em seu cálculo de fls. 12, ou seja, tabela da Corregedoria de Justiça, estando na data da perícia, 1º-5-2007, corrigido para o valor de R$ 30.139,28.

Conclusão

Nos termos expressos da Resolução do Conselho Federal de Contabilidade nº 1.041 de 26 de agosto de 2005, publicada no *DOU* em 22 de setembro de 2005, item 13.6.5.2, apresenta a conclusão do presente trabalho, ressalvando que estão sendo consideradas as limitações deste profissional contábil quanto à não interpretar legislação ou qualquer norma firmada entre as partes, nos termos da orientação apresentada na folha de rosto deste laudo.

Por este motivo, considera a delimitação indicada como "OBJETO DA PERÍCIA" e passa a concluir, com base nos registros contábeis da LAR IMÓVEIS LTDA. e documentos disponibilizados nos autos:

a) Que a empresa JUTAMIG COMÉRCIO E REPRESENTAÇÕES LTDA. emitiu o cheque nº 828573 em 27-6-1995 no valor de R$ 100.000,00 e que foi depositado e compensado na conta-corrente da LAR IMÓVEIS LTDA., identificado a partir do livro-caixa da empresa do autor em **Anexo 4**; não foi identificada na contabilidade da LAR IMÓVEIS LTDA. a motivação deste pagamento de R$ 100.000,00 por parte da JUTAMIG.

b) Que a empresa LAR IMÓVEIS LTDA. emitiu em favor do autor LUIZ ANTÔNIO RODRIGUES dois cheques que totalizaram R$ 100.000,00, sendo R$ 6.000,00 em 26-6-1995 e R$ 94.000,00 em 28-6-1995, conforme cópia em **Anexo 4**; não foi identificada na contabilidade da LAR IMÓVEIS LTDA. a motivação deste pagamento de R$ 100.000,00 para o sócio LUIZ ANTÔNIO RODRIGUES, **ficando caracterizado a utilização da conta-corrente da LAR IMÓVEIS para compensação do cheque emitido pela JUTAMIG no montante de R$ 100.000,00**.

c) Que o cheque de R$ 100.000,00 emitido pela JUTAMIG e compensado na conta--corrente da LAR IMÓVEIS foi resgatado pelo autor através dos cheques nº 3.498 em 26-6-1995 de R$ 6.000,00 e em 28-6-1995 no valor de R$ 94.000,00, sob número 3528 (**Anexo 4**) para seu uso pessoal, não tendo nenhuma relação patrimonial com as pessoas jurídicas envolvidas. Por consequência desta conclusão contábil, o valor repassado pela empresa JUTAMIG se refere a valor pago pelo seu sócio José Ronaldo Rodrigues.

d) O saldo remanescente nos termos expressamente requeridos pelo réu, ou seja, descontando o valor do cheque de R$ 100.000,00 e a parcela equivalente ao gado indicado nas notas fiscais de fls. 84/90 (por não ter o autor comprovado o pagamento das entregas) totalizou em 9-10-1998 o montante de R$ 16.284,78 (final do **Anexo 1**). Procedendo a correção pela Tabela da Corregedoria de Justiça para 1º-5-2007 tem-se o valor de R$ 30.139,28.

Belo Horizonte, 28 de maio de 2007.

MARCO ANTÔNIO AMARAL PIRES
PERITO JUDICIAL * CONTADOR * CRC/MG 41.632/0-7
Rua dos Timbiras, 3109 – conj. 304 * Tel./Fax (31) 3295-2178
Barro Preto * Belo Horizonte * CEP 30.140-062
E-mail: <maap@peritoscontabeis.com.br>
Home page: <www.peritoscontabeis.com.br>

RELAÇÃO DE ANEXOS

ANEXO 1 – PLANILHA DE CÁLCULO NOS TERMOS REQUERIDOS PELO RÉU

ANEXO 2 – QUADRO-RESUMO DOS DEPÓSITOS INDICADOS NO LIVRO-CAIXA

ANEXO 3 – CÓPIA, POR AMOSTRAGEM, DOS REGISTROS CONTÁBEIS (LIVRO-DIÁRIO E RAZÃO AUXILIAR) DA LAR IMÓVEIS LTDA.

ANEXO 4 – CÓPIA DO LIVRO-CAIXA DA LAR IMÓVEIS LTDA., REFERENTE AO MÊS DE JUNHO DE 1995

ANEXO 5 – CORRESPONDÊNCIA DO ASSISTENTE TÉCNICO DO RÉU

Relação de anexos

Os anexos de laudo são os documentos que o perito, ou junta de peritos, consideram como relevantes, de sua lavra ou não, e que serviram de embasamento para as respostas dos quesitos e da conclusão do laudo; são apensados ao laudo e entranhados nos autos.

A – Correspondência da AMICO respondendo Termo de Diligência.
B – Cópia da correspondência aos auditores à AMICO e seu Anexo I.
C – Cópia das respostas do 2º perito oficial do trabalho pericial realizado no processo 2483.047279-1 da 10ª Vara Cível.
D – Quadro de apuração das dívidas da Minasclínicas Ltda.

D-I	INSS
D-II	FGTS
D-III	ISSQN
D-IV	Imposto de Renda retido na fonte
D-V	Imposto de Renda Pessoa Jurídica
D-VI	Apuração 13º salário de competência anterior a 03/07/80
D-VIII	Salários a pagar anteriores a 03/07/80
D-VIII	Acertos e rescisões anteriores a 03/07/80
D-IX	Provisão das férias até junho/80
D-X	Duplicatas a pagar com competência anterior a 03/07/80
D-XI	Médicos e hospitais de serviços efetuados antes de 03/07/80
D-XII	Credores diversos com competência anterior a 03/07/80
D-XIII	Honorários médicos devidos antes de 03/07/80
D-XIV	Financiamento – Bradesco
D-XV	Financiamento – Mercantil do Brasil – operação Finame
D-XVI	Financiamento – Banco Maisonave
D-XVII	Financiamento – Banco Real
D-XVIII	Empréstimo Milton Pimentel Bittencourt
D-XIX	Quadro resumo das obrigações exigíveis

E – Quadros de apuração das dívidas da Casa de Saúde São Judas Tadeu S.A.

E-I	INSS
E-II	FGTS
E-III	Imposto de Renda retido na fonte
E-IV	ISSQN
E-V	Financiamentos – Minas Investimentos
E-VI	Financiamentos – Banco Mercantil do Brasil S.A.
E-VII	Acertos e rescisões trabalhista

E-VIII   Provisão das xxx até julho/80
E-IX   Duplicatas a pagar com competência anterior a 03/07/80
E-X   Quadro resumo das obrigações exigíveis abandonar, por irrelevante.
F – QUADRO-RESUMO DAS DÍVIDAS DAS DUAS EMPRESAS EM 03/07/80

4º CASO PRÁTICO DE PERÍCIA

Em laudo de maior singeleza, o perito realiza um trabalho a respeito de questão fiscal.

Discute-se questão de recolhimentos de tributos.

Trata-se de um litígio entre uma microempresa e o fisco estadual.

Nesta demonstração de laudo, foram priorizados apenas os quesitos, e as legislações citadas, incluídas as normas do CFC, eram as que vigiam na época da elaboração deste laudo.

Exmo. Sr. Dr. Juiz de Direito da 2ª Vara da Fazenda Pública de...

Processo nº 02492871442-7

Embargante: CRIAÇÕES LTDA.

Assistente da Embargante: MARIA SILVIA

Embargado: FAZENDA PÚBLICA ESTADUAL

Perito Oficial: Washington Maia Fernandes

Assistente do Embargado: OLEMAR DOS PASSOS FERREIRA

QUESITOS DA EMBARGADA (fl. 38)

1. A embargante recolheu o ICMS referente aos meses de janeiro a setembro de 1990, por ela apurado nos seus livros de entrada e saída de mercadorias?

   Resposta: Não. A embargante não recolheu o ICMS referente aos meses de jan. a set./90, embora tenha escriturado o Livro de entrada e saída; contudo, não efetuou o registro das operações efetuadas no Livro de apuração de ICMS. Conforme verificado no Livro de apuração de ICMS, os lançamentos foram efetuados até junho de 1987, e no período de agosto de 1987 a outubro de 1990, nenhum lançamento foi efetuado do referido Livro.

2. A embargante registrou nos seus livros fiscais as notas de vendas (notas brancas), apreendidas pela fiscalização referentes aos exercícios de 1990 e 1991, conforme consta do auto de infração de nº 063391?

   Resposta: Não. Os valores registrados neste período de 1990 e 1991 referem-se a notas fiscais autorizadas pelo Fisco, nenhum outro valor foi levado a registro referente a vendas acobertadas com notas brancas.

3. Qual o valor do ICMS devido pelas "notas brancas", em cada exercício?

   Resposta: Os valores apurados pela fiscalização estão demonstrados no anexo 1, que são os seguintes:

   05/90 – 58.892,40

   07/90 – 47.292,48

08/90 – 88.634,88
09/90 – 133.324,92
10/90 – 238.200,84
11/90 – 91.092,00
12/90 – 113.659,38
01/91 – 57.281,22
03/91 – 190.019,01
04/91 – 194.016,78

4. O trabalho fiscal, no seu todo, está correto?

Resposta: Não. Vide quesito "a" do embargante.

5. Outros esclarecimentos considerados oportunos, a critério dos ilustres peritos?

Resposta: Os esclarecimentos estão contidos na resposta ao quesito "g" da embargante.

QUESITOS DA EMBARGANTE (fls. 40/41)

a) O auto de infração e o PTA cogitados nos autos dizem respeito somente a operações mercantis da embargante?

Resposta: Prejudicado em razão da não apresentação das notas brancas apreendidas pela fiscalização através do TADO nº 059877 – 24-5-91 PTA *Anexo Solicitado Por Este Perito e Assistentes* ao chefe do III AF Renato Bandeira de Mello.

b) O volume de comércio da empresa, no período de 90/91, seria capaz de gerar o ICM pleiteado pela Fazenda?

Resposta: Se considerar as operações acobertadas com notas brancas, sim.

c) Existem documentos e escritos particulares que foram apreendidos pela fiscalização e juntados ao PTA?

Resposta: Ao PTA não foram juntados documentos e escritos particulares, embora no mesmo haja citação do documento TADO nº 059877 de 24-05-91, constando tal fato de notas brancas apreendidas.

d) A fiscalização procedeu de forma correta no sentido de ater-se às operações comerciais?

Resposta: Com relação à escrituração fiscal, o procedimento está correto, não podendo afirmar o mesmo, com relação às operações realizadas com notas brancas, visto que não consta registro, e as mesmas não foram apresentadas a este perito e assistentes, embora solicitado para análise e conferências.

Informa este perito que as operações acobertadas com notas brancas foram demonstradas no PTA. "Doc. Anexo".

e) Pelos documentos constantes no PTA, pode-se admitir a hipótese de abuso da fiscalização?

Resposta: Prejudicado, em razão da resposta item "d".

f) Operações isentas de ICMS foram incluídas na autuação?

Resposta: Não, vide quesito "g".

g) Sendo a embargante uma microempresa à época dos fatos, quais livros obrigatoriamente deveria manter?

Resposta: Conforme análise da documentação efetuada na embargante, não ficou comprovado ser a mesma microempresa à época do período fiscalizado e autuado; é de se esclarecer que a embargante vem desde o início de sua atividade escriturando os livros fiscais de entrada e saída e de apuração de ICMS, bem como fazendo entregas dos DMAS – "Demonstrativo Mensal de Apuração ICMS", deixando de escriturar e fazer informações dos DMAS no período de 08/87 a 10/90, reiniciando a escrituração do livro de apuração de ICMS e da entrega do DMAS, a partir de nov./90.

Esperando ter cumprido fielmente o determinado por V. Exa., subscrevo-me, atenciosamente.

...., 22 de março de ....

_____

Assinatura

5º CASO PRÁTICO DE PERÍCIA

O perito realiza um trabalho a respeito de questão fiscal.

Discute-se questão de recolhimentos de tributos municipais.

Trata-se de um litígio entre uma microempresa, o fisco e a Prefeitura.

Nesta demonstração de laudo, foram priorizados apenas os quesitos. E as legislações citadas, incluídas as normas do CFC, eram as que vigiam na época da elaboração deste laudo.

Exmo. Sr. Juiz de Direito da 2ª Vara dos Feitos da Fazenda Pública Municipal de.........

Processo nº:

Autor: SERVIÇOS GERAIS E CONSTRUÇÕES S/A

Réu: PREFEITURA MUNICIPAL

Assistente do autor: EDILSON SOUZA

Assistente do Réu: ANTÔNIO DE OLIVEIRA LEITE

Perito Oficial: WASHINGTON MAIA FERNANDES

QUESITOS DO RÉU (fls. 253/255)

QUESITO PRIMEIRO: queiram os srs. perito e assistentes técnicos informar qual ISSQN – Imposto Sobre Serviços de Qualquer Natureza – recolhido pela autora aos cofres do município de ...., no período de janeiro de 1988 a outubro de 1991, mês a mês relativamente à prestação de serviços tributáveis pelo ISSQN, mediante prestação direta dos referidos serviços pela autora. Favor indicar a espécie do serviço prestado, assim como a alíquota aplicada. Favor indicar, ainda, os valores originais e os valores corrigidos dos recolhimentos acima indicados.

Resposta: O valor do ISSQN – Imposto Sobre Serviço de Qualquer Natureza – recolhido pela autora aos cofres do Município de .... no período de janeiro/88 a outubro/91, relativamente à prestação de serviços tributáveis pelo ISSQN, mediante prestação direta dos referidos serviços pela autora, está demonstrado, mês a mês, no item IV dos anexos *16/19*.

A espécie de cada serviço prestado pela autora está inserida na Cláusula 3ª do Estatuto do Ex – Serviços Gerais e Construções S.A. Anexos *28/30*, ora denominada MGS – Minas Gerais Serviços S.A. Anexos *31/34*.

A alíquota aplicada foi de 2% (dois por cento). Os valores originais e os valores corrigidos estão relacionados nos Anexos *167/168*.

QUESITO SEGUNDO: Queiram os srs. perito e assistentes técnicos informar qual o valor do ISSQN recolhido pela autora ao município de ...., no período de janeiro de 1988 a outubro de 1991, mês a mês, relativamente à prestação de serviços tributáveis pelo ISSQN, mediante prestação dos referidos serviços através de subcontratação parcial ou total destes mesmos serviços. Favor indicar a espécie dos serviços prestados, a alíquota aplicada, o nome dos subempreiteiros e os valores originais e os valores corrigidos dos recolhimentos acima indicados.

Resposta: O valor do ISSQN recolhido pela autora no período de janeiro/88 a outubro/91, relativamente à prestação de serviços através de subcontratação, parcial ou total, está demonstrado, mês a mês, no item III, nos Anexos *16*/19. A espécie dos serviços prestados pelas subcontratadas é a mesma referida no quesito precedente, e a alíquota aplicada foi de 2% (dois por cento).

Os nomes das subempreiteiras ou subcontratadas estão relacionados nos Anexos *23*/27. Os valores originais e os valores corrigidos estão relacionados nos Anexos *167*/168.

QUESITO TERCEIRO: Queiram os srs. perito e assistentes técnicos indicar os valores do ISSQN correspondentes aos serviços prestados pela autora e recolhidos aos cofres do município de....., no período de janeiro de 1988 a outubro de 1991, mês a mês, e relativos à prestação de serviços de agenciamento ou intermediação, em que a autora recebeu o valor correspondente a 7% (sete por cento) dos serviços contratados com órgãos públicos e objeto de subcontratação com terceiros. Neste caso, favor indicar qual foi a alíquota aplicada para o recolhimento do ISSQN pela autora, sobre os mencionados serviços de agenciamento ou intermediação.

Resposta: No período de janeiro/88 a outubro/91 não consta prestação de serviços de agenciamento ou intermediação. A autora auferia um desconto contratual sobre os serviços prestados pelas subcontratadas, em Órgãos Públicos, de 5% a 7%. Anexos *115*/166.

No período de janeiro/88 a fevereiro/ 89, o desconto era recebido pela autora a título de comissões, e a alíquota aplicada para o recolhimento do ISSQN foi de 5%. Anexo *20*. As subcontratadas faturavam à autora o valor bruto dos serviços e a autora faturava às subcontratadas o valor da comissão recebida. Anexos *167*/168.

A autora recolheu o ISSQN à alíquota de 2% sobre as faturas emitidas contra os Órgãos Públicos para os quais os serviços foram prestados, e à alíquota de 5% sobre os descontos obtidos a título de comissões.

A partir de março/89, as subcontratadas passaram a faturar o valor bruto dos serviços prestados, já com o desconto contratual devido à autora. Anexos *50*/59.

QUESITO QUARTO: Queiram os srs. perito e assistentes técnicos informar se a autora, em todos os casos de prestação de serviços tributáveis pelo ISSQN, contratou tais serviços com órgãos públicos do Estado de Minas Gerais, indicando tais órgãos.

Resposta: Sim. A autora em todos os casos de prestação de serviços tributáveis pelo ISSQN contratou tais serviços com os Órgãos Públicos do Estado de ......, relacionados nos Anexos *21/22*.

QUESITO QUINTO: Queiram os srs. perito e assistentes técnicos informar se a autora, quando subcontrata os serviços, parcial ou totalmente, com terceiros, o faz através de contratos, de subcontratação em que efetua o pagamento do preço dos serviços aos subcontratados com um desconto de 7% (sete por cento).

Cap. 12 • Laudo pericial contábil **315**

Resposta: Sim, a autora quando subcontrata os serviços, parcial ou totalmente, o faz através de contratos de subcontratação em que efetua o pagamento do preço dos serviços às empresas subcontratadas com o desconto previsto. Documentos Anexos *115/116*.

QUESITO SEXTO: Queiram os srs. perito e assistentes técnicos informar se a autora fatura contra o órgão público estadual contratante de seus serviços, em relação a todos os serviços contratados, sejam eles executados diretamente pela autora, sejam eles executados por terceiros através de subcontratação total ou parcial.

Resposta: Sim. Os serviços executados pelas subcontratadas foram adicionados aos serviços prestados diretamente pela autora e faturados contra os Órgãos Públicos para os quais os serviços foram prestados.

QUESITO SÉTIMO: Queiram os srs. perito e assistentes técnicos informar qual o valor original e o valor corrigido monetariamente, relativamente ao ISSQN recolhido pela autora, no período de janeiro de 1988 a outubro de 1991, mês a mês, em razão do agenciamento ou intermediação de serviços a terceiros, quando recebeu o correspondente a 7% (sete por cento) do preço do serviço contratado.

Resposta: A indagação está solucionada na resposta ao quesito 3º, retro.

QUESITO OITAVO: Queiram os srs. perito e assistentes técnicos prestar outros esclarecimentos que julgarem necessários ao esclarecimento dos fatos objeto da presente ação.

Resposta: Nada a acrescentar.

QUESITOS DA AUTORA (fls. 260/261)

1º) Pelos documentos acostados ao processo, volumes 1 a 39, mapas de apurações de ISSQN janeiro/88 a outubro/91, bem como mapa de apuração e resumo geral, pode-se concluir que houve uma repetição do tributo sobre a mesma situação geradora?

Resposta: Pelo exame dos documentos acostados ao processo, mapas de apuração de ISSQN de janeiro/88 a outubro/91 e mapa de resumo mensal, constata-se a existência de 2 (dois) contribuintes distintos, cuja fonte geradora do ISSQN é a mesma, ou seja, prestação de serviços das subcontratadas para a autora, e desta para os Órgãos Públicos, mediante contratos. Se houve ou não repetição de tributo sobre a mesma origem da situação geradora do tributo, é matéria de mérito, cuja decisão é da exclusiva competência do julgador.

2º) Estão exatos e rigorosamente certos os levantamentos feitos pela autora? O índice escolhido para atualização é o correto? Em caso negativo, qual o índice correto? Quais as consequências no que tange ao resultado?

Resposta: Os levantamentos feitos pela autora para apuração do quanto entende ter sido recolhido a maior, correspondente ao ISSQN sobre as faturas das subempreiteiras, estão corretos.

Para atualização das diferenças questionadas pela autora foram utilizados os índices oficiais vigentes à época.

3º) Pode-se concluir que no caso *subjudice* existe um desdobramento da situação geradora do tributo, com dois contribuintes distintos?

Resposta: A indagação está solucionada na resposta ao quesito 1º, *retro*.

4º) Além do recolhimento de 2%, período janeiro/88 a fevereiro/89, a autora fez outros pagamentos de ISSQN sobre o mesmo fato gerador? Em caso afirmativo, qual foi a alíquota? Qual o meio de confirmação?

Resposta: Não. Além do recolhimento de 2% de ISSQN sobre o faturamento total dos serviços contratados com os Órgãos Públicos, a autora não fez outros pagamentos de ISSQN, no período de janeiro/88 a fevereiro/89 sobre o mesmo fato gerador.

5º) Pode-se concluir que as empresas subempreiteiras da autora destacavam o ISSQN a recolher?

Resposta: Pelo exame das notas fiscais ou faturas emitidas pelas subempreiteiras contra a autora, verifica-se que nem todas destacavam o ISSQN a recolher, conforme documentos. Anexos *35/59*.

6º) A partir de março/89 até outubro/91, como se verificou a incidência do ISSQN adotado pela autora?

Resposta: A partir de março/89 até outubro/91, a incidência do ISSQN adotado pela autora foi de 2% sobre o valor das faturas emitidas contra os Órgãos Públicos, relacionados nos Anexos *21/22*.

7º) Pelos documentos acostados ao processo, pode-se levantar e demonstrar o faturamento bruto da autora, bem como das subempreiteiras que serviram de base de cálculo para o ISSQN, período de janeiro/88 a outubro/91? Com base neste levantamento, pode-se concluir qual foi a diferença de faturamento bruto, ou seja, diferença de base de cálculo do ISSQN recolhido a maior? ISSQN recolhido? ISSQN apurado? Diferença de ISSQN pleiteado?

Resposta: Sim. O faturamento bruto da autora no período de janeiro/88 a outubro/89 está demonstrado, mês a mês, no item II, e o ISSQN no item III dos Anexos *12/15*. A diferença de ISSQN entre o valor total recolhido pela autora e o valor incidente sobre os serviços prestados pelas subempreiteiras está demonstrada, mês a mês, nos Anexos *16/19*.

Esperando ter cumprido fielmente o solicitado por V. Exa., subscrevo-me, atenciosamente.

...., 17 de março de 199.......

_____
Assinatura

6º CASO PRÁTICO DE PERÍCIA

Em laudo muito bem elaborado, o perito apura saldo devedor em conta.

Trata-se de uma ação declaratória.

Discute-se questão em que o laudo, com habilidade, já bem identifica logo em sua introdução.

Trata-se de um litígio entre uma pessoa física e uma entidade financeira oficial.

LAUDO PERICIAL

AÇÃO DECLARATÓRIA

Processo nº 2491.798116-9

3ª VARA DA FAZENDA PÚBLICA ESTADUAL

Meritíssima Juíza de Direito Dra. Heloísa Helena de R. Combat

Promotor de Justiça Dr. Duarte Bernardo Gomes

Diretora de Secretaria: Dra. Regina Oliva de Souza Gomes

Autor: ODOM DE OLIVEIRA FILHO

Réu: CAIXA ECONÔMICA DO ESTADO DE MINAS GERAIS

Objeto da Perícia: Apuração do valor da contraprestação correta do autor durante o período arguido, bem com a identificação do saldo devedor para liquidação antecipada com utilização dos benefícios legais.

Advogados:

Autor: Dra. Maria Cristina Orsi Pio   OAB/MG 37.255

Réu: Dr. José Rabelo de Freitas   OAB/MG 39.023

Perito do Juízo:

Professor Marco Antônio Amaral Pires   CRC/MG 41.632

Orientação observada pelo signatário deste quando na função como perito do juízo:

O entendimento do signatário é que a principal função dos técnicos auxiliares, em particular o perito do juízo, é proporcionar ao Meritíssimo Juiz todos os elementos elucidativos das controvérsias suscitadas nos autos, principalmente das que são tidas por pontos cruciais ou essenciais, sem o conhecimento das quais o doutor juiz não poderá se pronunciar conveniente e adequadamente.

Dentro deste espírito, apresenta-se as respostas aos quesitos, sempre procurando se isentar do entendimento da aplicabilidade das normas legais, por se tratar de mérito especificamente do juízo, o que enseja se abstrair das indagações concernentes à interpretação das leis.

Nesta demonstração de laudo, foi priorizado apenas os quesitos. E as legislações citadas, incluídas as normas do CFC, eram as que vigiam na época da elaboração deste laudo.

Procedimentos Aplicados:

Diligenciou-se junto à MINASCAIXA, em seu setor de crédito imobiliário, localizado à Rua dos Goitacazes 76 e, na pessoa do Sr. Geraldo Machado, obteve-se todas as informações, planilha e documentação formal para a fundamentação das respostas.

Dentro deste procedimento, identificou-se a real necessidade de contactar a ex-empregadora do autor a fim de obter esclarecimentos acerca dos índices de reajuste salarial apresentados e protocolados junto à ré conforme fls. 15/18, tendo em vista o necessário ajuste da evolução do encargo mensal frente a incorporação de ganhos reais obtidos pela classe trabalhadora a que o autor pertencia, bem como a identificação de reposição de perdas salariais advindas do "Plano Bresser" em julho/87 – 26,06% – e do "Plano Verão" em fev./89 – 26,05%.

Foi obtido junto com a Sra. Lúcia de Fátima, chefe do Setor de Pessoal da EPC – Engenharia Projeto e Consultoria Ltda. as convenções coletivas da categoria a partir de maio/87 até – maio/91. O primeiro foi utilizado para recomposição dos ajustes decorrentes do pós-Plano Cruzado. A última convenção, em maio/91 em razão de sua demissão em fevereiro/91 para fazer repercutir em sua prestação mensal os índices de reajuste de sua categoria profissional consoante disposições do aditivo do contrato quando da opção pela equivalência salarial do BACEN – Anexo E – tendo em vista que o aditivo não versa a situação de funcionário demitido ser ou não, automaticamente, enquadrado como autônomo.

Diante deste ponto de mérito, este auxiliar apresenta a evolução final – a partir da parcela de 10-04-91 – com alternativa de interpretação dos dispositivos legais/convencionais, conforme apontado no final dos Anexos A e B, de forma destacada.

CORPO DA PERÍCIA:

PRELIMINARES

Partindo da planilha de saldo teórico apresentada pela Minascaixa (Anexo B), elaborou-se duas evoluções do valor de encargo mensal devido pelo autor até a data da propositura da ação – 27-08-91 – tendo em vista que existe a real necessidade de interpretar as leis e o contrato firmado entre as partes no tocante a possibilidade ou não de ajustar o custo do seguro – parcela integrante do encargo mensal – em índices superiores ao aplicado à prestação propriamente dita e a condição profissional do autor.

Esta elaboração de duas planilhas evolutivas do encargo do mutuário visa abstrair este vosso auxiliar de qualquer tendência ou interpretação conforme já manifestado no início da exposição do laudo, trazendo à MM. Juíza os valores advindos dos entendimentos relativos à matéria de direito.

A 1ª planilha em Anexo A traz evolução do encargo mensal do autor, observando os índices legais e convencionais de sua classe trabalhadora acrescido dos ditames reguladores do BA-

CEN à respeito do ajustes pós-Plano Cruzado (março/87) – Anexos K e L e a incorporação das perdas salariais ocasionadas pelos Planos Bresser e Verão em 04/91 conforme documento em Anexo U, devidamente já ajustados pela inclusão somente do Plano Verão – 26,05% na data-base de maio/89, tendo em vista que as convenções coletivas não trazem no bojo de suas cláusulas a reposição do Plano Bresser.

A 2ª planilha em Anexo B, possui, além dos procedimentos acima descritos, a inclusão dos acréscimos no valor do seguro determinados pela SUSEP, conforme entendimentos da ré a respeito dos repasses do custo do seguro, consoante normas ditadas pela Circular 034/73 do Instituto de Resseguros do Brasil (IRB) combinada com as normas e instituições do BNH e BACEN (Anexos M e N).

Quesitos do Réu – Fls. 107/108

1) Tomando-se por base os termos do contrato firmado entre as partes, os termos das *Leis nº 8.004/90 e 8.100/90*, bem como as *normas específicas editadas pelo Banco Central*, queira o Sr. *EXPERT* informar:

a) Qual o valor da prestação que deverá ser utilizado como base para apuração do saldo devedor com os benefícios legais pretendidos pelo autor?

Resposta: Conforme o exposto em Metodologia Aplicada, identificou-se a necessidade de elaborar dois quadros de evolução do valor da prestação tendo em vista a interpretação das cláusulas contratuais e normas legais do BNH e da SUSEP referente aos reajustes extraordinários da parcela de seguros, bem como da categoria profissional.

Assim sendo, através do Anexo A pode-se visualizar a evolução da prestação/seguro/taxas conforme contrato firmado entre as partes e normas específicas editadas pelo BACEN, excluso os reajustes extraordinários da parcela de seguros (aplicação direta ao parágrafo primeiro da cláusula vigésima segunda do contrato de fls. 08 verso). O anexo B contempla os aumentos extraordinários do valor do seguro conforme normas e instituições editadas pelo extinto BNH combinada com a Circular PRESI 034/73 do Instituto de Resseguros do Brasil (IRB) – *Caput* da citada cláusula acima.

Necessário salientar que muito embora o autor não tenha protocolado a alteração da categoria profissional conforme preceitua a cláusula nona do aditivo em Anexo E quando de sua demissão ocorrida em 07-31-91, o parágrafo primeiro desta mesma cláusula admite ajustes após a verificação do evento. Muito embora se admita a imediata aplicação do contratado, não fora, por parte do autor, promovida nenhuma alteração da categoria profissional para autônomo conforme ausência de correspondência protocolada junto à MINASCAIXA ou expresso formalmente nos textos da inicial, contestações ou as contrarrazões interpostas pela apelação ofertada pelo réu. Mesmo diante deste silêncio, este auxiliar elaborou quadro, conforme apresentação nos Anexos A e B, folhas 2, que identifica a evolução seja pela manutenção da categoria profissional ou o enquadramento como autônomo, submetendo à MM. Juíza a decisão jurisdicional.

Tendo em vista também, que ocorreu datas diversas entre a propositura da ação e o depósito judicial, torna imperioso a este auxiliar apresentar os valores possíveis para a decisão da MM. Juíza. Assim temos:

CONSIDERANDO A MESMA CATEGORIA PROFISSIONAL

Anexo A – Conforme normas legais e convencionais e excluso o acréscimo real do seguro.

Histórico	Data	Valor
Na propositura da ação	27-08-91	21.719,81
No depósito judicial	25-09-91	29.147,79

Anexo B – Conforme normas legais e convencionais e incluso o acréscimo real do seguro.

Histórico	Data	Valor
Na propositura da ação	27-08-91	28.276,11
No depósito judicial	25-09-91	37.960,03

CONSIDERANDO A CONDIÇÃO DE AUTÔNOMO

Anexo A – Conforme normas legais e convencionais e excluso o acréscimo real do seguro.

Histórico	Data	Valor
Na propositura da ação	27-08-91	16.626,87
No depósito judicial	25-09-91	17.190,76

Anexo B – Conforme normas legais e convencionais e incluso o acréscimo real do seguro.

Histórico	Data	Valor
Na propositura da ação	27-08-91	21.635, 36
No depósito judicial	25-09-91	22.369,11

b) Qual o número de prestações vincendas na ocasião da pretendida consignação em pagamento?

Resposta: Através do relatório fornecido pela MINASCAIXA, o número de prestações vincendas na ocasião da propositura da ação – 27-08-91 – era de 53 prestações, considerando que o autor acordou promover o pagamento de seu débito em 180 prestações mensais e consecutivas – quadro 8 de fls. 11, letra a – e citado relatório de "Planilha de Saldo Teórico" explicita o último pagamento em 10-07-91 como a 135ª prestação. Entretanto, a prestação de nº 136, vencida em 10-08-91, estava em aberto quando da propositura desta ação.

c) Qual o valor total do débito para efeito de liquidação antecipada, *na forma da lei?*

Resposta: Consoante disposição das leis 8004/90 e 8100/90, o débito para efeito de liquidação antecipada poderia ser apurado de duas formas:

– 50% do valor atualizado do saldo devedor do contrato ou,

– 50% do valor apurado pela multiplicação da prestação atualizada pelo número de prestações vincendas mais o saldo devedor das parcelas em atraso.

Em razão de apuração de duas evoluções das prestações do autor, apresenta-se abaixo os valores dos saldos devedores do mesmo, observando as condições expostas nas preliminares deste trabalho e das respostas nos quesitos anteriores.

CONSIDERANDO A MESMA CATEGORIA PROFISSIONAL

Anexo A – Conforme normas legais e convencionais e excluso o acréscimo real do seguro
Na propositura da ação

SALDO VINCENDO

Data:	27-08-91
Valor *pro rata die* da prestação:	21.719,81
Prestações vincendas:	53
Valor total:	1.151.149,93
50% do valor:	575.574,97

PRESTAÇÃO VENCIDA

Data: 10-08-91 – Valor:	19.809,96
Índice de atualização:	19.809,96 × 1,05899 × 1,005
Valor *pro rata die* da prestação:	21.083,44
Valor do débito na propositura da ação:	596.658,41

No depósito judicial:

SALDO VINCENDO

Data:	25-09-91
Valor *pro rata die* da prestação:	29.147,79
Prestações vincendas:	52
Valor total:	1.515.685,08
50% do valor:	757.842,54

PRESTAÇÕES VENCIDAS

Data: 10-08-91 – Valor	19.809,96
Índice de atualização:	19.809,96 × 1,225746 × 1,0153
Valor *pro rata die* da prestação:	24.653,49
Índice de atualização:	25.712,76 × 1,085192 × 1,005
Data: 10-09-91 – Valor:	25.712,76
Valor *pro rata die* da prestação:	28.042,80
Valor do débito no depósito judicial:	810.538,83

Anexo B – Conforme normas legais e convencionais e incluso o acréscimo real do seguro
Na propositura da ação

SALDO VINCENDO

Data:	25-09-91
Valor *pro rata die* da prestação:	28.276,11

Prestações vincendas:	52
Valor total:	1.470.357,72
50% do valor:	735.089,43

PRESTAÇÃO VENCIDA

Data:	10-08-91
Valor:	25.789,76
Índice de atualização:	25.789,76 × 1,05899 × 1,005
Valor *pro rata die* da prestação:	27.447,65
Valor do débito na propositura da ação	762.626,51

No depósito judicial:

SALDO VINCENDO

Data:	25-09-91
Valor *pro rata die* da prestação:	37.960,03
Prestações vinculadas:	52
Valor total:	1.973.921,56
50% do valor:	986.960,78

PRESTAÇÕES VENCIDAS

Data:	10-08-91
Valor:	25.789,76
Índice de atualização:	25.789,76 × 1,225746 × 1,0153
Valor *pro rata die* da prestação:	32.095,35
Data:	10-09-91
Valor:	33.486,49
Índice de atualização:	33.486,49 × 1,085192 × 1,005
Valor *pro rata die* da prestação:	36.520,97
Valor do débito no depósito judicial:	1.055.577,10

CONSIDERANDO A CONDIÇÃO DE AUTÔNOMO

Anexo A – Conforme normas legais e convencionais e excluso o acréscimo legal do seguro

Na propositura da ação

SALDO VINCENDO

Data:	27-08-91
Valor *pro rata die* da prestação:	16.626,87
Prestação vincenda:	53
Valor total:	881.224,11
50% do valor:	440.612,06

PRESTAÇÃO VENCIDA

Data:	10-08-91
Valor:	15.164,85
Índice de atualização:	15.164,85 × 1,05899 × 1,005
Valor *pro rata die* da prestação:	16.139,72
Valor do débito na propositura da ação:	456.751,78

No depósito judicial

SALDO VINCENDO

Data:	25-09-91
Valor *pro rata die* da prestação:	17.190,76
Prestação vincenda:	52
Valor total:	893.919,52
50% do valor:	446.959,76

PRESTAÇÕES VENCIDAS

Data:	10-08-91
Valor:	15.164,85
Índice de atualização:	15.164,85 × 1,225746 × 1,0153
Valor *pro rata die* da prestação:	18.872,65
Data:	10-09-91
Valor	15.164,85
Índice de atualização:	15.164,85 × 1,085192 × 1,005
Valor *pro rata die* da prestação:	16.539,06
Valor do débito no depósito judicial:	482.371,47

Anexo B – Conforme normas legais e convencionais e incluso o acréscimo legal do seguro

Na propositura da ação

SALDO VINCENDO

Data:	27-08-91
Valor *pro rata die* da prestação:	21.635,36
Prestação vincenda:	53
Valor total:	1.146.674,08
50% do valor:	573.337,04

PRESTAÇÃO VENCIDA

Data:	10-08-91
Valor	19.732,94
Índice de atualização:	19.732,94 × 1,05899 × 1,005

Valor *pro rata die* da prestação:	21.001,47
Valor do débito na propositura da ação	594.338,51

No depósito judicial

SALDO VINCENDO

Data:	25-09-91
Valor *pro rata die* da prestação:	22.369,11
Prestação vincenda:	52
Valor total:	1.163.193,72
50% do valor:	581.596,86

PRESTAÇÕES VENCIDAS

Data:	10-08-91
Valor	19.732,94
Índice de atualização:	$19.732,94 \times 1,225746 \times 1,0153$
Valor *pro rata die* da prestação:	24.557,64
Data:	10-09-91
Valor:	19.732,94
Índice de atualização:	$19.732,94 \times 1,085192 \times 1,005$
Valor *pro rata die* da prestação:	21.521,10
Valor do débito no depósito judicial:	627.675,60

d) Se houve "diferenças a maior" nas parcelas pagas à ré pelo autor nos meses de fevereiro/87 a julho/91, fineza enumerá-las.

Resposta: Queira por gentileza se reportar ao Quadro em Anexo O onde se apura a diferença sob as duas evoluções da prestação anexada em A e B e com as variações advindas do enquadramento da classe profissional.

e) Comprovou em algum momento o autor nos presentes autos qual a sua efetiva faixa salarial?

Resposta: Sim. Através da declaração da empresa empregadora conforme fls. 15/18, devidamente protocolada junto à MINASCAIXA em 22-07-91 conforme controle de protocolo no verso das citadas folhas, onde o autor requer a revisão do reajuste aplicado às suas prestações de jan/87 a maio/91 – fl. 14.

f) Em caso de resposta negativa à pergunta imediatamente anterior, há alguma exigência legal no sentido de que o mutuário deva comprovar perante o agente financeiro o efetivo aumento de sua categoria para pleitear o reajuste correspondente em suas prestações, notadamente nos termos da Res. 1.884, de 14-11-91, do BACEN?

Resposta: Prejudicada a assertiva ante a resposta positiva do quesito anterior.

g) Pode o *expert* informar se há prestações do mutuário em atraso? Em caso afirmativo, qual o número de prestações atrasadas e o valor de cada uma delas?

Resposta: Sim. Cabe observar que o número de prestações atrasadas e os seus valores devem ser considerados em função da data de propositura da ação e a data do depósito judicial, assim como a evolução adequada do valor do encargo mensal.

Diante deste aspecto tem-se já abordado no quesito quarto de letra "C" retro que transcreve-se:

CONSIDERANDO A MESMA CATEGORIA PROFISSIONAL

Conforme Anexo A: *Na propositura da ação – Prestação vencida em 10-8-91*

Valor da prestação 19.809,96 × 1,05899 × 1,005 = 21.083,44

No depósito judicial – 2 prestações vencidas em 10-8 e 10-9-91

Valor da prestação 19.809,96 × 1,225746 = 24.281,98

Valor da prestação 25.712,76 × 1,085192 × 1,005 = 28.042,80

Conforme Anexo B: *Na propositura da ação – Prestação vencida em 10-8-91*

Valor da prestação 25.789,76 × 1,05899 × 1,005 = 27.447,65

No depósito judicial – 2 prestações vencidas em 10-8 e 10-9-91

Valor da prestação 25.789,76 × 1,225746 × 1,0153 = 32.095,35

Valor da prestação 33.486,49 × 1,085192 × 1,005 = 36.520,97.

CONSIDERANDO A CONDIÇÃO DE AUTÔNOMO

Conforme Anexo A: *Na propositura da ação – Prestação vencida em 10-8-91*

Valor da prestação 15.164,85 × 1,05899 × 1,005 = 16.139,72

No depósito judicial – 2 prestações vencidas em 10-8 e 10-9-91

Valor da prestação 15.164,85 × 1,225746 × 1,0153 = 18.872,65

Valor da prestação 15.164,85 × 1,085192 × 1,005 = 16.539,06

Conforme Anexo B: *Na propositura da ação – Prestação vencida em 10-08-91*

Valor da prestação 19.732,94 × 1,05899 × 1,005 = 21.001,47

No depósito judicial – 2 prestações vencidas em 10-8 e 10-9-91

Valor da prestação 19.732,94 × 1,225746 × 1,0153 = 24.557,64

Valor da prestação 19.732,94 × 1,085192 × 1,005 = 21.521,10.

h) O valor depositado pelo autor é suficiente para a quitação antecipada do saldo do contrato de financiamento habitacional na forma estabelecida pela legislação vigente à época da propositura da ação? Em caso negativo, qual a diferença entre o valor depositado e o efetivamente devido?

Resposta: Como se apresentou várias evoluções sujeitas à apreciação do mérito, relaciona-se a diferença.

A diferença entre o valor depositado e o efetivamente devido é:

CONSIDERANDO A MESMA CATEGORIA PROFISSIONAL

Conforme Anexo A: (Normas legais/convencionais e excluso acréscimo real do seguro)

Valor do débito no depósito judicial – (letra c)	810.535,16
Valor depositado conforme guia às fls. 29	869.098,14
Diferença pró-autor em 25-9-91	58.562,98

Conforme Anexo B: (Normas legais/convencionais e acréscimo real do seguro)

Valor do débito no depósito judicial – (letra c)	1.005.577,10
Valor depositado conforme guia às fls. 29	869.098,14
Diferença pró-réu em 25-9-91	136.478,96

CONSIDERANDO A CONDIÇÃO DE AUTÔNOMO

Conforme Anexo A: (Normas legais/convencionais e excluso acréscimo real do seguro)

Valor do débito no depósito judicial – (letra c)	482.371,47
Valor depositado conforme guia às fls. 29	869.098,14
Diferença pró-autor em 25-9-91	386.726,67

Conforme Anexo B: (Normas legais/convencionais e acréscimo real do seguro)

Valor do débito no depósito judicial – (letra c)	627.675,60
Valor depositado conforme guia às fls. 29	869.098,14
Diferença pró-réu em 25-9-91	241.422,54

Quesitos do autor – Fls. 111/112

a) O índice de reajuste salarial acumulado no período de janeiro de 1987 até maio de 1991 é de 10.677,573 ou 19.151,661?

Resposta: Conforme evolução elaborada em Anexo A e informada na última linha do referido quadro, o índice de reajuste salarial acumulado do período de janeiro de 1987 a maio de 1991 foi de 13.142,593.

b) Qual a diferença percentual de uma parcela se utilizarmos o índice de 10.677,573? E se utilizarmos o índice de 19.151,661?

Resposta: Considerando a base no valor de $ 100 e se aplicarmos os índices correspondentes acima e apurarmos a diferença percentual tem-se:

$$\$ 100 \times 10.677,573 = \$ 1.067.757,30 = 1.066.657,30\% \text{ de diferença percentual}$$

$$\$ 100 \times 19.151,661 = \$ 1.915.166,10 = 1.914.166,10\% \text{ de diferença percentual}$$

c) Qual seria a prestação referente ao mês de julho/91 se foi utilizado o índice de 10.677,573? E se foi o de 19.151,661?

Resposta: Partindo do valor apontando de janeiro/87 no montante de $ 1.507,31 as prestações referentes ao mês de julho/91 tomando os índices acima são:

$$\$ 1.507,31 \times 10.677,573 = \$ 16.094.412,56/1000 = \$ 16.094,41$$

$$\$ 1.507,31 \times 19.151,661 = \$ 28.867.490,14/1000 = \$ 28.867,49$$

Obs.: Em 01-89 ocorreu a implantação do Cruzado Novo, dividindo o padrão monetário por 1.000.

d) Diante da utilização do índice de 10.677,573 qual o valor que o autor deveria pagar para liquidar seu débito junto ao Sistema Financeiro da Habitação? E se utilizasse o índice de 19.151,661 qual seria tal valor?

Resposta: Da forma solicitada tem-se apenas o valor da prestação na data de maio/91 para apuração do débito, sem considerar os vários aspectos abordados nas preliminares consoan-

Cap. 12 • Laudo pericial contábil **327**

te disposições legais e convencionais, como a data referencial para o cálculo da dívida exata – na propositura da ação ou no depósito judicial – e o saldo de parcelas vencidas que não são atingidas com o benefício da Lei nº 8.004 de 14-3-90.

Diante desta introdução, e, procurando atender o arguido, apurou-se o valor do débito considerando o procedimento do autor em tomar o valor da prestação e multiplicá-la pelo número de prestações vincendas, no caso, 54 parcelas (item 4 do requerimento de fl. 04):

$ 16.094,41 × 54 parcelas = $ 869.098,14 (utilizando o índice de 10.677,573)

$ 28.867,49 × 54 parcelas = $ 1.558.844,46 (utilizando o índice de 19.151,661)

e) Passado o autor a ser autônomo, e por isto tendo a partir daí ficado sujeito ao reajuste de Equivalência salarial baseado no reajuste do salário mínimo, que de acordo com o governo congelou-se até o final de agosto até quando então o autor saldou sua dívida?

Resposta: Por se tratar de interpretação das leis e disposições contratuais, elaborou este perito, nos quadros de folhas 2 dos Anexos A e B, alternativamente a evolução de encargo mensal considerando a manutenção da categoria profissional e da condição de autônomo.

Gentileza se reportar aos mesmos e as respostas às letras "a", "c", "d", "g", e "h" do réu onde, discriminadamente se apresenta os saldos devedores nas condições elencadas na metodologia aplicada.

f) Quais os índices corretos para a correção das prestações do autor a partir de fevereiro/87?

Resposta: Os índices corretos para a correção das prestações do autor a partir de fevereiro/87 são, s.m.j., competência do poder jurisdicional da MM. Juíza, tendo em vista as necessárias interpretações de mérito que o contrato e aditivo e disposição legais requerem.

Elaborou-se todas as alternativas que a interpretação jurídica pode gerar, estando os índices identificados nos Quadros em Anexo A e B deste trabalho.

g) Gostaria o autor de saber se o protocolo no documento de fl. 14 foi efetuado pela ré?

Resposta: Sim. Consta no verso do documento de fls. 14 a 18 e no verso das fls.19 e 20 chancela mecânica da Caixa Econômica do Estado de Minas Gerais, Seção de Protocolo, sob nº 005878 datado de 22-07-91.

h) Gostaria o autor de saber qual a opinião do perito do motivo da existência de 1 folha não numerada entre as folhas 15 e 16 nos autos do processo?

Resposta: Por se tratar de atos processuais regidos pelo Código de Processo Civil e a não manifestação nos autos de nenhuma parte sob o arguido após retorno do Tribunal de Justiça às fls. 103, e, pelo fato de que a opinião do perito-contador é adstrita à matéria de fato contábil, este *expert* se considera impossibilitado de responder tal arguição.

i) Quais os índices legais corretos para utilização dos valores das prestações do SFH?

Resposta: Esta pergunta se refere exatamente ao arguido na letra "f" retro. Gentileza se reportar à mesma, onde esta, solicita que seja visualizado o que se requer nos quadros A e B, a partir de 02/87, dado o objeto da lide iniciar naquele mês.

j) Qual a diferença na utilização dos cálculos das folhas 19/20 e 40/41 apresentadas pelo autor?

Resposta: Existem apenas erros materiais na escrita de fls. 40/41 no tocante a explicação do índice de reajuste. Tais índices estão grafados com a expressão "Cr$", que improcede, por se tratar de número-índice.

Os cálculos de fls. 19/20 e 40/41 são os mesmos, apresentando no 2º cálculo apenas o entendimento do autor a respeito do valor que considerou para fins de depósito judicial.

k) Na tabela da fl. 56 nas razões de Apelação da Ré, há diferenças nos meses de abril e agosto/91; que proporções de diferenças percentuais ocasiona estas duas diferenças acima?

Resposta: No primeiro mês, ou seja, abril/91 a diferença percentual é de 90,45% ocasionada pelo aumento determinado pelo liquidante da MINASCAIXA conforme documento em Anexo U e era proveniente da incorporação e capitalização do IPC de junho/87 (26,06%) e parte do IPC de janeiro/89 (25,98%), além do índice de 58,43% oriundo do reajuste do Plano de Equivalência Salarial.

Para o mês de agosto/91, leia-se julho/91 se refere ao índice que a ré adotou para incorporar o IPC pleno de 01-05-90 à 30-04-91 acrescido de 3% de produtividade, segundo pode-se apurar. No entanto, quanto a este índice, pela evolução do Anexo C identifica-se que o valor correto seria de 15,32%.

l) Pelos cálculos da ré em 10-07-90, o valor da prestação do autor deveria ser Cr$ 5.994,19; aplicando-se os índices legais devidos qual seria então a prestação devida pelo autor em julho/91?

Resposta: Partindo do valor referencial apontado em 10-07-90 no montante de Cr$ 5.994,19 e capitalizando os índices apontados nos Quadros dos Anexos A ou B já que neste período não houve alteração do percentual do seguro e incluindo o índice de 25,68% proveniente de parte do IPC de janeiro/89 conforme Anexo U tem-se:

VALOR BASE	5.994,19
10/09/90 – CCT 90/91 – 16,5%	6.983,23
10/11/90 – CCT 90/91 – 16,5%	8.135,46
10/02/91 – Antecipação salarial – 69%	13.748,94
10/03/91 – Med. provisória 295/91 – 8,03%	14.852,97
10/04/91 – Inclusão da URP – 02/89 – 25,68%	18.667,21
10/07/91 – CCT 91/92 – 40%	26.134,10

Belo Horizonte, 19 de abril de 1994.

MARCO ANTÔNIO AMARAL PIRES C.R.C. 41.632/MG

Av. Ressaca, 118, sala 07 – Tel/fax 464-4303

Coração Eucarístico – Belo Horizonte

Cap. 12 • Laudo pericial contábil **329**

3ª VARA DE FAZENDA ESTADUAL DA COMARCA DE BELO HORIZONTE
ANEXO A PROCESSO: 2491.798116-9 AÇÃO DECLARATÓRIA E CONSIG. EM PAGTO.
Folha 1 AUTOR: ODOM DE OLIVEIRA FILHO RÉU: CAIXA ECONÔMICA ESTADUAL DE MINAS GERAIS

Cálculo observando os reajustes conforme normas legais e convencionais da categoria

Contrato de financiamento habitacional nº 201.212.971-8 Sistema Plano de Equivalência Salarial c/
data-base em maio e repasses 60 dias subsequentes

Nº prt.	Vencto. parcela	Histórico do movimento	Índice de reaj.	Valor da prestação	Valor do seguro	Taxas divs./	Valor do encargo
75	10/07/86	Marco inicial de data-base		1.354,29	145,20	7,82	1.507,31
76	10/08/86			1.354,29	145,20	7,82	1.507,31
77	10/09/86			1.354,29	145,20	7,82	1.507,31
78	10/10/86			1.354,29	145,20	7,82	1.507,31
79	10/11/86			1.354,29	145,20	7,82	1.507,31
80	10/12/86			1.354,29	145,20	7,82	1.507,31
81	10/01/87			1.354,29	145,20	7,82	1.507,31
82	10/02/87			1.354,29	145,20	7,82	1.507,31
83	10/03/87	Ajuste do Plano Cruzado	24,43%	1.685,10	180,67	9,73	1.875,50
84	10/04/87			1.685,10	180,67	9,73	1.875,50
85	10/05/87	Gatilho	20,00%	2.022,12	216,80	11,67	2.250,59
86	10/06/87	Gatilho	20,00%	2.426,55	260,16	14,00	2.700,71
87	10/07/87	Reposição IPC + 3% prod. 123,50%	32,22%	3.208,45	343,99	18,65	3.571,09
88	10/08/87	Gatilho	20,00%	3.850,14	412,79	22,38	4.285,31
89	10/09/87			3.850,14	412,79	22,38	4.285,31
90	10/10/87			3.850,14	412,79	22,38	4.285,31
91	10/11/87	URP	5,15%	4.048,48	434,06	23,53	4.506,07
92	10/12/87	URP	5,15%	4.257,04	456,42	24,74	4.738,20
93	10/01/88	URP	5,15%	4.476,35	479,93	26,01	4.982,29
94	10/02/88	URP	9,67%	4.909,27	526,35	28,52	5.464,14
95	10/03/88	URP	9,67%	5.384,07	577,25	31,27	5.992,59
96	10/04/88	URP	9,67%	5.904,79	633,08	34,29	6.572,16
97	10/05/88	URP	16,19%	6.860,77	735,58	39,84	7.636,19
98	10/06/88	URP	16,19%	7.971,53	854,67	46,29	8.872,49
99	10/07/88	Reposição IPC + 3% prod. 281,55%	58,18%	12.609,09	1.351,88	73,23	14.034,20

100	10/08/88	URP	17,68%	14.838,19	1.590,87	86,17	16.515,23
101	10/09/88	URP	17,68%	17.461,58	1.872,14	101,40	19.435,12
102	10/10/88	URP	17,68%	20.548,78	2.203,13	119,32	22.871,23
103	10/11/88	URP	21,39%	24.944,15	2.674,38	144,84	27.763,37
104	10/12/88	URP	21,39%	30.279,70	3.246,43	175,82	33.701,96
105	10/01/89	URP	21,39%	36,76	3,94	0,20	40,90
106	10/02/89	URP	26,05%	46,33	4,97	0,20	51,50
107	10/03/89	URP	26,05%	58,40	6,26	0,20	64,86
108	10/04/89	Lei nº 7.730/89	9,67%	64,05	6,87	0,20	71,12
109	10/05/89	Lei nº 7.737/89	2,43%	65,60	7,03	0,20	72,84
110	10/06/89	Lei nº 7.777/89	18,74%	77,90	8,35	0,28	86,53
111	10/07/89	Convenç. colet. 89/90 – 823,19%	59,00%	123,86	13,28	0,40	137,54
112	10/08/89	Lei nº 7.788/89 antecipação trim.	29,67%	160,61	17,22	0,51	178,34

3ª VARA DE FAZENDA ESTADUAL DA COMARCA DE BELO HORIZONTE ANEXO A PROCESSO: 2491.798116-9 AÇÃO DECLARATÓRIA E CONSIG. EM PAGTO. Folha 2 AUTOR: ODOM DE OLIVEIRA FILHO RÉU: CAIXA ECONÔMICA ESTADUAL DE MINAS GERAIS							
Cálculo observando os reajustes conforme normas legais e convencionais da categoria							
Nº prt.	Vencto. parcela	Histórico do movimento	Índice de reaj.	Valor da prestação	Valor do seguro	Taxas divs./	Valor do encargo
113	10/09/89	Lei nº 7.788/89 antecipação trim.	24,83%	200,49	21,50	0,54	222,53
114	10/10/89	Repos. trim. conf. Lei nº 7.788/89	28,76%	258,15	27,68	0,95	286,78
115	10/11/89	Lei nº 7.788/89 antecip. trim.	29,34%	333,89	35,80	1,17	370,86
116	10/12/89	Lei nº 7.788/89 antecip. trim.	35,95%	453,93	48,67	1,51	504,11
117	10/01/90	Repos. trim. conf. Lei nº 7.788/89	37,62%	624,70	66,98	2,29	693,97
118	10/02/90	Lei nº 7.788/89 antecip. trim.	41,42%	883,45	94,72	3,08	981,25
119	10/03/90	Lei nº 7.788/89 antecip. trim.	53,55%	1.356,54	145,44	4,50	1.506,48
120	10/04/90	Repos. trim. conf. Lei nº 7.788/89	56,11%	2.117,68	227,05	7,74	2.352,46
121	10/05/90	Lei nº 7.788/89 antecip. trim.	72,78%	3.658,92	392,29	12,73	4.063,94
122	10/06/90			3.658,92	392,29	12,73	4.063,94
123	10/07/90	Convenção coletiva de 90/91	40,00%	5.122,49	549,21	21,38	5.693,08
124	10/08/90			5.122,49	549,21	22,53	5.694,23
125	10/09/90	Convenção coletiva de 90/91	16,50%	5.967,71	639,83	24,69	6.632,23

126	10/10/90			5.967,71	639,83	27,35	6.634,89
127	10/11/90	Convenção coletiva de 90/91	16,50%	6.952,38	745,40	30,24	7.728,02
128	10/12/90			6.952,38	745,40	34,12	7.731,90
129	10/01/91			6.952,38	745,40	38,79	7.736,57
130	10/02/91	Antecipação salarial	69,00%	11.749,52	1.259,72	45,24	13.054,48
131	10/03/91	Medida provisória 295/91	8,03%	12.693,36	1.360,92	54,01	14.108,29
132	10/04/91			12.693,36	1.360,92	102,86	14.157,14
133	10/05/91			12.693,36	1.360,92	102,86	14.157,14
134	10/06/91			12.693,36	1.360,92	102,86	14.157,14
135	10/07/91	Convenção coletiva de 91/92	40,00%	17.770,70	1.905,28	133,98	19.809,96
136	10/08/91			17.770,70	1.905,28	133,98	19.809,96
137	10/09/91	Convenção coletiva de 91/92	30,00%	23.101,91	2.476,87	133,98	25.712,76

Cálculo de atualização *pro rata die* para quantificar depósito Histórico	Valor base	Atualizador conforme lei	Valor referencial
Data-base propositura da ação em 27-08-91	19.809,96	1,10	21.719,81
Data-base depósito judicial em 25-09-91	25.712,76	1,13	29.147,79

3ª VARA DE FAZENDA ESTADUAL DA COMARCA DE BELO HORIZONTE
ANEXO B PROCESSO: 2491.798116-9 AÇÃO DECLARATÓRIA E CONSIG. EM PAGTO.
Folha 1 AUTOR: ODOM DE OLIVEIRA FILHO RÉU: CAIXA ECONÔMICA ESTADUAL DE MINAS GERAIS

Cálculo conforme os reajustes legais e convencionais da classe e repasse do custo do seguro

Contrato de financiamento habitacional nº 201.212.971-8 Sistema Plano de Equivalência Salarial c/ data-base em maio e repasses 60 dias subsequentes

Nº prt.	Vencto. parcela	Histórico do movimento	Índice de reaj.	Valor da prestação	Valor do seguro	Taxas divs./	Valor do encargo
75	10/07/86	Marco inicial de data-base		1.354,29	145,20	7,82	1.507,31
76	10/08/86			1.354,29	145,20	7,82	1.507,31
77	10/09/86			1.354,29	145,20	7,82	1.507,31
78	10/10/86			1.354,29	145,20	7,82	1.507,31
79	10/11/86			1.354,29	145,20	7,82	1.507,31
80	10/12/86			1.354,29	145,20	7,82	1.507,31

81	10/01/87			1.354,29	145,20	7,82	1.507,31
82	10/02/87			1.354,29	145,20	7,82	1.507,31
83	10/03/87	Ajuste do Plano Cruzado	24,43%	1.685,10	180,67	9,73	1.875,50
84	10/04/87			1.685,10	180,67	9,73	1.875,50
85	10/05/87	Gatilho	20,00%	2.022,12	216,80	11,67	2.250,60
86	10/06/87	Gatilho	20,00%	2.426,55	260,16	14,00	2.700,71
87	10/07/87	Reposição IPC + 3% prod. 123,50%	32,22%	3.208,45	343,99	18,65	3.571,09
88	10/08/87	Gatilho	20,00%	3.850,14	412,79	22,38	4.285,31
89	10/09/87			3.850,14	412,79	22,38	4.285,31
90	10/10/87			3.850,14	412,79	22,38	4.285,31
91	10/11/87	URP	5,15%	4.048,48	434,06	23,53	4.506,07
92	10/12/87	URP	5,15%	4.257,04	456,42	24,74	4.738,20
93	10/01/88	URP	5,15%	4.476,35	717,98	26,01	5.220,34
94	10/02/88	URP	9,67%	4.909,27	787, 42	28,52	5.725,21
95	10/03/88	URP	9,67%	5.384,07	863,57	31,27	6.278,91
96	10/04/88	URP	9,67%	5.904,79	947, 09	34,29	6.886,16
97	10/05/88	URP	16,19%	6.860,77	1.100,42	39,84	8.001,03
98	10/06/88	URP	16,19%	7.971,53	1.278,58	46,29	9.296,40
99	10/07/88	Reposição IPC + 3% prod. 281,55%	58,18%	12.609,09	2.022,42	73,23	14.704,74
100	10/08/88	URP	17,68%	14.838,19	2.379,95	86,17	17.304,31
101	10/09/88	URP	17,68%	17.461,58	2.800,72	101,40	20.363,70
102	10/10/88	URP	17,68%	20.548,78	3.295,89	119,32	23.963,99
103	10/11/88	URP	21,39%	24.944,15	5.825,28	144,84	30.914,27
104	10/12/88	URP	21,39%	30.279,70	7.071,30	175,82	37.526,82
105	10/01/89	URP	21,39%	36,76	8,58	0,20	45,54
106	10/02/89	URP	26,05%	46,33	10,82	0,20	57,35
107	10/03/89	URP	26,05%	58,40	13,64	0,20	72,24
108	10/04/89	Lei nº 7.730/89	9,67%	64,05	14,96	0,20	79,21
109	10/05/89	Lei nº 7.737/89	2,43%	65,60	15,32	0,20	81,12
110	10/06/89	Lei nº 7.777/89	18,74%	77,90	18,19	0,28	96,37
111	10/07/89	Convenç. colet. 89/90 – 823,19%	59,00%	123,86	28,93	0,40	153,19
112	10/08/89	Lei nº 7.788/89 antecipação trim.	29,67%	160,61	37,51	0,51	198,63

Cap. 12 • Laudo pericial contábil

	3ª VARA DE FAZENDA ESTADUAL DA COMARCA DE BELO HORIZONTE						
	ANEXO B PROCESSO: 2491.798116-9 AÇÃO DECLARATÓRIA E CONSIG. EM PAGTO.						
	Folha 2 AUTOR: ODOM DE OLIVEIRA FILHO RÉU: CAIXA ECONÔMICA ESTADUAL DE MINAS GERAIS						
	Cálculo conforme os reajustes legais e convencionais da classe e repasse do custo do seguro						
Nº prt.	Vencto. parcela	Histórico do movimento	Índice de reaj.	Valor da prestação	Valor do seguro	Taxas divs./	Valor do encargo
113	10/09/89	Lei nº 7.788/89 antecipação trim.	24,83%	200,49	46,82	0,54	247,85
114	10/10/89	Repos. trim. conf. Lei nº 7.788/89	28,76%	258,15	60,29	0,95	319,39
115	10/11/89	Lei nº 7.788/89 antecip. trim.	29,34%	333,89	148,15	1,17	483,21
116	10/12/89	Lei nº 7.788/89 antecip. trim.	35,95%	453,93	201,41	1,51	656,85
117	10/01/90	Repos. trim. conf. Lei nº 7.788/89	37,62%	624,70	277,19	2,29	904,18
118	10/02/90	Lei nº 7.788/89 antecip. trim.	41,42%	883,45	392,00	3,08	1.278,53
119	10/03/90	Lei nº 7.788/89 antecip. trim.	53,55%	1.356,54	601,92	4,50	1.962,96
120	10/04/90	Repos. trim. conf. Lei nº 7.788/89	56,11%	2.117,68	939,64	7,74	3.065,06
121	10/05/90	Lei nº 7.788/89 antecip. trim.	72,78%	3.658,92	1.623,51	12,73	5.295,16
122	10/06/90			3.658,92	1.623,51	12,73	5.295,16
123	10/07/90	Convenção coletiva de 90/91	40,00%	5.122,49	2.272,91	21,38	7.416,78
124	10/08/90			5.122,49	2.272,91	22,53	7.417,93
125	10/09/90	Convenção coletiva de 90/91	16,50%	5.967,71	2.647,94	24,69	8.640,34
126	10/10/90			5.967,71	2.647,94	27,35	8.643,00
127	10/11/90	Convenção coletiva de 90/91	16,50%	6.952,38	3.084,86	30,24	10.067,48
128	10/12/90			6.952,38	3.084,86	34,12	10.071,36
129	10/01/91			6.952,38	3.084,86	38,79	10.076,03
130	10/02/91	Antecipação salarial	69,00%	11.749,52	5.213,41	45,24	17.008,17
131	10/03/91	Medida provisória 295/91	8,03%	12.693,36	5.632,20	54,01	18.379,57
132	10/04/91			12.693,36	5.632,20	102,86	18.428,42
133	10/05/91			12.693,36	5.632,20	102,86	18.428,42
134	10/06/91			12.693,36	5.632,20	102,86	18.428,42
135	10/07/91	Convenção coletiva de 91/92	40,00%	17.770,70	7.885,08	133,98	25.789,76
136	10/08/91			17.770,70	7.885,08	133,98	25.789,76
137	10/09/91	Convenção coletiva de 91/92	30,00%	23.101,91	10.250,60	133,98	33.486,49

334 Perícia contábil • *Lopes de Sá*

Cálculo de atualização *pro rata die* para quantificar depósito	Valor base	Atualizador conforme lei	Valor referencial
Histórico			
Data-base propositura da ação em 7-08-91	25.789,75	1,10	28.276,11
Data-base depósito judicial em 25-09-91	33.486,49	1,13	37.960,03

3ª VARA DE FAZENDA ESTADUAL DA COMARCA DE BELO HORIZONTE
ANEXO C PROCESSO: 2491.798116-9 AÇÃO DECLARATÓRIA E CONSIG. EM PAGTO.
Folha 1 AUTOR: ODOM DE OLIVEIRA FILHO RÉU: CAIXA ECONÔMICA ESTADUAL DE MINAS GERAIS

Cálculo observando os reajustes apresentados pela MINASCAIXA

Contrato de financiamento habitacional nº 201.212.971-8 Sistema Plano de Equivalência Salarial c/ data-base em maio e repasses 60 dias subsequentes

Nº prt.	Vencto. parcela	Histórico do movimento	Cálculo "correto"	Índice de reaj.	Valor da prestação	Valor do seguro	Taxas divs./	Valor do encargo
75	10/07/86	Marco inicial de data-base			1.354,29	145,20	7,82	1.507,31
76	10/08/86				1.354,29	145,20	7,82	1.507,31
77	10/09/86				1.354,29	145,20	7,82	1.507,31
78	10/10/86				1.354,29	145,20	7,82	1.507,31
79	10/11/86				1.354,29	145,20	7,82	1.507,31
80	10/12/86				1.354,29	145,20	7,82	1.507,31
81	10/01/87				1.354,29	145,20	7,82	1.507,31
82	10/02/87				1.354,29	145,20	7,82	1.507,31
83	10/03/87	Ajuste do Plano Cruzado		24,43%	1.685,10	180,66	9,73	1.875,49
84	10/04/87				1.685,10	180,66	9,73	1.875,49
85	10/05/87	Gatilho		20,00%	2.022,12	216,79	11,67	2.250,58
86	10/06/87	Gatilho		20,00%	2.426,55	260,14	14,00	2.700,69
87	10/07/87	Reposição IPC + 3% prod. 123,50%	32,22%	32,22%	3.232,60	346,55	18,65	3.597,80
88	10/08/87	Gatilho		20,00%	3.879,12	415,86	22,38	4.317,36
89	10/09/87				3.879,12	415,86	22,38	4.317,36
90	10/10/87				3.879,12	415,86	22,38	4.317,36
91	10/11/87	URP		5,15%	4.078,96	437,28	23,53	4.539,77
92	10/12/87	URP		5,15%	4.289,09	687,87	24,74	5.001,70
93	10/01/88	URP		5,15%	4.510,05	723,30	26,01	5.259,36

Cap. 12 • Laudo pericial contábil **335**

94	10/02/88	URP		9,67%	4.946,23	793,25	28,52	5.768,00
95	10/03/88	URP		9,67%	5.424,60	869,96	31,27	6.325,83
96	10/04/88	URP		9,67%	5.949,24	954,09	34,29	6.937,62
97	10/05/88	URP		16,19%	6.912,42	1.108,55	39,84	8.060,81
98	10/06/88	URP		16,19%	8.031,54	1.288,02	46,29	9.365,85
99	10/07/88	Reposição IPC + 3% ajuste 281,55%	58,18%	58,22%	12.707,47	2.037,90	73,23	14.818,6
100	10/08/88	URP		17,68%	14.953,96	2.398,20	86,17	17.438,3
101	10/09/88	URP		17,68%	17.597,82	2.822,20	101,40	20.521,4
102	10/10/88	URP		17,68%	20.709,11	3.321,16	119,32	24.149,5
103	10/11/88	URP		21,39%	25.138,78	5.869,93	144,84	31.153,5
104	10/12/88	URP		21,39%	30.515,96	7.125,50	175,82	37.817,2
105	10/01/89	URP		21,39%	37,04	8,64	0,20	45,88
106	10/02/89				37,04	8,64	0,20	45,88
107	10/03/89				37,04	8,64	0,20	45,88
108	10/04/89				37,04	8,64	0,20	45,88
109	10/05/89				37,04	8,64	0,20	45,88
110	10/06/89			40,02%	51,87	12,09	0,28	64,24
111	10/07/89	Reposiç. IPC + 3% 823,19%	126,18%	43,29%	74,32	17,32	0,40	92,04
112	10/08/89			29,67%	96,37	22,45	0,51	119,33

3ª VARA DE FAZENDA ESTADUAL DA COMARCA DE BELO HORIZONTE
ANEXO C PROCESSO: 2491.798116-9 AÇÃO DECLARATÓRIA E CONSIG. EM PAGTO.
Folha 2 AUTOR: ODOM DE OLIVEIRA FILHO RÉU: CAIXA ECONÔMICA ESTADUAL DE MINAS GERAIS

Cálculo observando os reajustes apresentados pela MINASCAIXA

Nº prt.	Vencto. parcela	Histórico do movimento	Cálculo "correto"	Índice de reaj.	Valor prestação	Valor do seguro	Taxas divs./	Valor encargo
113	10/09/89			7,31%	103,41	24,09	0,54	128,04
114	10/10/89			76,71%	182,73	42,56	0,95	226,24
115	10/11/89			23,18%	225,08	99,60	1,17	325,85
116	10/12/89			29,48%	291,42	128,95	1,51	421,88
117	10/01/90			51,73%	442,16	195,65	2,29	640,10
118	10/02/90			34,69%	595,53	263,51	3,08	862,12

119	10/03/90			46,24%	870,87	385,35	4,50	1.260,72
120	10/04/90			72,11%	1.498,81	663,23	7,74	2.169,78
121	10/05/90			64,55%	2.466,22	1.091,36	12,73	3.570,31
122	10/06/90				2.466,22	1.091,36	12,73	3.570,31
123	10/07/90	Reposiç. IPC + 3% prod. 6.584%	107,46%	67,98%	4.142,63	1.833,26	21,38	5.997,27
124	10/08/90			5,38%	4.365,30	1.931,88	22,53	6.319,71
125	10/09/90			9,61%	4.784,59	2.117,53	24,69	6.926,81
126	10/10/90			10,79%	5.300,61	2.346,01	27,35	7.673,97
127	10/11/90			10,58%	5.861,14	2.594,21	30,24	8.485,59
128	10/12/90			12,85%	6.614,01	2.927,56	34,12	9.575,69
129	10/01/91			13,71%	7.520,46	3.328,92	38,79	10.888,17
130	10/02/91			16,64%	8.771,49	3.882,85	45,24	12.699,58
131	10/03/91			19,39%	10.471,84	4.635,73	54,01	15.161,58
132	10/04/91			90,45%	19.943,10	8.828,79	102,86	28.874,75
133	10/05/91				19.943,10	8.828,79	102,86	28.874,75
134	10/06/91				19.943,10	8.828,79	102,86	28.874,75
135	10/07/91				25.976,88	11.500,05	133,98	37.610,91
136	10/08/91	Reposiç. IPC + 3% prod. 344,13%	15,32%	30,26%	25.976,88	11.500,05	133,98	37.610,91
137	10/09/91				25.976,88	11.500,05	133,98	37.610,91

Cálculo de atualização *pro rata die* para quantificar depósito	Valor base	Atualizador conforme lei	Valor referencial
Histórico			
Data-base propositura da ação em 27-08-91	37.610,91	1,10	41.236,92
Data-base depósito judicial em 25-09-91	37.610,91	1,13	42.635,44

		3ª VARA DE FAZENDA ESTADUAL DA COMARCA DE BELO HORIZONTE ANEXO D PROCESSO: 2491.798116-9 AÇÃO DECLARATÓRIA E CONSIG. EM PAGTO. Folha 1 AUTOR: ODOM DE OLIVEIRA FILHO RÉU: CAIXA ECONÔMICA ESTADUAL DE MINAS GERAIS				
		Comparação das parcelas pagas com os quadros dos anexos A e B				
Nº da prest.	Vlr. pago conf. MINASCAIXA	Conforme ANEXO A		Conforme ANEXO B	
		Valor apont.	Dif. apurada	Valor apont.	Dif. apurada
82	1.507,31	1.507,31	0,00	1.507,31	0,00
83	1.875,49	1.875,50	(0,01)	1.875,50	(0,01)
84	1.875,49	1.875,50	(0,01)	1.875,50	(0,01)
85	2.250,58	2.250,60	(0,02)	2.250,60	(0,02)
86	2.700,69	2.700,71	(0,02)	2.700,71	(0,02)
87	3.597,80	3.571,09	26,71	3.571,09	26,71
88	4.317,36	4.285,31	32,05	4.285,31	32,05
89	4.317,36	4.285,31	32,05	4.285,31	32,05
90	4.317,36	4.285,31	32,05	4.285,31	32,05
91	4.539,77	4.506,07	33,70	4.506,07	33,70
92	5.001,70	4.738,20	263,50	4.738,20	263,50
93	5.259,36	4.982,29	277,07	5.220,34	39,02
94	5.768,00	5.464,14	303,86	5.725,21	42,79
95	6.325,83	5.992,59	333,24	6.278,91	46,92
96	6.937,62	6.572,16	365,46	6.886,16	51,46
97	8.060,81	7.636,19	424,62	8.001,03	59,78
98	9.365,85	8.872,49	493,37	9.296,40	69,45
99	14.818,60	14.034,20	784,40	14.704,74	113,86
100	17.438,33	16.515,23	923,10	17.304,31	134,02
101	20.521,42	19.435,12	1.086,30	20.363,70	157,72
102	24.149,59	22.871,23	1.278,36	23.963,98	185,61
103	31.153,55	27.763,37	3.390,18	30.914,27	239,28
104	37.817,28	33.701,96	4.115,32	37.526,83	290,45
105	45,88	40,90	4,98	45,54	0,34

3ª VARA DE FAZENDA ESTADUAL DA COMARCA DE BELO HORIZONTE
ANEXO D PROCESSO: 2491.798116-9 AÇÃO DECLARATÓRIA E CONSIG. EM PAGTO.
Folha 2 AUTOR: ODOM DE OLIVEIRA FILHO RÉU: CAIXA ECONÔMICA ESTADUAL DE MINAS GERAIS

Comparação das parcelas pagas com os quadros dos anexos A e B					
Nº da prest.	Vlr. pago conf. MINASCAIXA	Conforme ANEXO A		Conforme ANEXO B	
		Valor apont.	Dif. apurada	Valor apont.	Dif. apurada
106	45,88	51,50	(5,62)	57,35	(11,47)
107	45,88	64,86	(18,98)	72,24	(26,36)
108	45,88	71,12	(25,24)	79,21	(33,33)
109	45,88	72,84	(26,96)	81,13	(35,25)
110	64,24	86,53	(22,29)	96,37	(32,13)
111	92,04	137,54	(45,50)	153,19	(61,15)
112	119,33	178,34	(59,01)	198,63	(79,30)
113	128,04	222,53	(94,49)	247,85	(119,81)
114	226,24	286,78	(60,54)	319,39	(93,15)
115	325,85	370,86	(45,01)	483,22	(157,37)
116	421,88	504,11	(82,23)	656,85	(234,97)
117	640,10	693,97	(53,87)	904,18	(264,08)
118	862,12	981,25	(119,13)	1.278,53	(416,41)
119	1.260,72	1.506,49	(245,77)	1.962,96	(702,24)
120	2.169,78	2.352,46	(182,68)	3.065,06	(895,28)
121	3.570,31	4.063,95	(493,64)	5.295,16	(1.724,85)
122	3.570,31	4.063,95	(493,64)	5.295,16	(1.724,85)
123	5.997,27	5.693,08	304,19	7.416,79	(1.419,52)
124	6.319,71	5.694,23	625,48	7.417,94	(1.098,23)
125	6.926,81	6.632,22	294,59	8.640,34	(1.713,53)
126	7.673,97	6.634,88	1.039,09	8.643,00	(969,03)
127	8.485,59	7.728,02	757,57	10.067,47	(1.581,88)
128	9.575,69	7.731,90	1.843,79	10.071,35	(495,66)
129	10.888,17	7.736,57	3.151,60	10.076,02	812,15
130	12.699,58	13.054,48	(354,90)	17.008,16	(4.308,58)
131	15.161,58	14.108,28	1.053,30	18.379,57	(3.217,99)
132	28.874,75	14.157,13	14.717,62	18.428,42	10.446,33
133	28.874,75	14.157,13	14.717,62	18.428,42	10.446,33
134	28.874,75	14.157,13	14.717,62	18.428,42	10.446,33
135	37.610,91	19.809,96	17.800,95	25.789,76	11.821,15

7º CASO PRÁTICO DE PERÍCIA

Em laudo muito bem elaborado, o perito apura situação de valores a serem pagos.

Trata-se de uma ação de embargo do devedor.

Os quesitos são diversos e o perito os responde com margem apreciável de segurança.

Discute-se questão em que o laudo, com habilidade, já bem identifica logo em sua introdução.

Trata-se de um litígio entre uma pessoa física e uma entidade financeira.

Nesta demonstração de laudo foram priorizados apenas os quesitos. E as legislações citadas, incluídas as normas do CFC, eram as que vigiam na época da elaboração deste laudo.

LAUDO PERICIAL

AÇÃO DE EMBARGOS DE DEVEDOR

Processo nº 2493.061241-1

17ª VARA CÍVEL DA COMARCA DE BELO HORIZONTE

Meritíssimo Juiz de Direito Doutor Caetano Levi Lopes
Promotor de Justiça Dr. Leonardo Horta Maciel
Diretor de Secretaria Dr. Geraldo Woltaire Guimarães Brito
Embargante: JOSÉ LÚCIO COSTA
Embargado: BBC – BANCO BRASILEIRO COMERCIAL S/A

Objeto da Perícia: Averiguação da formação do valor em execução do processo em apenso relativo a cobrança de juros sobre juros e da taxa de juros praticada de forma atualizada.

Advogados:
Embargantes: Dr. João Francisco de Almeida – OAB/MG 26.920
Embargado: Dr. Helvécio Luiz A. de Souza – OAB/MG 28.630

Perito do Juízo:
Professor Marco Antônio Amaral Pires – CRC/MG 41.632

Orientação observada pelo signatário deste quando na função como perito do juízo:
O entendimento do signatário é que a principal função dos técnicos auxiliares, em particular o perito do juízo, é proporcionar ao Meritíssimo Juiz todos os elementos elucidativos das

controvérsias suscitadas nos autos, principalmente das que são tidas por pontos cruciais ou essenciais, sem o conhecimento das quais o douto juiz não poderá se pronunciar conveniente e adequadamente.

Dentro deste espírito, apresenta-se as respostas aos quesitos, sempre procurando se isentar do entendimento da aplicabilidade das normas legais, por se tratar de mérito especificamente do juízo, o que enseja se abstrair das indagações concernentes à interpretação das leis.

CORPO DA PERÍCIA – PROCEDIMENTOS APLICADOS:

Foi solicitado via Fax, termo de diligência em Anexo A para que o embargado apresentasse cópia de contratos firmados entre a Suggar Ltda. e o Grupo BBC, bem como a memória de cálculo da cobrança e da apuração de débitos destas operações.

Transcorrido o prazo concedido no termo de diligência, o embargado solicitou prazo para a obtenção dos dados na matriz em GOIÁS. Concedido informalmente, a resposta, em 27 de dezembro de 1993, é a apresentada em Anexo B, solicitando que fosse encaminhado à matriz a referida solicitação. Entendendo ser um procedimento que promove uma dificuldade no trabalho, haja vista que a instituição financeira poderia apresentar o extrato de conta-corrente para a informação do valor pago, fez-se contato com a embargante, na pessoa de nome Claudio, chefe do setor de contas a pagar para a obtenção dos dados relativos aos pagamentos efetuados por conta do empréstimo.

De posse dos dados e da confirmação da Instituição Financeira da existência somente desta operação, passou-se a analisar a operação e as movimentações de débito e crédito para posteriormente promover as respostas dos quesitos.

ANÁLISE DA OPERAÇÃO

Operação de contrato de mútuo firmado entre o Banco Brasileiro e Comercial S.A. – BBC e a SUGGAR Ltda., no valor, em 30-09-91, de Cr$ 200.000.000,00 (duzentos milhões de cruzeiros), com prazo de 179 dias, com juros de 4,5% a.m. (equivalente a 69,59% a.a.) além da variação do IGPM, com encargos mensais e principal no final.

Possuía como garantias, nota promissória no valor de Cr$ 250.000.000,00, avalizada por José Lúcio Costa (embargante) e Fernando Celso G. F. Xavier e borderô de 40 duplicatas que tinham vencimento no curso da operação. As cópias dos extratos (Anexo C) da conta vinculada demonstram a movimentação das duplicatas e dos procedimentos para a quitação dos encargos mensais que podem ser visualizados no extrato de conta-corrente em Anexo D.

Elaborou-se um quadro demonstrativo da conta gráfica de movimentação deste empréstimo em Anexo E, observando rigorosamente os índices de IGPM do período de competência e a taxa de juros da operação de 4,5% a.m., calculada diariamente de forma simples, sendo os encargos apontados nas mesmas datas em que se promoveram os débitos no curso da operação.

Não identificado o mesmo valor que a embargada promoveu como juros debitados, procedeu-se a nova planilha (Anexo D) como o destaque dos encargos devidos a partir de 28-02-92 (considerado pela embargada) onde a mesma considerou para efeito de execução (vide fl. 08 do processo em apenso), estando os valores anteriores desconsiderados para efeitos destes cálculos de execução, tendo em vista que a embargada em 28-02-92 considerou como saldo devedor a quantia exata de Cr$ 200.000.000,00.

Cap. 12 • Laudo pericial contábil **341**

Também neste quadro não se apurou o "quantum" que a embargada alega possuir de crédito junto a executada (embargante). Diante desta situação, estudou-se os procedimentos de cálculo da instituição financeira, a forma de contagem de dias e elaborou-se um terceiro quadro onde se pode visualizar a memória de cálculo que a embargada trabalhou para apresentar a planilha à fl. 08 do processo de execução.

Neste quadro visualizamos as seguintes irregularidades de cálculo:

– tomou-se 27 dias para a primeira apuração de atualização e juros contratados;

– calculou-se o saldo médio do mês de 04/92, contrariando o contrato e;

– em função da média, não se apurou a correção monetária e os juros do dia 31-03-92.

Estes procedimentos, conforme pode-se comparar com o Quadro II promoveu uma redução da dívida, observando a data inicial de 28-02-92.

No entanto, em termos gerais, desde a data da contratação até o dia da apuração do saldo devedor em 05-06-92 os cálculos apresentados pelo banco não estão adequadamente refletindo as bases contratuais, bem como a cobrança de juros sobre juros em 31-03-92 dado a capitalização dos juros em 27-03-92. Vide Quadros III e IV.

Quesitos do Embargante – Fls. 15/16

1) A exequente computou juros sobre juros no débito exequendo? Caso negativa a resposta qual foi a fórmula utilizada pela exequente? Qual o índice utilizado?

Resposta: Sim. Conforme relato no último parágrafo da análise da operação retro apresentada. O Quadro III, elaborado consoante o procedimento da embargada visualiza a capitalização dos juros de mora em 27-03 e 31-03, em virtude de passarem a ser considerados como saldos devedores nas posições das datas acima para efeito de correção monetária e novos períodos de juros. Gentileza se reportar ao Quadro IV onde promove-se a capitalização conforme contrato (encargos mensais) e se apresenta um saldo devedor menor que o do Quadro III, evidenciando a cobrança de juros sobre juros no período enfocado.

2) Houve cobrança de correção monetária? Qual o índice utilizado?

Resposta: Sim. A contratação previa a atualização monetária pelo IGPM do período. Os índices utilizados pela instituição financeira durante toda a contratação não coincidiram com os valores apurados por este *expert* conforme pode-se visualizar no Quadro I, onde, conforme exposto na "Análise da Operação" não seguiu os ditames contratuais, fazendo com que o saldo devedor apurado para execução fosse maior que o encontrado por este perito na análise e elaboração da conta gráfica da operação. Apresenta em anexo "F" cópia dos indicadores Financeiros extraídos do informativo IOB para a fundamentação dos índices aplicados em seus quadros.

3) O débito exequendo provém da reforma de outro débito? Se positiva a resposta, informe o Sr. perito e assistentes, se os juros foram capitalizados mensalmente; qual a taxa de juros; se houve correção e qual o índice.

Resposta: Não. O débito exequendo parte de um único contrato de empréstimo extensamente analisado na 1ª parte deste trabalho. Gentileza reportar ao mesmo, fazendo-o parte integrante desta resposta a este quesito.

Relação de anexos:

A – Termo de diligência ao embargado

B – Resposta final do embargado

C – Cópia dos extratos de venda vinculada de duplicatas

D – Extrato de conta-corrente da SUGGAR Ltda.

E – Quadros demonstrativos

I – Apuração do saldo devedor desde o início da contratação e dedução das parcelas pagas.

II – Cálculo a partir do saldo em 28-02-92 consoante à fl. 08 do processo de execução.

III – Procedimento adotado pelo banco a partir de 28-02-92, dado saldo médio devedor em 04-92.

IV – Demonstrativo da cobrança de juros sobre juros em 27-03 e 30-92.

F – Iniciadores financeiros – Informativo IOB.

Belo Horizonte, 1º de fevereiro de 1994.

MARCO ANTÔNIO AMARAL PIRES C.R.C. 41.632/MG

Av. Ressaca, 118, sala 07 – Tel/fax 464-4303

Coração Eucarístico – Belo Horizonte

Contrato 131/91

Apuração do saldo devedor desde o início da contratação e dedução das parcelas pagas.

Quadro I Creditado: SUGGAR LTDA. Forma de Pagamento: Encargos mensais e principal no final Encargos de inadimplência: Conforme cláusulas 5 e 6 do contrato, ou seja, 10% a título de multa sobre o total do débito devidamente corrigido.

Prazo/ dias 179	Juros 4,50%	Correção Monetária variação do IGPM	Principal 200.000.000,00			Correção monetária		Taxa de juros ao dia: 0,1500%	
Data	Histórico		Débito	Crédito	Saldo	Índice	Valor	Dias	Valor
30/09/91	Liberação do recurso		200.000.000,00		200.000.000,00	22,63%	46.768.666,67	31	11.474.743,00
31/10/91	Cobrança dos juros + CM e pagto.		58.243.409,67	59.518.381,20	198.752.028,47	25,62%	54.307.575,78	32	12.145.565,00
02/12/91	Cobrança dos juros + CM e pagto.		66.453.140,78	69.054.018,00	196.124.151,25	23,63%	43.254.527,81	28	10.053.904,52
30/12/91	Cobrança dos juros + CM e pagto.		53.308.432,33	56.371.950,00	193.060.633,58	23,56%	54.582.102,33	36	13.372.707,74
04/02/92	Cobrança dos juros + CM e pagto.		67.954.810,07	61.538.519,00	199.476.924,65	27,86%	44.459.416,97	24	8.781.708,30
28/02/92	Cobrança dos juros + CM e pagto.		53.241.125,26	64.905.692,00	187.812.357,91	21,39%	37.494.859,13	28	9.462.903,12
27/03/92	Saldo p/comparação planilha Bco.		46.957.762,25		234.770.120,16	21,39%	6.695.643,83	4	1.448.794,58
31/03/92	Saldo p/comparação planilha Bco.		8.144.438,41		242.914.558,57	21,39%	1.731.980,80	1	366.969,81
01/04/92	Cobrança dos juros + CM e pagto.		2.098.950,61	39.664.856,09	205.348.653,09	21,39%	2.928.271,79	2	624.830,77
03/04/92	Cobrança dos juros + CM e pagto.		3.553.102,57	301.179,33	208.600.576,33	19,94%	37.435.459,43	27	9.964.459,45
30/04/92	Cobrança dos juros e Corr. Monet.		47.399.918,88		256.000.495,21	20,43%	50.557.537,80	29	13.335.274,44
29/05/92	Cobrança dos juros e Corr. Monet.		63.892.812,23		319.893.307,44	20,43%	15.249.313,97	7	3.518.997,52
05/06/92	Saldo p/comparação planilha Bco.		18.768.311,49		338.661.618,93				
05/06/92	Multa conf. Fls. 6 do contrato		33.866.161,89						
05/06/92	SALDO DEVIDO PELA EMBARGANTE				372.527.780,82				

Contrato 131/91

Cálculo a partir do saldo apurado em 28-02-92, consoante planilha à fl. 08 do processo de execução.

Quadro II Creditado: SUGGAR LTDA. Forma de Pagamento: Encargos mensais e principal no final Encargos de inadimplência: Conforme cláusulas 5 e 6 do contrato, ou seja, 10% a título de multa sobre o total do débito devidamente corrigido.

Prazo/ dias 179	Juros 4,50%	Correção Monetária variação do IGPM	Principal 200.000.000,00				Correção monetária		Taxa de juros ao dia: 0,1500%	
Data	Histórico		Débito	Crédito	Saldo	Índice	Valor	Dias	Valor
28/02/92	Cobrança dos juros + CM e pagto.		200.000.000,00		200.000.000,00	21,39%	39.928.000,00	28	10.076.976,00
27/03/92	Saldo p/comparação planilha Bco.		50.004.976,00		250.004.976,00	21,39%	7.130.141,92	4	1.542.810,71
31/03/92	Saldo p/comparação planilha Bco.		8.672.952,62		258.677.928,62	21,39%	1.844.373,63	1	390.783,45
01/04/92	Cobrança dos juros + CM e pagto.		2.235.157,08	39.664.856,09	221.248.229,62	21,39%	3.154.999,75	2	673.209,69
03/04/92	Cobrança dos juros + CM e pagto.		3.828.209,44	301.179,33	224.775.259,73	19,94%	40.338.168,11	27	10.737.093,83
30/04/92	Cobrança dos juros e Corr. Monet.		51.075.261,94		275.850.521,67	20,43%	54.477.719,52	29	14.369.278,49
29/05/92	Cobrança dos juros e Corr. Monet.		68.846.998,02		344.697.519,68	20,43%	16.431.730,76	7	3.791.857,13
05/06/92	Saldo p/comparação planilha Bco.		20.223.587,89		364.921.107,58				
05/06/92	Multa conf. Fls. 6 do contrato		36.492.110,76						
05/06/92	SALDO DEVIDO PELA EMBARGANTE				401.413.218,34				

Contrato 131/91

Procedimento adotado pelo banco a partir do saldo em: 28-02-92, considerando

Quadro III **saldo médio devedor em 04-92.** Creditado: SUGGAR LTDA. Forma de Pagamento: Encargos mensais e principal no final Encargos de inadimplência: Conforme cláusulas 5 e 6 do contrato, ou seja, 10% a título de multa sobre o total do débito devidamente corrigido.

Prazo/ dias 179	Juros 4,50%	Correção Monetária variação do IGPM	Principal 200.000.000,00				Correção monetária		Taxa de juros ao dia: 0,1500%	
Data	Histórico		Débito	Crédito	Saldo	Índice	Valor	Dias	Valor
28/02/92	Cobrança dos juros + CM e pagto.		200.000.000,00		200.000.000,00	21,39%	38.502.000,00	27	9.659.331,00
27/03/92	Saldo p/comparação planilha Bco.		48.161.331,00		248.161.331,00	21,39%	7.077.561,16	4	1.531.433,35
31/03/92	Saldo p/comparação planilha Bco.		8.608.994,51		256.770.325,51	não considerou 31-03 para o cálculo da média			
01/04/92	Cobrança dos juros + CM e pagto.			39.664.856,09	217.105.469,42		434.210.938,84	2	
03/04/92	Cobrança dos juros + CM e pagto.			301.179,33	216.804.290,09		5.853.715.832,51	27	
			média saldo conf. método do bco.		216.825.061,08	19,94%	43.234.917,18	30	11.702.699,02
30/04/92	Cobrança dos juros e Corr. Monet.		54.937.616,20		271.741.906,29	20,43%	53.666.309,07	29	14.155.257,37
29/05/92	Cobrança dos juros e Corr. Monet.		67.821.566,44		339.563.472,74	20,43%	16.186.990,75	7	3.735.379,87
05/06/92	Saldo p/comparação planilha Bco.		19.922.370,61		359.485.843,35				
05/06/92	Multa conf. Fls. 6 do contrato		35.948.584,33						
05/06/92	SALDO DEVIDO PELA EMBARGANTE				395.434.427,68				

Contrato 131/91

Procedimento adotado pelo banco a partir do saldo em: 28-02-92, considerando

Quadro IV **saldo médio devedor em 04-92.** Creditado: SUGGAR LTDA.

DEMONSTRATIVO DA COBRANÇA DE JUROS SOBRE JUROS EM 27-03 E 30-03-92 Forma de Pagamento: Encargos mensais e principal no final Encargos de inadimplência: Conforme cláusulas 5 e 6 do contrato, ou seja, 10% a título de multa sobre o total do débito devidamente corrigido.

Prazo/dias 179	Juros 4,50%	Correção Monetária variação do IGPM	Principal 200.000.000,00				Correção monetária		Taxa de juros ao dia: 0,1500%	
Data	Histórico		Débito	Crédito	Saldo	Índice	Valor	Dias	Valor	
28/02/92	Cobrança dos juros + CM e pagto.		200.000.000,00		200.000.000,00	21,39%				
27/03/92	Saldo p/comparação planilha Bco.		0,00		200.000.000,00	21,39%	44.206.000,00	31	11.355.579,00	
31/03/92	Saldo p/comparação planilha Bco.		55.561.579,00		255.561.579,00	não considerou 31-03 para o cálculo da média				
01/04/92	Cobrança dos juros + CM e pagto.			39.664.856,09	215.896.722,91		431.793.445,82	2		
03/04/92	Cobrança dos juros + CM e pagto.			301.179,33	215.595.543,58		5.821.079.676,66	27		
			média saldo conf. método do bco.		215.616.314,57	19,94%	42.093.893,12	30	11.637.459,35	
30/04/92	Cobrança dos juros e Corr. Monet.		54.631.352,47		270.226.896,05	20,43%	53.037.109,70	29	14.076.339,25	
29/05/92	Cobrança dos juros e Corr. Monet.		67.443.448,95		337.670.345,00	20,43%	16.606.745,35	7	3.714.554,45	
05/06/92	Saldo p/comparação planilha Bco.		19.811.299,79		357.481.644,80					
05/06/92	Multa conf. Fls. 6 do contrato		35.748.164,48							
05/06/92	SALDO DEVIDO PELA EMBARGANTE				393.229.809,28					

8º CASO PRÁTICO DE PERÍCIA

Em laudo muito singelo, o perito apura questão relativa a matéria para produção de prova, a partir de registros contábeis.

Trata-se de uma ação de apuração de detalhes sobre operações mercantis realizadas entre duas empresas.

Os quesitos são poucos e o perito os responde positivamente.

Discute-se questão em que o laudo, com habilidade, já bem identifica logo em sua introdução.

Visou a perícia a esclarecer dúvidas sobre emissão de títulos e a legitimidade do saque, além de questões acessórias, o que só poderia emergir de um exame na escrita contábil.

Nesta demonstração de laudo foram priorizados apenas os quesitos. E as legislações citadas, incluídas as normas do CFC, eram as que vigiam na época da elaboração deste laudo.

LAUDO PERICIAL

Processo nº 2492.912090-5

17ª Vara Cível de Belo Horizonte

Meritíssimo Juiz Dr. Caetano Levi Lopes

Promotor de Justiça Dr. Leonardo Horta Maciel

Diretor de Secretaria Dr. Geraldo Woltaire Guimarães Brito

Autor: AVIÁRIO ASA BRANCA LTDA.

Réu: MINASMÁQUINAS S/A

Objeto da Perícia: Averiguação na contabilidade das partes de prova documental acerca do alegado pelos mesmos concernente a operação mercantil entre a ré e o autor.

Advogados:

Autor: Dr. Ivanir Gelape Bambirra	– OAB/MG 23.342
Réu: Dr. Sérgio Ribeiro de Carvalho	– OAB/MG 28.657

Perito do Juízo:

Professor Marco Antônio Amaral Pires	– CRC/MG 41.632

Assistentes Técnicos:

Autor: Gabriel Pereira	– OAB/MG 22.409
Réu: Louvou-se no perito do juízo.	

Procedimentos Aplicados

De posse dos autos para início da perícia, procurou-se relacionar os documentos e livros contábeis e fiscais para o desenvolvimento do trabalho. Em contato com as partes requereu-se os elementos pontuados para a comprovação contábil.

Consoante Norma Técnica do Conselho Federal de Contabilidade NBC – T13, aprovada pela resolução CFC nº 731 de 22-10-92 que abaixo transcreve-se o item em questão, não se contactou o assistente técnico da autora por total incompetência profissional.

"NBC–T–13– Da Perícia Contábil

13.12 – A perícia contábil judicial, extrajudicial e arbitral, é de competência exclusiva de contador registrado no Conselho Regional de contabilidade, nesta norma denominado perito contábil.

13.14 – A presente norma aplica-se ao perito contábil nomeado em juízo e aos indicados pelas partes, estes referidos na legislação como assistentes técnicos, assim como aos escolhidos pelas partes para perícia extrajudicial."

Solicitou-se conforme petição de fl. 39 que o MM. Juiz requisitasse do Banco do Progresso cópia dos cheques emitidos pela autora e que foram depositados na conta-corrente da ré, visando melhor fundamentação da resposta.

CORPO DA PERÍCIA

Quesitos do Autor fls. 30/31

1) Qual a origem do título nº 203013-B (duplicata) no valor de Cr$ 69.544.154,31 vencido em 14-02-92, levado a protesto por Minasmáquinas S/A contra Aviário Asa Branca Ltda.? (Doc. fl. 06 dos Autos da Sustação de Protesto-Apenso.)

Resposta: A origem do título 203013-B foi a aquisição por parte da autora de veículos comercializados pela emissão das notas fiscais nos 166.412, 166.413 e 166.417, todas com emissão em 14-02-92.

Consoante perícia realizada na escrita da ré identificou-se o que segue:

– A venda foi realizada com alienação fiduciária a favor do Banco Itaú S.A. conforme descrição no corpo da nota fiscal; (fls. 20, 21 e 22, estando em Anexo A cópia da via fixa da nota fiscal);

– A operação gerou duas duplicatas da fatura 203.013 (fl. 19);

– A primeira foi quitada em 20-03-92 através de crédito na conta-corrente da ré pelo Banco Itaú, mediante ordem de pagamento no valor exato da duplicata 203.013-A (Anexo B). O diário da ré, revestido das formalidades legais, registra o recebimento por conta daquele crédito (Anexo C). Este recurso foi feito pelo Banco Itaú em virtude de operação de FINAME (Anexo J) contratada com esta instituição financeira;

– A duplicata 203.013-B foi, em 05-03-92 parcialmente liquidada com o pagamento, pela autora, do valor de Cr$ 25.432.000,00 conforme cópia de comprovante de depósito registrado e contabilizado por conta deste recebimento. Em Anexo D, apresenta-se a cópia do comprovante onde se destaca o nº do Banco – 302 – Banco do Progresso – nº do cheque 858575 de Belo Horizonte. O Anexo E apresenta o registro, no livro diário da ré do valor recebido por conta daquela duplicata e, na última coluna, informa o saldo remanescente da mesma;

– Novamente, em 11-05-92, a autora promoveu nova entrega de cheque para pagamento parcial da duplicata 203.013-B no valor de Cr$ 59.400.000 (Anexo F). O registro no diário (Anexo G) demonstra a escrituração naquela data por conta da liquidação parcial da duplicata, apresentando na última coluna o saldo remanescente da mesma. Conforme ofício encaminhado ao

Banco do Progresso, apresenta-se em Anexo L as cópias microfilmadas dos cheques emitidos pela autora. As inscrições no verso e anverso dos cheques são suficientes para caracterizar que ocorreu de fato a remessa de recursos para a amortização de dívidas junto a ré;

– Dias antes do protesto da duplicata 203.013-B a autora negociou a remessa de Cr$ 16.753.502,48 que não ocorreu. Entretanto, por um problema interno, se computou esta verba como dedução do saldo remanescente – Anexo H – provocando o protesto do valor de Cr$ 69.544.154,31 conforme negativa da duplicata encaminhada ao cartório – Anexo I – onde em seu corpo se apontou os valores recebidos por conta.

2) O referido título (203.013-B) acima, está aceito?

Resposta: Não. O referido título, em sua negativa em Anexo I, não apresenta aceite do sacado.

3) O título nº 203.013-B (Duplicata) no valor de Cr$ 171.129.656,79, c/apresentação, está pago?

Resposta: Não. Conforme discriminação apresentada pelo quesito nº 01, o título nº 203.013–B apresenta um saldo em aberto na contabilidade da ré de Cr$ 86.297.656,79. Este saldo corresponde ao valor de face da duplicata de Cr$ 171.129.656,79 deduzido dos valores recebidos em 05-03-92 e 11-05-92 de respectivamente, Cr$ 25.432.000,00 e Cr$ 59.400.000,00.

A diferença entre o valor do protesto e o saldo contabilizado, no valor de Cr$ 16.753.502,48, se refere a um erro de registro provocado por funcionário da ré, pois periciando os movimentos da mesma até a data do protesto – 09-09-92 – não se deparou com registro de recebimento naquele valor para liquidação parcial do mesmo.

4) Ambos títulos, referem-se a qual negociação?

Resposta: As duplicatas 203.013 A e B se referem às aquisições dos veículos vendidos através das notas fiscais 166.412, 166.413 e 166.417, sendo que estas últimas geraram a fatura 203.013 divididas naquelas duas duplicatas de igual valor.

5) Os títulos estão devidamente escriturados na Ré?

Resposta: Sim. Conforme pode-se depreender dos lançamentos apresentados nos anexos S, E e G os títulos gerados pelas vendas registradas através das notas fiscais 166.412, 166.414 (Anexo A) – duplicatas 203.013 A e B – estão adequadamente escriturados na empresa ré.

6) Os títulos de nº 203.013-A, nº 203.013-B, de valores diferentes, referem-se ao mesmo negócio, ou a negócios diferentes? Se negócios diferentes quais? Queiram detalhar!

Resposta: Se referem ao mesmo negócio. Conforme exposto no quesito nº 02, o valor protestado em 09-09-92 pela empresa ré no montante de Cr$ 69.544.154,31 seria o saldo remanescente da duplicata de valor original Cr$ 171.129.656,79 de 14-02-92.

Mais detalhes, por gentileza se reportar ao quesito nº 02.

7) Queiram os Srs. Peritos, baseados no art. 429 do C.P.C., trazer novas luzes e informações, ao completo esclarecimento dos fatos!

Resposta: As informações complementares estão embutidas nas respostas aos quesitos que ultrapassam, em uma primeira vista, o requerido pela pergunta, mas, dado ao solicitado neste, passam a integrar, o fruto das informações complementares pleiteadas.

Belo Horizonte, 21 de maio de 1983.

MARCO ANTÔNIO AMARAL PIRES C.R.C. 41.632/MG

Av. Ressaca, 118, sala 07 – Tel/fax 464-4303

Coração Eucarístico – Belo Horizonte

9º CASO PRÁTICO DE PERÍCIA

Em laudo bem elaborado, o perito apura questão relativa à dívida de um particular para com uma instituição financeira.

Trata-se de uma ação de embargo do devedor.

Os quesitos são poucos, mas buscam uma situação real de dívida.

A apuração envolve demonstrações e cálculos.

Nesta demonstração de laudo foram priorizados apenas os quesitos. E as legislações citadas, incluídas as normas do CFC, eram as que vigiam na época da elaboração deste laudo.

LAUDO PERICIAL

Processo nº 2492.908472-1

14ª Vara Cível de Belo Horizonte

Meritíssimo Juiz Presidente Dr. Victor Hugo Nória da Fonseca

Juiz cooperador Dr. Fernando Luiz Pedrosa

Promotor de Justiça Dr. Marco Antônio Alves França

Diretor de Secretaria: Múcio Ribeiro dos Santos

AÇÃO EMBARGOS DE DEVEDOR

Embargante: JOSÉ ARLY ARRUDA

Embargado: BANCO HÉRCULES S/A

Objeto da Perícia: Apuração dos valores apresentados pela embargada nos extratos da empresa Comercial Arruda Ltda.

Advogados:

Embargante: Dr. Geraldo Luiz de Moura T.   – OAB/MG 31.817

Embargado: Dr. Noelho Adelino Machado   – OAB/MG 36.575

Perito do Juízo:

Professor Marco Antônio Amaral Pires   – CRC/MG 41.632

Orientação observada pelo signatário deste quando na função como perito do juízo:

O entendimento do signatário é que a principal função dos técnicos auxiliares, em particular o perito do juízo, é proporcionar ao Meritíssimo Juiz todos os elementos elucidativos das controvérsias suscitadas nos autos, principalmente das que são tidas por pontos cruciais ou

Cap. 12 • Laudo pericial contábil **351**

essenciais, sem o conhecimento das quais o douto juiz não poderá se pronunciar conveniente e adequadamente.

Dentro deste espírito, apresenta-se as respostas aos quesitos, sempre procurando se isentar do entendimento da aplicabilidade das normas legais, por se tratar de mérito especificamente do juízo, o que enseja se abstrair das indagações concernentes à interpretação das leis.

Procedimentos Aplicados:

Consoante requerimento da embargante de promover a apuração dos valores apresentados pelo Banco Hércules S/A relativo à ação de execução intentada contra José Arly Arruda, solicitou-se, mediante Termo de Diligência (Anexo A) à embargada diversos documentos, com vistas a periciar o material para a elaboração do laudo.

CORPO DA PERÍCIA:

Quesitos da embargada – fl. 57

1) Descreva o Sr. perito sobre a operação que gerou o crédito exequendo.

Resposta: Consoante documentos nos autos nº 2491.831491-5 em apenso, fl. 07, a embargada promove a execução forçada de um crédito no valor de Cr$ 18.091.224,84 (dezoito milhões, noventa e um mil, duzentos e vinte quatro cruzeiros e oitenta e quatro centavos) correspondente ao saldo devedor de um contrato de abertura de crédito relativo, juntando uma nota promissória (fl. 05) no valor de Cr$ 27.648.000,00 (vinte e sete milhões, seiscentos e quarenta e oito mil cruzeiros), alegando ser fundada a ação em título executivo extrajudicial. O referido crédito fora promovido a favor de Comercial Arruda Ltda. com devedores solidários (avalistas o Sr. José Arly Arruda e Helena Kofima) (fl. 08 verso) consoante contrato e avalistas na nota promissória (fl. 05 verso).

Sem se adentrar ao mérito informa que a referida nota promissória é garantia firmada do respectivo contrato acima citado consoante décima cláusula.

2) Informe o Sr. perito se tal operação é usual e rotineira nos meios bancários.

Resposta: Sim. Diligenciando outras instituições financeiras do foro desta comarca identificou-se que a operação de conta garantida é aplicada usualmente.

Apresenta, em Anexo B, modelo de contrato de outras instituições à saber:

B – 1 Banco Econômico S.A.

B – 2 Unibanco

B – 3 Banco do Progresso S.A.

3) Queira o Sr. perito informar se a embargada respeitou o contrato de fls. para a apuração do seu crédito.

Resposta: Sim. Para a apuração do crédito a embargada verificou o saldo devedor existente em 09-12-91 da conta-corrente de Comercial Arruda Ltda. (c/c nº 10.997-3), acrescido dos encargos conforme cláusula terceira e cobrança mediante cláusula décima, entre outras (fl. 08 frente e verso), promovendo o protocolo da ação executiva em 27-12-91 (fl. 16), ou seja, 7 dias depois de vencido o contrato.

4) Informe o Sr. perito sobre dados (em valores) da operação.

Resposta: (Fonte – fls. 07 e 09 dos autos de execução)

352   Perícia contábil • *Lopes de Sá*

Contrato nº: 01VG91/80887

Conta-corrente: 010.997-3

Agência do banco: 001 – matriz

Creditado: Comercial Arruda Ltda.

Devedores Solidários avalistas: José Arly Arruda

Helena Kofina Arruda

Data da contratação: 20-11-1991

Prazo: 30 dias

Encargos-juros: 44,00% a.m. (quarenta e quatro por cento)

Valor contratual: Cr$ 16.000.000,00 (dezesseis milhões de cruzeiros)

Garantia: nota promissória no valor de Cr$ 27.648.000,00 (vinte e sete milhões, seiscentos e quarenta e oito mil cruzeiros). *Valor do débito em conta-corrente em 09-12-91* = Cr$ 18.091.224,84 (dezoito milhões, noventa e um mil, duzentos e vinte e quatro cruzeiros e oitenta e quatro centavos)

Juros debitados em 29-11-91 = Cr$ 2.108.118,40 (dois milhões, cento e oito mil, cento e dezoito cruzeiros e quarenta centavos)

Quesitos do embargante – fl. 59

1) O saldo dos extratos apresentados pelo banco encontra-se devidamente formalizado, isto é, foram corretamente apurados todos os débitos e créditos na conta-corrente (nº 10.977-3) da devedora principal?

Resposta: Sim. Os saldos dos extratos apresentados em Anexo C e apensos às fls. 09 a 14 da ação de execução encontram-se devidamente formalizados no tocante aos débitos e créditos promovidos pela instituição financeira, tendo em vista que os cheques emitidos pela devedora principal e seus depósitos na citada conta, s.m.j., não foram objeto de questionamento e provocadores da perícia contábil. Tal formalidade se faz pelo registro de ficha de lançamento/ ficha de caixa conforme documentos em Anexo D.

2) Os juros debitados nos extratos foram apurados em consonância com as disposições estabelecidas contratualmente?

Resposta: Não. Promovendo a apuração dos valores relativo à cobrança de juros e IOC consoante disposições contratuais, identificou-se perfeita sintonia com o emanado nos contratos cujas cópias estão em Anexo F, onde na cláusula terceira estabelecia-se que os juros seriam debitados no último dia útil de cada mês e no vencimento do contrato, sendo estes, estabelecidos à taxa informada no item 44 dos contratos. Entretanto, o contrato anexado aos autos da execução em apenso, embora nos idênticos parâmetros estabelecidos nos apresentados no Anexo F, os juros debitados em 19-11-91 e 28-11-91 estão calculados à maior, conforme apuração apresentada em Anexo E, ou seja, em 19-11-91 foi debitado um juro à maior de Cr$ 5.026,15 e em 28-11-91, Cr$ 991,37.

3) Todos os créditos da devedora principal, em sua conta-corrente, foram corretamente apurados nos extratos?

Resposta: Entendendo como lançamento à crédito da devedora principal os valores que a embargada promoveu fruto de operações financeiras já que os depósitos foram realizados pela própria empresa, a assertiva é positiva, conforme relato abaixo apresentado e fundamento nos documentos do Anexo D.

Dia/Mês	Valor	Nº anexo	Histórico
21-08-91	3.995.080,00	D–2 Vr. financiado	empréstimo liberado
20-09-91	3.994.916,00	D–5 Vr. financiado	empréstimo liberado
21-10-91	3.053.810,00	D–9 Líquido de desconto	
20-11-91	1.416.040,00	D–12 Líquido de desconto	

4) Consta, nos extratos, outros encargos além dos juros pactuados?

Resposta: Sim. Até a data da apuração por parte da embargada para a promoção da ação de execução (09-12-91), a instituição financeira promoveu, além dos juros pactuados e a taxa de abertura de crédito à 1ª operação (Anexo D–1), outros débitos conforme resumo abaixo:

Tipo	Data	Anexo
Tarifa por envio de DOC	04-09-91	D–3
	19-09-91	D–4
	14-10-91	D–8
Tarifa fornecimento extrato avulso	20-09-91	D–7
	20-11-91	D–13
Tarifa por excesso da garantia	01-11-91	D–11
	25-11-91	D–14
	29-12-91	D–15
	02-12-91	D–16

Belo Horizonte, 2 de agosto de 1993.

MARCO ANTÔNIO AMARAL PIRES C.R.C. 41.632/MG

Av. Ressaca, 118, sala 07 – Tel/fax 464-4303

Coração Eucarístico – Belo Horizonte

QUADRO DE APURAÇÃO DE JUROS – MÊS: AGOSTO

Taxa de juros por mês 1ª operação: 21,00%
Tx. IOC: 0,004100%
Início: 20-08-91   Término: 19-09-91

Dia/Mês	Saldo Devedor	Valor Juros	Valor IOC
20/08	2.105,00	14,74	0,09
21/08		0,00	0,00
22/08	1.107.025,00		
23/08	1.107.025,00	7.749,18	45,39
24/08	1.107.025,00	7.749,18	45,39
25/08	1.107.025,00	7.749,18	45,39
26/08	2.207.025,00	16.440,10	60,40
27/08	1.127.025,00	7.889,18	46,21
28/08	1.545.473,79	10.818,32	63,36
29/08	2.045.473,79	14.318,32	83,86
30/08	6.889.956,03	48.229,69	282,49
31/08	6.889.956,03	48.229,69	282,49
Juros até 30-08-91 IOC calculado incluso 31-08-91		71.737,24	985,15

QUADRO DE APURAÇÃO DE JUROS – MÊS: SETEMBRO

Taxa de juros por mês 2ª operação: 25,00%
Início: 19-09-91   Término: 21-10-91

Dia/Mês	Saldo Devedor	Valor Juros	Valor IOC
01/09	6.889.956,03	48.229,69	282,49
02/09	3.130.941,18	21.916,59	128,37
03/09		0,00	0,00
04/09	2.923.291,18	20.463,04	119,85
05/09	9.923.291,18	69.463,04	406,85
06/09	9.923.291,18	69.463,04	406,85
07/09	9.923.291,18	69.463,04	406,85
08/09	9.923.291,18	69.463,04	406,85
09/09	9.923.291,18	69.463,04	406,85
10/09	7.486.291,18	52.404,04	306,94
11/09	7.486.291,18	52.404,04	306,94
12/09	6.380.291,18	44.662,04	261,59
13/09	7.380.291,18	51.662,04	302,59
14/09	7.380.291,18	51.662,04	302,59
15/09	7.380.291,18	51.662,04	302,59
16/09	1.723.291,18	12.063,04	70,65
17/09		0,00	0,00
18/09		0,00	0,00
19/09	10.780.963,22	89.841,39	442,02
20/09	12.906.647,22	107.555,39	529,17
21/09	12.906.647,22	107.555,39	529,17
22/09	12.906.647,22	107.555,39	529,17
23/09	12.906.647,22	107.555,39	529,17
24/09	10.407.047,22	120.080,70	601,17
25/09	15.407.847,22	128.398,73	631,72
26/09	15.162.589,22	126.354,91	621,67
27/09	15.162.589,22	126.354,91	621,67
28/09	15.162.589,22	126.354,91	621,67
29/09	15.162.589,22	126.354,91	621,67
30/09	10.381.294,25	86.510,79	425,63
Juros até 19-09-91		850.903,16	4.418,88
Juros até 29-09-91		1.282.280,03	6.734,45
IOC até 19-09-91			
IOC calculado incluso 31-09-91			

QUADRO DE APURAÇÃO DE JUROS – MÊS: OUTUBRO

Taxa de juros por mês 3ª operação: 32,00%
Início: 21-10-91   Término: 20-11-91

Dia/Mês	Saldo Devedor	Valor Juros	Valor IOC
01/10	9.064.483,70	75.537,36	371,64
02/10	5.582.203,70	46.518,36	228,87
03/10	1.745.740,20	14.547,84	71,58
04/10	9.445.740,20	78.714,50	387,28
05/10	9.445.740,20	78.714,50	387,28
06/10	9.445.740,20	78.714,50	387,28
07/10	8.392.365,70	69.936,38	344,09
08/10	4.654.645,70	38.788,71	190,84
09/10	2.103.398,70	17.528,32	86,24
10/10	4.619.398,70	38.494,99	189,40
11/10	1.524.857,70	12.707,15	62,52
12/10	1.524.857,70	12.707,15	62,52
13/10	1.524.857,70	12.707,15	62,52
14/10	3.137.557,70	26.146,31	128,64
15/10	2.197.889,23	18.315,83	90,11
16/10	4.435.033,21	36.958,61	181,84
17/10	1.735.033,21	14.458,61	71,14
18/10	3.455.858,21	28.798,82	141,69
19/10	3.455.858,21	28.798,82	141,69
20/10	3.455.858,21	28.798,82	141,69
21/10	3.547.253,50	37.837,37	145,44
22/10	3.547.253,50	37.837,37	145,44
23/10	8.703.291,50	92.835,11	356,83
24/10	5.943.291,50	63.395,11	243,67
25/10	9.518.101,50	101.526,42	390,24
26/10	9.518.101,50	101.526,42	390,24
27/10	9.518.101,50	101.526,42	390,24
28/10	7.758.101,50	82.753,08	318,08
29/10	7.791.128,50	83.105,37	319,44
30/10	13.548.460,35	144.516,91	555,49
31/10	14.395.319,92	153.550,08	590,21
Juros até 20-10-91		844.403,52	
Juros até 30-10-91		846.859,57	
IOC até 20-10-91			3.728,83
IOC calculado incluso 31-10-91			3.845,32

Cap. 12 • Laudo pericial contábil

	QUADRO DE APURAÇÃO DE JUROS – MÊS: NOVEMBRO		
	Taxa de juros por mês 4ª operação: 44,00%		
	Início: 20-11-91 Término: 20-12-91		
Dia/Mês	**Saldo Devedor**	**Valor Juros**	**Valor IOC**
01/11	16.167.538,24	172.453,74	662,87
02/11	16.167.538,24	172.453,74	662,87
03/11	16.167.538,24	172.453,74	662,87
04/11	16.167.538,24	172.453,74	662,87
05/11	16.167.538,24	172.453,74	662,87
06/11	15.816.438,24	168.708,67	648,47
07/11	15.816.438,24	168.708,67	648,47
08/11	15.885.221,24	169.442,36	651,29
09/11	15.885.221,24	169.442,36	651,29
10/11	15.885.221,24	169.442,36	651,29
11/11	15.669.688,24	167.143,34	642,46
12/11	15.669.688,24	167.143,34	642,46
13/11	15.669.688,24	167.143,34	642,46
14/11	15.669.688,24	167.143,34	642,46
15/11	15.669.688,24	167.143,34	642,46
16/11	15.669.688,24	167.143,34	642,46
17/11	15.669.688,24	167.143,34	642,46
18/11	15.669.688,24	167.143,34	642,46
19/11	15.669.688,24	167.143,34	642,46
20/11	15.814.342,97	231.943,70	648,39
21/11	15.814.342,97	231.943,70	648,39
22/11	15.847.793,97	232.434,31	649,76
23/11	15.847.793,97	232.434,31	649,76
24/11	15.847.793,97	232.434,31	649,76
25/11	16.123.920,97	236.484,17	661,08
26/11	16.123.920,97	236.484,17	661,08
27/11	16.123.920,97	236.484,17	661,08
28/11	16.123.920,97	236.484,17	661,08
29/11	18.233.439,37	267.423,78	747,57
30/11	18.233.439,37	267.423,78	747,57
Juros até 19-11-91		3.365.853,29	
Juros até 28-11-91		2.107.127,03	
IOC até 19-11-91			12.347,29
IOC calculado incluso 30-11-91			7.385,52
Diferença de juros cobrada a maior			
debitada no lançamento de 19-11-91			5.026,15
debitada no lançamento de 28-11-91			991,37

QUADRO DE APURAÇÃO DE JUROS – MÊS: DEZEMBRO			
Dia/Mês	Saldo Devedor	Valor Juros	Valor IOC
01/12	18.233.439,37	267.423,78	747,57
02/12	18.092.224,89	265.352,63	741,78
03/12	18.092.224,89	265.352,63	741,78
04/12	18.092.224,89	265.352,63	741,78
05/12	18.092.224,89	265.352,63	741,78
06/12	18.092.224,89	265.352,63	741,78
07/12	18.092.224,89	265.352,63	741,78
08/12	18.092.224,89	265.352,63	741,78
09/12	18.092.224,89	265.352,63	741,78
Término da apuração para fins da perícia. Não houve nenhum lançamento de juros neste mês.			

BIBLIOGRAFIA

ALONSO, José Rojo. *Normas e procedimentos de perícia judicial.* São Paulo: Atlas, 1975.

AZZINI, Lino. *Istituzioni di economia d'azienda.* 2. ed. Milão: Giuffrè, 1982.

BEYER, Robert. *Profitability accounting for planning and control.* New York: Ronald, 1963.

BRASIL. *Lei n. 6.404, de 15 de dezembro de 1976.* Dispõe sobre as Sociedades por Ações.

BRASIL. *Lei n. 9.307, de 23 de setembro de 1996.* Dispõe sobre a arbitragem.

BRASIL. *Lei n. 13.105, de 16 de março de 2015.* Código de Processo Civil.

BOUZADA, Manuel Ortigueira. *La corporación cibernética.* Granada: Centro de Estudios Municipales y Cooperación Interprovincial, 1984.

CAIADO, António Pires Campos. *Contabilidade analítica.* 2. ed. Lisboa: Rei dos Livros, 1992.

CECCHERELLI, Alberto. *Il linguaggio dei bilanci.* Florença: Felice Le Monnier, 1950.

CECCHERELLI, Alberto. *Istituzioni di ragioneria.* 8. ed. Florença: Felice Le Monnier, 1955.

CORDEIRO, Cláudio Marcelo Rodrigues. Auditoria como instrumento de gestão. *Revista Brasileira de Contabilidade*, Brasília, n. 134, abr. 2002.

CORDEIRO, Cláudio Marcelo Rodrigues. Auditoria contábil, analítica e da qualidade, quais são as suas semelhanças? *Revista do Conselho Regional de Contabilidade do Paraná*, Curitiba, n. 125, out. 1999.

CORDEIRO, Cláudio Marcelo Rodrigues. *Evidenciação (disclosure) nas demonstrações financeiras: uma abordagem internacional.* Revista do Conselho Regional de Contabilidade do Paraná, Curitiba, n. 134, dez. 2002.

CORDEIRO, Cláudio Marcelo Rodrigues. *Segurança de dados em meios eletrônicos.* Revista do Conselho Regional de Contabilidade do Paraná, Curitiba, n. 127, jul. 2000.

CORDEIRO, Cláudio Marcelo Rodrigues. Uma abordagem sobre a ética no desenvolvimento de trabalhos de Auditoria e de Perícia Contábil. *Revista do Conselho Regional de Contabilidade do Paraná*, Curitiba, n. 123, mar. 1999.

COSTA, Carlos Batista. *Auditoria financeira*. 2. ed. Lisboa: Rei dos Livros, 1979.

CRUZ NETO, João Lopes. A dignidade da informação contábil na velocidade da luz. *Revista da Câmara dos Revisores Oficiais de Contas de Portugal*, Lisboa, ano 1, n. 4, jan./mar. 1999.

CRUZ NETO, João Lopes. *Automatización empresarial y la internacionalización tecnológica del binomio contabilidad e informática*. 1999. Tese (Mestrado em Contabilidade Internacional) – Universidade de Saragoça, 1999.

CRUZ NETO, João Lopes. *Computabilometria e reengenharia metodológica das ciências contábeis. XVII Congreso Argentino de Profesores Universitários de Costos e 1as Jornadas Ibero-Americanas de Costos y Contabilidad de Gestión*, 1994.

CRUZ NETO, João Lopes. *La calidad total en la multinacionalización y la necesidad didáctica de la gestión*. 2001. Tese (Investigación del curso de doctorado en contabilidad y finanzas) – Universidade de Saragoça, 2001.

CRUZ NETO, João Lopes. *La empresa española ante el proceso de armonización contable internacional*. 2001. Tese (Investigación del curso de doctorado en contabilidad y finanzas) – Universidade de Saragoça, 2001.

CRUZ, Carlos Geraldo Caixeta; SILVA, Amilton Paulino. Fragmentos da história da contabilidade: da antiguidade a Luca Pacioli. *Revista Múltipla*, Brasília-DF: UPIS, ano 4, n. 1, v. 5, dez. 1999.

D'AURIA, Francisco. *Perícia contábil*. São Paulo: Nacional, 1955.

FERRERO, Giovani. *La valutazione economica del capitale d'impresa*. Milão: Giuffrè, 1966.

FERRERO, Giovani. *Le analisi di balancio*. Milão: Giuffrè, 1963.

GIANNESSI, Egidio. *Le aziende di produzione originarie*. Pisa: Colombo Cursi, 1960.

HERCKERT, Werno. A contabilidade em face do futuro e o neopatrimonialismo. *Boletim do IPAT*, Belo Horizonte: UNA – Centro Universitário, n. 17, nov. 2000.

HERCKERT, Werno. A contabilidade em face do futuro e o neopatrimonialismo. *Revista Contabilidade e Informação*, Ijuí: Unijuí, n. 9, abr./jun. 2001.

HERCKERT, Werno. A riqueza e os agentes externos e aspectos práticos das influências ambientais. *Impressão Megas, Três de Maio*, maio 2002.

HERCKERT, Werno. Aspectos da resultabilidade e circulação da riqueza sob a ótica do neopatrimonialismo. *Impressão Megas, Três de Maio*, ago. 2001.

HERCKERT, Werno. Ativo e passivo ambiental e os intangíveis. *Impressão Megas, Três de Maio*, set. 2000.

HERCKERT, Werno. Ativo e passivo ambiental. *Revista Contabilidade e Informação*, Ijuí: Unijuí, n. 6, maio/ago. 2000.

HERCKERT, Werno. Ativo imaterial e força intelectual. *Boletim do IPAT*, Belo Horizonte: UNA – Centro Universitário, n. 17, nov. 2000.

HERCKERT, Werno. Ativo intelectual e capital humano. *Impressão Megas, Três de Maio*, nov. 2002.

HERCKERT, Werno. Circulação da riqueza. *Revista Contabilidade e Informação*, Ijuí: Unijuí, n. 10, jul./set. 2001.

HERCKERT, Werno. O conhecimento e o patrimônio. *Impressão Megas, Três de Maio*, nov. 2001.

HERCKERT, Werno. O patrimônio e as influências ambientais. *Impressão Megas, Horizontina*, dez. 1999.

HERCKERT, Werno. O patrimônio e as influências ambientais. *Impressão Megas, Três de Maio*, jun. 2001.

HERCKERT, Werno. Sistema da liquidez sob a ótica do neopatrimonialismo. *Impressão Megas, Três de Maio*, fev. 2000.

HOOG, Wilson A. Zappa. *Moderno dicionário contábil*. 10. ed. Curitiba: Juruá, 2017.

IFAC. *Normas internacionales de auditoría*. Madri: IACJCE, 1993.

KRAEMER, Maria Elisabeth Pereira. A contabilidade e o capital intelectual: a nova vantagem competitiva. 8ª Convenção de Contabilidade do Rio Grande do Sul. *Anais...*, Gramado, v. 3, p. 55-73, 2001.

KRAEMER, Maria Elisabeth Pereira. A contabilidade e o capital intelectual: a nova vantagem competitiva. *Revista Paulista de Contabilidade*, São Paulo: Sindicato dos Contabilistas de São Paulo, ano 78, n. 483, p. 30-38, mar. 2002.

KRAEMER, Maria Elisabeth Pereira. A contabilidade gerencial no contexto operacional da atual economia globalizada. *Revista Brasileira de Contabilidade*, Brasília, ano 27, n. 114, p. 72-81, nov./dez. 1998.

KRAEMER, Maria Elisabeth Pereira. Avaliação dos cursos de ciências contábeis pelo provão. *Revista do Conselho Regional de Contabilidade do Paraná* – CRCPR, Curitiba, ano 27, n. 132, p. 17-24, 1º quadrimestre de 2002.

KRAEMER, Maria Elisabeth Pereira. Contabilidade ambiental: o passaporte para a competitividade. *Convenção de Contabilidade de Minas Gerais*, Belo Horizonte, 3., 2001. Anais em CD-Rom.

KRAEMER, Maria Elisabeth Pereira. Contabilidade ambiental como sistema de informações. *Revista Pensar Contábil*, Rio de Janeiro: Conselho Regional de Contabilidade do Estado do Rio de Janeiro, ano 3, n. 9, p. 19-26, ago./out. 2000; *Revista de Contabilidade do CRC de São Paulo*, ano V, n. 18, dez. 2001; *Revista de Contabilidade Vista & Revista*, Belo Horizonte: Departamento de Ciências Contábeis da Faculdade de Ciências Econômicas da Universidade Federal de Minas Gerais, v. 12, n. 3, dez. 2001; e *Revista Brasileira de Contabilidade*, Brasília, ano 31, n. 133, jan./fev. 2002.

KRAEMER, Maria Elisabeth Pereira. Contabilidade ambiental o passaporte para a competitividade. Disponível em: <http://www.monografias.com/trabajos10/passa/passa.shtml> – Administracion y Finanzas/Contabilidad ou <http://www.monografias.com>, Buenos Aires. Acesso em: dez. 2001; *Revista do Contabilista Catarinense, CRCSC & Você*, Florianópolis, v. 1, n. 1, dez. 2001/mar. 2002.

KRAEMER, Maria Elisabeth Pereira. Contabilidade gerencial: uma necessidade de mudança operacional. *Revista de Contabilidade Vista & Revista*, Belo Horizonte: Departamento de Ciências Contábeis da Faculdade de Ciências Econômicas da Universidade Federal de Minas Gerais, v. 10, set. 1999.

KRAEMER, Maria Elisabeth Pereira. Ética, sigilo e o profissional contábil. *Revista de Contabilidade Vista & Revista*, Belo Horizonte: Departamento de Ciências Contábeis da Faculdade de Ciências Econômicas da Universidade Federal de Minas Gerais, v. 12, n. 2, ago. 2001.

KRAEMER, Maria Elisabeth Pereira. Evolução histórica e situação atual da contabilidade. In: IX Congresso de Contabilidade, 9., 2002, Porto. *Anais...*

KRAEMER, Maria Elisabeth Pereira. Gerenciamento de custos e as novas tecnologias de produção. *Revista Pensar Contábil,* Rio de Janeiro: Conselho Regional de Contabilidade do Estado do Rio de Janeiro, ano 2, n. 5, p. 7-9, ago./out. 1999.

KRAEMER, Maria Elisabeth Pereira. Gestão dos custos da qualidade ambiental. In: Congresso Brasileiro de Custos, 9., São Paulo. *Anais...*

KRAEMER, Maria Elisabeth Pereira. Implicações da teoria das restrições na contabilidade gerencial. In: Convenção dos Contabilistas do Estado de São Paulo, 17., *Anais...* 2001; *Revista Paulista de Contabilidade*, São Paulo: Sindicato dos Contabilistas de São Paulo, ano 78, n. 482, dez. 2001.

KRAEMER, Maria Elisabeth Pereira. Mercosul exige mudanças no perfil do profissional contábil. *Revista Mineira de Contabilidade*, Belo Horizonte, n. 1, out./dez. 2000.

KRAEMER, Maria Elisabeth Pereira. Mudanças no perfil do profissional contábil no Mercosul. *Revista Brasileira de Contabilidade*, Brasília, ano 28, n. 123, maio/jun. 2000.

KRAEMER, Maria Elisabeth Pereira. O contabilista como mediador no processo cognitivo. *Revista do Contabilista Catarinense. CRCSC & Você*, Florianópolis, v. 1, n. 3, ago./nov. 2002.

KRAEMER, Maria Elisabeth Pereira. O contabilista como mediador no processo cognitivo. *Revista Paulista de Contabilidade*, São Paulo: Sindicato dos Contabilistas de São Paulo, ano 81, n. 485, out. 2002.

KRAEMER, Maria Elisabeth Pereira. O despertar de uma consciência ecológica na contabilidade. In: Congresso de Contabilidade, 9., 2002, Porto (Centro de Congressos da Alfândega). *Anais...*

KRAEMER, Maria Elisabeth Pereira. O impacto da contabilidade do meio ambiente no sistema de gestão ambiental. In: Seminário de Responsabilidade Social e Ambiental, 2., 2002. Aquinaz, CE. *Anais...*

KRAEMER, Maria Elisabeth Pereira. O impacto da contabilidade no sistema de gestão fiscal. In: Convenção dos Contabilistas do Estado do Rio de Janeiro, 51., 2002. São João da Barra. *Anais...*

KRAEMER, Maria Elisabeth Pereira. O impacto do Balanced Scorecard na Contabilidade Gerencial.

KRAEMER, Maria Elisabeth Pereira. O papel do profissional contábil no contexto organizacional. *Revista Brasileira de Contabilidade*, Brasília, ano 29, n. 121, jan./fev. 2000.

KRAEMER, Maria Elisabeth Pereira. Provão: o desafio na qualidade e avaliação dos cursos de Ciências Contábeis, *Unimontes Científica. Revista da Universidade Estadual de Montes Claros*, Montes Claros, n° 2 v. 2, set. 2001; *Revista Brasileira de Contabilidade*, Brasília, ano 31, n. 134, mar./abr. 2002; *Revista do Contabilista Catarinense, CRCSC & Você*, Florianópolis, v. 1, n. 2, abr./jul. 2002.

KRAEMER, Maria Elisabeth Pereira. Sigilo, ética e o profissional contábil. *Revista das Faculdades de Linhares*, Linhares, ano 4, n. 8, dez. 2000.

KRAEMER, Maria Elisabeth Pereira. Sistema de gestão permite reduzir custos de empresa. *Revista de Contabilidade Vista & Revista*, Belo Horizonte: Departamento de Ciências Contábeis da Faculdade de Ciências Econômicas da Universidade Federal de Minas Gerais, v. 10, n. 2, set. 1999; *Revista Brasileira de Contabilidade*, Brasília, ano 28, n. 124, jul./ago. 2000.

KRAEMER, Maria Elisabeth Pereira. Sistema de informações contábeis fundamentado no custeamento baseado em atividades. *Revista de Contabilidade Vista & Revista*, Belo Horizonte: Departamento de Ciências Contábeis da Faculdade de Ciências Econômicas da Universidade Federal de Minas Gerais, v. 11, n. 1, abr. 2000.

KRAEMER, Maria Elisabeth Pereira. Uma necessidade de mudança operacional na contabilidade gerencial. *Revista das Faculdades de Linhares*, Linhares, ano 3, n. 6, out. 1999.

KRAEMER, Maria Elisabeth Pereira. Uma necessidade de mudança operacional na contabilidade gerencial. *Revista Pensar Contábil*, Rio de Janeiro: Conselho Regional de Contabilidade do Estado do Rio de Janeiro, ano 3, n. 7, fev./abr. 2000.

KRAEMER, Maria Elisabeth Pereira; LIMA, Cláudio Vianna de. *Curso de introdução à arbitragem*. São Paulo: Lumen Juris, 1999.

KRAEMER, Maria Elisabeth Pereira; CALDEIRA, Elisabeth; VASCONCELLOS, Cristhiano Bossardi de. *Biblioteca interativa de casos.* Encontro da Associação das Universidades de Língua Portuguesa (AULP), Luanda, 2002.

KRAEMER, Maria Elisabeth Pereira; CALDEIRA, Elisabeth; VASCONCELLOS, Cristhiano Bossardi de. Constituindo a avaliação processual no curso de administração da Universidade do Vale do Itajaí através do Exame Nacional de Cursos. *Revista do Mestrado de Administração da FECAP – Fundação Escola de Comércio Álvares Penteado,* São Paulo, v. 2, n. 3, jul./ago./set. 2001.

KRAEMER, Maria Elisabeth Pereira; CALDEIRA, Elisabeth; VASCONCELLOS, Cristhiano Bossardi de. O método do estudo de casos no ensino da contabilidade. In: II Fórum Nacional de Professores de Contabilidade. 2., 2001. Rio de Janeiro. Anais...

KRAEMER, Maria Elisabeth Pereira; CALDEIRA, Elisabeth; VASCONCELLOS, Cristhiano Bossardi de. Implicações do Exame Nacional de Cursos nos Processos Pedagógicos dos Cursos de Ciências Contábeis. In: Fórum Nacional de Professores de Contabilidade em São Paulo, 3., 2002, *Anais...* São Paulo: FECAP – Fundação Escola de Comércio Álvares Penteado.

LAMOUROUX, Fernando Martin. *Contabilidad.* Salamanca: Universidad. de Salamanca, 1989.

LAUZEL, Pierre. *Contrôle de gestion et budgets.* Paris: Sirey, 1971.

LOPEZ, José Alvarez. *Auditoría contable.* Madri: ICAC, 1989.

MASI, Vincenzo. *La scienza del patrimonio.* Farigliano: Nicola Milano, 1971.

MELGES, Walmir da Rocha. *A importância da divulgação do balanço social.*

MILLAN PUENTES, Regulo. *La contabilidad como ciencia.* Bogotá: Felix Rodriguez, 1992.

MONTEIRO, Samuel. *Perícias judiciais.* São Paulo: Universitária de Direito, [s.d.].

NEPOMUCENO, Valério. A autoconsciência contábil. *Jornal de Contabilidade,* Lisboa: APOTEC, ano 23, n. 271, out. 1999.

NEPOMUCENO, Valério. A instrumentalidade contábil no contexto da tese neoliberal de Von Mises. *Revista de Contabilidade e Comércio,* Porto, v. 57, n. 227, dez. 2000.

NEPOMUCENO, Valério. A queda da contabilidade gerencial e a ascensão da fraude contábil nos Estados Unidos. *Boletim do IBRACON,* n. 285, mar./abr. 2002.

NEPOMUCENO, Valério. A ambiência filosófica da teoria das funções: a razão ontológica das relações essenciais (reflexões). *Revista do CRC do Rio Grande do Sul,* Porto Alegre, n. 82, jul./set. 1995.

NEPOMUCENO, Valério. A teoria do conhecimento contábil: o pragmatismo norte-americano. *Revista do CRC do Rio Grande do Sul,* Porto Alegre, n. 87, out./dez. 1996.

NEPOMUCENO, Valério. *Contabilidade sistêmica:* um novo ponto de partida do objeto contábil.

NEPOMUCENO, Valério. Depreciação, obsolescência e doutrina neopatrimonialista. *Revista do CRC do Rio Grande do Sul*, Porto Alegre, n. 108, abr. 2002.

NEPOMUCENO, Valério. Dos Quipus às contas multidimensionais. *Revista de Contabilidade e Comércio*, Porto, v. 56, n. 222, ago. 1999.

NEPOMUCENO, Valério. Entrada e saída na contabilidade. Ago. 1998. *Working paper*.

NEPOMUCENO, Valério. Entre a práxis e a teoria: os equívocos da pesquisa contábil empírica nos EUA. *Pensar Contábil*, n. 17, ago./out. 2002.

NEPOMUCENO, Valério. *Homo aziendalis*: reflexões sobre a teoria das funções. *Jornal Técnico de Contas e da Empresa*, Lisboa, n. 364, p. 11-12, 1996.

NEPOMUCENO, Valério. Interatividade entre *homo aziendalis* e meios patrimoniais no processo de transformação patrimonial. *Boletim do IPAT*, n. 14. p. 21-40, 1998.

NEPOMUCENO, Valério. Os construtos e crise conceitual contábil. *Revista do CRC do Rio Grande do Sul*, Porto Alegre, n. 100, fev. 2000.

NEPOMUCENO, Valério. O positivo e a neutralidade contábil. *Revista do CRC do Rio Grande do Sul*, Porto Alegre, n. 105, ago. 2001.

NEPOMUCENO, Valério. Qual é a massa de uma unidade de custo? *Contabilidade Unijuí*, n. 15, out./dez. 2002.

POC – Plano Oficial de Contas de Portugal. DL n. 410/89. Lisboa, 1989.

SÁ, Antônio Lopes de. A lógica da velocidade dos elementos do capital. *Estudos do ISCAA*, Aveiro: Instituto Superior de Contabilidade e Administração, 1996.

SÁ, Antônio Lopes de. Análise contábil e desequilíbrios patrimoniais. *JTCE*, Lisboa, n. 390, mar. 1998.

SÁ, Antônio Lopes de. A nova visão da contabilidade, em temática contábil e balanço. *IOB*, São Paulo, nov. 1999.

SÁ, Antônio Lopes de. Aspectos da contabilidade aplicada ao meio ambiente natural. *Boletim 44/99, IOB, Temática Contábil*, São Paulo, out. 1999.

SÁ, Antônio Lopes de. Aspectos da prosperidade na análise dos capitais. *JTCE*, Lisboa, n. 400, jan. 1999.

SÁ, Antônio Lopes de. Aspectos práticos e teóricos nas unidades de atividades empresariais. *Revista de Contabilidade do CRC do Rio Grande do Sul*, Porto Alegre, n. 98, out. 1999.

SÁ, Antônio Lopes de. Autonomia científica da contabilidade. *Análise e Conjuntura*. Belo Horizonte: Fundação João Pinheiro, ago. 1987.

SÁ, Antônio Lopes de. Consideraciones teoricas sobre la inercia, ociosidad, obsolescencia e ineficacia del capital. *Tecnica Economica*, Madri, n. 155, jun. 1996.

SÁ, Antônio Lopes de. Decisões racionais na movimentação dos capitais. *Revista Brasileira de Contabilidade*, Brasília, n. 120, nov./dez. 1999.

SÁ, Antônio Lopes de; SÁ, Ana Maria Lopes de. *Dicionário de contabilidade*. 10. ed. São Paulo: Atlas, 2005.

SÁ, Antônio Lopes de. Economicidade e balanço social da empresa. *Jornal do CRC-RJ*, Rio de Janeiro, set. 1997.

SÁ, Antônio Lopes de. Essencialidade: princípio ou método em contabilidade. *JTCE*, Lisboa, n. 403, abr. 1999.

SÁ, Antônio Lopes de. Fatores importantes no cálculo do valor imaterial da empresa. *JTCE*, Lisboa, n. 409, out. 1999.

SÁ, Antônio Lopes de. *Fundamentos da contabilidade geral*. 4. ed. Curitiba: Juruá, 2012.

SÁ, Antônio Lopes de. Fundamentos logicos de la teoría de las funciones sistemáticas del patrimonio hacendal. *Cuadernos de ciencias economicas y empresariales*, Málaga: Universidade Málaga, ano 16, n. 23, jul./dez. 1992.

SÁ, Antônio Lopes de. Função sistemática e liquidez. *Seleções ATC*, Rio de Janeiro: COAD, 1988.

SÁ, Antônio Lopes de. Futuro e estudo do lucro e dos capitais. *IOB Comenta*, São Paulo: n. 29, jul. 1999; *JTCE*, Lisboa, n. 407/408, ago./set. 1999.

SÁ, Antônio Lopes de. *História geral e das doutrinas da contabilidade*. São Paulo: Atlas, 1997; Lisboa: Vislis, 1998.

SÁ, Antônio Lopes de. Información, teoría científica y normas contables. *Tecnica Economica*, Madri, n. 159, jun. 1997.

SÁ, Antônio Lopes de. Introdução à teoria das funções sistemáticas do patrimônio. *Cuadernos aragoneses de economía*, Saragoça: Universidad de Zaragoza, n. 15, 1990.

SÁ, Antônio Lopes de. Interdependências das funções sistemáticas de liquidez e rentabilidade. *Seleções ATC*, Rio de Janeiro: COAD, abr. 1988.

SÁ, Antônio Lopes de. La contabilidad de gestión en Brasil. In: ALVAREZ, Jesús Lizcano (Coord.). *La contabilidad de gestión en Latinoamerica*. Madri: AECA; AIC, 1996.

SÁ, Antônio Lopes de. Lógica do conceito e conceitos fundamentais em contabilidade. In: *Jornadas de Contabilidade*, 5., 1995. Porto. *Anais...* Porto: Instituto Superior de Contabilidade e Administração do Porto, 1995.

SÁ, Antônio Lopes de. Nuevos rumbos cientificos en la contabilidad. *Suma*, Maryland, USA, n. 41, June 1996.

SÁ, Antônio Lopes de. O crepúsculo das depreciações. *JTCE*, Lisboa, n. 402, mar. 1999; *Revista do Conselho Regional de Contabilidade do Rio Grande do Sul*, Porto Alegre, n. 96, maio 1999.

SÁ, Antônio Lopes de. Paradoxos na continuidade da vida dos capitais. *JTCE*, Lisboa, n. 406, jul. 1999.

SÁ, Antônio Lopes de. Perspectivas do conhecimento contábil para o 3º milênio. In: Seminário Interamericano de Contabilidade, Conselho Federal de Contabilidade, Brasília, 1994.

SÁ, Antônio Lopes de. Prosperidade, dimensão do capital e estabilidade. *Jornal de Contabilidade*, Lisboa: Apotec, n. 259, out. 1998.

SÁ, Antônio Lopes de. Qualidade da eficácia da riqueza patrimonial. *Temática Contábil e Balanços*, São Paulo: IOB, n. 45, nov. 1999.

SÁ, Antônio Lopes de. Recursos naturais e empresa. *Jornal de Contabilidade*, Lisboa: Apotec, n. 262, jan. 1999.

SÁ, Antônio Lopes de. Repensando a contabilidade. *Jornal de Contabilidade*, Lisboa: Apotec, n. 264, mar. 1999.

SÁ, Antônio Lopes de. Subsistemas de funções patrimoniais e metodologia matricial da análise do comportamento da riqueza. *Boletim IPAT*, Belo Horizonte, n. 12, fev. 1997.

SÁ, Antônio Lopes de. Tendências e futuro da contabilidade. *Revista do Conselho Regional de Contabilidade do Rio Grande do Sul*, Porto Alegre, out. 1998.

SÁ, Antônio Lopes de. Tendências modernas no estudo dos capitais das empresas. *JTCE*, Lisboa, n. 405, jun. 1999.

SÁ, Antônio Lopes de. Tendências evolutivas nas doutrinas contábeis – o neopatrimonialismo. *Contabilidade e Informação*, Ijuí: Unijuí, n. 4, out. 1999.

SÁ, Antônio Lopes de. Teorema dos limites das funções patrimoniais vinculadas por dependência. *Revista de Contabilidade e Comércio*, Porto, v. 54, n. 215, jul. 1997.

SÁ, Antônio Lopes de. Teoremas da rotação ou giro dos meios patrimoniais e a lógica da velocidade (Dinámica do Capital). *JTCE*, Lisboa, jul. 1996.

SÁ, Antônio Lopes de. Teorema da inadequabilidade dimensional circulatória dos meios patrimoniais. *Contabilidade Vista e Revista*, Belo Horizonte: FACE-UFMG, v. 7, n. 1, jun. 1996.

SÁ, Antônio Lopes de. Teorema da inequação entre massa e função patrimonial. *Revista de Contabilidade e Comércio*, Porto, n. 211, 3º trimestre 1996.

SÁ, Antônio Lopes de. Teorema da desestabilização e o sistema das funções de estabilidade do patrimônio. *JTCE*, Lisboa, ano 30, n. 377, fev. 1997.

SÁ, Antônio Lopes de. *Teoria da contabilidade superior*. Belo Horizonte: IPAT-UNA, 1994.

SÁ, Antônio Lopes de. *Teoria da contabilidade*. 3. ed. São Paulo: Atlas, 2002.

SÁ, Antônio Lopes de. Teoria das potencialidades concretas da liquidez. *Revista de Contabilidade e Comércio*, Porto, n. 198, v. 50, jun. 1993.

SÁ, Antônio Lopes de. *Teoria da contabilidade.* São Paulo: Atlas, 1998.

SÁ, Antônio Lopes de. *Teoria geral do conhecimento contábil.* Belo Horizonte: IPAT-UNA, 1992; Madri: ICAC, 1998.

SÁ, Antônio Lopes de. Teoria da contabilidade. *Revista Brasileira de Contabilidade,* Brasília: Conselho Federal de Contabilidade, n. 104, mar./abr. 1997.

SÁ, Antônio Lopes de. Valor de conta e valor de moeda: o princípio da equivalência do valor. *Revista de Contabilidade do CRC-SP*, São Paulo, n. 1, abr. 1997.

SÁ, Antônio Lopes de. Valor imaterial da empresa. *Revista de Contabilidade do CRC-SP*, São Paulo, SANTOS, João Luiz. *Perícia em contabilidade comercial.* Rio de Janeiro: Jornal do Brasil, 1928.

SÁ, Antônio Lopes de. Valor social da contabilidade sob uma ótica de harmonia para a globalização. *Revista de Contabilidade do CRC-SP*, São Paulo, mar. 1999.

SÁ, Antônio Lopes de. Vocação moderna da contabilidade. *Revista Brasileira de Contabilidade,* Brasília, n. 119, set./out. 1999.

SCHMIDT, Helmuth Wieland. *ICMS:* o crédito nas aquisições de materiais para uso e consumo. Monografia apresentada para o VII Prêmio Tesouro Nacional, out. 2002.

VENANCIO, Dércio A. dos Santos. O neopatrimonialismo como vertente doutrinária na evolução da contabilidade. *Boletim do IPAT*, Belo Horizonte: UNA – Centro Universitário, n. 18, 2002.

Pré-impressão, impressão e acabamento

grafica@editorasantuario.com.br
www.graficasantuario.com.br
Aparecida-SP